SYMBOLIK DER RELIGIONEN

Herausgegeben von

FERDINAND HERRMANN

X

Symbolik des orthodoxen und orientalischen Christentums

1 9 6 2

ANTON HIERSEMANN · STUTTGART

SYMBOLIK
DES ORTHODOXEN UND
ORIENTALISCHEN CHRISTENTUMS

von

ERNST HAMMERSCHMIDT, PETER HAUPTMANN,
PAUL KRÜGER, LÉONIDE OUSPENSKY,
HANS-JOACHIM SCHULZ

1 9 6 2

ANTON HIERSEMANN · STUTTGART

ISBN 3-7772-0024-7

Satz und Druck: Erich Spandel, Großdruckerei und Verlag, Nürnberg

HERRN VERLAGSLEITER

DR. WILHELM OLBRICH

ANLÄSSLICH SEINES 40JÄHRIGEN ARBEITSJUBILÄUMS

MIT DEN BESTEN WÜNSCHEN

GEWIDMET

INHALTSÜBERSICHT

EINFÜHRUNG

von Ernst Hammerschmidt

In allen wissenschaftlichen Disziplinen kommt es von Zeit zu Zeit zu einem gewissen Abschluß durch ein fundamentales Werk, auf dem dann die folgende Zeit weiterbaut. Für die Erforschung des orthodoxen und des orientalischen Christentums ist (wenigstens im deutschsprachigen Raum) Friedrich Heilers „Urkirche und Ostkirche"[1]) als ein solcher Abschluß anzusehen. Dies Werk hat nun ein Vierteljahrhundert lang gewirkt und wird es weiterhin tun. Inzwischen sind aber auf diesem Gebiet zahlreiche und wichtige Textausgaben und Einzeluntersuchungen erschienen[2]), und seit dem Ende des Krieges wurden Zeitschriften neu[3]) oder wieder[4]) begründet. So mag es an der Zeit sein, dieses Gebiet erneut durchzuarbeiten und die inzwischen gewonnenen Erkenntnisse zu verwerten.

Für den Bereich des Kultisch-Symbolischen will der vorliegende Band diese Aufgabe in Angriff nehmen. Sicher umschließt es nur ein Teilgebiet; doch steht es im Zentrum östlich-orientalischen Christentums. Von hier aus gehen die Strahlen in alle Lebensbereiche dieser Gemeinschaften, und hierher kehren alle ihre Lebensäußerungen als zu ihrem Zentrum zurück. Dazu kommt, daß gerade die Beschäftigung mit dem kultischen Leben die Gewißheit gibt, in das innerste Wesen einer religiösen Gemeinschaft einzudringen.

Als Objekt der Untersuchung nennt dieser Band im Titel das „orthodoxe und orientalische Christentum". Die Unterscheidung zwischen „orthodox" und „orientalisch" war notwendig, weil wir im Deutschen — im Gegensatz zu den romanischen Sprachen[5]) — nicht über ein Wort verfügen, das ganz

---

[1]) München 1937.

[2]) Einen Überblick über die Publikationen auf dem Gebiet des christlichen Orients von 1937 bis Sommer 1953 bieten B. Spuler—L. Forrer, Der Vordere Orient in islamischer Zeit = Wissenschaftliche Forschungsberichte 21, Bern 1954, bes. 52—57. Über die Forschungen zur byzantinischen Geschichte, Literatur und Sprache und zur altchristlichen und byzantinischen Kunst während der Jahre 1938 bis 1950 berichtet das wichtige Nachschlagewerk von F. Dölger — A. M. Schneider, Byzanz = Wissenschaftliche Forschungsberichte 5, Bern 1952. Seit 1951 orientieren vor allem die ausgezeichneten Bibliographien in den „Ostkirchlichen Studien". — Für den Bereich der byzantinisch-slavischen Orthodoxie ist das soeben erschienene Buch von K. Onasch zu erwähnen: Einführung in die Konfessionskunde der orthodoxen Kirchen = Sammlung Göschen Band 1197/1197a, Berlin 1962.

[3]) So z. B. die in kurzer Zeit unentbehrlich gewordenen „Ostkirchlichen Studien" (seit 1951), der „Proche-Orient chrétien" (seit 1951), der „Orient Syrien" (seit 1956) und die Jahrbücher „Kirche im Osten" (seit 1958).

[4]) So der wichtige „Oriens Christianus" (seit 1953), der 1941 dem Dritten Reich zum Opfer gefallen war, und der „Kyrios" (seit 1960/61).

[5]) Wo z. B. definiert werden kann: „*Oriente cristiano*, o Iglesias orientales, son las comunidades cristianas de Oriente, y las fundadas por el Oriente en otras regiones del mundo, que

klar byzantinisch-slavisches *und* orientalisches (d. h. orientalisch-national-kirchliches) Christentum bezeichnet. Alle Versuche, hier mit „Ostkirche“ oder „Ostkirchen“ auszukommen, hätten nur der Unklarheit dieser Terminologie weiter Vorschub geleistet.

Seinem Titel entsprechend gliedert sich der vorliegende Band in zwei Hauptteile. Von ihnen behandelt der *erste* die Kultsymbolik der byzantinischen Kirche, des orthodoxen Kirchengebäudes, der Ikone und der ostkirchlichen Sekten, während der *zweite* der Kultsymbolik der syrischen (sowohl der ost-syrisch-nestorianischen wie der westsyrisch-monophysitischen), der koptischen, äthiopischen und armenischen Kirche gilt. Die unierten Gruppen wurden nur dort in die Untersuchung einbezogen, wo sie (wie im syrischen Raum) phänomenologisch faßbare eigene Einheiten darstellen.

Die Darstellungen beginnen in der Regel mit dem Zeitraum, in dem die einzelnen Gemeinschaften ihre Gestalt und Ausprägung gefunden haben. Mit wenigen Ausnahmen (wie z. B. bei Ägypten) wurde daher die Frühgeschichte des Christentums im Orient[6]) ausgeklammert. So setzt die Behandlung der byzantinischen Kultsymbolik erst mit der Zeit ein, in der uns die byzantinische Reichskirche als solche entgegentritt, während der slavische Osten und das ostkirchliche Sektentum für die Frühgeschichte sowieso nicht in Betracht kommen. Auch die syrische Kultsymbolik wird erst dann greifbar, als sich die syrische Kirche infolge der christologischen Auseinandersetzungen des 5. Jahrhunderts in die ostsyrisch-nestorianische und die westsyrisch-monophysitische Kirche aufspaltet, die sich gegenseitig als häretisch bekämpfen.

Da der Band zwischen mehreren Verfassern aufgeteilt wurde, tragen die einzelnen Beiträge auch einen jeweils etwas verschiedenen Charakter. Es war nicht die Aufgabe des Herausgebers der Reihe, stark regulierend einzugreifen, da es sich hier einerseits nicht um ein „Lexikon“ handelt, andrerseits aber die verschiedenen Gebiete eine ihnen eigene Gesetzlichkeit der Darstellung in sich tragen. Doch zeigen die Beiträge auch wieder eine Einheitlichkeit, die sich ohne besondere Absprache ergab. Worauf es allen Beteiligten ankam, war eine historisch-kritische Darstellung, die in unserer Zeit der literarischen Massenproduktion notwendiger denn je ist. Gerade bei der Aktualität ost- und orientchristlicher Themen besteht die Gefahr, daß ein Dilettantismus sogenannte Erkenntnisse verbreitet, die mehr schaden als nützen.

---

siguen un rito y una disciplina distintas de la latina“ (= Angel Santos Hernandez SJ., Iglesias de Oriente, Santander 1959, 15) und unter den „Países orientales“ des „Oriente cristiano“ ohne Schwierigkeit der Balkan, Osteuropa, Vorderasien, Indien, Ägypten und Äthiopien verstanden werden.

[6]) Für diese vgl. nun J. Leipoldt, Frühes Christentum im Orient (bis 451), in: Religionsgeschichte des Orients in der Zeit der Weltreligionen = B. Spuler (Hrsg.), Handbuch der Orientalistik, 1. Abt., VIII. Bd., 2. Abschnitt, Leiden-Köln 1961, 3—42.

Jeder der Verfasser hat sich seit Jahren mit dem von ihm behandelten Gebiet beschäftigt und einschlägige Untersuchungen veröffentlicht. In L. Ouspensky spricht ein Fachmann, dessen (zusammen mit Wl. Lossky verfaßtes) Ikonenbuch[7]) weithin Aufmerksamkeit erregt hat[8]). Durch seinen Beitrag kommt in diesem Band auch die Orthodoxie selbst zu Wort, wobei die ihr eigene Betrachtungsweise deutlich sichtbar wird.

Da der Band in der Reihe der „Symbolik der Religionen" steht, waren dem Umfang der einzelnen Beiträge von vorneherein gewisse Grenzen gesetzt. Dies hatte zur Folge, daß vor allem das Wesentliche herausgestellt werden mußte und erst in zweiter Linie untergeordnete Fragen zur Sprache kommen konnten. Immerhin wird der Leser alle wirklich wichtigen und bedeutsamen Aspekte behandelt finden und sich mit Hilfe der Anmerkungen und der Literaturangaben ohne große Mühe seinen Weg suchen können. Gerade auf gründliche Literaturangaben in den Anmerkungen wurde bewußt Gewicht gelegt.

So darf dieser Band hinausgehen in der Hoffnung, daß der Leser in ihm ein „Handbuch" im guten alten Sinne hat, das ihn verläßlich berät, und mit dem Wunsche, er möchte sich bei aller notwendigen Knappheit doch auch als ein weiterführender Beitrag zur Erforschung des christlichen Ostens und Orients erweisen.

---

7) Der Sinn der Ikonen, Bern und Olten 1952.
8) Vgl. H. Biedermann in: Ostkirchliche Studien 2 (1953) 142—144.

I.

SYMBOLIK DES ORTHODOXEN CHRISTENTUMS

KULTSYMBOLIK DER BYZANTINISCHEN KIRCHE

von

HANS-JOACHIM SCHULZ

Inhaltsübersicht

EINFÜHRUNG

Die Darstellung byzantinischer Kultsymbolik bedeutet mehr als die äußere Beschreibung der gottesdienstlichen Formen des byzantinischen Ritus. Sie verhält sich zu letzterer wie die Darstellung der Gesamtwirklichkeit des Symbols zur Beschreibung der äußeren Gestalt desselben.

Symbol bedeutet dem Worte nach „Zusammengeworfensein", Zusammenspiel zweifacher Wirklichkeit. Im weitesten Sinn ist Symbol alles bedingt Seiende, insofern es auf das letzte Unbedingte hin offen ist und an diesem teilhat, insbesondere jeder menschliche Ausdruck als wahrnehmbare Äußerung geistigen Wesens. Die eigentliche Heimat des Symbolischen aber ist die Welt des Religiösen, da im religiösen Symbol das Bildhaft-Wahrnehmbare über den natürlich-geistigen Sinn hinaus noch einen die rein rationale Erkenntnis übersteigenden Seinsgehalt birgt und zugleich enthüllt. Gehalt und Gestalt des Symbols nun werden in ihrer Bindung und Spannung aufs äußerste gesteigert im Christentum, dessen Grunddogma die *Mensch*werdung des absolut weltüberlegenen transzendenten *Gottes* und die dadurch erfolgte Erlösung und Begnadigung des Menschen besagt. Wenn es von Christus heißt: „das Wort ist Fleisch geworden" (Jo 1, 14) und wenn Christus selbst von sich sagt: „wer mich sieht, sieht auch den Vater" (Jo 14, 9), so ist damit die äußerste Möglichkeit des Symbols als Verbindung von Natürlichem und Übernatürlichem gekennzeichnet. So darf man Christus das Sakrament Gottes und das Ursymbol des Heilswirkens Gottes nennen, aus dem alle echten religiösen Symbole ihre Kraft besitzen.

Christus lebt fort in seiner Kirche, die als sein mystischer Leib sichtbar und unsichtbar zugleich als Ursakrament ihr Wirken entfaltet in einer Fülle symbolischer Handlungen, unter denen sieben, Sakramente genannt, in besonderer Weise hervorragen, da sie unmittelbarer als alle anderen auf Christus zurückgehen. Mit der Stiftung und Heiligung der Kirche durch Jesus Christus wird deutlich, was jedes kirchliche Symbol vom magischen, zugleich aber auch vom nur deutbaren Symbol unterscheidet. Dem letzteren kommt keine wirklichkeitschaffende Macht zu, dem magischen Symbol wird diese zu unrecht zugeschrieben, das kirchliche Symbol aber besitzt sie in der Kraft der Verheißung durch Jesus Christus. Damit ist bereits gesagt, daß das kirchliche Symbol zugleich Wortverkündigung für den Glaubenden ist. Ein Sakrament ohne Spendeformel ist undenkbar; ebensowenig kann eine andere kirchliche Symbolhandlung des Wortes entraten; und selbst das religiöse Bild der byzantinischen Kirche, die Ikone, wendet sich durch das ihr eingeschriebene Wort an den nicht nur Schauenden sondern Glaubenden.

Im Sakramentalen, von Gott her Gewirkten, gründen letztlich alle christlichen Symbole, und wenn viele von ihnen zunächst und vorwiegend als menschliche Äußerungen religiösen Gefühls erscheinen (z. B. Gebetshaltungen) so müssen diese Äußerungen einem genuin christlichen Verständnis doch noch mehr als Antwort auf das dem Menschen stets vorauseilende, in Jesus Christus offenbar gewordene Heilshandeln Gottes gelten.

So gipfelt jede religiöse Symbolik des Christentums in kirchlich-sakramentaler Symbolik, diese aber in der Symbolik der Sakramente im engeren Sinn. Unter den sieben Sakramenten wiederum nimmt die heilige Eucharistie als das Abendmahl der Kirche und die Erfüllung des Vermächtnisses Christi den ersten Rang ein. Sie hat auch im Laufe der Zeit die reichste Symbolik entfaltet. Da sie die Liturgie *κατ' ἐξοχήν* ist, wird sie nach byzantinischem Sprachgebrauch ohne nähere Bestimmung schlechthin „Liturgie" genannt.

Die Symbolik der Eucharistiefeier, wie sie orthodoxen und katholischen Christen des Morgenlandes gemeinsam ist[1]), soll in der folgenden Darstellung an erster Stelle stehen und den weitaus meisten Raum einnehmen, zunächst wegen ihrer Bedeutung, sodann, weil die geschichtliche Erforschung der übrigen Liturgie noch sehr unvollkommen ist. Nur mit fortschreitender Kenntnis der Liturgiegeschichte aber können die äußeren Formen der Liturgie auf ihren ursprünglichen Sinn hin transparent und in ihrer Symbolbedeutung darstellbar werden.

Die ausführlichere Behandlung der eucharistischen Symbolik wird jedoch auch für das Verständnis der übrigen Sakramente und der Feste des Kirchenjahres von Aufschluß sein, läßt sie doch die entscheidenden Kräfte byzantinischer Liturgie- und Geistesgeschichte deutlich erkennen. — Die Zeit vor der Ausformung des eigentlich byzantinischen Liturgietyps (als entsprechender Markstein der allgemeinen Kirchengeschichte könnte das Konzil von Chalkedon im Jahre 451 gelten[2])) wird in den folgenden Kapiteln nur so weit Berücksichtigung finden, wie dies zum Verständnis der späteren Entwicklung erforderlich ist.

---

[1]) Die byzantinische Liturgie wird heute von allen orthodoxen Kirchen gefeiert, da die Melchiten der Patriarchate Antiochien, Jerusalem und Alexandrien ihre angestammten Liturgien während des Mittelalters zugunsten der byzantinischen aufgegeben haben. Die Zahl der mit Rom unierten Orientalen des byzantinischen Ritus erreicht etwa 6 Millionen, deren wirkliche Bedeutung innerhalb der katholischen Kirche die zahlenmäßige jedoch bei weitem übertrifft.

[2]) Die Verurteilung des Monophysitismus auf dem Konzil von Chalkedon bedeutet kirchenpolitisch die weitgehende Ausschaltung des syrischen und koptischen Elements innerhalb der Reichskirche und die vergrößerte Vormachtstellung des byzantinischen Patriarchats, das in der Zukunft auch auf liturgischem Gebiet die alten Zentren Jerusalem und Antiochien, denen es selbst starke Impulse verdankt, an Einfluß übertrifft.

A. SYMBOLIK DER EUCHARISTIEFEIER

I. Die Symbolwirklichkeit des Abendmahls in der byzantinischen Anaphora

Die Symbolik kirchlicher Eucharistiefeier, wie sie sich in den einzelnen Riten im Laufe der Jahrhunderte entwickelt hat, ist, in ihrer Ganzheit gesehen, letztlich erweiterter Ausdruck derjenigen Symbolik, die mit der Einsetzung des Abendmahls selbst und seiner Vergegenwärtigung gemäß dem Befehl Christi „Tuet dies zu meinem Gedächtnis!“ gegeben ist.

Das Abendmahl bedeutet die Vollendung und Fülle dessen, was unter dem Symbol des Mahles religiös erfahren werden kann. Indem dieses Mahl jedes andere religiöse Mahl der Religionsgeschichte und auch der Heilsgeschichte des Alten Testaments unendlich überhöht (vgl. Kol 2, 17), ist es selbst wieder Zeichen letzter himmlischer Wirklichkeit, ein Pascha, das „seine Erfüllung findet im Reiche Gottes“ (Lk 22, 16). In solcher Spannung zwischen dieser Weltzeit und der letzten Offenbarung des Gottesreiches feiert auch die Kirche ihr Pascha, indem sie Christi „dahingegebenen“ Leib und sein „vergossenes“ Blut (Einsetzungsbericht) genießt und so „den Tod des Herrn verkündet, bis daß Er wiederkommt“ (1 Kor 11, 26).

Das Abendmahl (wie auch die kirchliche Eucharistiefeier) ist so in mehrfacher Weise Symbolwirklichkeit: zunächst, insofern der sichtbare Anteil an den Gaben von Brot und Wein den unsichtbaren Genuß des Herrenleibes und -blutes und somit die Communio mit Christus bezeichnet, sodann, da das Abendmahl als Anteil an Christi „dahingegebenem“ Leib und seinem „vergossenen“ Blut über sich selbst hinausweist auf Kreuzesopfer (und Auferstehung) und schließlich so (aber auch direkt als Mahl) die sich bei der Wiederkunft vollkommen offenbarende Erlösung und die Teilnahme am himmlischen Gastmahl bezeichnet.

Von Anfang an wurden in der kirchlichen Abendmahlsfeier nach dem Vorbild Christi, der „Dank sagte“, die Einsetzungsworte über die Gaben im Rahmen eines Dankgebetes gesprochen, das schon bald der ganzen Feier und auch den gewandelten Gaben selbst den Namen Eucharistie eintrug. Dieses Danksagungsgebet bot die beste Möglichkeit, das vom Herrn aufgetragene „Gedächtnis“ als Anamnesis seines im Tode kulminierenden Heilswerkes zu vollziehen und demgemäß zu bezeugen. Ein solches Verständnis des Herrengedächtnisses war von der Todessymbolik der Einsetzung selbst gefordert und spricht sich deutlich in 1 Kor 11, 26 aus: „Sooft ihr dieses Brot esset und den Kelch trinket, verkündet ihr den Tod des Herrn, bis daß er wiederkommt.“

Schon hier hat das Gedächtnis über das in der Vergangenheit vollzogene Heilswerk hinaus die Parusie zum Gegenstand. Um so weniger kann es überraschen, wenn schon früh ausdrücklich auch der Auferstehung, der Himmelfahrt und (in Ausweitung der Anamnesis ins Frühere:) der Inkarnation und der Präexistenz des Logos gedacht wird. Die Widerspiegelung eines solchen liturgischen Brauches darf man wohl schon im Neuen Testament, so in Kol 1, 12—22 erblicken[3]).

Die Gegenwärtigsetzung des Abendmahls geschieht also von alters her im Rahmen eines Danksagungsgebetes, in welchem das Christusgedächtnis als Anamnesis der großen Heilstaten des Herrn vollzogen wird, unter denen Tod und Auferstehung und auch die Parusie besonders betont werden[4]). Dieser Charakter des Danksagungsgebetes ist bis heute den beiden gebräuchlichen Anaphoratexten[5]) der byzantinischen Liturgie eigen, besonders der Anaphora des hl. Basilios[6]).

---

[3]) Vgl. J. Betz, Die Eucharistie in der Zeit der griechischen Väter I/1. Die Aktualpräsenz der Person und des Heilswerkes Jesu im Abendmahl nach der vorephesinischen griechischen Patristik (Freiburg 1955) 153 f.

[4]) Der Betonung des kirchlichen Abendmahls als Anamnesis des Opfertodes Christi entspricht auch der Wandel im äußeren Erscheinungsbild der Eucharistiefeier seit apostolischer Zeit. Die Eucharistie wird von der Agape getrennt. (Schon Paulus deutet 1 Kor 11, 20f. Unzuträglichkeiten der Verbindung an.) Von den Tischen der Mahlversammlung bleibt nurmehr der des Vorstehers und erscheint nun als Altar (Ignatius v. Ant., Philad. 4). Dagegen wird die Eucharistiefeier mit einem Lese- und Gebetsgottesdienst verbunden, der im Gottesdienst der Synagoge sein Vorbild hat.

[5]) Diese sind benannt nach den hl. Vätern Johannes Chrysostomos und Basilios d. Gr. Die Zuweisung an Basilios dürfte einen historischen Kern enthalten, wenn auch nur im Sinne einer allgemein liturgiereformerischen Tätigkeit des Heiligen und einer eventuellen Redaktion des Anaphoratextes. — Von der Anaphora ist die Benennung nach Chrysostomos und Basilios jeweils auf die ganzen Liturgieformulare übergegangen, die sich außer der Anaphora nur noch in einigen Priestergebeten unterscheiden. — Die Basiliosliturgie wird heute nur noch zehnmal im Jahr gefeiert: am Fest des Heiligen (1. Jan.), an den Sonntagen der Fastenzeit (ausgen. Palmso.), am Gründonnerstag und Karsamstag und an den Vorabenden von Weihnachten und Epiphanie. Am Mittwoch und Freitag in der Fastenzeit wird heute die Kommunionfeier der Vorgeheiligten Gaben begangen, ebenso an den drei ersten Tagen der Karwoche. An allen übrigen Tagen, in der Großen Fastenzeit jedoch nur am Samstag, wird die Liturgie des hl. Johannes Chrysostomos gefeiert.

[6]) Diese beschreibt als Gegenstand der Danksagung und des Lobpreises die ganze Heilsgeschichte seit der Erschaffung des Menschen sehr ausführlich. Nach einem langen Lobpreis der Inkarnation heißt es schließlich: „Er reinigte uns durch Wasser, heiligte uns durch den Heiligen Geist und gab sich selbst als Lösepreis dem Tode hin, in welchem wir, unter die Sünde verkauft, festgehalten wurden. Um alles mit seinem Wesen zu erfüllen, stieg er vom Kreuze herab in das Totenreich und löste die Schmerzen des Todes. Am dritten Tage stand er wieder auf und bahnte dem Fleische den Weg zur Auferstehung von den Toten, weil der Urheber des Lebens unmöglich von der Verwesung bewältigt werden konnte. Er ist der Erstling der Entschlafenen, der Erstgeborene von den Toten geworden; um selbst in allen Stücken voranzugehen, kehrte er in den Himmel zurück und setzte sich zur Rechten Deiner Herrlichkeit in der Höhe. Er wird wiederkommen, um einem jeden nach seinen Werken zu vergelten. — Als Andenken an sein heilsames Leiden hat er uns dasjenige hinter-

So sehr diese Texte allerältestes liturgisches Erbe wahren, so weisen sie doch zugleich die charakteristischen Züge auf, die sich in den Eucharistiegebeten des Orients seit dem 4./5. Jahrhundert zeigen und die liturgischen Wandlungen dieser Zeit deutlich erkennen lassen. Vergleicht man nämlich diese Eucharistiegebete mit der früheren Ordnung, wie sie in der „Apostolischen Überlieferung" des Hippolyt in ihrer streng christologisch-soteriologischen Durchführung vorliegt[7]), so zeigt sich ein auffallend (im engeren Sinne:) theologischer Zug, den zu entwickeln besonders das Dreimalheilig Anlaß gibt.

Das Dreimalheilig (Sanctus) gehört wohl schon seit der Wende des ersten Jahrhunderts zum christlichen Gebetsgut, doch läßt es sich im Eucharistiegebet mit Sicherheit erst für das 4. Jahrhundert, nunmehr allerdings in allen Liturgien nachweisen. Die stärkere Entwicklung des Theologischen und die Wertschätzung des Dreimalheilig im Eucharistiegebet läßt sich gut verstehen in einer Zeit, da infolge der Abwehr des Arianismus das Dogma der Trinität gleichsam als das aktuellste im Christentum erscheint.

Bemerkenswert für den Symbolgehalt des Eucharistiegebetes neuen Stils ist die Art, wie Einleitung und Erweiterung des Dreimalheilig in der christlichen Liturgie den alttestamentlichen Rahmen von Is 6, 2 transzendieren: Nicht mehr nur die Seraphim, sondern alle Chöre der Engel rufen das „Heilig", in welches die Gemeinde mit einstimmt. Ort des Lobpreises ist nicht mehr der Tempel zu Jerusalem, sondern das Jerusalem des Himmels (vgl. Apok 4, 8). Der Preisgesang gilt nicht einem unbeweglich über allem Geschehen Thronenden, einem, von dem es hieße, daß er ist und war und sein wird, sondern Jenem, von dem geschrieben steht: „Der da ist und war und kommt" (ebd.), der das Zukünftige schon in die Gegenwart hinein sich offenbaren läßt[8]).

Durch den Engelsgesang des Dreimalheilig, in den die ganze Gemeinde mit einstimmt, erscheint die irdische Liturgie selbst als Anteil am himmlischen Gottesdienst der Engel. Eine Sicht der kirchlichen Liturgie, die im Hebräerbrief und vor allem in der Apokalypse sich ankündigt, kommt hier voll zum Ausdruck. Der eschatologische Aspekt des Abendmahls, der sich bei den Synoptikern (Mt 26, 29; Mk 14, 25; Lk 22, 16) ausspricht, erscheint hier in eigener Akzentuierung, indem das Eschaton nicht nur Gegenstand der Erwartung, sondern verhüllt schon Anteil der Gegenwart ist. Gemessen am

---

lassen, was wir nach seinem Auftrage dargebracht haben. Denn als er zu seinem freiwilligen, unvergeßlichen und lebendigmachenden Tode hinausgehen wollte, nahm er in der Nacht, in welcher er sich für das Heil der Welt dahingab, Brot in seine heiligen und unbefleckten Hände..." (übers. v. R. Storf: Griech. Liturgien [Bibl. d. Kirchenväter] Kempten 1912, 269).

[7]) Über das Eucharistiegebet Hippolyts als Zeugnis ältester Tradition und seine Anklänge an paulinische Stellen des N. T. vgl. Betz 165 ff.

[8]) Eine Theologie des Dreimalheilig in der christlichen Liturgie bietet E. Peterson, Das Buch von den Engeln (München 1935, 1955[2] = Theol. Traktate 1951).

Abendmahlsgeschehen mag so die Himmelsliturgie-Symbolik des Sanctus und seiner Einleitung als eine Ausweitung der Abendmahlsymbolik vom himmlischen Gastmahl erscheinen.

Schließlich darf ein entscheidender Gestaltungsfaktor der Anaphora seit dem 4. Jahrhundert nicht unerwähnt bleiben: die spezielle Epiklese nach der Rezitation der Einsetzungsworte. Indem die Erfüllung und Wandlung der Gaben *durch die Kraft Gottes* in eigener Weise mit der feierlichen Herabrufung des Heiligen Geistes in Verbindung gebracht und so besonders betont wird, ist der Gedanke der Teilnahme am himmlischen Gottesdienst der Engel gesteigert zur überwältigenden Epiphanie Gottes selbst. Da der Kraft Gottes gerade die *Wandlung der Gaben* und damit die entscheidende Verwirklichung der Christusanamnese zugeschrieben wird, bedeutet diese Betonung des Theophaniegedankens durch die Epiklese zunächst keineswegs (wie man nach manchen späteren Liturgiekommentaren annehmen könnte) eine Einschränkung des Gedächtnischarakters der Anaphora. Vielmehr erscheint die Epiklese besonders in der Auffassung syrischer Väter als Bild und Symbol der Auferstehung, ähnlich wie der Vollzug der Einsetzung (die Proklamierung des Brotes als des „dahingegebenen" Leibes und des Kelches als des „vergossenen" Blutes) als bewirkendes Symbol des Opfertodes gesehen wird. So bedeutet die Epiklese eine Ausdruckssteigerung der Anaphora als Teilhabe an der himmlischen Wirklichkeit wie auch eine differenzierte Betonung ihres Anamnesischarakters.

II. Das Christusgedächtnis der Anaphora in seiner Ausweitung auf die übrige Liturgie

Theodor von Mopsuestia und Pseudo-Dionysios als Vorbilder byzantinischer Liturgiedeutung

Nach Aussage der altchristlichen Eucharistiegebete ist das kirchliche Abendmahl Gedächtnis des Heilswerkes Christi. Es ist wirklichkeitserfülltes Gedächtnis, da es sich unter den Zeichen vollzieht, die Christus selbst eingesetzt hat. Zugleich erweist sich in diesen Gebeten die kirchliche Liturgie als Teilnahme am himmlischen Gottesdienst der Engel. Auch diese Deutung geht zunächst noch nicht von eigenen Symbolen aus, es sei denn, den von Christus eingesetzten Zeichen, welche die Gegenwart dessen bewirken, dem im Himmel die Liturgie der Engel und Heiligen gilt. Für diese Wahrheiten nun schafft sich die Liturgie des 5. und 6. Jahrhunderts ihre eigenen Symbole, die das, was in der Anaphora sakramentale Wirklichkeit findet, außerhalb dieser bildhaft vergegenwärtigen. Diese Entwicklung kündigt sich in den Liturgiedeutungen des

Theodor von Mopsuestia[9]) und des Dionysios Areopagites[10]) an, welche bereits eine handlungsreiche Liturgie voraussetzen, vor allem aber ihrerseits zu weiterer Symbolbildung Anlaß geben und so für die ganze orientalische Liturgiegeschichte aufschlußreich sind. Größer noch als der Einfluß der genannten Deutungen auf die liturgische Entwicklung selbst ist naturgemäß ihre Bedeutung für die Geschichte der Liturgieerklärung. Die Liturgiedeutung der „Kirchlichen Hierarchie" des Dionysios wird geradezu das hochgepriesene Vorbild aller späteren byzantinischen Meßerklärung. Und nur in der geistigen Umwelt, deren Zeuge Dionysios ist, konnte sich die byzantinische Liturgie so entwickeln, wie sie sich tatsächlich entwickelt hat.

1. Während Dionysios in Byzanz immer wieder als hohe Autorität zitiert wird, bleibt diese Ehre dem Mopsuestener gänzlich versagt, gilt er doch seit dem Konzil vom Jahre 553 als Vorläufer des Nestorianismus. Doch folgen unbewußt fast alle byzantinischen Liturgiekommentare dem Vorbild Theodors, wenn sie mit diesem bestrebt sind, in möglichst vielen Handlungen der Liturgie Ereignisse des Lebens Jesu versinnbildet zu finden.

Vor allem sieht Theodor die Vergegenwärtigung des Leidens und Sterbens Christi innerhalb der Liturgie in der Proklamation der Gaben als des Leibes und Blutes des Herrn verwirklicht. Leib und Blut sind ihm die Leidensorgane. Wenn also die Gaben Leib und Blut Christi sind, müssen sie auch das Leiden des Herrn vergegenwärtigen[11]). Diese Deutung aber genügt Theodor nicht. Er möchte genauer wissen, wie sich im einzelnen das Leiden Christi im liturgischen Vorgang verwirklicht und kommt so dazu, bestimmten Teilen der Liturgie einzelne Stadien des Lebens Jesu zuzuordnen. So sieht er in der Übertragung der Gaben zum Altar Christus, der zum Opfer schreitet, ja der gleichsam auf dem Altar ausgestreckt wird, um im Abbild neu geopfert zu werden. Dabei sind die Diakone als Abbilder der Engelsmächte zugegen, wie die Engel nach dem Zeugnis der Ölbergsszene ja auch dem geschichtlichen Leiden des Herrn gegenwärtig waren. Wenn nun die Gaben auf dem Altar liegen, so soll der Betrachter Christus schauen, der auf dem Altar wie in einem Grab liegt und das Leiden schon überstanden hat. Das Altarlinnen stellt die Grabtücher dar. Die Diakone sind nun Abbilder jener Engel, die vor dem Grabe Jesu standen, ihr Fächeln ist ein Ehrenerweis gegenüber dem Leichnam. Das liturgische Schweigen deutet auf die Haltung der Jünger, die aus Furcht sich verbargen und auf die innere Sammlung der unsichtbaren Engelsmächte, welche die Auferstehung erwarteten[12]).

[9]) Katechetische Homilien, ed. R. Tonneau — R. Devreesse (Studi e Testi 145, Rom 1949).

[10]) Kirchliche Hierarchie III (PG 3, 424—445); deutsch von J. Stiglmayr (Bibl. d. Kirchenväter), München 1911, 119—145 (dieser Band im folg. zitiert als BKV mit Seitenangabe).

[11]) Betz 232.

[12]) Kat. Hom. 15, 25 ff (ST 145, 503 ff).

Galten all diese Sinnbilder dem *Leiden* des Herrn, so stellt der Fortgang der Liturgie von der Epiklese bis zur Kommunion die *Auferstehung* dar: „Es muß von da an unser Christus von den Toten auferstehen durch die Kraft dieser Handlungen und muß seine Gnade auf uns alle ausgießen, was nicht anders erfolgen kann als durch das Kommen der Gnade des Heiligen Geistes. Denn diese war es auch, die ihn einst auferweckte"[13]. — Und nochmals sehen wir in der Kommunion Christus, der von dem Altar als einer Art Grab auferstand von den Toten[14]).

Da Theodor die Eucharistiefeier in ihrem konkreten Ablauf ganz als bildhaften Nachvollzug des irdischen Heilswerkes Christi nach seinen einzelnen Phasen sieht, tritt der Gedanke der Teilhabe am himmlischen Gottesdienst der Engel zurück. Wohl werden die den Priester umgebenden Diakone des öfteren als Abbilder der Engel bezeichnet, aber ihr Dienst wird dann gerade mit dem verglichen, den die Engel im irdischen Leben Christi leisteten. Ähnlich wird auch Christi in der Liturgie wirksames Priestertum wohl als himmlisches, gerade so aber als durch Auferstehung und Himmelfahrt bewirktes gesehen, das vom geschichtlichen Leben Christi unablösbar ist, weshalb auch wir in den Sakramenten von Christus zur himmlischen Wirklichkeit durch den Nachvollzug seines Leidens und seiner Verherrlichung geführt werden.

„Nach Auffassung der früheren Väter bestand die Tätigkeit des himmlischen Hohenpriesters in seiner Fürsprache beim Vater, in der Übermittlung der menschlichen Gebete und Opfer an den Vater, also in einem durchaus *präsentischen Tun*. Bei Theodor, wie auch bei anderen, wird die eigentlich hohenpriesterliche Tätigkeit Jesu auf sein irdisches Leben eingeschränkt. Aber dieses Heilswerk gewinnt in der Eucharistie Gegenwart, indem Jesus wieder die einzelnen Stadien seines Heilsweges durchläuft. Christi hohepriesterliche Tätigkeit und Gegenwart ist also *re-präsentisch*"[15]). Die so gekennzeichnete Akzentverschiebung in der Wahrheit vom Hohenpriestertum Christi gilt nicht nur für Theodor, sondern ist bedingt durch die starke Betonung der Wesensgleichheit des Sohnes mit dem Vater, welche seit der Abwehr des Arianismus die rechtgläubige Theologie prägt. Die Arianer hatten versucht, die Wahrheit von der ewigen Mittlerschaft des erhöhten Herrn beim Vater, die auch in der altchristlichen Gebetsanrede an den Vater „durch den Sohn" zum Ausdruck kam, für ihre Lehre der Unterordnung des Logos unter den Vater auszunutzen. Dem konnte man begegnen, indem man die Mittlerschaft Christi nun vorwiegend in seinem irdischen Leben verwirklicht sah und sich auf Schriftstellen bezog, die eben diese Mittlerschaft ganz offensichtlich von Christus nach

[13]) Kat. Hom. 16, 11 (551), vgl. Betz 233.
[14]) Kat. Hom. 16, 26 (575).
[15]) Betz 136—137.

seiner menschlichen Natur aussagten, oder aber, indem man das ganze Heilswerk vom wesensgleichen Logos her sah, der in der Annahme der menschlichen Natur diese gnadenhaft vergöttlicht, und in ihr die Versöhnung der ganzen Menschheit mit Gott bewirkt. Der erste Weg wurde vor allem in der antiochenischen Theologie beschritten, und Theodor ist als extremer Antiochener ein glänzendes Beispiel dafür. Die zweite Möglichkeit wurde vorwiegend in Alexandrien verwirklicht und blieb richtungsweisend auch für Byzanz.

2. Aus alexandrinischer Christologie ist auch der Liturgiekommentar des Dionysios zu verstehen, ja Dionysios ist in seiner Christologie so sehr Alexandriner, daß er dem Monophysitismus nahezustehen schien und ihn nur die Autorität Maximos' des Bekenners für die Nachwelt als Zeugen der Rechtgläubigkeit retten konnte. In seiner Denkform, Sprache und Kultauffassung ist der Areopagite stark vom Neuplatonismus beeinflußt sowie von den Mysterienkulten, die zu seiner Zeit eine letzte Nachblüte erlebten. Doch überwindet er diese innerlich, indem er ihre wahren Denkformen und Vorstellungen im Christentum als in weit höherem Maße verwirklicht erweist.

Die Liturgiedeutung des Dionysios umfaßt das dritte Kapitel der Kirchlichen Hierarchie, deren Darstellung — schon das ist bezeichnend — sich an das Buch von der Himmlischen Hierarchie der Engel anschließt.

Hierarchie ist nach Dionysios das „Gesamtsystem der vorhandenen Heilsmomente"[16]). Letzter Ausgangspunkt himmlischer wie kirchlicher Hierarchie ist die eine Heilige Dreifaltigkeit. Ihr allein kommt im eigentlichen Sinne alles Sein zu. Doch ist ihr Wollen allzeit auf das Heil unserer Natur gerichtet, das nur in der Vergöttlichung, im Ähnlich- und Einswerden mit Gott bestehen kann[17]). Die Vermittlung dieses Heilsprozesses der Vergöttlichung geschieht in strenger Stufenfolge, wobei jeder Stand die göttliche Erleuchtung von der höheren Ordnung empfängt und an die niedere weiterleitet, wodurch sie diese der eigenen Erleuchtung teilhaftig macht und so zu Gott emporführt. Die Mitteilung der göttlichen Erleuchtung, „die sich in der Sphäre der Engelwelt auf rein geistige Weise abspielt, wiederholt sich in der Kirche in Symbolen, Sakramenten und Bildern, in halb geistigen, halb sichtbaren Formen, die die geistigen Vorgänge der oberen Sphäre zugleich abbilden und verhüllen"[18]). Damit ist die Bedeutung des Symbolischen im Heilsgeschehen umrissen. Durch die Teilhabe an der Himmlischen Hierarchie muß jede bildhafte kirchliche Ausdrucksform einen hohen Bedeutungszuwachs erhalten und Gegenstand symbolischer Deutung werden. Diese Deutung ist nicht subjektiver

---

[16]) PG 3, 373 C = BKV 95.

[17]) PG 3, 373 D = BKV 96.

[18]) Endre von Ivánka, Dionysius Areopagita. Von den Namen zum Unnennbaren (Sigillum 7, Einsiedeln o. J.) 13.

Willkür überlassen, sondern muß den Sinngehalt der jeweils höheren Ordnung widerspiegeln. Doch erhebt sich die Frage: Wird es Dionysios bei Anwendung dieses Deutungsprinzips auf die liturgischen Formen gelingen, deren höheren Sinngehalt so zu enthüllen, daß dieselben doch ihre natürliche Funktion im Ganzen der liturgischen Feier behalten? Sodann: Wird Dionysios das Schema des hierarchischen Weltenbaus so durchführen können, daß in ihm die Eucharistiefeier auch gemessen an den positiven Offenbarungsquellen, insbesondere als Anamnesis des Heilswerkes Christi, unverkürzt zur Geltung kommt? Die letzte Frage wird sich an der Deutung entscheiden, die Dionysios der Anaphora gibt.

Im Anschluß an die Deutung der Händewaschung des Bischofs als eines Bildes seiner geistigen Reinigung heißt es im Hinblick auf das Kommende: „Auf solche Weise eint sich der Hierarch mit dem Göttlichen, feiert lobpreisend die heiligen Gottestaten, vollzieht den göttlichsten Teil der Liturgie und zeigt den Gegenstand seines Lobpreises den Augen des Volkes[19]). Welches nun die Großtaten Gottes an uns sind, die wir meinen, soll im folgenden, soweit es unsere Kraft erlaubt, dargestellt werden[20])." Dies geschieht nun im Anschluß an eine Schilderung des Sündenfalls mit seinen furchtbaren Folgen: „Aber die ganz unbegrenzte Menschenfreundlichkeit der urgöttlichen Güte verleugnete auch jetzt nicht wohlwollend ihre wirksame Fürsorge, sondern trat mit allen unseren Schwächen, die Sünde allein ausgenommen, in wahre Gemeinschaft, ward eins mit unserer Niedrigkeit, wobei sie die Beschaffenheit ihrer eigenen (göttlichen) Natur durchaus unvermischt und ungetrübt bewahrte, und schenkte uns so für die Zukunft als Gliedern desselben Geschlechtes die Gemeinschaft mit sich und machte uns ihrer eigenen Güter teilhaftig. Die Macht der abgefallenen Masse (der Dämonen) wider uns brach sie, nicht auf dem Wege der Gewalt, . . . sondern nach einem geheimnisvoll überlieferten Worte im Gerichte und in der Gerechtigkeit[21]). Unseren eigenen Zustand veränderte sie... Die Finsternis unseres Geistes erfüllte sie mit seligem, göttlichem Lichte... Das Haus unserer Seele reinigte sie mit vollständiger Heilung unserer nahezu gefallenen Natur von den sündhaftesten Leidenschaften und verderblichen Makeln, indem sie uns einen überweltlichen Aufstieg und einen Lebenswandel in Gott vor Augen stellte, der in einer möglichst treuen Verähnlichung unseres Wesens mit ihr besteht. Wie sollte uns aber das Abbild Gottes anders eingeprägt werden außer durch die erneute Erinnerung an die heiligsten Gottestaten, welche durch die heiligen

[19]) BKV 137 = PG 3, 440.

[20]) BKV 138 = PG 3, 440.

[21]) Diese Stelle spielt auf Jo 16, 8 an und läßt an die von verschiedenen Vätern vertretene Auffassung denken, Christus habe durch den Loskauf der Menschheit mit seinem Blut gleichsam auch dem Satan Gerechtigkeit widerfahren lassen.

Worte und Handlungen der Hierarchie immerdar wieder geweckt wird? Wir tun es also, wie die Schrift sagt, zu ihrem Angedenken"[22]).

Es darf gesagt werden, daß Dionysios den Sinn des eucharistischen Dank- und Preisgebetes und seine Bedeutung für die liturgische Struktur der Messe erkannt und hervorgehoben hat (was in späteren byzantinischen Deutungen durchaus nicht immer der Fall ist). Doch wirkt es befremdlich, daß von den Heilstaten Christi nur die Inkarnation ausdrücklich beschrieben wird, in der das ganze Heilswerk gleichsam zusammengefaßt erscheint. Die erlösende Kraft des Todes wird nur eben angedeutet. Zeigt sich hier der Mangel des allzu konsequent angewandten neuplatonischen Denkschemas? Oder ist es die extrem alexandrinische Christologie des Areopagiten, die das Heilswerk Christi einseitig von der Inkarnation her sieht?

Dennoch verdient die Erhabenheit und Konsequenz der Deutungsart des Dionysios, bei der eine jede heilige Handlung in ihrem liturgischen Gesamtgefüge verbleibt und ohne Aufhebung des ursprünglichen Sinnes ihre Überhöhung erfährt, hohe Bewunderung. Dies zeigt schon die Deutung der Beräucherung zu Beginn der liturgischen Feier: wie der Hierarch „gotterfüllt von dem Altare Gottes hinweg bis zu den äußersten Enden des Tempels mit dem Wohlgeruch (des Räucherwerks) wandelt und den Rundgang vollendend wieder zum Altar zurückkehrt"[23]). Die so beschriebene Beräucherung in der Dreiheit des Ausgangs vom Altar, der Erfüllung mit Weihrauch und der Rückkehr zum Altar ist Sinnbild göttlicher Heilsmitteilung von ihrem Ursprung in Gott bis hin zu ihrer Vollendung in der Liebesvereinigung des Geschaffenen mit Gott. Dieses Herabsteigen göttlicher Liebe zu uns findet seinen besonderen Ausdruck im heiligen Sakrament der Synaxis und entfaltet sich hier in einer Fülle von sinnbildlichen Zeichen. Indem so das Grundthema von kirchlicher Hierarchie und Synaxis schon bei der ersten Beräucherung anklingt, bleibt deren natürliche Funktion als einleitende Handlung des Gottesdienstes gewahrt. Zugleich aber wird der Sinn dieser Beräucherung überhöht zur mystagogischen Einführung in die kirchliche Liturgie überhaupt, in welcher sich der Sinn der gesamten Heilsordnung widerspiegelt.

III. Die byzantinische Liturgie des 6. Jahrhunderts im Lichte des dionysianischen Weltbildes

Dieselben geistigen Kräfte, die das Werk des Dionysios formten, haben auch die byzantinische Liturgie in der Zeit geprägt, da diese sich in ihrer Eigenart

[22]) BKV 139—140 = PG 3, 440—442.
[23]) BKV 124 = PG 3, 428 C.

von den anderen orientalischen Liturgien abzuheben begann. Vergleichen wir die Liturgie von Byzanz im 6. Jahrhundert mit der bisherigen Ordnung, die mit geringen örtlichen Abweichungen fast überall im Orient vertreten war, so fällt besonders die feierliche Gestaltung der Eröffnung und der Gabenübertragung auf.

Aus dem Eintritt des Bischofs in die Kirche ist eine feierliche Prozession geworden, die sich in der Folgezeit zum „Einzug des Evangeliums"[24]) entwickelt. Nach dem Gruß des Bischofs: „Der Friede sei mit euch" und der Antwort des Volkes: „Und mit deinem Geiste" singt der Chor den Hymnus des Trishagion: „Heiliger Gott, heiliger starker Gott, heiliger unsterblicher Gott, erbarme Dich unser." Währenddessen inzensiert der Bischof die Kirche, indem er den ganzen Raum mit dem Wohlgeruch des Weihrauches erfüllt[25]).

Noch feierlicher wird die Übertragung der vorbereiteten Opfergaben gestaltet. Seit dem 9. Regierungsjahr des Kaisers Justin II. (573/574) wird dazu der Cherubshymnus gesungen[26]), nach dessen Worten die Liturgen als Abbilder der Engel erscheinen, die den Herrn als Speerträger unsichtbar begleiten. — Bei der Übertragung gilt den noch nicht konsekrierten Gaben schon am Ende des 6. Jahrhunderts so sehr die Verehrung des Volkes, daß Patriarch Eutychios von Konstantinopel vor Übertreibungen und vor Anwendung der Worte „König der Herrlichkeit" auf die Gaben warnen muß[27]).

1. Die im Cherubshymnus gegebene Deutung des Großen Einzugs zeigt ganz deutlich die ständig wachsende Vorherrschaft jener Geistigkeit, die aus dem Werke des Areopagiten spricht. Bezeichnend dafür ist, daß der Cherubshymnus bei seiner Einführung wohl jenen Gesang verdrängt hat, der heute nur noch in der Basiliosliturgie am Vorabend von Ostern zur Gabenübertragung gesungen wird und lautet: „Es schweige alles Fleisch... denn es kommt der König aller Könige und der Herr der Herren, um geschlachtet und den Gläubigen als Speise gereicht zu werden." Dieser Hymnus läßt weit mehr als der cherubinische an jene Deutung denken, die Theodor von Mopsuestia der Gabenübertragung gegeben hatte.

Teilhabe am himmlischen Gottesdienst der Engel, das ist auch der Stempel, den die Baukunst des 6. Jahrhunderts der kirchlichen Liturgie aufdrückt. Der für die ganze spätere kirchliche Architektur der byzantinischen Welt vorbildliche Kultraum ist die von Justinian erbaute Hagia Sophia zu Konstantinopel. Ihre flache Kuppel, die über einem Fensterkranz zu schweben scheint, ist Bild des Himmels und läßt so auch das Geschehen unter dieser Kuppel zu

---

24) s. u. S. 18.

25) Vgl. J. M. Hanssens, Institutiones liturgicae de ritibus orientalibus II, De missa rituum orientalium (Rom 1930) n. 679.

26) Nach einer glaubwürdigen Notiz des Kedrenos: PG 121, 748 B.

27) De Paschate et SS. Eucharistia: PG 86, 2, 2400 f.

himmlischem Geschehen, genauer: zur Teilhabe an der Himmlischen Hierarchie, wie Dionysios sie sieht, werden. Ja, zur Widerspiegelung des ganzen Stufenbaus der dionysianischen Hierarchie fehlt in dieser Zeit nur noch die reich entwickelte Ikonostase. Immerhin hat auch diese schon in der Hagia Sophia des 6. Jahrhunderts ein Vorbild in der bereits stark betonten Trennungswand mit ihren drei Toren, wie Paulos Silentiarios sie beschreibt[28]). Die spätere Ikonostase setzt in ihrer eigentlichen Bedeutung die klassische Bilderlehre des 8. Jahrhunderts voraus, ist sie doch nicht nur Trennungswand, die das heilige Geschehen auf dem Altar verhüllt, sondern zugleich durch die Darstellungen ihrer Bilder enthüllende Vermittlung des Heiligen zu den Gläubigen hin. Denn Christus, die Engel und Heiligen sind dem liturgischen Geschehen gegenwärtig; ihre Gegenwart wird sichtbar in den Mosaiken und Fresken der Kuppeln und Apsiden und schafft sich neue Wirklichkeit in den Ikonen der Bilderwand und den zur Verehrung ausgestellten Ikonen im Gläubigenschiff. Wie stark das Weltbild des Dionysios die byzantinische Geisteswelt bestimmt, zeigt sich gerade hier in der Bilderverehrung und ihrer theologischen Begründung.

2. Zugleich mit dem hierarchischen Weltbild wirkt auch die Christologie, deren Zeuge der Areopagite ist, in Byzanz entscheidend weiter. Es ist die alexandrinische Einigungs-Christologie, die ihren Ausdruck in der leicht mißzuverstehenden *μία φύσις*-Formel des Kyrill gefunden und ihren großen Triumph 431 auf dem Konzil von Ephesus gefeiert hatte. Gegen die Monophysiten, welche die *μία φύσις*-Christologie übersteigerten, hatte dann das Konzil von Chalkedon 451 den Ausgleich gebracht, der für die Orthodoxie in Ost und West verbindlich blieb, aber dennoch nicht alle Anliegen östlicher Heilslehre berücksichtigte. So kam es zu einer Renaissance alexandrinischer Christologie, die schließlich sogar auf dem 5. Konzil 553 zu Konstantinopel ihre eigene Interpretation von Chalkedon durchsetzte, indem sie die bis dahin für rechtgläubig gehaltenen Häupter der antiochenischen Schule Theodoret von Cyrus und Theodor von Mopsuestia verurteilte[29].)

Die besondere Eigenart des alexandrinischen und späteren byzantinischen Christusbildes liegt in der faszinierenden Folgerichtigkeit, mit der die Einigung der Naturen in Christus vom göttlichen Logos her gesehen wird und mit der

---

[28]) Auch wenn man die bekannte Stelle des Paulos Silentiarios (PG 86, 2, 2145 f.) nicht mit K. Holl (Die Entstehung der Bilderwand in der griechischen Kirche: Ges. Aufs. zur Kirchengesch. II, Tübingen 1928) im Sinne der vollentwickelten Trennungswand späterer byzantinischer Kirchen deutet, wird man doch eine stärkere Betonung gegenüber der basilikalen Anlage annehmen müssen.

[29]) Reiche Lit. zur Entfaltung des christologischen Dogmas, insb. zur Renaissance alexandrinischer Christologie im sogen. Neuchalkedonismus des 5. Konzils bietet: Das Konzil von Chalkedon, Geschichte und Gegenwart, hrsg. v. A. Grillmeier und H. Bacht I—III, Würzburg 1951—54.

auch die Menschheit Christi als von der göttlichen Natur durchstrahlt und geheiligt erscheint. In der Liturgiedeutung des Dionysios nun ist die Entsprechung zu dieser Christologie ganz offenkundig, da alle liturgischen Handlungen von göttlichem Lichte verklärt einen neuen höheren Sinngehalt offenbaren, ähnlich, wie in der Menschheit Christi die Herrlichkeit der Gottheit „sichtbar" wird (vgl. Christi Wort bei Jo 14, 9: „Wer mich sieht, sieht auch den Vater").

Eine so geartete Christologie und die ihr gemäße Liturgieauffassung ist selbstverständlich ins Extrem gesteigert nicht ohne Gefahren. Diese liegen für die Christologie in der Neigung, die Wirksamkeit des göttlichen Logos in der hypostatischen Union so zu betonen, daß die Eigenständigkeit und Wirkkraft der menschlichen Natur Christi verkürzt statt vollendet und erhöht erscheint. Der Monophysitismus ist dieser Gefahr erlegen. In Sakramententheologie und Liturgiedeutung aber würde eine Art Monophysitismus darin bestehen, die natürliche Sinnhaftigkeit des sakramentalen Zeichens und der liturgischen Vorgänge zu mindern und diese nur noch als Medium einer theophanischen Gottesoffenbarung gelten zu lassen.

Bei Dionysios ist diese Gefahr noch gebannt. Wenngleich seine Deutung ganz auf den höheren Sinn der liturgischen Handlung ausgerichtet ist und der Weg zu seiner Erkenntnis steil emporführt, so schwinden doch die natürlichen Gegebenheiten der Liturgie nicht ganz aus dem Auge. Auch die dem „Uneingeweihten" erkennbare Sinngehalte haben im hierarchischen Weltbild des Dionysios ihren unaufgebbaren Platz. Ja, Dionysios gibt für die Uneingeweihten sogar eine Erklärung der Synaxis als Gemeindefeier, indem er ganz von ihrer natürlichen liturgischen Struktur ausgeht[30]).

Dagegen wird die spätere Geschichte byzantinischer Liturgiedeutung nicht frei sein von Beispielen einer „Erklärung", welche den natürlichen Sinn der liturgischen Formen nicht mehr überhöht sondern verläßt und verleugnet.

IV. Die Entwicklung der byzantinischen Liturgie bis zu ihrem Abschluß im 14. Jahrhundert

Die byzantinische Liturgie des 6. Jahrhunderts zeichnet sich gegenüber der früheren besonders durch die feierliche Gestaltung der Einzüge aus, die als Abbild himmlischer Vorgänge erscheinen, ganz wie es der Auffassung des Areopagiten entspricht. Demgegenüber läßt die liturgische Entwicklung der Folgezeit, besonders die des 8. bis 11. Jahrhunderts wieder deutlicher auch

[30]) PG 3, 428 = BKV 121 f.

Züge erkennen, wie sie in ähnlicher Weise schon der Liturgiedeutung des Theodor von Mopsuestia eigen waren. Die Zeit der aufblühenden und gegen alle Anfechtungen siegreichen Bilderverehrung hatte offenbar das Bedürfnis, auch in der Eucharistiefeier möglichst bildhafte Zeremonien und Symbole zu schaffen, die bestehenden aber nach einer manchmal recht äußerlichen Ähnlichkeit mit bildhaft vorstellbaren Ereignissen besonders des Lebens Christi in Beziehung zu bringen. Dies wird vor allem in den Kommentaren dieser Zeit deutlich.

Doch sei zunächst die liturgische Entwicklung selbst dargestellt. Diese bezieht sich seit dem 7. Jahrhundert vor allem auf die Teile, die dem Einzug mit dem Evangelium, dem sog. Kleinen Einzug vorausgehen; und diese geben sich eben dadurch als später hinzugekommene zu erkennen, daß sie sich dem ursprünglichen Aufbau der Liturgie nicht eingegliedert sondern vorgelagert haben. Der Kleine Einzug ist ja als Eintritt des Liturgen in den Altarraum ursprünglich zugleich die Eröffnung der Liturgie. Noch heute ist dieser Eröffnungscharakter im Pontifikalamt zu erkennen, wenn der Bischof bis zum Kleinen Einzug auf seinem Thron in der Mitte der Kirche verharrt und die Zeremonien am Altar von Priestern vollziehen läßt, vom Kleinen Einzug ab aber als eigentlicher Liturge tätig wird. Schon in der Liturgieerklärung des Germanos steht jedoch der Kleine Einzug nicht mehr am Anfang. So scheint denn auch sein Sinn als Einzug des Liturgen, der noch heute aus den Begleittexten spricht, dem Kommentator nicht mehr zu genügen: Aus dem Einzug des Liturgen wird der „Einzug des Evangeliums“ und zugleich ein Symbol des Advents bzw. der Parusie Christi[31]).

Seit dem 7. oder 8. Jahrhundert ist dem Kleinen Einzug die Enarxis vorgelagert, eine feste Ordnung von Fürbittengebet (drei Ektenien) und Antiphonen. Das Fürbittengebet hat seinen ursprünglichen Platz im Wortgottesdienst nach den Lesungen. In der Zusammenstellung der Enarxis und an diese Stelle aber ist es wohl aus dem Tageszeitengebet übernommen worden. In der Einführung einer solchen Gebetsordnung vor dem eigentlichen Beginn der Liturgie zeigt sich ein Vorgang, der in der Liturgiegeschichte allgemein zu beobachten ist und der sich wohl aus der Scheu erklärt, die liturgische Feier sofort mit Wesentlichem zu beginnen. Zieht man außerdem jedoch das übersteigerte Bilddenken seit dem 8. Jahrhundert in Betracht, so mochte die Enarxis wohl zugleich auch die Möglichkeit bieten, die Leben-Jesu-Symbolik

---

[31]) Germanos *Ἱστορία ἐκκλησιαστική*, ed. N. Borgia, Il commentario liturgico di S. Germano patriarca Constantinopolitano e versione latina di Anastasio Bibliotecario (Studi liturgici I, Grottaferrata 1912) n. 33. — Ein stark interpolierter Text ist abgedruckt: PG 98, 383—454.

vom Kleinen Einzug als dem Offenbarwerden Christi nach vorne auszudehnen auf das Alte Testament oder auch auf die dreißig Jahre der Verborgenheit in Nazareth.

Besonders günstige Möglichkeiten zu weiterer Symbolisierung aber mußte die Vorbereitung der Opfergaben von Brot und Wein bieten. Schon Theodor von Mopsuestia sah ja in der Übertragung der Opferelemente das Schreiten Christi zur Passion. Die Zeremonien und Gesänge der Gabenübertragung im 6. Jahrhundert stellten die Passionssymbolik ins himmlische Licht der Apokalypse. Der Gedanke, daß die noch nicht konsekrierten Opferelemente schon Bild des Leibes und Blutes Christi (wenn auch noch nicht dessen Wirklichkeit) sind, ist in dieser Zeit längst allgemein verbreitet. So nimmt es nicht wunder, wenn die Symbolik schon vor der Übertragung der Gaben sich auch der Bereitung derselben bemächtigt. Je mehr eine solche Symbolik ausgebildet wurde, desto leichter konnte auch die Gabenbereitung als eigener Teil der Liturgie erscheinen und auf deren Anfang verlegt werden. Diese Stufe der Entwicklung ist denn auch im ausgehenden 8. Jahrhundert erreicht und durch den Codex Barberinus[32]) ausdrücklich bezeugt. — Der Kommentar des Germanos spricht von der Durchbohrung des Opferbrotes mit der „Lanze"[33]), dem lanzenförmigen Messer, das seitdem als liturgisches Gerät in Gebrauch bleibt. Diese Handlung versinnbildet offenkundig den Lanzenstich des Soldaten am Kreuz, durch den Blut und Wasser der Seite Christi entströmten. Eine zu Beginn des 9. Jahrhunderts von Gregorios Dekapolites wiedergegebene Erzählung[34]) setzt bereits die in der Proskomidie am Opferbrot vollzogene „Schlachtung" durch kreuzförmiges Einschneiden mittels der Lanze voraus, sowie das Mischen von Wein und Wasser als der Symbole des Blutes und Wassers, welches aus der Seite Christi hervorging. — Der von Anastasius dem Bibliothekar übersetzte interpolierte Germanoskommentar endlich berichtet zur „Schlachtung des Lammes" sowie zur Mischung von Wein und Wasser schon die Worte, die auch heute bei diesen Handlungen gesprochen werden: „Wie ein Lamm wird er zur Schlachtbank geführt..." (Is. 53, 7) und „Einer der Soldaten..." (Jo 19, 34)[35]). — Im 11./12. Jahrhundert erreicht die Proskomidie ein weiteres Stadium der Entwicklung: Zum Gedächtnis der Heiligen, der Lebenden und Verstorbenen werden kleine Brotstückchen neben das gesiegelte Hauptstück des Opferbrotes, das „Lamm" gelegt, um die Gemeinschaft aller mit dem heiligen Opfer zu versinnbilden[36]).

---

[32]) Den Text des Codex Barberinus bietet (zus. mit anderen wichtigen Quellen): F. E. Brightman, Liturgies Eastern and Western I (Oxford 1896).

[33]) Borgia n. 20 f; vgl. Hanssens n. 787.

[34]) PG 100, 1201—1203; vgl. Hanssens n. 788.

[35]) Borgia 20.

[36]) Vgl. Hanssens n. 789.

In der Folgezeit kommen dann noch die Vorbereitungsgebete der Liturgen vor der Bilderwand sowie die Gebete beim Anlegen der liturgischen Gewänder hinzu[37]), welche nun noch vor der Proskomidie ganz am Anfang der Feier stehen.

Die so beschriebene Erweiterung der Liturgie vollzog sich freilich nicht überall zur gleichen Zeit und in derselben Weise. Bis zum 14. Jahrhundert dürfte es schwer sein, auch nur zwei in allem übereinstimmende Codices anzutreffen. Den entscheidenden Schritt zur Vereinheitlichung und damit auch zur entgültigen Festlegung der Liturgie bezeichnen zwei Konstitutionen des Patriarchen Philotheos von Konstantinopel[38]), denen der endgültige Erfolg jedoch erst durch die normierende Wirkung des Buchdrucks zuteil wurde.

V. Die liturgische Symbolik im Spiegel byzantinischer Liturgiedeutung

1. Einen tiefen Einblick in die liturgische Symbolik und ihr durchschnittliches Verständnis seit dem 8. Jahrhundert gewährt uns ein Liturgiekommentar, der in den meisten Handschriften dem Patriarchen Germanos von Konstantinopel (715—729) zugeschrieben wird. Sollte auch die Zuweisung an Germanos, wie vielfach angenommen, nicht zu recht bestehen, so bliebe dennoch wenigstens das Jahrhundert des Patriarchen die wirkliche Entstehungszeit, denn als Anastasius Bibliothecarius zwischen 867 und 886 eine lateinische Übersetzung des Kommentars verfertigt, ist dieser längst allgemein verbreitet und in hohem Ansehen, dabei jedoch durch umfangreiche Interpolationen stark erweitert.

Vergleicht man die Liturgieauffassung des Germanoskommentars mit der der Kirchlichen Hierarchie des Dionysios, so ist der Unterschied offenkundig, der sich als Auflösung der einheitlich sakramentalen Deutung der Gesamtliturgie kennzeichnen läßt.

Schon Maximos der Bekenner hatte trotz seines lauten Lobes für Dionysios[39]) diesen Weg beschritten. Ihm kommt es in seiner Deutung vor allem auf die

---

[37]) Eine Darstellung der gesamten Entwicklung gibt P. de Meester, Les origines et les developpements du texte grec de la liturgie de S. Jean Chrysostome: *Χρυσοστομικά*, Studi e ricerche intorno a S. Giovanni Crisostomo (Roma 1908) 245—357.

[38]) Philotheos (1379), 1. *Διάταξις τῆς ἱερᾶς διακονίας* (PG 154, 745—766), 2. *Διάταξις τῆς ἱερᾶς λειτουργίας* (den liturgischen Textausgaben beigefügt; krit. ed. P. N. Trempelas, *Αἱ τρεῖς λειτουργίαι*, Athen 1935, 1—16).

[39]) Maximos der Bekenner (580—662), Mystagogie PG 91 (658—717) 660: „Weil der allheilige und wahrhaft gottweisende Dionysios vom Areopag in seinem Werke über die Kirchliche Hierarchie auch die bei der hehren Weihe der hl. Synaxis vollzogenen Geheimnisse seinem hohen Geiste entsprechend durchgenommen hat, so möge gesagt sein, daß die Rede

rein geistig-ethischen Auswirkungen der Liturgie in der Seele des Mitfeiernden an[40]). Dagegen wird die natürliche Funktion der liturgischen Handlungen im Rahmen der Gesamtfeier wenig beachtet. Die Liturgie wird nicht mehr als einheitliches sakramentales Bildzeichen gesehen, und die strenge Bindung zwischen diesem und der dadurch zunächst bezeichneten und vergegenwärtigten höheren Wirklichkeit der Himmlischen Hierarchie (bzw. des Heilswerkes Christi) ist gelockert.

Bei Germanos nun erfolgt die noch stärkere Zersetzung, indem die sichtbare Liturgie, ungeachtet ihrer natürlichen Struktur[41]) in eine Fülle von Bildern aufgelöst wird, von denen jedes einzelne seine eigene, manchmal recht willkürliche Deutung erfährt[42]). Der Kommentar des Germanos muß als eine auf die liturgischen Symbole angewandte volkstümliche Bilderlehre betrachtet werden, die jedoch bisweilen gegen die Prinzipien der strengen, bei Dionysios sich anbahnenden und bei Johannes von Damaskus sich voll entfaltenden Ikonentheologie durch mangelnde Folgerichtigkeit verstößt: Nicht die Gesamtliturgie wird als großes Bildzeichen gesehen, auch nicht die Hauptteile der Liturgie, sondern es entsteht dem Betrachter eine Unzahl von bildhaften Symbolen, die sich gegenseitig überlagern und widersprechen. Sodann ist nach der Bildertheorie die bildhaft-symbolische Darstellung geschichtlicher Ereignisse weit mehr als die darstellerische Wiederholung der Historie mit ihren konkreten Begleitumständen: nämlich die Vergegenwärtigung des in seiner Bedeutung über die historischen Begleitumstände hinausgewachsenen

---

hier nicht auf dieselben Dinge zurückkommen und nicht auf denselben Wegen wie er ausschreiten wird. Allzu gewagt und überheblich und fast wahnwitzig wäre es für einen, der ihn kaum zu fassen oder zu verstehen vermag, wenn er versuchen wollte, das von ihm Behandelte neuerdings aufzunehmen und gleichsam als eigene Erfindung vorzutragen, was jenem gotthaft allein durch den Heiligen Geist an Geheimnissen geoffenbart worden ist."

[40]) So bedeutet nach Maximos der Einzug des Bischofs in die Kirche, daß Christus im Fleische auf Erden erscheint (PG 91, 688 C), zugleich aber, daß die ungläubige Menschheit von Unwissenheit und Irrtum bekehrt und zu Tugend und Gnosis geführt wird (689 A).— Die Besteigung des Thrones bedeutet den Einzug Christi ins Allerheiligste des Himmels (668 D); bei den Gläubigen aber erwecken die geistlichen Gesänge die Begierde nach himmlischen Gütern (689 C). — Das Heruntersteigen des Bischofs von seinem Throne (nach dem Evangelium) und die Entlassung der Katechumenen bedeutet die Wiederkunft Christi, die Trennung zwischen Guten und Bösen beim Gericht und die vollkommene Zuwendung der Guten zu den himmlischen Freuden (693 B). — Der „Einzug der heiligen Geheimnisse" endlich bedeutet die Offenbarung der künftigen Herrlichkeit (693 C).

[41]) So wird z. B. die innere Einheit des Hochgebetes und dessen Danksagungscharakter, der doch in der byzantinischen Anaphora so deutlich zu erkennen ist, ganz übersehen. Die Worte: „Laßt uns dem Herrn danksagen" werden auf das Vorhergehende bezogen (Borgia 58).

[42]) So z. B. wenn das Omophorion des Bischofs nicht mehr liturgisches Gewand bleibt, sondern zur Last des alttestamentlichen Gesetzes wird, die der Bischof beim Evangelium abwirft, um wenig später dasselbe plötzlich als Lamm auf seine Schultern zu nehmen und so den Guten Hirten zu versinnbilden. Solche Deutungsart erinnert an abendländisch-mittelalterliche Liturgieallegorese, doch sind die Erscheinungen nicht einfachhin gleichzusetzen.

Heilsereignisses[43]). Demgegenüber scheint die Deutung des Germanoskommentars allzusehr an äußerlicher Ähnlichkeit mit historischen Begleitumständen zu hängen und in diesen aufzugehen[44]).

Das Gedächtnis der Heilstaten Christi erblickt der Kommentar in vielfachen Zeichen. Um so mehr muß es befremden, wenn das Heilswerk Christi gerade da dem Blick entschwindet, wo man seine Betrachtung am allermeisten erwarten müßte, in der Deutung der Anaphora, die doch ihrem Wesen nach Anamnesis ist. Hier jedoch ist der Verfasser des Germanoskommentars so vom Engelsgesang des Dreimalheilig fasziniert, daß ihm die ganze Anaphora zur Theophanie wird, die er im Stile der Tempelvisionen des Isaias und Ezechiel erlebt und beschreibt.

2. Die Wahrheit, daß die Liturgie wesentlich Anamnesis des Heilswerkes Christi ist, kommt weit konsequenter als bei Germanos in einem späteren Liturgiekommentar zum Ausdruck, nämlich dem des Theodor von Andida, der im 11. oder 12. Jahrhundert lebte[45]). Die Schrift ist verfaßt auf Anregung eines Basileios, der Bischof von Phyteia war. Während die Erklärung des Germanos im knappen Stil einer liturgischen Katechese gehalten ist, die wissenschaftliche Erörterungen nicht zuläßt, trägt der Kommentar des Theodor einen gelehrten Charakter. Er betont eigens, daß er allgemein bekannte Dinge nicht wiederholen will, daß er vielmehr von der üblichen Darstellung abweicht, was aber durch namentlich genannte Autoritäten jeweils gerechtfertigt wird.

Schon die ersten Sätze des Kommentars sind aufschlußreich: „Viele priesterliche Amtsträger wissen und bezeugen, daß das Geschehen der göttlichen Liturgie ein Abbild (typos) des Leidens, der Grablegung und der Auferstehung unseres Gottes und Erlösers ist. Daß dieses Geschehen aber auch die Bedeutung Seiner heilbringenden Ankunft im Fleische, ja schon von Anfang an: Seiner Empfängnis und Geburt hat, daß es Sein Leben durch dreißig Jahre hindurch, Seine und des Vorläufers Offenbarung bei der Taufe, außerdem auch die Apostelwahl bedeutet, ferner die während der drei Jahre vollbrachten Wunder, die ihm Haß und Kreuzestod eintrugen, — warum ihnen das alles unbekannt ist, weiß ich nicht"[46]).

---

[43]) Dem entspricht die Tatsache, daß seit dem 8. Jahrh. die Historienbilder des Lebens Jesu, wie sie in der konstantinischen und justinianischen Epoche den Kirchenraum schmückten, dem Festbildzyklus Platz machen, in dem die ständige Wirksamkeit der großen Heilstaten Christi entsprechend den Festen des Kirchenjahres zum Ausdruck kommt.

[44]) So z. B. wenn Diskos, Vela und Aer (großes Velum) nach dem Großen Einzug die Hände des Joseph von Arimathäa und Nikodemus, die Grabtücher und den Stein vor dem Grabe darstellen.

[45]) Theodor von Andida, *Προθεωρία κεφαλαιώδης περὶ τῶν ἐν τῇ θείᾳ λειτουργίᾳ γινομένων συμβόλων καὶ μυστηρίων*, PG 140, 417—468; Vgl. H.-G. Beck, Kirche und Theologische Literatur im byzantinischen Reich (München 1959) 645.

[46]) PG 140, 417.

Theodor unterstreicht sogleich die Verbindlichkeit seiner Erklärung. Wie ein Körper ohne Gliedmaßen erscheint ihm eine Liturgie, die nur Abbild von Leiden, Grablegung und Auferstehung des Erlösers sein wollte. Denn wie die Heilsökonomie selbst unteilbar ist, muß es auch ihr Abbild sein: „Was nur ein Haupt, doch weder Arme, Beine noch andere Glieder hat, wird man nicht Leib nennen wollen. Daß aber der Leib, der geopfert wird, gewiß ein vollständiger ist, vernimm aus Christi Worten selbst: ‚Nehmet hin und esset, das ist mein Leib‘ “[47]).

Theodor wäre freilich seinem Anliegen, die Einheit des Heilsmysteriums zu wahren, am ehesten gerecht geworden, wenn er auf die Anaphora als wirklichkeitserfüllte Anamnesis des ganzen Heilswerkes hingewiesen und die Symbole der übrigen Liturgie eben auf die Anaphora bezogen hätte. Schon Dionysios kam es ja stets auf die ganze Heilswirklichkeit an, zu welcher die einzelnen Symbole nur jeweils neuen Zugang boten, indem sie je nach ihrer Bedeutung und Wichtigkeit eben diese Gesamtwirklichkeit in abgestufter Intensität vergegenwärtigten. Zwischen Dionysios und Theodor aber standen Maximos und Germanos, und so mußte Theodor seine Aufgabe vor allem darin sehen, die verschiedenen einander widersprechenden Deutungen der einzelnen Symbole zu harmonisieren und den zeitlichen Ablauf des liturgischen Geschehens mit den Stadien des Lebens Jesu in Einklang zu bringen. Dies geschieht denn auch mit aller Folgerichtigkeit:

Wie am Anfang der Heilstaten Christi die Inkarnation steht, so muß deren symbolische Repräsentation nach Theodor zu Beginn des liturgischen Geschehens erfolgen, nämlich in der Gabenbereitung der Proskomidie. Schon hier erweist sich das mittlere gesiegelte Stück des Opferbrotes als „Lamm“, gerade so, wie Christus schon im Mutterschoße Mariens Opfergabe an den Vater war. Wie Christus nun, durch Maria geboren, in die Welt eintritt, so wird das heilige Lamm vom übrigen Opferbrot getrennt[48]). Dies geschieht mittels der heiligen Lanze, um schon für den Beginn des Lebens Christi anzudeuten, was einst am Kreuze geschehen wird. So wird auch Wein und Wasser sogleich in den Kelch gefüllt, da der durchbohrten Seite Christi Blut und Wasser entströmten. Der „göttliche Leib“ verbleibt sodann auf dem Rüsttisch „wie in Bethlehem, wo Christus geboren wurde... Auch seinen Wandel in Nazareth und Kapharnaum versinnbildet das Verbleiben auf dem Rüsttisch... Um es kurz zu sagen: die ganze Spanne der dreißig Jahre und sein Leben vor der Taufe, das alles stellt der Rüsttisch dar“[49]). — Der Priester, der allein am

[47]) Ebd.
[48]) PG 140, 429. Diese Symbolisierung des Gebärens wirkt freilich bedenklich „kapharnaitisch“.
[49]) Ebd.

Altar die Liturgie eröffnet, während der Bischof noch auf dem Thron in der Mitte der Kirche verweilt, stellt Johannes den Täufer dar, der feierliche Einzug des Bischofs aber Christi Offenbarwerden am Jordan, wie es Gegenstand der Festfeier an Epiphanie ist[50]). — Die Lesungen versinnbilden Christi Lehrtätigkeit[51]), die Übertragung der vorbereiteten Opfergaben den Einzug nach Jerusalem[52]). Die Dunkelheit, die über den Gaben wegen der Bedeckung durch den Aer liegt, ist die Nacht, in der der Herr verraten wurde[53]). Wird der Aer abgedeckt, so ist der Morgen gekommen, an dem Christus vor Pilatus geführt wird[54]). Hier zeigt sich das Bestreben, Leben Jesu und Liturgie zu synchronisieren, besonders deutlich darin, daß die seit Theodor von Mopsuestia übliche Deutung dieser Stelle auf Begräbnis und Auferstehung des Herrn verlassen wird.

In der Anaphora schauen wir sodann zitternd und weinend das Leiden des Herrn[55]). Die Erhebung der Gestalten (vor der Kommunion) aber weist auf Christi Erhöhung am Kreuz und seine heilige Auferstehung[56]).

Die Einheitlichkeit der Deutung und die Wahrung der Ganzheit des Mysteriums, die von Theodor erstrebt wird, ist in seinem Kommentar tatsächlich verwirklicht. Dennoch wird diese Ganzheit nur durch Addition, nicht aber durch Erschließen der inneren Einheit des Mysteriums erreicht. Die liturgischen Symbole erscheinen nicht als bildhafte Vergegenwärtigung dessen, was in der Anaphora ja gerade als Ganzes reale Wirklichkeit findet, sondern als einzelne Bilder, die erst durch Aneinanderreihung die Ganzheit des Heilswerkes ergeben. Die einzigartige dogmatische wie auch liturgische Bedeutung der Anaphora wird bei Theodor gefährlich nivelliert.

3. Ein anderer sehr bekannter Liturgiekommentar[57]) braucht hier nicht eigens behandelt zu werden, da er ganz offenbar eine Kompilation aus anderen Kommentaren, vor allem aus Theodor, darstellt. Die Zuweisung dieser Schrift an den Patriarchen Sophronius ist längst als willkürlich erkannt worden[58]). Von weit größerer Bedeutung und Eigenständigkeit sind dagegen die Liturgieerklärungen des Nikolaos Kabasilas[59]) und des Symeon von Thessalonike[60]).

---

50) PG 140, 432 B u. 436 C.
51) PG 140, 440 C.
52) PG 140, 441 B.
53) PG 140, 445 B/C.
54) PG 140, 445 C.
55) PG 140, 444 D.
56) PG 140, 464 D.
57) Ps.-Sophronios, *Λόγος περιέχων τὴν ἐκκλησιαστικὴν ἱστορίαν ἅπασαν.*
58) N. Krasnosel'cev, Über alte Liturgiekommentare: Jahrb. d. Hist.-Phil. Ges. der Univ. Odessa 4, Byzant. Abt. 2 (1894) 178—257 (russ.) .Vgl. E. Kurtz: Byzant. Zs. 4 (1895) 617 f.
59) Nikolaos Kabasilas (geb. um 1320 in Thessalonike), *Ἑρμηνεία τῆς θείας λειτουργίας* PG 150, 368—492.

Doch können auch sie an dieser Stelle nur kurz erwähnt werden, da sie für die Kenntnis der Symbolbildung und Symboldeutung nichts grundsätzlich Neues bieten und die liturgische Entwicklung in dieser Zeit bereits fast gänzlich abgeschlossen ist.

Verglichen mit Theodor bedeutet die Erklärung des Nikolaos Kabasilas eine erfreuliche Besinnung auf das Wesentliche in Heilsgeschehen und sakramentaler Wirksamkeit der Liturgie. Wohl wird mit Theodor betont, daß die Liturgie in ihren einzelnen Teilen das geschichtliche Heilswerk Christi gänzlich nachbilden müsse[61]), doch geschieht die Anwendung dieses Grundsatzes sehr besonnen. Nicht einzelne Episoden des Lebens Christi werden symbolisiert, sondern die großen Heilstaten, die auch während des Kirchenjahres Gegenstand der Festfeier sind. Ihre Symbolisierung hat sakramentale Bedeutung, indem das Heilsgeschehen durch seine liturgische Nachbildung gegenwärtig und an den Mitfeiernden gnadenhaft wirksam wird. Insbesondere bedeutet die Liturgie in ihren einzelnen Teilen die Nachbildung der Ankunft im Fleische, der Epiphanie, der Lehrtätigkeit Christi, des Kreuzes, der Auferstehung und der Himmelfahrt. Die unvergleichliche Bedeutung der Anaphora als der Gegenwärtigsetzung des Todes und der Auferstehung wird klar hervorgehoben, wie denn überhaupt die Intensität der Wirkkraft der Symbole deutlich abgestuft erscheint. Daß auch genau unterschieden wird zwischen dem „typos“ des Herrenleibes (z. B. bei der Proskomidie und dem Großen Einzug) und der durch die Wandlung bewirkten realen Gegenwart des Herrenleibes selbst, braucht für einen Theologen wie Kabasilas kaum noch gesagt zu werden.

So ist die Erklärung des Kabasilas die erste Liturgiedeutung nach Dionysios, die neben der Kirchlichen Hierarchie geistig bestehen kann und in der das Erbe der Väter wieder lebendig ist.

4. Ausdrücklich auf Dionysios beruft sich immer wieder der Kommentar des Symeon von Thessalonike, doch ist er den Erklärungen von Maximos und Germanos wohl ebenso verpflichtet. Die innere Geschlossenheit der Erklärung des Kabasilas geht dem Werke Symeons ab. Großen Raum nehmen Kontroversen über liturgische Einzelheiten mit den Lateinern ein. Für die spätere Zeit wurde Symeon zu hoher Autorität.

---

[60]) Symeon, Metropolit von Thessalonike (gest. 1429), *Περὶ τῆς λειτουργίας*, PG 155, 253—304.

[61]) PG 150, 404 B.

VI. Die Ordnung der byzantinischen Liturgie seit ihrer Festlegung im 14. Jahrhundert und ihre Symbolik

In der Gesamtordnung der byzantinischen Liturgie unterscheidet man meist: Vorbereitungsteil oder Proskomidie, Liturgie der Katechumenen und Liturgie der Gläubigen. Der erste Teil umfaßt die Vorbereitungsgebete vor der Bilderwand, das Anlegen der liturgischen Gewänder und die symbolisch überaus reich entfaltete Gabenbereitung. Dieser erste Teil der Liturgie hebt sich somit deutlich von der nun folgenden Liturgie der Katechumenen, die ihrem Wesen nach Wortgottesdienst ist, ab. Die Liturgie der Gläubigen umfaßt sodann den eigentlichen Opfergottesdienst, die Eucharistiefeier. Der Einschnitt zwischen Katechumenen- und Gläubigenliturgie ist bezeichnet durch die Entlassung der Katechumenen, deren Formel sich bis heute erhalten hat.

Nun kann allerdings nicht geleugnet werden, daß die Entlassung der Katechumenen heute ihres eigentlichen Sinnes beraubt ist und nur noch eine Reminiszenz an jene Zeit darstellt, da das Katechumenat noch einen eigenen Stand in der Kirche ausmachte. Der immer wieder unternommene Versuch, die Entlassung heute auf die Taufbewerber in den Missionen oder allegorisch auf einen nicht der Taufgnade entsprechenden Zustand der Seele zu deuten, scheitert an dem nüchternen Sinn der Entlassungsworte: „Ihr Katechumenen, geht hinaus!"

Durch die Sinnentleerung der Katechumenenentlassung selbst ist freilich auch die Berechtigung einer Einteilung in Katechumenen- und Gläubigenliturgie für die heutige Zeit fragwürdig geworden. Dies um so mehr, als die *vor* dem Wortgottesdienst vollzogene, doch auf das Opfer bezügliche Gabenbereitung erst mit dem 8. Jahrhundert nach dem Wegfall des eigentlichen Katechumenats möglich wurde. Sodann überdeckt die Einteilung in Katechumenen- und Gläubigenmesse die entscheidende Struktur der Liturgie als Wort- und Opfergottesdienst, indem sie einen Teil des ersteren dem letzteren zuordnet. Sie zerteilt nämlich das schon in den ältesten liturgischen Dokumenten bezeugte Fürbittengebet nach den Lesungen, das sich eben in den Ektenien, den Fürbittenlitaneien der byzantinischen Liturgie an dieser Stelle erhalten hat, in Fürbittengebet der Katechumenen und solches der Gläubigen, ohne daß dies heute noch begründet wäre. Die Einteilung in Wort- und Opfergottesdienst ist somit auch für die byzantinische Liturgie und die Beschreibung ihres dogmatisch gültigen Symbolgehaltes vorzuziehen.

1. Vorbereitungsteil

a) Noch vor dem Anlegen der liturgischen Gewänder verrichtet der Priester die Vorbereitungsgebete vor der Bilderwand. Hier vollzieht sich gleichsam die erste Begegnung mit dem Christusmysterium der Liturgie; sie vollzieht sich in der Begegnung mit der Gegenwart Christi im Bilde. Wort- und Opfergottesdienst, welche Anteil an Christi heilsmächtigem Wort und seinem lebenspendenden Fleisch und Blut gewähren, müssen ihre sakramentale Wirksamkeit auch im Bilde offenbaren; und so ist es nur zu natürlich, daß die Liturgen, bevor sie ins Zentrum der Mysterienfeier von Gotteswort und Eucharistie eintreten, zunächst die heiligen Bilder verehren. Ikone und Gotteswort wie auch Ikone und Eucharistie sind Themen, die bei den Bildertheologen und den Konzilien des 8. und 9. Jahrhunderts eine hervorragende Rolle spielen.

Nach den letzten drei Vorbereitungsgebeten, die tief verneigt vor dem Bilde Christi, der Theotokos und den Königlichen Türen gebetet werden, treten die Liturgen durch die Seitentüren in den Altarraum ein und verehren den Altar sowie Evangelienbuch und Kreuz, welche auf dem Altare liegen. Die (mittleren) Königlichen Türen werden erstmals beim Kleinen Einzug mit dem Evangelium von den Liturgen durchschritten; den Gläubigen und niederen Altardienern ist der Durchgang niemals gestattet, wie es ihnen auch verwehrt ist, den Raum unmittelbar vor dem Altar zu durchqueren.

b) Nach der Verehrung des Altares begeben sich die Liturgen in den der Sakristei westlicher Kirchen entsprechenden Nebenraum. Hier werden die heiligen Gewänder angelegt. Es sind für den *Priester*: Sticharion (meist farbiges Untergewand, der Albe entsprechend), Epitrachilion (Stola), Gürtel, Epimanikien (Armbinden) und Phelonion (Meßgewand); für den *Diakon:* Sticharion (jedoch als Obergewand, aus ähnlichem Stoff wie das Phelonion des Priesters, der lateinischen Dalmatik entsprechend), Epimanikien und Orarion (Stola des Diakons, über der linken Schulter getragen, an den Enden frei herunterhängend).

Über ihre ursprüngliche Bedeutung hinaus wird diesen Gewandstücken ein symbolischer Sinn beigelegt, der schon im Kommentar des Germanos stark hervortritt[62]). In den heutigen Gebeten spricht er sich folgendermaßen aus: Beim Anlegen des Sticharion: „Meine Seele frohlocke im Herrn, denn Er hat mich gekleidet in das Gewand des Heiles, mich angetan mit festlichen Kleidern; er hat mir die Krone aufgesetzt gleich einem Bräutigam, den Brautschmuck angelegt gleich einer Braut“. — Beim Epitrachilion: „Gepriesen sei Gott! Er gießt seine Gnade aus über seine Priester wie Salböl über das Haupt, daß es herabträufelt auf den Bart, wie einst auf Aarons Bart und bis auf den Saum seines Gewandes“. — Beim Gürtel: „Gepriesen sei Gott, der mich mit Kraft umgürtet. Er führte mich auf den Weg der Reinheit. Meinen Füßen gab er des Hirsches Schnelligkeit und erhob mich in Himmelshöhen.“ — Bei den Armbinden:

[62]) Vgl. A. Raes, Introductio in liturgiam orientalem (Rom 1947) 228—247.

„Deine Rechte, Herr, hat sich machtvoll erwiesen, Deine Rechte, Herr, hat die Feinde zerschlagen, und die Fülle Deiner Macht hat niedergeworfen die Widersacher." — „Geschaffen und gebildet haben mich Deine Hände. Gib mir Verstand und halten lerne ich Deine Gebote." — Beim Meßgewand: „Deine Priester kleidest Du, Herr, in das Gewand der Gerechtigkeit und Deine Heiligen frohlocken in Freude jetzt und immerdar und in Ewigkeit. Amen."

Nach der Ankleidung erfolgt die Händewaschung, bei der Psalm 25, 6—12: „In Unschuld will ich meine Hände waschen..." gebetet wird.

c) Priester und Diakon begeben sich nun zum Rüsttisch auf der nördlichen (bei geosteten Kirchen: linken) Seite des Altarraums. Hier befinden sich: Opferbrot (Prosphora), Wein und Wasser sowie folgende Geräte: Kelch, Diskos (Patene mit Fuß), Asteriskos (kreuzförmiger Bügel mit herabhängendem Stern zum Bedecken des Diskos) und heilige Lanze (lanzenförmiges Messer). Das Opferbrot ist gesäuertes[63]) Weizenbrot von runder[64]) Form, dessen quadratisches Mittelstück mit dem Zeichen IC XC NIKA (Jesus Christus ist Sieger) gesiegelt ist und Heiliges Lamm genannt wird. Schon zu Beginn der Liturgie erscheint dieses nicht einfachhin nur als Brot, sondern steht unter der Bestimmung, die sich in der Anaphora der Eucharistiefeier erfüllen soll. So ist es bereits Symbol des Herrenleibes, näherhin: des für uns dahingegebenen Herrenleibes, an dem das Kreuzesopfer zeichenhaft vollzogen wird. Mittels der Lanze wird es aus dem Opferbrot herausgetrennt und durch kreuzförmiges Einschneiden „geschlachtet" mit den Worten: „Wie ein Lamm wird er zur Schlachtbank geführt... Sein Leben wird von dieser Welt hinweggenommen. Geschlachtet wird das Lamm Gottes, das die Sünden der Welt hinwegnimmt, für das Leben und das Heil der Welt." Der Priester stößt nun die Lanze in die linke Seite des Lammes und spricht: „Einer der Soldaten durchbohrte mit der Lanze seine Seite, und sogleich strömte Blut und Wasser hervor..." Blut und Wasser aus der Seite Christi werden sogleich durch Wein und Wasser versinnbildet, das der Diakon in den Kelch gießt.

Die eindringliche Symbolik der Gabenbereitung bringt deutlich die Wahrheit zum Ausdruck, daß die Eucharistiefeier wirklichkeitserfülltes Gedächtnis und Gegenwärtigsetzung des Kreuzesopfers ist. Diese Vergegenwärtigung, die in der Anaphora kraft der Einsetzung durch Christus reale, wenn auch unter dem Schleier des Mysteriums verborgene Wirklichkeit erhält, vollzieht sich in der Proskomidie in bildhaft-symbolischen Handlungen, welche ebenfalls objektive,

---

[63]) Über die Beschaffenheit des Opferbrotes und die Azymen-Kontroverse zwischen Rom und Byzanz: Hanssens nn. 206—301.

[64]) Über die Form des Opferbrotes und die damit zusammenhängenden Kontroversen: Hanssens nn. 310—321.

wenngleich weniger seinsmächtige Teilhabe am Mysterium gewähren. Die Symbolik der Proskomidie stellt gleichsam eine Ausweitung der sakramentalen Bildhaftigkeit des kirchlichen Abendmahles als Kreuzesanamnese auch auf die dem Zentrum der Anaphora entfernteren Teile dar. Im 6. Jahrhundert hat diese Ausweitung die Übertragung der Gaben geprägt (vgl. den schon vor dem Cherubshymnus üblichen Gesang zur Gabenübertragung „Es schweige alles Fleisch...“); im 8. Jahrhundert hat sie die Gabenbereitung selbst zum eigenen vor dem Wortgottesdienst gelegenen Teil der Liturgie gestaltet. Die Siegelung des Opferbrotes mit den Worten IC XC NIKA bedeutet keine Alterierung, wohl aber eine eigene Akzentuierung der Opfer-Lamm-Symbolik, ähnlich, wie sie beim Großen Einzug die Ablösung des älteren Hymnus durch den Cherubsgesang darstellt.

Eine starke Beeinträchtigung der ursprünglichen Symbolik aber bedeutet es, wenn man das Erklärungsprinzip des Theodor von Andida an die Proskomidie heranträgt und am Anfang der Liturgie eben auch den Anfang des Lebens Christi versinnbildet sehen will. Die Deutung der Proskomidie auf die Geburt Christi kann man nur dann mit der Opfersymbolik in Einklang bringen, wenn man eben die symbolische Darstellung der Geburt Christi als Voraussetzung der Symbolgegenwart Christi überhaupt und seines erst in der Zukunft sich vollendenden Opfers sehen wollte. Nun ist allerdings bei Theodor die Geburtssymbolik schon verselbständigt und verdinglicht, und dasselbe ist zu sagen über den Niederschlag dieser Symbolik in der Liturgie selbst: wenn vor der Bedeckung der Opfergaben der Asteriskos über das Lamm auf den Diskos gestellt wird und es dazu heißt: „Und der Stern kam und blieb über dem Orte stehen, an dem das Kind war.“

Eine sehr sinnvolle Erweiterung wurde der Proskomidie seit dem 11./12. Jahrhundert zuteil: Zum Gedächtnis der Heiligen, der Lebenden und Verstorbenen werden Brotstückchen neben das Lamm auf den Diskos gelegt[65]). Diese bleiben in der Anaphora unkonsekriert (denn nur das Lamm bedeutet Christus) und symbolisieren den Anteil der Gemeinschaft der Heiligen am Opfer und am Mahle Christi.

Es folgt nun die Bedeckung und Beräucherung der Gaben, sodann die Beräucherung von Kirche und Gläubigen, als Auftakt zur eigentlichen Gemeindeliturgie.

2. Wortgottesdienst[66])

Die Gabenbereitung der byzantinischen Liturgie mit ihren symbolischen Handlungen und Gebeten führt bereits mitten hinein in die Tiefen des christ-

[65]) Hanssens nn. 792 f.

[66]) Die äußere Ordnung des Wortgottesdienstes ist folgende: Beräucherung der Kirche — Enarxis (3 Ektenien und Antiphonen) — Kleiner Einzug mit dem Evangelienbuch — Trishagion — Tropare und Kontakien — Prokimen — Lesung — Allelujavers — Evangelium

lichen Mysteriums. So stellt sich auch die sog. Liturgie der Katechumenen nicht einfachhin als Wortverkündigungs- und Gebetsgottesdienst dar, was bei der Heilsmächtigkeit des Gotteswortes wahrlich schon überaus viel wäre, sie trägt darüber hinaus, ähnlich wie der Opfergottesdienst byzantinischer Liturgie, den Charakter einer dramatischen Mysterienfeier, in deren Mittelpunkt die Epiphanie Gottes in seinem Worte oder auch die Lehrtätigkeit Christi steht. So ist denn auch dieser Teil der Liturgie seit Dionysios Gegenstand vielfältiger Deutung geworden. Doch scheinen uns nur zwei Vorgänge des Wortgottesdienstes einer über den natürlichen Sinn hinausgehenden Deutung zu bedürfen oder gar fähig zu sein, zwei Vorgänge, die allerdings den ganzen Wortgottesdienst in ein eigenes Licht setzen: die Beräucherung von Kirche und Gläubigen und vor allem der Kleine Einzug mit dem Evangelium.

Die Erfüllung der Kirche mit dem Wohlgeruch des Weihrauchs bedeutet schon bei Dionysios Austeilung göttlicher Gnade[67]). Mehr auf das unermeßliche Wesen Gottes, jedoch auch auf die Heilsökonomie bezogen sind die heutigen Begleitworte: „Dem Leibe nach weiltest Du, Christus, im Grabe, in die Unterwelt stiegst Du als Gott vereint mit der Seele hinab, ins Paradies tratest Du ein mit dem Schächer, und auf dem Throne sitzest Du mit dem Vater und dem Heiligen Geiste: alles erfüllst Du mit Deiner Unermeßlichkeit."

Der Kleine Einzug mit dem vom Diakon hocherhobenen Evangelienbuch bedeutet nach einigen Erklärern den Beginn der Lehrtätigkeit Christi (Nikolaos, Theodor), nach anderen die Ankunft Christi auf Erden (Germanos) oder gar seine Himmelfahrt (Maximos, Symeon). Eine solche Deutungsart würde den Sinn des liturgischen Vorgangs verdunkeln, wollte man sie nur auf das einmal Geschehene als Vergangenes beziehen, sie läßt jedoch eine gute Auslegung zu, wenn man den Kleinen Einzug sieht als Kommen Christi im Bilde des Liturgen und im Symbol des (im Evangelium aufgezeichneten) Wortes: als eine Epiphanie des durch Auferstehung und Himmelfahrt erhöhten in seinem Worte fortwirkenden himmlischen Christus.

Im übrigen aber sind die Teile des Wortgottesdienstes eben vom Wesen der Wortverkündigung und des Gemeindegebetes her und zwar im einzelnen nach ihrem Wortlaut zu verstehen.

3. Opfergottesdienst

Der Opfergottesdienst der byzantinischen Liturgie beginnt mit der feierlichen Übertragung der Opfergaben vom Rüsttisch zum Altar. Der Symbolsinn dieses Vorgangs kommt in den Worten des Cherubshymnus zum Ausdruck:

— Fürbittengebet (Inständige Ektenie, Katechumenenektenie, Entlassung der Katechumenen, zwei Gläubigenektenien).

[67]) s. o. S. 14.

„Die wir die Cherubim geheimnisvoll darstellen und der alles Leben schaffenden Dreifaltigkeit den Lobgesang des Dreimalheilig singen, laßt uns alles irdische Sinnen und Trachten beiseite legen. Denn den König des Alls nehmen wir in unserer Mitte auf, Ihn, der von der Leibwache himmlischer Scharen unsichtbar begleitet wird. Alleluja, Alleluja, Alleluja." — Am Altar angelangt, setzen die Liturgen auf dem schon vorher ausgebreiteten Antimension, welches die Darstellung der Grablegung Christi zeigt, die Gaben nieder. Indem sie diese mit dem großen Velum (Aer) bedecken, sprechen sie die Worte: „Der hochherzige Joseph nahm Deinen ganz reinen Leib vom Kreuze, hüllte ihn in ein reines Linnen mit Aloe und Balsam und setzte ihn bei in einem neuen Grabe. — Als Spender des Lebens, schöner als das Paradies, herrlicher als je ein königliches Prunkgemach zeigte sich, Christus, Dein Grab als Quell der Auferstehung."

Diese Deutung der Gabenniederlegung, unterstrichen durch die Darstellung auf dem Antimension, führt aus, was schon Theodor von Mopsuestia an dieser Stelle der Liturgie versinnbildet sah[68]).

Mit der Niederlegung der Gaben schließt sich so zum zweiten Mal in der byzantinischen Liturgie ein Symbolkreis, der das Gedächtnis von Tod und Auferstehung des Herrn verwirklicht und so abbildhaft vorwegnimmt, was in der Anaphora sakramental gegenwärtig wird.

Nach der Niederstellung der Gaben wird das Fürbittengebet zu ihrer Darbringung verrichtet. Es folgt der Friedenskuß und das Glaubensbekenntnis[69]) und sodann die Anaphora. Diese trägt bis heute den Charakter des altchristlichen Danksagungs- (Eucharistie) Gebetes und bringt so das Gedächtnis des Heilswerkes Christi nicht nur in der speziellen Anamnesis nach der Wandlung sondern in ihrer ganzen Anlage zum Ausdruck[70]). Das Gedächtnis der Heiligen, Lebenden und Verstorbenen durchbricht nicht zweimal die Ordnung des Eucharistiegebetes wie im lateinischen Kanon, sondern schließt sich zusammengefaßt an die Epiklese an. Auf die Anaphora, die mit dem feierlichen Lobpreis der Heiligsten Dreifaltigkeit (Doxologie) beschlossen wird, folgt nach einer weiteren Fürbittenlitanei das Gebet des Herrn. Nach dem Gebet mit gebeugtem Haupte erfolgt sodann die schon im 4. Jahrhundert vielfach bezeugte Erhebung des Heiligen Brotes unter den Worten: „Das Heilige den Heiligen!"

---

[68]) s. o. S. 10.

[69]) Durch die Einführung des Glaubensbekenntnisses in die Liturgie im 6. Jahrh. wird der Friedenskuß von der Anaphora getrennt, so daß er nun als Zeichen der Einmütigkeit im Bekenntnis des Glaubens gilt, während er der alten Kirche selbstverständlich das Zeichen der Brüderlichkeit in der gemeinsamen Darbringung des Opfers war.

[70]) s. o. S. 7.

In der nun folgenden Brechung und Mischung der Gestalten wird noch einmal das Gedächtnis von Tod und Auferstehung des Herrn symbolisch gegenwärtig. Der Priester bricht das Heilige Brot, welches die Begleitworte der Brechung als das für uns hingeopferte Lamm offenbaren, in vier Teile. Den ersten mit IC gesiegelten Teil legt er in den Kelch und vereinigt ihn so mit dem heiligen Blute. Die Lebendigkeit des Herrenleibes wird durch diese Vereinigung zum Ausdruck gebracht. So wird die Mischung zum Zeichen der Auferstehung und ergänzt die Brechung als Symbol des Todes. Die begleitenden Worte: „Fülle des Heiligen Geistes" weisen auf den Geist, in dessen Kraft das neue Leben der Auferstehung sich durchsetzt. Diese Deutung wird betont durch die Zugabe heißen Wassers zum heiligen Blut, das so als warm, lebendig und lebenspendend erwiesen wird. Die Worte „Glut des Glaubens, voll des Heiligen Geistes" bezeichnen die Wirkung des neuen Lebens aufseiten der Gläubigen.

Die heilige Kommunion wird in der byzantinischen Liturgie den Gläubigen unter beiden, jedoch vermischten Gestalten zuteil. So ist auch hier, an entscheidender Stelle, der byzantinischen Liturgie jene Ausdruckskraft eigen, die so viele ihrer Bilder und Symbole in hohem Maße auszeichnet.

Nach dem letzten Segen schließlich erhalten die Gläubigen das Antidoron, Brot, das bei der Gabenbereitung vom Opferbrot übrigblieb und während der Anaphora gesegnet wurde. So wird die Gemeinschaft aller am heiligen Opfer ein letztes Mal wirkungsvoll bezeichnet.

B. SYMBOLIK DER SAKRAMENTE

Die Kirche, die der Mystische Leib Christi ist, vermittelt das göttliche Leben, das ihr von Christus, ihrem Haupte, zukommt, ihren Gliedern auf mannigfaltige Weise. Vor allem wirkt sie das Werk der Verähnlichung ihrer Gläubigen mit Christus in den sieben Sakramenten, deren Einsetzung auf Christus selbst zurückgeht. Die Sakramente sind „Symbole" im höchsten Sinn, denn sie bezeichnen nicht nur, sondern bewirken und beinhalten auch, was sie bezeichnen.

Das von Christus eingesetzte sakramentale Zeichen umgibt sich als wirklichkeitsmächtiges Symbol auf seinem Weg durch die Geschichte mit einer Fülle deutender Symbole, in denen es sich ausdrückt und bezeugt wird.

I. Taufe und Firmung (Myronsalbung)

Die Taufe ist nach den Worten Christi (Jo 3, 5) die Wiedergeburt aus dem Wasser und dem Hl. Geiste. Sie wird gespendet „im Namen des Vaters und des Sohnes und des Hl. Geistes“ (Mt 28, 19). Das so von Christus eingesetzte sakramentale Zeichen wird im byzantinischen Ritus vollzogen durch dreimaliges Untertauchen, wobei der Taufende die Worte spricht: „Getauft wird der Knecht Gottes... im Namen des Vaters und des Sohnes und des Hl. Geistes.“ Die Taufe durch Untertauchen entspricht der ältesten Überlieferung und gibt den Worten des Römerbriefes ihren plastischen Sinn: „Wir sind durch die Taufe auf den Tod mit ihm begraben, damit auch wir, wie Christus durch die Herrlichkeit des Vaters von den Toten auferweckt ward, in einem neuen Leben wandeln“ (Röm 6, 4).

In der Taufe erfolgt die Abkehr von Satan und seinem Dienst und die Hinwendung zu Gott. Dies kommt überaus eindringlich im Ritus des Katechumenats zum Ausdruck, der Taufvorbereitungen sowohl aus dem altkirchlichen Katechumenat als auch aus der Osternachtfeier bewahrt und heute der Erwachsenentaufe unmittelbar vorausgeht. Der Taufbewerber steht in der Vorhalle der Kirche nach Osten, der Gegend des Lichtes, zugewandt. Die Oberkleider hat er ausgezogen und so symbolisch den alten Menschen mit seinen Werken abgelegt (vgl. Kol 3, 9). Der Priester haucht ihm dreimal ins Antlitz, bezeichnet ihn dreimal mit dem Zeichen des Kreuzes, legt ihm die Hand auf und spricht drei lange Exorzismen. Nun wendet sich der Täufling nach Westen, der Gegend der Finsternis und ihrer Mächte entgegen; dreimal widersagt er dem Satan, all seinen Geistern, seinen Werken und seiner ganzen Hoffart; und zum Zeichen seines ganzen Abscheus vor Satan speit er gegen diesen aus. Sodann bekennt er, wieder nach Osten gewandt, seine Gefolgschaft zu Christus und spricht das Apostolische Glaubensbekenntnis. Mit gebeugten Knien betet er die Heiligste Dreifaltigkeit an, deren Lobpreis den Ritus des Katechumenats beschließt.

Nun geht der Priester in das Gotteshaus, bekleidet sich mit weißem Phelonion und Armbinden – vorher trug er nur das Epitrachilion – und während alle Kerzen entzündet werden, vollzieht er die Beräucherung des Taufbrunnens. Es beginnt die Weihe des Taufwassers. Der Diakon trägt die große Ektenie vor, der besondere Fürbitten für die Weihe des Wassers und die Herabkunft des Hl. Geistes sowie für den Täufling beigefügt sind. Der Priester begleitet die Bitten des Diakons mit einem Stillgebet, dem die feierliche Weihe des Wassers folgt, vollzogen durch Bezeichnung mit dem Kreuze, durch Anhauchen und durch dreimalige Beigabe geweihten Öles in Kreuzesform.

Nun wird der Taufbewerber am ganzen Körper mit Öl gesalbt, zur letzten

Vorbereitung auf den Entscheidungskampf mit Satan. Sogleich erfolgt die Taufe durch dreimaliges Untertauchen mit den Worten: „Getauft wird der Knecht (die Magd) Gottes...
(beim 1. Untertauchen:) im Namen des Vaters — Amen —
(beim 2. Untertauchen:) und des Sohnes — Amen —
(beim 3. Untertauchen:) und des Heiligen Geistes. Amen."
Unter dem Gesang des 31. Psalms („Selig, deren Schuld vergeben ist") empfängt der Täufling das weiße Gewand als Zeichen seines Gnadenstandes.

Sofort nach der Taufe und als deren Vollendung wird das Sakrament der Firmung (Myronsalbung) gespendet. Nach einem Vorbereitungsgebet salbt der Priester Stirn, Augen, Nase, Ohren, Mund und Hände des Getauften mit dem vom Bischof geweihten heiligen Chrisam und spricht dabei die Worte: „Siegel der Gabe des Heiligen Geistes". Nun wird das uralte Tauflied gesungen: „Die ihr auf Christus getauft seid habt Christus angezogen" (Gal 3, 27), das als Isodikon (Eingangslied) zur anschließenden eucharistischen Liturgie überleiten kann. In jedem Fall schließen sich Lesung (Röm 6, 3—11), Evangelium (Mt 28, 16—20) und Inständige Ektenie an. Wird die Liturgie fortgesetzt, so empfängt der Täufling in ihr auch die heilige Kommunion (wenn er Säugling ist, nur das Heilige Blut unter der Gestalt des Weines).

II. Die Buße

Das Sakrament der Buße wird so vollzogen: Der Beichtvater führt den Gläubigen, der beichten möchte, vor eine Ikone des Herrn und betet die allgemeinen Anfangsgebete sowie den 50. Psalm („Erbarme Dich meiner, Herr..."), die Bußtropare, das 40malige „Herr, erbarme Dich" und die Reuegebete. Diese Gebete werden für alle Anwesenden zusammen nur einmal gesprochen, während das Weitere naturgemäß für jeden getrennt geschieht. Der Priester hört das Bekenntnis der Sünden, gibt eine entsprechende Ermahnung und legt ein Bußwerk auf, dann legt er dem nun knienden Büßer sein Epitrachilion auf das Haupt und erfleht für ihn Gottes Barmherzigkeit. Schließlich erteilt er ihm unter Bezeichnung mit dem Kreuzeszeichen die Lossprechung, worauf nur noch die üblichen Entlassungsgebete folgen.

III. Die Krankensalbung

Die Krankensalbung ist das Sakrament, in dem bei Salbung des Körpers mit Öl die göttliche Gnade auf den Kranken herabgerufen wird zu seelischer und körperlicher Heilung. Das Sakrament soll nach Möglichkeit von sieben Priestern gespendet werden. In der Kirche oder, wenn der Kranke diese nicht mehr besuchen kann, in dessen Hause werden vorbereitet: Kreuz und Evangelienbuch, eine Schüssel mit Weizenkörnern, die das natürlicherweise neuerwachende Leben für den Fall der körperlichen Gesundung, das übernatürliche Leben der Auferstehung für den Fall des Todes versinnbilden, ein Gefäß zur Aufnahme des Öles, Öl und Wein, sieben Stäbchen mit Watte umwickelt, sieben Kerzen und Weihrauch.

Der eigentlichen Krankensalbung gehen eine Art Moleben (eine der Matutin nachgebildete liturgische Andacht) und die Ölweihe voraus. Die Ölweihe beginnt mit der großen Ektenie, der besondere Fürbitten eingefügt sind. Der erste Priester gießt sodann Öl und Wein in das vorbereitete Gefäß — der Gebrauch von Öl und Wein geschieht in Nachahmung des barmherzigen Samariters; vgl. Lk 10, 34 — und spricht darüber das Weihegebet. Danach werden Tropare gesungen: zu Christus dem Erlöser, zum hl. Apostel Jakobus, in dessen Brief (5, 14f.) die Krankensalbung als apostolische Tradition bezeugt ist, zum hl. Wundertäter Nikolaos, zum hl. Demetrios, zum hl. Panteleimon, zu den hl. „unentgeltlich heilenden" Kosmas und Damian, zum hl. Johannes dem Evangelisten und zur Gottesmutter.

Die nun folgende eigentliche Liturgie der Krankensalbung wird von jedem der sieben Priester in folgender Ordnung vollzogen: Prokimen — Lesung — Alleluja — Evangelium — Ektenie — Bittgebet — Gebet mit Salbung der Sinne des Kranken. Dies alles geschieht siebenmal (es sei denn, daß nur ein Priester zugegen ist, oder daß bereits unmittelbare Todesgefahr besteht), denn sieben sind die Gaben des Heiligen Geistes, siebenmal betete Elias, daß der Himmel Regen spende (3 Kg 18, 43f.) und siebenmal wusch sich Naaman der Syrer im Jordan, bis er rein wurde (4 Kg 5, 14). Nach der siebenten Salbung legt der erste Priester (der Vorsteher) dem Kranken das geöffnete Evangelienbuch auf das Haupt und spricht: „Heiliger Herr, ... der Du nicht den Tod des Sünders willst, sondern daß er sich bekehre und lebe: ich lege nicht meine eigene sündige Hand auf das Haupt des in Sünden zu Dir Kommenden und bei Dir Vergebung Erflehenden, sondern Deine starke und mächtige Hand in diesem Deinem heiligen Evangelium, das meine Mitliturgen auf dem Haupt Deines Knechtes halten, und ich bete mit ihnen und flehe Deine barmherzige und unausdenkliche Menschenliebe an... nimm auch diesen Deinen Knecht, der seine Verfehlungen bereut, in Deiner beständigen Menschenliebe auf und verzeih ihm alle seine Sünden." — Mit einer weiteren Ektenie und dem Gesang einiger Stichiren wird die heilige Handlung beschlossen.

IV. Die Priesterweihe

Im Sakrament der Priesterweihe wird durch Gebet und Handauflegung des Bischofs der Heilige Geist auf den Erwählten herabgerufen, der dadurch befähigt wird, die Eucharistie zu feiern, Sakramente zu spenden, zu weihen und zu segnen und am kirchlichen Hirten- und Lehramt aktiv teilzuhaben. Die Fülle der priesterlichen Gewalt wird in der Bischofsweihe mitgeteilt, die eingeschränkte priesterliche Gewalt in der Priester- und Diakonatsweihe. Der geistliche Stand umfaßt außerdem die beiden Stufen des Lektors und des Hypodiakons, deren Weihe ebenfalls durch den Bischof vorgenommen wird, jedoch keine im eigentlichen Sinn sakramentale Würde besitzt.

1) Die Weihe des Lektors und des Hypodiakons wird vor Beginn der Liturgie in der Mitte der Kirche erteilt. Der Bischof bezeichnet den zum Lektor Bestimmten dreimal mit dem Zeichen des Kreuzes und legt ihm die Hände auf. Das dabei verrichtete Gebet spricht von der Aufgabe des Lichtträgers, die mit dem Amt des Lektors verbunden ist. Nun folgt die kreuzförmige Beschneidung des Haupthaares und die Bekleidung mit dem kurzen Phelonion[71]), sodann eine zweite Handauflegung mit dem eigentlichen Gebet zur Weihe des Lektors. Das neuerworbene Amt wird in einer kurzen Schriftlesung vor dem Bischof sogleich ausgeübt. Das kurze Phelonion wird abgelegt und das Sticharion angetan. Der Neugeweihte hört noch eine Ermahnung des Bischofs und dient in der anschließenden Liturgie als Lichtträger.

2) Unter Handauflegung und Gebet wird auch die Weihe des Hypodiakons vollzogen. Als besonderes Zeichen seines Amtes empfängt er das Orarion, das kreuzförmig über dem Sticharion getragen wird. Der Neugeweihte bringt dem Bischof sogleich Wasser zur Händewaschung, wie es überhaupt seine Aufgabe ist, dem Bischof bei der feierlichen Liturgie zu dienen.

3) Die eigentlich sakramentale Handauflegung der Diakonats-, Priester- und Bischofsweihe wird während der Eucharistiefeier und innerhalb des Altarraums gespendet. Die Diakonatsweihe erfolgt nach Beendigung der Anaphora. Der Weihekandidat wird von zwei Hypodiakonen zu den Königlichen Türen geführt, die er allein durchschreitet, und von zwei Diakonen weiter zum Altar geleitet, wo ihn der Bischof empfängt. Sodann umschreitet er dreimal unter Gesang von Klerus und Chor den Altar, kniet an der vorderen rechten Ecke des Altars auf dem rechten Knie nieder und empfängt so die Handauflegung durch den Bischof. Anschließend erhält der Neugeweihte die Gewänder seines Amtes: Orarion und Epimanikien, die der Bischof mit dem Ruf *ἄξιος* zuvor dem Volke zeigt, worauf alle ebenfalls antworten: *ἄξιος*, er ist würdig!

---

[71]) Über die Gewänder und ihre symbolische Bedeutung vgl. o. 27 f.

4) Die Priesterweihe erfolgt innerhalb der Liturgie nach dem Großen Einzug, damit der Neugeweihte schon als Priester das Opfer mitfeiern kann. Die Ordnung der Weihe des Priesters entspricht der des Diakons. Das Geleit geben zunächst Diakone, dann Priester. Nach Umschreiten des Altars läßt sich der Weihekandidat auf beide Knie nieder, da er in höherem Maße am Heiligen Anteil erhält als der Diakon. Nach der Handauflegung erhält er unter oftmaligem *ἄξιος* - Ruf als Zeichen seines Amtes: Epitrachilion, Gürtel, Phelonion und Euchologion (Gebetbuch des Priesters).

5) Die Bischofsweihe wird von wenigstens drei Bischöfen unmittelbar nach dem Kleinen Einzug erteilt. Mit der Handauflegung ist die Auflegung des geöffneten Evangelienbuches verbunden, welche die Beugung des Bischofs unter das Gesetz des Evangeliums und zugleich das Handeln des in seinem Worte bei der Weihe gegenwärtigen Herrn versinnbildet. Als Gewänder und Insignien empfängt der Bischof: Sakkos (bischöfliches Meßgewand), Omophorion (dem Pallium vergleichbar), Brustkreuz, Panhagia (Muttergottesmedaillon) und (kronenförmige) Mitra.

V. Die Ehe

Der eigentlichen Trauung geht ein feierlicher Verlobungsritus voraus: Er beginnt mit der großen Ektenie und zwei Gebeten des Priesters. Sodann holt der Diakon die Ringe, die zur Segnung auf dem Altar gelegen haben. Der Ring des Bräutigams ist aus Gold, der Ring der Braut aus Silber. Der Priester zeichnet mit dem goldenen Ring dreimal ein Kreuzzeichen über dem Haupt des Bräutigams, wobei er jedesmal spricht: „Es wird verlobt der Knecht Gottes... der Magd Gottes..." und steckt ihm den Ring an den Finger. Entsprechend geschieht es bei der Braut. Als Pfand ihrer Treue wechseln Bräutigam und Braut ihre Ringe, und der Priester ruft in einem langen Gebet mit Anspielungen auf alttestamentliche Vorbilder ehelicher Treue Gottes Segen auf die Verlobten herab.

Zur eigentlichen Trauung werden die Brautleute mit Kerzen unter Psalmengesang in den vorderen Teil des Kirchenschiffs geführt, wo auf einem Tisch Kreuz und Evangelienbuch liegen. Nach einer Ansprache und der Befragung über den Ehewillen werden die große Ektenie und drei Gebete verrichtet. Der Höhepunkt der Feier besteht in der Krönung der Brautleute mit Kränzen, die die Form von Kronen haben. Der Priester spricht dabei die Worte: „Es wird vermählt der Knecht Gottes (die Magd Gottes)... der Magd (dem Knecht) Gottes... im Namen des Vaters und des Sohnes und des Heiligen Geistes." Sodann segnet er sie dreimal mit dem Ruf: „Herr, unser Gott, kröne sie mit

Ruhm und Ehre!" Es folgen: Prokimen (Ps. 20, 4) — Lesung (Eph 6, 10—35) — Alleluja — Evangelium (Jo 2, 1—11) — Inständige Ektenie — Vaterunser. Nach dem Vaterunser wird ein Becher mit Wein gesegnet, den der Priester zu dreimaligem gemeinsamen Trunk den Neuvermählten reicht. Diese werden nun unter dem Gesang von Troparen dreimal um den Tisch mit Kreuz und Evangelienbuch geführt. Der Kreis gilt als Symbol der Ewigkeit, der dreimalige Rundgang bedeutet unverbrüchliche Treue. Mit der Abnahme der Kränze und zwei weiteren Gebeten wird die Feier beschlossen.

C. SYMBOLIK DES KIRCHENJAHRES

I. Entstehung und Grundstruktur des Kirchenjahres

Wie bei der Spendung der Sakramente, so geht es auch bei der Feier des Kirchenjahres darum, das Heilswerk Christi am gläubigen Menschen wirksam gegenwärtig werden zu lassen. Wie nun die erlösende Kraft des Lebens Christi besonders seinem Tod und seiner Auferstehung zukommt, so muß auch das besondere Gedächtnis von Tod und Auferstehung des Herrn Mitte und Höhepunkt in der Reihe der jährlichen wie auch der wöchentlichen Gedenktage sein. Tatsächlich wird schon in apostolischer Zeit der erste Tag einer jeden Woche als Herrentag (vgl. Apk 1, 10) begangen, da Christus an einem ersten Wochentag von den Toten auferstanden ist. An diesem Tag, dem Sonntag, wird die Eucharistiefeier, die eben als Anamnesis von Tod und Auferstehung höchstes Herrengedächtnis ist, begangen; und die Teilnahme der ganzen christlichen Gemeinde am sonntäglichen Herrenmahl ist nach dem Zeugnis des Martyrers Justin (um 150) schon in ältester Zeit eine Selbstverständlichkeit.

Wie schon die wöchentliche Wiederkehr des Auferstehungstages bereits in apostolischer Zeit zum besonderen Herrentag wurde, so feierte man erst recht seine jährliche Wiederkehr als hohes Fest. Wenngleich, was den Termin dieses Festes betrifft, bis zum Konzil von Nikaia (325) ein Teil der Kirchen am 14. Nisan, dem Tag des jüdischen Pascha und der Kreuzigung des Herrn festhielt, so galt doch allen das christliche Pascha als Fest der durch die Auferstehung vollendeten Erlösung. Sehr früh schon folgt auf die Nachtfeier des eigentlichen Pascha die Feier der Fünfzig Tage, nach dem letzten dieser Tage Pentekoste genannt.

Als Festfeier der Erlösung vollendet sich die Ostervigil naturgemäß in Taufe und Eucharistie, die gerade als „Sacramenta paschalia" voll zur Geltung kommen.

Seit dem 4. Jahrhundert führen verschiedene Erscheinungen zu einer neuen Akzentuierung der altchristlichen Paschafeier und zur allmählichen Ausbildung eines vielgestaltigen Festzyklus. Das Aufkommen der Kindertaufe mindert die einzigartige Stellung der Taufe in der Osternacht. Die wachsende Vorliebe für den Besuch der heiligen Stätten Jerusalems ist verbunden mit dem Bestreben, das umfassende Festgeheimnis des alten Pascha zu differenzieren und der einzelnen Phasen des Heilswerkes auch unter historischer und geographischer Rücksicht gesondert zu gedenken.

So verwirklicht sich nun das Gedächtnis des Todes Christi in ganz besonderer Weise am Karfreitag. Das Osterfest aber wird mehr im Sinne der schon erfolgten Auferstehung, der Ostersieg Christi mehr als erlangter Besitz denn als Durchgang vom Tode zum Leben gesehen. Zwar behält die Ostervigil in ihren Texten und Symbolen ihren Charakter als Festfeier der Erlösung, doch wird sie nicht mehr in dem selben Maße verstanden und gewertet wie vordem. Im Abendland ist diese (heute glücklich überwundene) Entwicklung in ihrem letzten Stadium bekanntlich so weit gegangen, daß die bei aller textlichen und rubrizistischen Integrität doch völlig mißverstandene Ostervigil am Morgen des Karsamstag in leeren Kirchen gefeiert wurde und daß überhaupt das Osterfest in der Wertschätzung des Volkes hinter anderen Festen zurückblieb.

In der Kirche des byzantinischen Ritus wahrte das Fest auch und gerade in der Volksfrömmigkeit seine überragende Stellung als Fest der Feste, doch trat auch hier innerhalb der Osterfeier die Vigil, die auf Grund ihrer Texte als die eigentliche Liturgie des Erlösungspascha zu gelten hat und genau der lateinischen Nachtfeier entspricht, in den Hintergrund. Die heute meist um Mitternacht gefeierte Ostermatutin mit anschließender Chrysostomosliturgie ist von überwältigender Schönheit, muß aber in ihren Texten vom Oster*tage* her verstanden werden, während die dem nächtlichen Ostersiege textlich entsprechende Liturgie die mit der Vesper des Karsamstags verbundene Basiliosliturgie ist. Es ist sicher verfehlt, diese Liturgie, wie es bisweilen geschieht, am Vormittag des Karsamstags zu feiern. Auch der Nachmittag ist noch verfrüht, erweist sich doch die Feier in allem, insbesondere aber durch das Anlegen heller Gewänder, das erstmalige Singen des Taufliedes (Gal 3, 27) und das Evangelium von der Auferstehung als eigentliche Paschaliturgie, während die der Matutin folgende Chrysostomosliturgie schon durch den Johannesprolog als Evangelium Abstand von den Ereignissen der Nacht und des frühen Morgens verrät.

Die Festdifferenzierung des 4. Jahrhunderts, die der altkirchlichen Paschafeier in ihrer besonderen theologischen Eindringlichkeit weniger günstig war, bewirkte doch andererseits den Ausbau eines ganzen österlichen Festkreises und somit die Ausstrahlung des Auferstehungsmysteriums auf das übrige kirchliche Jahr. Vor allem aber gewährte sie eine größere Durchsichtigkeit des Kirchenjahres auf die Geschichte des Lebens Jesu. Es wird die Große Woche mit dem Gedächtnis einzelner Phasen der Leidensgeschichte ausgebildet: am Samstag davor wird der Vorgänge zu Bethanien, „sechs Tage vor dem Pascha der Juden" (Jo 12, 1) gedacht; der Sonntag wird zum Fest des Einzuges in Jerusalem, an dem die Gläubigen dem Herrn mit Palmzweigen huldigen; der Große Donnerstag erhält als Tag des Abendmahls und der Fußwaschung liturgisch eindringliches Gepräge; die Liturgie des Karfreitags erhält konkrete Beziehung zu den heiligen Stätten Jerusalems; der Große Samstag ist Tag der Grabesruhe des Herrn, und zugleich wird des Weilens Christi in der Unterwelt gedacht.

Die Osternacht ist die Feier des Sieges über Sünde und Tod, Übergang vom Tode zum Leben, Tor zur seligen Pentekoste, in der nun auch einzelne Tage besonderen Festcharakter erhalten. Der Sonntag nach Ostern wird zum Sonntag des Thomas, d. h. der Erscheinung des Herrn vor den Jüngern am achten Tage nach seiner Auferstehung. Der 40. Tag wird als Fest der Himmelfahrt, der 50. Tag als Fest der Geistsendung gefeiert. Vorbereitet wird das Osterfest durch die vierzigtägige Fastenzeit, der später noch eine mehrwöchentliche Vorfastenzeit vorausgeht.

Wie die Geschichte des Lebens Jesu vom Einzuge in Jerusalem bis zur Geistsendung im kirchlichen Festkalender ihre Entsprechung fand, so auch die Kindheitsgeschichte Jesu.

Seit dem 3. Jahrhundert gibt es das Fest der Epiphanie am 6. Januar, das (ähnlich wie das altkirchliche Pascha) wohl heilsgeschichtlich, keineswegs aber historisierend orientiert ist und zunächst sowohl die Feier der Geburt als auch der Offenbarung des Erlösers zum Inhalt hat. Nach dem Aufkommen des Weihnachtsfestes im 4. Jahrhundert zeichnet sich der Festinhalt von Epiphanie deutlicher ab als Offenbarung des Erlösers vor den Weisen aus dem Morgenlande, bei der Taufe im Jordan und bei der Hochzeit zu Kana. Die Wasserweihe, die mit dem Gedächtnis der Taufe Christi eng verbunden ist, findet sich ebenfalls schon im 4. Jahrhundert.

Der weitere Ausbau des Kirchenjahres führte bald auch zur Feier des achten Tages nach Weihnachten mit dem Gedächtnis der Beschneidung des Herrn und vor allem zur Feier des 40. Tages, der als Hochfest der „Begegnung Christi" mit Simeon im Tempel gefeiert wird. In einer Lichterprozession wird der Herr mit den Worten des greisen Simeon begrüßt als „Licht zur Erleuchtung der Heiden."

In enger inhaltlicher wie terminmäßiger Beziehung zum Geburtsfest Christi steht das Fest der „Verkündigung Mariens“ vom 25. März, das im 6. Jahrhundert bezeugt ist. Dieses Fest stellt — auch hinsichtlich der Entstehungszeit — gleichsam die Verbindung dar zwischen dem Kranz der Herrenfeste und dem Kreis der seit dem 6. Jahrhundert sich rasch mehrenden Marien- und Heiligenfeste.

II. Die heutige Ordnung des Kirchenjahres

Heute hat jeder Tag des Kirchenjahres seinen liturgischen Charakter, der in den veränderlichen Teilen der eucharistischen Liturgie und der übrigen Gottesdienste[72]) des Tages zum Ausdruck kommt und in zweifacher Weise geprägt ist: 1) insofern der Tag durch seine Stellung innerhalb des Jahres und Monats als Fest Christi, Mariens oder eines Heiligen bestimmt ist, 2) insofern der Tag ein Sonntag oder Wochentag ist und eine bestimmte Stellung zum Osterfest hat, sei es innerhalb der Fasten- und Osterzeit oder außerhalb derselben.

1. Unbewegliche Feste

Die weitaus meisten Feste sind an ein bestimmtes Monatsdatum gebunden und werden deshalb unbewegliche Feste genannt. Ihre Texte finden sich in den 12 Büchern, die Minäen heißen, weil sie den einzelnen Monaten entsprechen. Diese Feste sind ihrem Range nach in verschiedene Klassen unterteilt und folgendermaßen gekennzeichnet:

a) Hochfeste mit dem Zeichen ⊕, (*Aα*): Mariä Geburt (8. Sept.), Kreuzerhöhung (14. Sept.), Eintritt der Gottesgebärerin in den Tempel (21. Nov.), Geburt unseres Herrn Jesus Christus (25. Dez.), Gottesoffenbarung des Herrn (6. Jan.), Begegnung des Herrn (2. Febr.), Mariä Verkündigung (25. März), Verklärung des Herrn (6. Aug.), Mariä Heimgang (15. Aug.). Zu diesen kommen drei bewegliche Hochfeste hinzu: Palmsonntag, Christi Himmelfahrt und Pfingsten, mit denen die Zwölfzahl der Feste höchsten Ranges vollständig ist. Als Fest der Feste über allen Festen und jedem Rang steht Ostern.

b) Hochfeste mit dem Zeichen ⊕ (*Aβ*): Beschneidung des Herrn (1. Jan.), Schutzfest der Gottesgebärerin (1. Okt.), Geburt des Vorläufers und Täufers des Herrn Johannes (24. Juni), Fest der Apostelfürsten Petrus und Paulus

[72]) Es sind dies: Vesper (Esperinos), ein Abendgottesdienst, der in seinem liturgischen Charakter schon vom folgenden Tage geprägt ist, ferner: Komplet (Apodeipnon), Mitternachtsgottesdienst, Matutin (Orthros), Erste, Dritte, Sechste und Neunte Stunde. Besondere Bedeutung auch außerhalb der Klöster haben die sonn- und festtägliche Vesper und Matutin.

(29. Juni), Enthauptung des hl. Johannes des Täufers (29. Aug.). Als wichtigste Auszeichnung besitzen die Hochfeste Vor- und Nachfeier, die bis zu neun Tagen umfassen können. Außerdem besitzt die jeweils höhere Klasse alle Vorzüge der nachfolgenden Rangstufen.

c) Mittlere Feste 1. Ranges mit dem Zeichen (*Bα*): Heimgang des Apostels und Evangelisten Johannes (26. Sept.), ferner die Feste des hl. Johannes Chrysostomos (13. Nov.), des hl. Sabbas (5. Dez.), des hl. Nikolaos (6. Dez.), der hl. großen Mönchsväter Antonios (17. Jan.) und Euthymios (20. Jan.), der hl. großen Kirchenlehrer Basilios, Gregor von Nazianz und Johannes Chrysostomos (30. Jan.), des hl. Georg (23. Apr.), des hl. Apostels und Evangelisten Johannes (8. Mai), der hl. Slawenapostel Kyrill und Method (11. Mai) und des hl. Großfürsten Wladimir (15. Juli). Diese Feste besitzen die Auszeichnung der „ganznächtlichen" Vigilfeier, die aus Vesper und Matutin besteht, in den Pfarrkirchen jedoch am Abend vorweggenommen wird.

d) Mittlere Feste 2. Ranges mit dem Zeichen (*Bβ*): Zu dieser Klasse gehören u. a. alle Apostelfeste, soweit sie nicht schon genannt wurden. Der Morgengottesdienst dieser Feste besitzt den feierlichen Lobgesang (Polyeleos) und Evangelium.

e) Kleine Feste 1. Ranges mit dem Zeichen (rot), (*Γ*), deren Morgengottesdienst noch die Große Doxologie („Ehre sei Gott in der Höhe") besitzt.

f) Kleine Feste 2. Ranges mit dem Zeichen (schwarz), (*Δ*), deren Zwischenverse zu Psalm 140 in der Vesper mit 6 eigenen Versen zu Ehren des Heiligen aus den Minäen beschlossen werden.

2. Bewegliche Feste. Fasten- und Osterzeit

Die beweglichen Feste und Tage des Kirchenjahres richten sich in ihrem Datum nach dem Osterfest, zu dem sie auch nach ihrem Festgehalt in besonderer Beziehung stehen. In weiterem Sinne gehört zur Ordnung der beweglichen Feste die ganze Fasten- und Osterzeit, deren Texte im Triodion (Fasten- und Blumentriodion) enthalten sind.

a) Schon die vier Sonntage der Vorfastenzeit stehen in enger Beziehung zum Buß- und Fastengedanken, wie ihre Namen (Sonntag vom Zöllner und Pharisäer, Sonntag vom Verlorenen Sohn, Sonntag des Fleischverzichtes, Sonntag des Käseverzichtes) deutlich zeigen. Mit den Sonntagen der vierzigtägigen Fastenzeit verbindet sich jeweils ein besonderes Gedächtnis. So wird an den fünf ersten Fastensonntagen nacheinander das Fest der Orthodoxie, das Gedächtnis des Gregor Palamas, die Verehrung des Heiligen Kreuzes, das Gedächtnis des hl. Johannes Klimakos und der Ehrwürdigen Maria von Ägypten begangen. Die eucharistische Liturgie dieser Sonntage ist die des hl. Basilios. Der Palmsonntag wird als Hochfest des Einzuges des Herrn in Jerusalem gefeiert.

Der eigentliche Charakter der Fastenzeit wirkt sich naturgemäß an deren Wochentagen aus. Die Eucharistie wird nur samstags gefeiert. Am Mittwoch und Freitag und an den drei ersten Tagen der Karwoche findet in Verbindung mit der Vesper die Kommunionfeier der Vorgeheiligten Gaben statt. Bei fast allen Gottesdiensten wird das Fastengebet des hl. Ephräm von Syrien mit mehrmaligem Niederfallen verrichtet. Von den vielen kleinen Eigenheiten der liturgischen Ordnung in der Fastenzeit seien erwähnt: das vierzigmalige „Herr erbarme Dich" mit tiefen Verneigungen in Vesper und Matutin und das Alleluja, das entgegen dem abendländischen Brauch gerade in der Fastenzeit anstelle des sonst üblichen „Gott der Herr ist uns erschienen" in der Matutin zu hören ist.

Am dritten Fastensonntag und in der darauffolgenden Woche wird das Heilige Kreuz durch Niederfallen verehrt, wobei man singt: „Vor Deinem Kreuz, o Herr, fallen wir nieder und preisen Deine heilige Auferstehung." Die Woche nach dem vierten Fastensonntag ist ausgezeichnet durch zwei besondere Gottesdienste: der Donnerstag durch das Gebet des Großen Bußkanons des hl. Andreas von Kreta, der Samstag durch den berühmten Lobgesang zur Gottesgebärerin, der nach der Haltung des Stehens, in der er verrichtet wird, Akathistos heißt.

b) Als Überleitung zur Karwoche darf der Vortag des Palmsonntags, der Samstag des Lazarus gelten. In Bethanien hatte der Herr Lazarus von den Toten erweckt; hier weilte er auch vor seinem Einzug in Jerusalem „sechs Tage vor dem Pascha" (Jo 12, 1).

In der Matutin des Palmsonntags werden die Palmzweige geweiht, die man während der Matutin und der Liturgie in Händen hält. Die ursprüngliche Prozession hat sich nur stellenweise erhalten.

Einen dramatischen Höhepunkt der Karliturgie stellt die Fußwaschung dar, die in Kathedralkirchen im Anschluß an die Abendmahlsliturgie des Großen Donnerstags vorgenommen wird. Nach Gebet und Gesang beginnt der Diakon mit dem Vortrag des Evangeliums (Jo 13, 1—15). Bei den Worten: „Er stand auf vom Mahle" erhebt sich der Bischof. Auch die folgenden Worte dramatisch darstellend legt er die bischöflichen Insignien und Gewänder ab, umgürtet sich, gießt Wasser in ein Becken und beginnt, den zwölf Priestern, die die Jünger darstellen, die Füße zu waschen. Auch die Wechselrede zwischen Christus und Simon Petrus wird vom Bischof und dem Ältesten der Priester nachgeahmt.

Der Bischof beschließt selbst die Lesung des Evangeliums mit der Ermahnung des Herrn, seinem Beispiel der Liebe zu folgen (Jo 13, 15).

Ebenfalls am Großen Donnerstag, jedoch nur in Patriarchal- und wenigen Metropolitankirchen und in mehrjährigem Abstand wird die Weihe des hl. Chrisam vollzogen.

Die Matutin des Karfreitags trägt den Namen: „Ordnung der heiligen und erlösenden Leiden unseres Herrn Jesus Christus." Sie vollzieht sich zum größten Teil in der Mitte der Kirche, wo ein erhöhter Platz, Golgotha genannt, mit einem Kreuz inmitten von Kerzen errichtet ist. Die übliche Ordnung des Morgengottesdienstes, die schon durch die eigenen Texte stärkstens vom Tage geprägt ist, wird durchbrochen von der Lesung der zwölf Evangelien aus den Leidensberichten der vier Evangelisten. Jedes der zwölf Evangelien erhält durch neuerliches Entzünden der Kerzen bei Priestern und Gläubigen, durch folgenden Gesang und Beräucherung besondere Eindringlichkeit.

Zur Todesstunde des Herrn wird die Vesper des Tages mit der erneuten Lesung der Leidensgeschichte und der liturgischen Nachbildung des Begräbnisses Christi begangen. Das „Grabtuch" Christi, eine gestickte Ikone der Grablegung Christi, die den Leichnam des Herrn versinnbildet, wird in feierlicher Prozession unter dem ergreifenden Gesang des Hymnus vom edlen Joseph von Arimathäa zum „Heiligen Grabe" in der Mitte der Kirche getragen und dort niedergelegt. Die Verehrung der Ikone durch alle Anwesenden beschließt diesen Gottesdienst.

Zur Matutin des Karsamstags findet sich die Gemeinde wiederum zusammen, um der Grabesruhe des Herrn zu gedenken. Das an Samstagen übliche 17. Kathisma (Psalm 118) wird heute feierlich gesungen; und jedem seiner 176 Verse folgt ein eigenes Preislied (*ἐγκώμιον*) auf das lebenspendende Grab und den siegreichen Kampf des Herrn in der Unterwelt. Priester und Gläubige umstehen während des Gesanges mit brennenden Kerzen das Heilige Grab, das nach jedem der drei Teile (Stationen) des Kathisma beräuchert wird. Der Großen Doxologie folgt eine Prozession mit dem Grabtuch wie beim Begräbnisgottesdienst des Karfreitags[73]). Die abschließenden Lesungen (Ez. 37, 1—10; 1 Kor 5, 6—8 und Gal 3, 13—14; Mt 27, 62—66) geben der Hoffnung auf Auferstehung deutlichen Ausdruck.

Die mit der Vesper verbundene Basiliosliturgie des Karsamstags, die nach Angabe des Triodion schon gegen 7 Uhr abends enden soll, erweist sich doch bei näherer Betrachtung als eigentliche Paschaliturgie, für deren Feier allein

---

[73]) Ältere Ausgaben des Triodion verzeichnen (wohl passender!) eine Prozession nur mit dem Evangelienbuch. — Vgl. K. Nikolskij, Lehrbuch der Gottesdienstordnung der Orthodoxen Kirche (St. Petersburg 1907, russisch) 617.

eine nächtliche Stunde angemessen erscheinen will. Nach dem Kleinen Einzug der Vesper werden am Heiligen Grabe folgende 15 Lesungen vorgetragen, die eine hervorragende Katechese des christlichen Pascha als Erfüllung der Heilsgeschichte bieten: 1. Gen 1, 1—13 (Erschaffung der Welt); 2. Is 60, 1—16 (Des neuen Sion Herrlichkeit); 3. Ex 12, 1—11 (Passahmahl und Auszug aus Ägypten); 4. Jonas 1, 1—4, 11 (Jonas als Vorbild des Auferstandenen); 5. Josue 5, 10—15 (Passah in Gilgal); 6. Ex 13, 20—14, 31 (Durchzug durchs Rote Meer) mit Gesang der folgenden Verse Ex 15, 1—19; nach jedem Vers: „Denn herrlich hat er sich verherrlicht!"; 7. Soph 3, 8—15 (Der Herr steht auf als Rächer über Jerusalem); 8. 3 Kg 17, 8—23 (Totenerweckung durch Elias); 9. Is 61, 10—62, 5 (Das neue Sion); 10. Gen 22, 1—18 (Verheißung an Abraham); 11. Is 61, 1—9 (Messias und neues Gottesvolk); 12. 4 Kg 4, 8—37 (Totenerweckung durch Elisäus); 13. Is 63, 11—64, 4 (Offenbarung des Herrn an seinen Feinden); 14. Jer 31, 31—34 (Neuer Bund); 15. Dan 3, 1—56 mit Gesang der Verse 57—88 (Die Jünglinge im Feuerofen und ihr Preislied). Nun leitet das Tauflied Gal 3, 27 anstelle des sonst üblichen Trishagion zur Liturgie über. Im heutigen Gottesdienst erweist es sich eindeutig als Antwort auf das einst in der Osternacht vollzogene Taufgeschehen. Es folgt als neutestamentliche Lesung Röm 6, 6—11, ganz der Taufordnung entsprechend. Statt eines Allelujaverses singt der Chor nun feierlich: „Steh auf, Gott, richte die Erde, denn Du bist Herr über alle Völker!" Diese Antiphon wird nach jedem Vers des 81. Psalmes wiederholt. Während des Gesanges legen die Liturgen ihre dunklen Gewänder ab, die sie bis dahin getragen haben und kleiden sich in helle, um ganz dem Charakter des Evangeliums zu entsprechen, das nun verkündet wird. Es ist das Evangelium von der Auferstehung des Herrn (Mt 28, 1—20). Die Liturgie wird dann in der üblichen Weise fortgesetzt, doch besitzt sie noch zahlreiche Eigentexte, so auch einen eigenen Begleitgesang zum Großen Einzug. Nach der Feier werden Brot und Wein gesegnet, die einst zur Stärkung derjenigen dienten, die bis zum Morgengottesdienst in der Kirche ausharren wollten. Noch heute wird ein Teil der Nachtstunden durch die Lesung der Apostelgeschichte überbrückt. Kurz vor Mitternacht wird das Grabtuch in den Altarraum zurückgetragen.

c) Schon vor Beginn der österlichen Matutin wird die Kirche mit dem Wohlgeruch des Weihrauchs erfüllt. Die Türen der Ikonostase werden geöffnet zum Zeichen, daß Christus uns durch seine Auferstehung die Tore des Himmels aufgetan hat. Dann umschreitet der Vorsteher dreimal beräuchernd den Altar. Die Liturgen ziehen unter Gesang aus der Kirche, umschreiten diese und sammeln sich dann vor dem geschlossenen Portal zum feierlichen Einzug. Der Vorsteher hält ein Kreuz mit dem österlichen Triangel (drei Kerzen), die übrigen Priester Evangelienbuch, Osterikone und die übrigen Festtagsikonen, außerdem Kerzen. Nun beräuchert der Vorsteher die Ikonen, zeichnet mit dem Weihrauchfaß ein Kreuz vor dem Portal und singt feierlich den Eingangssegen der Matutin. Sogleich ertönt erstmals der österliche Festgesang: „Christus ist auferstanden von den Toten, hat durch seinen Tod den Tod zertreten und denen im Grabe Leben geschenkt," dreimal gesungen von den Liturgen, dreimal wiederholt vom Chor und nochmals gesungen zu jedem der folgenden Psalmverse (Ps 67, 2—4 und 117, 24). Noch einmal beginnt der Vorsteher das Osterlied, zieht sogleich (während der Chor die Worte singt: „und denen im Grabe Leben geschenkt") an der Spitze der Prozession in die Kirche ein und ruft den dort harrenden Gläubigen zu: „Christus ist auferstanden!" Alle antworten: „Er ist wahrhaft auferstanden!"

Der Einzug aus dem Dunkel außerhalb der Kirche in das hell erleuchtete Gotteshaus zu den entsprechenden Worten des Festliedes und der folgende Ostergruß wird von den geistlichen Schriftstellern verglichen mit der lichten Auferstehung des Herrn aus Grabesdunkel und mit dem Empfang der Osterbotschaft am Grabe, die den Jüngern weitergegeben wird.

Nach der üblichen Großen Ektenie folgt nun sofort der Gesang des Osterkanons des hl. Johannes von Damaskus, der den Hauptteil der Matutin bildet. Zu jeder Ode des Kanons[74]) werden Kleine Ektenie und Beräucherung vollzogen. Nach dem Kanon beginnt der Chor sogleich die österlichen Verse zu den Lobpsalmen. Bei den letzten Worten: „Auferstehungstag ist heute, laßt uns strahlen in festlicher Freude, laßt uns einander umarmen und Brüder nennen, selbst jene, welche uns hassen; verzeihen wir alles an Ostern ...." geben sich Priester und Gläubige untereinander den Osterkuß. — Den letzten Teil der Matutin bildet die „Osterpredigt des hl. Johannes Chrysostomus". Es folgt sogleich der Gesang der österlichen Prim, der Ersten Stunde, die nicht wie sonst hauptsächlich aus Psalmen, sondern ganz aus Ostergesängen besteht. Währenddessen wird die Proskomidie der Chrysostomosliturgie vollzogen, deren Feier sich sogleich anschließt. Als Evangelium dieser Liturgie wird der Johannesprolog in verschiedenen Sprachen verkündet. — Gegen Ende der Feier erfolgt die Segnung des Osterkuchens. Auch die Gläubigen können ihrerseits Speisen, besonders Eier und Käse, zur Segnung bringen und nach der Liturgie in gemeinsamem Mahl verzehren, denn die Große Fastenzeit ist vorüber.

---

[74]) Kanon im byzantinischen Morgengottesdienst ist eine Ordnung von 9 Oden, die ursprünglich eine Antwort auf ebensoviele Gesänge der Hl. Schrift darstellen. Die 2. Ode (Antwort auf Deut. 32, 1—34) wird jedoch nur in der Fastenzeit gesungen. — Die Kanones gehören zu den wichtigsten Werken byzantinischer Kirchenpoesie seit Andreas v. Kreta und Johannes v. Damaskus. Sie werden später ohne die ihnen zu Grunde liegenden Schrifttexte gesungen.

Die Feier der österlichen Eucharistie weist noch einige Besonderheiten auf, von denen mehrere auch der Osterwoche, andere sogar der ganzen Osterzeit eigen sind. Während der Osterwoche wird nach dem Eingangssegen der Liturgie (wie auch der Vesper und Matutin) das Festlied: „Christus ist auferstanden von den Toten ...“ wie zu Beginn der Osternacht mit allen Wiederholungen (auch zu den Psalmversen) gesungen und Altar und Bilderwand beräuchert. In der übrigen Osterzeit wird an dieser Stelle nur dreimal das Festlied gesungen. — Die Osterwoche besitzt für den Kleinen Einzug ein eigenes Eingangslied vor dem üblichen Isodikon, dem während der ganzen Osterzeit die Worte „der Du von den Toten auferstanden bist“ eingefügt werden. — Statt des Trishagion wird in der Osterwoche das Tauflied (Gal 3, 27) gesungen, die ganze Osterzeit über statt des üblichen Muttergotteshymnus der Anaphora das österliche Preislied: „Der Engel rief der Gnadenvollen zu: Reine Jungfrau freue dich ....“. — Während der Osterwoche bleiben die Türen der Bilderwand geöffnet; während der ganzen Osterzeit, wie auch an allen Sonntagen des Jahres, unterbleibt jedes Knien.

Der Auferstehungsgedanke, der die ganze Zeit der Fünfzig Tage prägt, drückt sich naturgemäß besonders deutlich an den Sonntagen dieser Zeit aus, deren Abend- und Morgenfeier wie die Osternacht selbst durch den Gesang der österlichen Verse zu den Lobpsalmen und den Osterkanon des hl. Johannes von Damaskus ausgezeichnet ist. Alle Sonntage der Pentekoste tragen ihren eigenen Namen[75]). Der erste ist der Hohe Ostersonntag selbst, der letzte das Hl. Pfingstfest (= Pentekoste, 50. Tag), das Hochfest der Geistsendung. Der 40. Tag ist als Hochfest der Himmelfahrt des Herrn besonders ausgezeichnet. Hervorgehoben ist auch der Mittwoch nach dem 4. Sonntag der Pentekoste (dem 3. nach Ostern) als Mittostertag.

3. Gewöhnliche Sonn- und Wochentage

Nach Beendigung der Fünfzig Tage wird der Auferstehungsgedanke aufgenommen von der Reihe der übrigen Sonntage des Kirchenjahres. Der christliche Sonntag ist ja gerade als Tag der Auferstehung[76]) Herrentag und Feiertag geworden. So hat in der byzantinischen Liturgie ein Großteil der veränderlichen Texte in Liturgie und Officium an den Sonntagen die Auf-

---

[75]) Hoher Ostersonntag, Lichte Auferstehung unseres Herrn; Thomassonntag oder Antipascha (Ev.: Jo 20, 19—31); Sonntag der Salbentragenden Frauen (Ev.: Mk 15,43—16,8); Sonntag der Samariterin (Ev.: Jo 4, 5—42); Sonntag vom Blindgeborenen (Ev.: Jo 9, 1—38); Sonntag der hl. Väter des 1. Allg. Konzils; Pfingsten, Hochfest der Heiligsten Dreifaltigkeit, Fest der Herabsendung des Hl. Geistes.

[76]) In den slawischen Sprachen ist die Bezeichnung für Sonntag und Auferstehung identisch; in den romanischen Sprachen heißt der Sonntag „Herrentag“.

erstehung des Herrn zum Inhalt[77]). Der altkirchliche Brauch, am Sonntag nicht zu knien, sondern zu stehen, da der Christ mit Christus auferstanden ist, wird noch heute geübt.

Darüber hinaus bezeugen die Sonntage des Kirchenjahres auch durch ihre zeitliche Stellung zum Osterfest und zueinander, daß sie vom Osterfest als dem Mittelpunkt des Kirchenjahres Ordnung und Sinn empfangen. Jeweils acht aufeinander folgende Sonntage bilden nämlich miteinander eine höhere Einheit und spiegeln so die Pentekoste mit ihren acht Sonntagen wider. Die acht verschiedenen österlichen Sonntagsoffizien, die im Oktoich, dem Buch der „Acht Töne“, enthalten sind, bilden zusammen einen großartigen Ausdruck des Auferstehungsmysteriums. Da auch sämtliche Wochentage des Jahres in das Gefüge des Oktoich einbezogen sind, und somit jeder Tag als Montag (Dienstag usw.) nach einem Sonntag des 1. (2. usw.) Tons gekennzeichnet ist, erstreckt sich der Einfluß von Ostern auch auf den entferntesten Wochentag, auch wenn dieser zugleich ein Fest ist und in den Minäen noch eigene Texte besitzt.

Die Texte des Oktoich für die Wochentage haben allerdings nur zum geringen Teil die Auferstehung zum Inhalt. Sie berücksichtigen vor allem den besonderen Gedächtnischarakter, den jeder Tag auf Grund seiner Stellung im Wochenzyklus im Laufe der Kirchengeschichte erhalten hat. Wie jeder Sonntag seine besondere Beziehung zur Auferstehung des Herrn hat, so gilt im Wochenzyklus der Montag als Tag der „Körperlosen Mächte“, d. h. der Engel, der Dienstag als Tag des Vorläufers des Herrn, der Mittwoch als Gedächtnistag des Verrates (mit Gottesdienst vom Heiligen Kreuz), der Donnerstag als Tag der Apostel, des hl. Nikolaos und der hl. Kirchenväter, der Freitag als Tag des Kreuzes, der Samstag als Gedenktag der übrigen Heiligen und der Verstorbenen. Mit dem Charakter eines jeden Tages verbindet sich noch das Gedächtnis der Gottesmutter. Auch wenn ein Wochentag Festcharakter besitzt, was fast immer der Fall ist, überwiegen bei kleineren Festen die Texte aus dem Oktoich gegenüber denen, die aus den Minäen genommen werden. Der Sonntag bewahrt seine Mehrheit von Texten aus dem Oktoich auch beim Zusammentreffen mit mittleren Festen und weicht gänzlich nur den Hochfesten des Herrn.

---

[77]) Besonders bezeichnend ist die Verkündigung je eines der 12 österlichen Evangelien in der sonntäglichen Matutin und der darauf folgende Gesang: „Die Auferstehung Christi haben wir geschaut ...“.

LITERATURVERZEICHNIS

I. Umfassende Textausgaben in deutscher Übersetzung:

Maltzew, A. v., Liturgikon. Die Liturgien der Orthodox-Katholischen Kirche des Morgenlandes, Berlin 1902.

—, Die Nachtwache oder Abend- und Morgengottesdienst der Orthodox-Katholischen Kirche des Morgenlandes, Berlin 1892.

—, Fasten- und Blumentriodion der Orthodox-Katholischen Kirche des Morgenlandes, — I. Berlin 1900, II. Berlin 1901.

—, Oktoichos oder Parakletike der Orthodox-Katholischen Kirche des Morgenlandes, I. Berlin 1903, II. Berlin 1904.

—, Menologion der Orthodox-Katholischen Kirche des Morgenlandes, I. Berlin 1900, II. Berlin 1901.

—, Die Sakramente der Orthodox-Katholischen Kirche des Morgenlandes, Berlin 1898.

—, Andachtsbuch der Orthodox-Katholischen Kirche des Morgenlandes, Berlin 1895.

—, Begräbnisritus und einige spezielle und altertümliche Gottesdienste der Orthodox-Katholischen Kirche des Morgenlandes, Berlin 1898.
(erschienen z. T. in verschiedenen Auflagen mit verändertem Titel)

Kirchhoff, K., Die Ostkirche betet. Hymnen aus der Fastenzeit der byzantinischen Kirche, I—IV, Leipzig 1934—37.

—, Osterjubel der Ostkirche. Hymnen aus der fünfzigtägigen Osterfeier der byzantinischen Kirche, Münster 1940.

—, Hymnen der Ostkirche. Dreifaltigkeits-, Marien- und Totenhymnen, 2. Aufl. v. Chr. Schollmeyer, Münster 1960.

Storf, R., Griechische Liturgien (Bibl. der Kirchenväter), Kempten 1912.

II. Quellen- und Standardwerke:

Allatius, L., De libris ecclesiasticis Graecorum (J. A. Fabritius, Bibliotheca graeca V), Hamburg 1723.

Assemani, J. A., Codex Liturgicus ecclesiae universae, Rom 1749—66.

Beck, H.-G., Kirche und Theologische Literatur im byzantinischen Reich, München 1959.

Braun, J., Die liturgische Gewandung im Okzident und Orient nach Ursprung und Entwicklung, Verwendung und Symbolik, Freiburg 1907.

Brightman, F. E., Eastern Liturgies, Oxford 1896.

Hanssens, J. M., Institutiones liturgicae de ritibus orientalibus II/III, De missa rituum orientalium, Rom 1930—32.

Jungmann, J. A., Missarum Sollemnia. Eine genetische Erklärung der römischen Messe, 2 Bde., Wien 1958.

Nikolskij, K., Lehrbuch der Gottesdienstordnung der Orthodoxen Kirche (russisch), Petersburg 1907.

Raes, A., Introductio in liturgiam orientalem, Rom 1947.

III. Ausgewählte Literatur:

Arseniew, N. v., Die Kirche des Morgenlandes. Weltanschauung und Frömmigkeitsleben (Sammlung Göschen), Berlin 1926.

Ball, H., Byzantinisches Christentum, München 1923.

Bathasar, H. Urs. v., Kosmische Liturgie. Maximus der Bekenner, Höhepunkt und Krise des griechischen Weltbildes, Freiburg 1941.

Baumstark, A., Die Messe im Morgenland (Sammlung Kösel), Kempten 1906.

—, Vom geschichtlichen Werden der Liturgie (Ecclesia Orans X), Freiburg 1923.

Benz, E., Geist und Leben der Ostkirche, Hamburg 1957.

Betz, J., Die Eucharistie in der Zeit der griechischen Väter, Freiburg 1955.

Botte, B., Les origines de la Noël et de l'Epiphanie, Löwen 1932.

Casel, O., Art und Sinn der ältesten christlichen Osterfeier, in: Jahrb. f. Liturgiewissensch. 14 (1934), 1—78.
—, Das Mysteriengedächtnis der Meßliturgie, in: JLw 6 (1926) 113—204.
—, Glaube, Gnosis und Mysterium, in: JLw 15 (1941) 155—305.
Dalmais, I. H., Die Liturgie der Ostkirchen, Aschaffenburg 1960.
Dobschütz, E. v., Christusbilder, Leipzig 1899.
Dölger, F. J., Sol salutis. Gebet und Gesang im christlichen Altertum. Mit besonderer Rücksicht auf die Ostung in Gebet und Liturgie, Münster 1925.
—, Die Sonne der Gerechtigkeit und der Schwarze, Münster 1918.
—, Sphragis. Eine altchristliche Taufbezeichnung in ihren Beziehungen zur profanen und religiösen Kultur des Altertums, Paderborn 1911.
—, Der Exorcismus im altchristlichen Taufritual, Paderborn 1909.
—, Das Sakrament der Firmung, Wien 1906.
Dreher, B., Die Osterpredigt, Freiburg 1951.
Engberding, H., Das Eucharistische Hochgebet der Basileiosliturgie, Münster 1931.
Fittkau, G., Der Begriff des Mysteriums bei Johannes Chrysostomus, Bonn 1953.
Gogol, N. B., Betrachtungen über die Göttliche Liturgie, übers. v. R. v. Walter, Freiburg 1938.
Grillmeier, A. u. Bacht, H. (Hrsg.), Das Konzil von Chalkedon. Geschichte und Gegenwart. 3 Bde., Würzburg 1951—54.
Gutberlet, K., Die Meßfeier der griechischen Kirche, Regensburg 1920.
Hammerschmidt, E., Probleme der orientalischen Liturgiewissenschaft, in: Ostk. Stud. 10 (1961), 28-47.
Heiler, F., Urkirche und Ostkirche, München 1937.
Hendrix, P., Der Mysteriencharakter der byzantinischen Liturgie, in: Byz. Zs. 30 (1929), 333—339.
Holl, K., Ges. Aufsätze zur Kirchengeschichte II, Tübingen 1928.
Jong, J. P. de, Le Rite de la Commixtion dans la Messe Romain dans ses rapports avec les Liturgies Syriennes, in: Archiv f. Liturgiewissensch. 4 (1956), 245—278; 5 (1957), 33—79.
Jungmann, J. A., Die Stellung Christi im liturgischen Gebet, Münster 1925.
—, Kultsymbolik der katholischen Kirche (Symbolik der Religionen VI), Stuttgart 1960.
Klauser, Th., Der Ursprung der bischöflichen Insignien und Ehrenrechte (Rektoratsrede Bonn 1948).
La Piana, G., Le rappresentazione sacre e la poesia ritmica dramatica nella letteratura bizantina, in: Roma e l'Oriente II/IV (1911/12).
Liesel, N., Die Liturgien der Ostkirche, Freiburg 1960.
Meester, P. de, Les origines et les developpements du texte grec de la liturgie de S. Jean Chrysostome: *Χρυσοστομικά*, in: Studi e ricerche intorno a S. Giovanni Crisostomo (Rom 1908) 245—357.
Onasch, K., Einführung in die Konfessionskunde der orthodoxen Kirchen (Sammlung Göschen), Berlin 1962.
Ouspenskij, L. u. Losskij, Wl., Der Sinn der Ikonen, Bern 1952.
Pascher, J., Eucharistia. Gestalt und Vollzug, Münster 1953.
—, Die Liturgie der Sakramente, Münster 1950.
Peterson, E., Das Buch von den Engeln, München ² 1955.
Quasten, J., Eucharistische Frömmigkeitsauffassungen des 4. Jahrh.: Vom christlichen Mysterium, in: Ges. Arbeiten zum Gedächtnis von O. Casel, (Düsseldorf 1951), 66—75.
Schneider, C., Studien zum Ursprung liturgischer Einzelheiten östlicher Liturgien, in: Kyrios 1 (1936), 57—73; 3 (1938), 149—190, 293—311.
—, Das Fortleben der Gesamtantike in den griechischen Liturgien, in: Kyrios 4 (1939), 185—221.
Schulz, H.-J., Die „Höllenfahrt" als „Anastasis". Eine Untersuchung über Eigenart und dogmengeschichtliche Voraussetzungen byzantinischer Osterfrömmigkeit, in: Zeits. f. kath. Theol. 81 (1959), 1—66.

—, Der österliche Zug im Erscheinungsbild byzantinischer Liturgie, in: Fischer-Wagner (Hrsg.), Paschatis Sollemnia. Festschrift für J. A. Jungmann, Freiburg 1959, 239—246.
Seraphim (Metropolit), Die Ostkirche, Stuttgart 1950.
Treitinger, O., Die oströmische Kaiser- und Reichsidee nach ihrer Gestaltung im höfischen Zeremoniell, Jena 1938.
Tyciak, J., Die Liturgie als Quelle östlicher Frömmigkeit (Ecclesia Orans XX), Freiburg 1937.
—, Maranatha. Die Geheime Offenbarung und die Kirchliche Liturgie, Warendorf 1947.
—, Heilige Theophanie. Kultgedanken des Morgenlandes, Trier 1959.
Tyciak-Wunderle-Werhun, Der Christliche Osten. Geist und Gestalt, Regensburg 1939.

SYMBOLIK DES ORTHODOXEN KIRCHENGEBÄUDES UND DER IKONE

von

LÉONIDE OUSPENSKY

Aus dem Russischen übersetzt von Nikolay Ozolins

Inhaltsübersicht

EINFÜHRUNG

Die Symbolik des orthodoxen Kirchengebäudes und der Ikone ist im Wesen selbst des Christentums begründet, und zwar als Ausdruck einer feststehenden Wirklichkeit, einer realen geistigen Erfahrung, d. h. eines wesentlichen Aspekts der kirchlichen Überlieferung.

Das Christentum ist als neues Israel die Erfüllung der Vorbereitungen und der Prophezeiungen des Alten Bundes. Wenn der Alte Bund (das Reich des Gesetzes) durch die Vorbereitung des Kommens des Messias (des Reiches der Gnade) der Zukunft zugewandt war, so eröffnet die Ankunft des Messias eine neue Etappe, die dem von den heiligen Vätern das himmlische Jerusalem, Gottes Reich (das Reich der Herrlichkeit) genannten Endziel entgegenführt. Eben aus dieser prophetischen Perspektive heraus hat das Christentum die Symbolik des alttestamentlichen Tempels übernommen, „der Perspektive, für die der Tempel des Gottesdienstes nicht ein Abbild des ihm vorhergehenden kosmischen Tempels, sondern ein Bild des zukünftigen eschatologischen Tempels ist. Eben diesen Aspekt drücken die Propheten Isaias (2, 2—3; 60, 1)[1]) und Zacharias (2, 10—13) aus. Der Neue Bund übernimmt diese Anschauung, indem er Christus als den neuen Tempel andeutet, der den alten, dessen Vorhang zerriß, ersetzt“[2]).

Es hat im Christentum nie einen Bruch mit der Vergangenheit gegeben; es versteht sich von Anfang an als direkter Nachfolger des Alten Bundes, dessen Erbe es weiterführt. Immer wieder unterstreichen die Apostel und Kirchenväter den traditionsgebundenen Charakter des neuen Glaubens. Gleichzeitig aber bringt das Christentum etwas völlig Neues, das den Begriff des Tempels von Grund auf ändert. Dieses Neue besteht darin, daß der Mensch selbst zum Tempel wird und Gott nun in Tempeln wohnt, die nicht von Menschenhand gemacht sind. „Wisset ihr nicht, daß euer Leib der Tempel des Heiligen Geistes ist, der in euch wohnt?“ (1. Kor. 6, 19); „Wir sind der Tempel des lebendigen Gottes“ (2. Kor. 6, 16).

Dieser Begriff des Tempels geht auf Christus selbst zurück (Joh. 2, 19—22). Der nicht von Menschenhand gemachte Tempel bedeutet aber keine Aufhebung des mit menschlicher Kraft erbauten Tempels, sondern setzt vielmehr diesen voraus. Die Versammlung der Christen ist „das geistige Haus“, der Tempel, zu dessen lebendigen Steinen sie werden (1. Petri 2, 5), indem sie sich mit Christus im Sakrament vereinen. Es gibt keine Eucharistie ohne

---

[1]) Wir zitieren die Bibel und numerieren die Verse nach der Septuaginta.

[2]) J. Daniélou, La Symbolique du Temple de Jérusalem chez Philon et Joseph, Série orientale XIV: Le Symbolisme cosmique des monuments religieux, Rome 1957, S. 90.

gemeinsames Gebet, ohne Versammlung der Gläubigen. Sie sind die Kirche, und diese Kirche ist der Beginn des Reiches Gottes, der Anfang des himmlischen Jerusalems, dessen Vorbild der alttestamentliche Tempel gewesen ist. Bild dieses als Stadt und Wohnung Gottes erwarteten himmlischen Jerusalems wird die Stelle, wo die Kirche versammelt ist. Deshalb kann der Ort, an dem die Gemeinde sich aufhält und der von dem, was sich in ihm vollzieht, geprägt wird, nicht ohne symbolische Bedeutung sein. Es ist gewiß auch kein Zufall, daß die eschatologischen Erwartungen der ersten Christen sich im Bilde des himmlischen Jerusalems als Tempel in der Offenbarung des Johannes ausgedrückt haben (Offb. 21, 10).

Alle Vorbilder und Symbole, die im Alten Bunde die Fleischwerdung Gottes angekündigt haben, enthüllen sich in der Person Christi, des Mensch gewordenen Gottes, und in der Person der Gottesmutter, die seine Ankunft auf Erden ermöglicht hat. Wenn aber die Menschwerdung durch das Symbol angekündigt wurde, so wird im Neuen Bunde die prophetische Rolle des Symbols durch das historische Bildnis übernommen, indem es sich in die prophetische Perspektive und in die Vorbereitung der eschatologischen Erfüllung einschaltet.

Zugleich mit den alttestamentlichen Symbolen verwendet das Christentum auch einige heidnische Symbole. Aus der Umgebung übernimmt es alles, was ihm als Ausdrucksform dienen, was als ein Mittel für die Wiedergabe der Offenbarung benützt werden kann. Es verleiht dabei den von ihm aufgenommenen Symbolen und Formen einen neuen und wahren Inhalt. Wie die Liturgie ein Mysterium des künftigen Aeons ist, so ist auch die ganze Kunst der orthodoxen Kirche auf ein einziges Ziel gerichtet: auf das himmlische Jerusalem, den achten Tag der Schöpfung, d. h. auf den Endzweck des Daseins der Welt, ihre Verklärung. Diese Ausrichtung auf das Endziel ist ein charakteristischer Zug des orthodoxen Gottesdienstes, der Symbolik des Kirchengebäudes und des Bildes. Das ganze liturgische und sakramentale Leben der Kirche ist von Bildern und Symbolen durchdrungen. Diesen Bildern und Symbolen liegen zwei Wahrheiten des christlichen Glaubens zugrunde: einerseits die Erniedrigung des Wortes Gottes, sein erlösendes Opfer und die Notwendigkeit der Beteiligung an diesem Opfer; andererseits das Ziel, das Ergebnis, ja der eigentliche Sinn dieses Opfers: die Verklärung des Menschen und mit ihm der ganzen sichtbaren Welt, d. h. die Versöhnung zwischen Gott und dem Universum. Eben diese letztere Wahrheit bildet das Hauptthema der Symbolik des orthodoxen Kirchengebäudes und der Ikone.

A. SYMBOLIK DES KIRCHENGEBÄUDES

Die Erschließung der alttestamentlichen Vorbilder, ihr Verständnis im Lichte ihrer Erfüllung im Neuen Bunde wird gleich bei der Gründung des orthodoxen Kirchengebäudes sichtbar. Sie beginnt aber nicht beim alttestamentlichen Tempel oder der Stiftshütte, sondern bei dem unblutigen Altar, dem vom Patriarchen Jakob errichteten Opfertisch (Gen. 28, 16—19). „Frühmorgens nahm Jakob den Stein, den er zum Kopfpolster gemacht, stellte ihn als Malstein auf und goß Öl oben darauf ... und sprach: Wahrlich, der Herr ist an dieser Stätte, und ich wußte es nicht ... Schauervoll ist diese Stätte; hier ist nichts anderes als Gottes Haus, und jenes ist die Himmelspforte." In dem Gebet[3]), das diesen alttestamentlichen Text einschließt und beim Gießen von Öl auf den Grundstein des zukünftigen Kirchengebäudes gesprochen wird, wird der unblutige Altar Jakobs zum Gleichnis des unblutigen Opfertisches des Neuen Bundes. Der Gedanke des Patriarchen Jakob von einer lokalen Anwesenheit Gottes („der Herr ist an dieser Stätte") überträgt sich dadurch auf das erbaute Kirchengebäude, „Gottes Haus", die Himmel und Erde verbindende Leiter (ibid. Vers 12) und „Himmelspforte" (Vers 17).

Im Kontext mit anderen Gebeten wird dieser alttestamentliche Altar, ein materieller Stein, in seiner symbolischen Deutung als Vorbild des nicht stofflichen Steins, Christus, Ecksteins seiner Kirche, enthüllt. „Herr Jesus Christus, ... Du Eckstein und unerschütterliche Basis Deiner Kirche, von dem allerreinsten jungfräulichen Berge ohne die Hand männlichen Samens abgeschlagen ..."[4]). Die symbolische Bedeutung des alttestamentlichen Altars als Grundlage des Hauses Gottes wird also auf den Grundstein übertragen, und, wenn Christus der Eckstein der Kirche ist[5]), so wird beim Erbauen eines Kirchengebäudes der Stein, der als Grund gelegt wird, zum Symbol Christi.

Die Symbole Christi werden hier in unmittelbarer Verbindung mit der Erschließung der alttestamentlichen Symbole der Mutter Gottes enthüllt: die Aufdeckung der Prophezeiungen vom Messias bedeutet ja die Enthüllung der prophetischen Einsichten der Menschwerdung Gottes und folglich der Gottesmutterschaft. Maria ist das Mittel der Inkarnation. In ihr und durch sie wird die Vereinigung des Himmels und der Erde, Gottes und des Menschen erfüllt. „Wenn Gott von da an den Menschen zu seinem Tempel erwählt hat, so ist im ganz besonderen und wörtlichen Sinne ein solcher Tempel die Jung-

---

[3]) Euchologion (Trebnik), 2. Teil, Moskau 1956, S. 40. Siehe auch das Gebet zur Weihung des Öls, S. 35.

[4]) Euchologion ibid. S. 38.

[5]) 1. Petr. 2, 7; Eph. 2, 20 u. a.

frau Maria gewesen. Ihr Körper ist eben der vom Alten Bunde, der von seiner ganzen Heiligkeit, seiner Heilserwartung, seiner Treue zu Gott errichtete Tempel, wodurch die Vereinigung Gottes mit dem Menschen möglich wurde. In diesem Sinne ist sie Frucht des alttestamentlichen Tempels, jener Beziehung zu Gott, die sich dort erfüllte"[6]). Deshalb sind auch die Stiftshütte und der Tempel als Stätte der Anwesenheit Gottes Bild der Gottesgebärerin als Gefäß des unbegrenzten Gottes. Sie ist der unbehauene Berg, den der Prophet Daniel gedeutet hat (Dan. 2, 34—35), und wegen ihrer Rolle in der Fleischwerdung wird ihr von der Kirche neben vielen anderen die Metapher „Haus Gottes" und „Himmelspforte" verliehen. Der erwähnte Genesistext ist (wie auch Ezech. 44, 1—4 — Vision des Tempels) in den Lesungen des Alten Testamentes an allen Feiertagen, die der Mutter Gottes und ihren Ikonen gewidmet sind, enthalten (außer der Einführung in den Tempel). Sie ist die unmittelbare Erfüllung dieser alttestamentlichen Vorbilder und Prophezeiungen.

Wenn die Gottesmutter so eng mit dem Tempel des Alten Bundes verbunden ist, so ist ihre Verbindung mit dem neutestamentlichen Tempel noch viel unmittelbarer und enger. Der Gottesdienst der Grundsteinlegung für das Kirchengebäude unterstreicht die Übereinstimmung der beiden: „Der Höchste hat diese Kirche gegründet, in ihr ist Gott, und sie kann nicht wanken; beisteht ihr Gott von Tag zu Tag." Dieser Text aus dem 45. Psalm (V. 6.), der vom Priester beim Gießen des Öls auf den Grundstein gelesen wird, bezieht sich auf das Gebäude, auf die Kirche und, wie wir sehen werden, auch auf die Mutter Gottes. Durch diese Übereinstimmung wird die Unzertrennlichkeit der Gottesmutterschaft von der Kirche und dadurch auch vom Kirchengebäude unterstrichen. Der neutestamentliche Tempel ist nicht bloß die Stätte der Anwesenheit Gottes, wie es der alttestamentliche Tempel war, sondern die Stätte der Vereinigung Gottes mit dem Menschen. Die Bedeutung der Kirche wird auf das Gebäude übertragen.

Nach dem orthodoxen Ritus wird das Kirchengebäude „zum Bilde der heiligsten Kirche Gottes, das heißt unseres Körpers (und Glieder Deines Christus), Deinem Tempel, wie Du ihn durch Deinen glorreichen Apostel hast nennen lassen", geweiht. Mit anderen Worten: das Kirchengebäude wird als Bild unserer in Christus vergotteten Menschheit geweiht, als Bild seines Leibes, der die Kirche ist und dessen Glieder die Gläubigen sind. Das Gebäude wird also als Ikone der Kirche verstanden, als Bild des mystischen Leibes Christi, das sinnbildlich und symbolisch das ausdrückt, was unmittelbar nicht darstellbar ist: die eine, heilige, katholische und apostolische Kirche — Gegenstand des Glaubens, aber unsichtbar in ihrer Fülle. Das Wort „Kirche" wird

[6]) A. Šmeman, Istoričeskij Put' Pravoslavija, New York 1954, S. 238.

sowohl für die Kirche = Leib Christi als auch für ihr Bild, das Kirchengebäude gebraucht. So bedient sich z. B. der heilige Patriarch Germanos in seiner Erklärung des Kirchengebäudes einer Art Wortspiel: er bezeichnet die Kirche und das Kirchengebäude mit denselben Worten und bedient sich derer in ein und demselben Satze. „Die Kirche", sagt er „ist der Himmel auf Erden, darin Gott, der höher ist als der Himmel, wohnt und wandelt. Sie erinnert an die Kreuzigung, das Begräbnis und die Auferstehung Christi und ist herrlicher als die Stiftshütte. Sie war vorgebildet in den Patriarchen, gegründet auf die Apostel.... Sie war verkündet von den Propheten, geschmückt durch ihre Hierarchen, geheiligt durch ihre Märtyrer, und mit ihrem Altar steht sie fest auf deren heiligen Reliquien"[7]).

Das obenerwähnte Gebet wendet sich an Gott Vater, und dies deutet die Kirche als Offenbarung des Vaters im Werke des Sohnes und des Heiligen Geistes, also als Offenbarung der Dreifaltigkeit, deren Widerspiegelung die Kirche als Einheit, gebildet von der Vielheit der Menschen, ist. „Gesegnet ist das Reich des Vaters, des Sohnes und des Heiligen Geistes" — mit diesen Worten beginnt jede Liturgie, und alles in einem Kirchengebäude erinnert an die Heilige Dreieinigkeit: seine Dreiteilung[8]), das mit drei Fingern gemachte Kreuzzeichen usw. Dieses gesegnete Reich der Dreifaltigkeit, das im Sohne gegeben wurde und durch den Heiligen Geist besteht, die Kirche, ist im jetzigen Zeitalter, hier auf Erden, Vorwegnahme des zukünftigen Reiches Gottes. „Ebenso wie die Theophanien des Alten Bundes der Ankunft Christi vorausgegangen, so kommt jetzt, nachdem Er gekommen ist, Seine tatsächliche — und nicht symbolische — Anwesenheit Seinem eschatologischen Reiche, mit dem diese Anwesenheit identisch ist, zuvor, weil Christus eins ist"[9]). Weil Christus tatsächlich im Sakrament der Eucharistie, das im Kirchengebäude vollzogen wird, anwesend ist, ist dieses Gebäude auch „Paradies und paradiesische Gaben", nach der Auslegung des heiligen Symeon von Thessalonich: es enthält nicht den Baum des Lebens, sondern das Leben selbst, das in den Sakramenten wirkt und an die Gläubigen verteilt wird[10]). Das Kirchengebäude als Gefäß der Erstlinge des zukünftigen Lebens ist also wie ein Teilchen davon, das schon auf der Erde existiert und seiner Ankunft in Herrlichkeit zuvorkommt. Deshalb ist das Kirchengebäude als Bild der Kirche auch „Bild der kommenden Güter" (*εἰκὼν τῶν μελλόντων ἀγαθῶν*)[11]).

---

7) P. G. 98, 381—382 B.
8) Siehe unten S. 59.
9) J. Meyendorff, Introduction à l'étude de Grégoire Palamas, Paris 1959, S. 270.
10) Über den heiligen Tempel, P. G. 155, 349.
11) Hl. Johannes Damascenus, 2. Rede zur Verteidigung der heiligen Ikonen, Kap. 23, P. G. 94, 1, 1309.

Den apostolischen Verordnungen[12]) gemäß werden die orthodoxen Kirchen nach Osten gerichtet, ebenso wie die Stiftshütte und Salomos Tempel[13]). Diese Regel ist in der ganzen christlichen Welt verbreitet, obwohl sie keinen absoluten Charakter trägt: in der Praxis gab es schon in frühchristlicher Zeit und gibt es auch jetzt noch Abweichungen, da außer der Regel hier auch die praktischen Möglichkeiten eine Rolle spielen[14]).

Der Brauch, das Gebet und den Tempel nach Osten zu richten, existierte schon vor dem Christentum und auch außer ihm[15]). Der christliche Sinn dieser Wendung wird einerseits dadurch erklärt, daß das Paradies im Osten gewesen ist (Gen. 2, 8), andererseits dadurch, daß die Sonne und der Osten Bilder Christi sind und die Erscheinung des Lichtes Symbol seiner Ankunft[16]). Im Zusammenhang mit der eschatologischen Ausrichtung des Christentums erhält der Osten die endgültige Fülle seiner symbolischen Bedeutung. In diesem Sinn erklärt der heilige Johannes Damascenus den Brauch: „Nachdem Gott das geistige Licht ist (1. Joh. 1, 5) und Christus in der Heiligen Schrift Sonne der Gerechtigkeit (Mal. 4, 2) und Osten (Zach. 3, 8) genannt wird, soll man sich bei seiner Anbetung gegen Osten wenden." Mit Bezugnahme auf Matth. 24, 27, wo von der zweiten Ankunft des Heilands gesprochen wird („denn wie der Blitz im Osten aufflammt und bis zum Westen leuchtet"), schließt dann der heilige Johannes: „Seine Ankunft erwartend beten wir also nach Osten gewandt"[17]). Im selben Sinne legen auch andere Kirchenväter den Blick nach Osten aus[18]). In den ersten christlichen Jahrhunderten war es Sitte, die Ostseite eines Wohnhauses mit einem Kreuz zu bezeichnen[19]). Dieser Brauch hat sich bei den orthodoxen Völkern bis heute erhalten, indem sie die sogenannte „schöne Ecke" mit Kreuz und Ikonen womöglich immer in einer Ostecke des Raumes einrichten.

Das orthodoxe Kirchengebäude besteht aus drei Teilen. Die Anleitungen für die Geistlichkeit geben folgende Anweisung für seinen allgemeinen Plan: „Unsere Kirchen oder Tempel sind in drei Teile geteilt nach dem Beispiel der

---

12) 2, 57, P. G. 1, 724.

13) Hl. Johannes Damascenus, De Fide orthod., Buch 4, Kap. 12, P. G. 94, 1, 1133 C —1135 B. — L. Hautecoeur, Mystique et architecture, Paris 1954, S. 215.

14) In der römisch-katholischen Kirche hörte man im 16. Jahrh. auf, die Kirchen nach Osten zu richten, zum Teil ebenfalls aus praktischen Gründen. Das Konzil von Trient gab dem Bischof das Recht, die Wendung der Kirchengebäude zu ändern. — L. Hautecoeur, ibid. S. 291.

15) L. Hautecoeur, ibid. S. 214-218.

16) Siehe z. B. den Gottesdienst von Weihnachten oder der Theophanie.

17) Hl. Johannes Damascenus, De Fide orth., B. 4, Kap. 12, P. G. 94, 1, 1133—1135.

18) z. B. Hl. Basilius der Große (Kapitel über den Heiligen Geist, Kap. 27, P. G. 32, 188 B und 189 C) oder der Patriarch Germanos (P. G. 98, 392 BC).

19) E. Peterson, La Croce e la preghiera verso oriente, in: Ephem. Liturg. 59, 1945, 52—68.

Stiftshütte Mose und Salomos Tempel, welche ebenfalls aus drei Teilen bestanden haben. So schreibt der Apostel Paulus an die Hebräer: Es hatte die Stiftshütte ein äußeres Heiligtum; dann hinter dem ersten Vorhang wurde eine Hütte errichtet, deren erster Teil hat Heiligtum geheißen; und hinter dem zweiten Vorhang ist die Hütte gewesen, welche man das Allerheiligste genannt hat (Hebr. Kap. 9). Alle diese Teile des Tempels sind Bild unseres Tempels gewesen, denn der Schatten war Bild der Wahrheit"[20]). Das Grundprinzip bei der Errichtung eines Kirchengebäudes bleibt also, ebenso wie dessen symbolische Bedeutung, dasselbe wie im Alten Bunde. Diesem Prinzip gemäß hat eine orthodoxe Kirche einen Narthex (*νάρθηξ*), einen mittleren Teil oder Schiff (*ναός*) und einen Hauptteil, den Altarraum (*ἱερατεῖον*)[21]).

Der heilige Symeon von Thessalonich sieht in dieser Dreiteilung eine Andeutung der Heiligen Dreifaltigkeit und der drei Ränge der Engel. Jeder dieser Teile besitzt seine eigene Bedeutung: „der göttliche Tempel ist ein Bild dessen, was auf Erden, was im Himmel und was über dem Himmel ist; der Narthex ist Abbild dessen, was sich auf der Erde befindet, das Schiff des Himmels; das aber, was über dem Himmel ist, verkörpert der allerheiligste Altarraum"[22]). In der Praxis entspricht diese Aufteilung auch der dreiteiligen Zusammensetzung des kirchlichen Volkes: der Geistlichkeit, der Gläubigen und derer, die sich an der Eucharistie nicht beteiligen dürfen. Der symbolischen und praktischen Bedeutung des Kirchengebäudes entsprechend wird auch die Wandmalerei verteilt. Sie trägt einen genauen, streng dogmatischen Charakter, welcher jedem der Teile angepaßt ist.

Der Narthex entspricht dem Hofe der Stiftshütte, ihrem äußeren Teil (dem Heiligtum des Volkes). Er befindet sich immer in dem dem Altarraum entgegengesetzten Ende der Kirche, d. h. im Westen. Der heilige Symeon von Thessalonich sieht im Narthex das Symbol der unverklärten, in Sünden liegenden Welt, der Welt in ihrem jetzigen Zustand. Dieser Teil des Gebäudes ist für eine besondere Kategorie von Leuten bestimmt, die nicht zur Teilnahme am eucharistischen Sakrament zugelassen sind, d. h. für die, die sich aus verschiedenen Gründen am inneren, sakramentalen Leben der Kirche nicht beteiligen dürfen, jedoch nicht völlig außerhalb der Kirche stehen. Sie befinden sich sozusagen an der Peripherie, an der Grenze zwischen Kirche und Welt. Das sind die Katechumenen und die Büßenden, die vor dem Beginn der „Liturgie der Gläubigen" die Kirche verlassen müssen. Gleichzeitig ist der

[20]) Erzbischof Veniamin, Novaja Skrižal', Kap. 1, § 6, Petersburg 1857, S. 9. Siehe auch Dmitrievskij, Izjasnenie božestvennoj Liturgii, Kap. 3 §59, Petersburg 1897, S. 107—109.

[21]) In der christlichen Literatur begegnet man der ersten Erwähnung der Dreiteilung des christlichen Kirchengebäudes in der Kirchengeschichte des Eusebius (Buch X, Kap. 4, P. G. 20, 846).

[22]) Ibid. P. G. 155, 704.

Narthex der Ort des Eintritts in die Kirche, ihre Schwelle. Wenn das Kirchengebäude kein abgesondertes Baptisterium hat, wird die Taufe im Narthex gespendet. Die Wiederaufnahme derer, die aus Ketzerei oder Schisma in die Kirche kommen, geschieht ebenfalls im Narthex[23]).

Über dem Eingang vom Narthex in das Kirchenschiff wird Christus mit dem aufgeschlagenen Evangelium dargestellt, worauf steht: „Ich bin die Pforte. Wer durch Mich eingeht, der wird gerettet werden" (Joh. 10, 9). Manchmal wird hier stattdessen Maria mit dem Kinde oder der Heiland *ἀχειροποίητος* dargestellt. Nach dem griechischen Malerhandbuch des Dionysios von Furna stellt man hier Christus mit der Mutter Gottes und dem Täufer dar. An den Wänden zeigt man alttestamentliche Szenen, die einen symbolischen Charakter haben, heilige Hymnographen, den Akathist der Gottesmutter und die ökumenischen Konzile[24]).

Der mittlere Teil des Kirchengebäudes, das sogenannte Schiff, entspricht dem, was in der Stiftshütte das Heiligtum genannt wurde und vom Hofe durch einen Vorhang getrennt gewesen ist. Hier hielten sich täglich Priester auf, um Opfer darzubringen. Dieser Teil des Tempels war dem Volke nicht zugänglich: der Vorhang verhüllte das Heiligtum. Im neutestamentlichen Tempel ist das Heiligtum enthüllt: „Und siehe, der Vorhang im Tempel riß entzwei von oben an bis unten" (Matth. 27, 51)[25]). Die das Volk vom Heiligtum trennende Grenze wurde aufgehoben, und das ganze Volk, das neue Israel, „das königliche Priestertum, der heilige Stamm" (1. Pet. 2, 9—10) betritt „mittels Christi Blut über den neuen und lebendigen Weg durch den Vorhang, d. h. durch Sein Fleisch, (Hebr. 10, 19—20), das Heiligtum"[26]). Dieser Teil des Kirchengebäudes wird zum „himmlischen Wohnsitz und Paradies"[27]). Dieser Bedeutung des Kirchenschiffs angepaßt, erhalten seine verschiedenen Teile ihren entsprechenden Sinn. Sein oberer Teil bedeutet den sichtbaren Himmel[28]), der untere die Erde[29]). Die Leuchter stellen die Sterne dar, die Kronleuchter die himmlischen Sphären und die Kreise der Planeten. So erhält hier die kosmische Symbolik des alttestamentlichen und der heidnischen Tempel ihre christliche Sinngebung und Auslegung. Das ist die erschaffene, sichtbare Welt, aber schon gerechtfertigt, geweiht, verklärt,

[23]) Obwohl dies in der Praxis nicht immer und nicht überall eingehalten wird, bewahrt die Kirche dieses Prinzip. Seine Nichtbefolgung soll als eine Abweichung von der Norm und nicht als eine Änderung des Prinzips betrachtet werden.

[24]) Manuel d'iconographie chrétienne, herausg. von Didron, Paris 1845, S. 436.

[25]) Joseph Flavius, Eroberung von Jerusalem, 2. Teil, Paris 1938, S. 82—83 (Slawisch und französisch).

[26]) N. Afanas'ev, Služenie mirjan v Cerkvi, Paris 1955, S. 8—9.

[27]) Hl. Symeon von Thess., P. G. 155, 349.

[28]) Hl. Sophronios von Jerusalem, Commentarium liturgicum, Kap. 3, P. G. 87, 3984 C.

[29]) Hl. Symeon von Thess. P. G. 155, 707.

der neue Himmel und die neue Erde im eigentlichen Sinne, das Reich Gottes. Dieser Teil des Gebäudes kommt mit dem Altarraum unmittelbar in Berührung und wird von ihm erleuchtet. Die Auslegung des heiligen Maximos des Bekenners lautet: „Wie im Menschen das Körperliche und das Geistige vereint sind, wobei aber das zweite das erstere weder verschlingt noch darin aufgelöst wird, sondern es vergeistigt, so daß der Körper zum Ausdruck des Geistes wird, so auch in einer Kirche: Altarraum und Schiff stehen in Wechselwirkung, und dabei steuert und erleuchtet der Altarraum das Schiff, das Schiff aber wird zum sinnlichen Ausdruck des Altarraumes. Alles Menschliche darin wird zum Ausdruck des Göttlichen. Bei solcher Wechselbeziehung wird die durch den Sündenfall verletzte Weltordnung wiederhergestellt: es wird wieder aufgebaut, was im Paradies gewesen ist und was im Reiche Gottes sein wird"[30]).

Die Stufe (*σολέα*) am Rande zwischen dem Altarraum und dem Schiff bedeutet den feurigen Fluß, das Feuer, das laut Apostel Paulus (1. Kor. 3, 12—15) das Werk eines jeden prüfen wird[31]). Da an dieser Stelle die Kommunion der Gläubigen stattfindet, kann man annehmen, daß diese Bedeutung der *σολέα* mit der Kommunion besonders verbunden ist. Als Übergang vom Schiff in den Altarraum, Ort ihrer Verbindung und gegenseitigen Wirkung, ist die *σολέα* gleichzeitig Ort der Prüfung der Werke eines jeden.

Der Ambo (*ἄμβων*) bedeutet „den Stein, der vom Grabe Christi gewälzt war, denn dort, die Engelsgestalt darstellend, predigen die Diakone und die Priester das göttliche Evangelium"[32]).

Die Ausmalung des Kirchenschiffs entspricht genau seiner symbolischen Bedeutung: sie zeigt die Vorsehung Gottes in der Welt und die Erfüllung dieser Vorsehung. Dieser Teil des Kirchengebäudes ist Bild der verklärten Welt, der neuen Erde und des neuen Himmels und dadurch auch Bild der Kirche. Deshalb wird in der Kuppel das Haupt der Kirche, der Allherrscher (*Παντοκράτωρ*), dargestellt. Manchmal ist er von verschieden gefärbten, die himmlischen Sphären bedeutenden Kreisen umgeben, manchmal mit Sternen umrahmt[33]). „Die Kirche wurde in den Patriarchen vorgebildet, auf den Aposteln gegründet, ... von den Propheten vorausgesagt." Deshalb stellt man im Kuppelunterbau die Apostel, die Propheten und die Vorväter dar, in den Gewölben die vier Evangelisten, die den vier Weltgegenden das

---

30) Hl. Maximos der Bekenner, Mystagogie, P. G. 91, 672.

31) Jakovlev, Smysl simvoliki, usvojaemoi svjatymi otcami christianskomu chramu, in: Vera i Cerkov, 1904.

32) Hl. Symeon von Thess., P. G. 155, 707; Hl. Germanos, P. G. 98, 392 A.

33) Falls die Kirche mehrere Kuppeln hat, wird der Allherrscher in der Hauptkuppel dargestellt, in den anderen der Heiland Immanuel, die Mutter Gottes des Zeichens, die Herabkunft des Heiligen Geistes auf die Apostel, die Himmelfahrt.

Evangelium predigten. Die Kirche „ist geschmückt durch ihre Hierarchen, vollendet durch ihre Märtyrer und herrscht in ihren Heiligen“[34]). Als Pfeiler der Kirche werden die heiligen Hierarchen, Märtyrer und Asketen auf den das Kirchengebäude tragenden Säulen dargestellt. An den Wänden entfalten sich die Hauptereignisse des Neuen Bundes. Und schließlich befindet sich auf der westlichen Wand das Bild des jüngsten Gerichtes, Ende der Weltgeschichte und der Kirche und Anfang des künftigen Äons. Oft wird das Jüngste Gericht durch die Darstellung des Entschlafens der Mutter Gottes ersetzt. Das Fest des Entschlafens (*Κοίμησις*) ist das letzte des Kirchenjahres. Indem es den liturgischen Festkreis beschließt, weist es symbolisch auch auf das Ende des geschichtlichen Weges der Kirche. Als Bild der Kirche enthüllt die Mutter Gottes in ihrem Entschlafen und ihrer Himmelfahrt das künftige Los der Kirche, die Beendung ihres irdischen Weges.

Auf diese Weise stellt das Kirchenschiff und alles, was ihm zugehört, symbolisch das ganze Weltall dar, und zwar den Prozeß der Heilsgeschichte und ihr Ergebnis: die Verklärung der Welt, zu der der Mensch berufen ist.

Vom Altarraum wird das Schiff durch die Ikonostase oder Bilderwand (*εἰκών* + *στάσις*) getrennt, einem unentbehrlichen Bestandteil einer orthodoxen Kirche. Die Bilderwand ist mit drei Türen versehen: die mittlere ist die Haupttüre und heißt die heilige oder die königliche Pforte. Unmittelbar hinter dieser Pforte befindet sich ein Vorhang, der während des Gottesdienstes auf- oder zugezogen wird. Links und rechts von ihr befinden sich die nördliche und die südliche Türe. Die ursprüngliche Form der Ikonostase war im Altertum die Altarwand. Nach der Erklärung des heiligen Germanos „merken die Wände ... das Ende des äußeren Ortes, wo sich das Volk befindet, an und zeigen, wo das Allerheiligste beginnt, das nur von der Geistlichkeit betreten werden darf“[35]). Die Kirchenväter vergleichen diese Wand mit der Grenze zwischen zwei Welten, der göttlichen und der menschlichen (erschaffenen). Der heilige Symeon von Thessalonich erklärt, daß sie „den Bund der Liebe der Himmlischen und der Irdischen“ bedeutet, die symbolisch durch den Altarraum und das Schiff gedeutet werden. „Aus diesem Grunde“ fährt er fort, „werden auch über dem Querbalken in der Mitte zwischen den heiligen Ikonen der Heiland und die Mutter Gottes dargestellt, zum Zeichen, daß sie zugleich im Himmel und bei den Menschen weilen“[36]). Diesen Hauptsinn der alten Altarwand enthüllt mit besonderer Klarheit die orthodoxe Bilderwand. Indem sie Altarraum und Schiff trennt, zeigt die Ikonostase zugleich, daß jener wegen des dort vollzogenen Sakramentes hierarchisch höher steht. Obgleich

[34]) Hl. Germanos, P. G. 98, 382 A—B.
[35]) Hl. Germanos, P. G. 98, 392 A.
[36]) Hl. Symeon von Thess., P. G. 155, 345 D.

sie aber diese zwei Welten trennt, enthüllt sie, ebenfalls im Bilde, die Verbindung zwischen ihnen, denn sie zeigt im Abriß, auf einer Fläche, unmittelbar vor den Augen der Betenden, die Wege der Versöhnung zwischen Gott und Mensch.

Eine vollständige Ikonostase hat 4—5 übereinanderliegende Reihen Ikonen und wird durch ein Kreuz, den Anfang und das Ende der Kirche der Geretteten, abgeschlossen[37]). In diesen Reihen werden in harmonischer Ordnung und strenger Folgerichtigkeit die Etappen der göttlichen Vorsehung gezeigt. Von oben nach unten geht der Weg der Offenbarung: die zwei oberen Reihen zeigen die alttestamentlichen Vorbereitungen des Neuen Bundes. Die oberste Reihe zeigt die leiblichen Vorfahren Christi mit dem Bilde der Dreifaltigkeit in der Mitte, als Anfang des Bundes zwischen Gott und Mensch (Gen.17,4 und 18, 10—14). Die zweite Reihe besteht aus Darstellungen der Propheten, die die Menschwerdung Gottes vorausgesagt haben. Deshalb befindet sich in ihrer Mitte, als bildliche Erschließung ihrer Prophezeiungen, die Muttergottesikone „des Zeichens" (Is. 7, 14)[38]). Darunter folgt die Reihe der Feiertage, welche die Osterikonen (die Höllenfahrt und die Frauen am Grabe) und die zwölf großen Feste des Kirchenjahres bilden[39]). Niedriger befindet sich die Hauptreihe der Bilderwand: die der neutestamentlichen Heiligen. In ihrer Mitte die Deisisikone: Christus mit der Gottesgebärerin zur Rechten (Ps.45,10), als Bild der Kirche und Braut des Lamms, und zur Linken Johannes dem Täufer, dem Freund des Bräutigams (Joh. 3, 29). Diese Reihe heißt Čin, was „Ordnung" bedeutet. Der Čin versinnbildlicht die Auswirkung der Menschwerdung Gottes, die Fülle der neutestamentlichen Kirche und zugleich die Vollendung des eigentlichen Zustandes des Weltalls, die Ordnung des kommenden Äons, wo „Gott alles in allem ist" (1. Kor. 15, 28). Er ist eine Schau der göttlichen Herrlichkeit und stellt die Fürbitte der Kirche, ihr Gebet für die Welt dar (*Δέησις* = Gebet). Noch tiefer, zwischen der Heiligen, der nördlichen und der südlichen Pforte, findet man die sogenannte „Verehrungsreihe". Rechts von der königlichen Pforte (links vom Beschauer) die Heilandsikone, links eine Ikone der Mutter Gottes mit dem Jesuskind. Hier befinden sich auch die Ikone des Heiligen oder des Festes, dem die Kirche geweiht ist, und andere, deren Wahl vom Orte, der Bestimmung und dem Charakter des Kirchen-

[37]) Hl. Germanos, P. G. 98, 389 D. Die Abschließung der Bilderwand mit einem Kreuz ist eine allgemeine Regel. Siehe Orthod. Theol. Enzyklopädie, 5. Band, Petersburg 1904, S. 838.

[38]) Siehe S. 66.

[39]) Die Geburt der Gottesmutter, die Kreuzerhöhung, die Einführung Mariä in den Tempel, Christi Geburt, Taufe des Herrn (Theophanie), Lichtmeß, die Verkündigung, der Einzug Christi nach Jerusalem, die Himmelfahrt, Pfingsten, die Verklärung, das Entschlafen der Gottesgebärerin. Falls genug Platz ist, werden auch Ikonen anderer Feste beigefügt.

gebäudes abhängt. Die Ikonen dieser Reihe sind Gegenstand einer unmittelbaren und nahen Beziehung und Verehrung. Auf der nördlichen und südlichen Türe werden die Erzengel oder die heiligen Diakone, die im Gottesdienste die Rolle der Engel spielen, dargestellt.

Die königliche Türe bildet den Haupteingang in den Altarraum, durch welchen nur die Geistlichen an bestimmten Stellen des Gottesdienstes treten dürfen[40]). Bei dieser Pforte, auf der *σολέα*, findet die Kommunion der Gläubigen statt. Deshalb wird darüber die liturgische Übertragung des göttlichen Abendmahls, die Eucharistie dargestellt: die Kommunion der Apostel mit Christus selbst. Die in der orthodoxen Kirche verbindliche Kommunion in beiderlei Gestalt wird dadurch ausgedrückt, daß Christus zweimal dargestellt wird: auf der rechten Seite reicht er Brot sechs sich nähernden Aposteln und auf der linken den Kelch sechs anderen.

Die heilige Pforte ist Sinnbild des Eingangs in das Reich Gottes. Deshalb werden darauf die Boten dieses Reiches, die Evangelisten, dargestellt und darüber, als Sinnbild ihrer Botschaft, die Verkündigung Mariä. Hier vollzieht sich hauptsächlich die Verbindung der Gläubigen mit Gott. Das ist der Aufstieg des Menschen: durch die Annahme der Frohen Botschaft, durch die Zwiesprache im Gebet und endlich durch die Beteiligung am Sakramente des Leibes und Blutes Christi verwirklicht der Mensch seinen Emporstieg zu dem, was die Deisisreihe darstellt: er geht in die Katholische Einheit der Kirche ein, wird Christo einverleibt (Eph. 3, 6).

Auf diese Weise macht die Bilderwand durch ihren Inhalt das sichtbar, was im Altarraum unsichtbar geschieht. Das Mysterium der Erlösung, das sich in Worten und symbolischen Handlungen vollzieht und sich im Sakrament vollendet, wird hier im Bilde anschaulich erschlossen, und dieses Bild erhält dadurch einen konkreten Inhalt und seinen Platz im Komplex der Gottesdiensthandlung. Die Gesamtheit von Wort und Bild ergibt die Fülle der Beteiligung der Betenden an dem sich vollziehenden Mysterium. Und wenn an gewissen Augenblicken die heilige Pforte sich auftut und der Vorhang zur Seite geschoben wird, dann „stelle dir vor", sagt der heilige Johannes Chrysostomos, „daß der Himmel sich öffnet und Engel emporsteigen"[41]). Denn nach der Auslegung der Kirchenväter ist der Altarraum „Bild der überhimmlischen und hohen Wohnungen", „Himmel des Himmels", wo Gott weilt, „das Allerheiligste, der Himmel über dem Himmel"[42]), „Bild der hohen

---

[40]) Das Betreten des Altarraums durch die Laien wird durch die 69. Regel des Konzils in Trullo verboten.
[41]) 3. Rede zum Epheserbrief, P. G. 62, 29.
[42]) Hl. Symeon von Thess., ibid. P. G. 155, 704.

Welt"[43]), d. h. dessen, was dem menschlichen Auffassungsvermögen nicht zugänglich ist. Der heilige Symeon von Thessalonich bezeichnet das Verhältnis von Altarraum und Schiff als Abbild der zwei Naturen Christi, Gott und Mensch, („davon das eine unsichtbar, das andere aber sichtbar ist")[44]). Gleichzeitig erinnert dieses Verhältnis auch an das Mysterium der Heiligen Dreifaltigkeit: die Unbegreiflichkeit ihrer göttlichen Natur und die Erkennbarkeit in ihrer Vorsehung und ihren Kräften (*ἐνέργειαι*)[45]). Der Altarraum ist Sinnbild dessen, was uns von der Dreifaltigkeit nicht bewußt werden kann und unbegreiflich ist; das Schiff aber zeigt die Vorsehung und die Kräfte, die hier am Werke sind.

Der Altarraum ist also der allerwichtigste Teil des Kirchengebäudes, der für den Vollzug der Eucharistie bestimmt ist. Er ist im wörtlichen Sinne Wohnsitz Gottes, weil er den Altar enthält, auf dem in der Eucharistie der Sohn Gottes leiblich ruht[46]). Der Altar ist der Mittelpunkt des Altarraums, „der Ort Gottes ... Grab Christi und Stätte Seiner Herrlichkeit"[47]). Hinter dem Altar befinden sich das Prozessionskreuz und der siebenarmige Leuchter, das alte Symbol des Volkes Israel und ebenfalls Symbol des neuen Israel, der Kirche. Dahinter befindet sich „der hohe Ort", d. h. der Thron des Bischofs.

In der Apsis des Altarraums, auf der Wand hinter und über dem Altar, sieht man eine Darstellung der Gottesgebärerin. Gewöhnlich ist sie eine Orans (d. h. sie hat ihre Arme im Gebet erhoben)[48]), mit dem Jesuskind im Schoße, ein Bildnis, das „das Zeichen" heißt[49]). Manchmal sitzt die Mutter Gottes, mit dem Kinde auf ihren Knien, auf dem Thron, und zu ihren Seiten dienen Engel. Dieser Platz der Muttergottesikone in unmittelbarer Nähe vom Sakrament entspricht ihrer Erwähnung im eucharistischen Kanon als erste der ganzen Kirche, sofort nach der Wandlung der heiligen Gaben. Die Gottesgebärerin ist die erste Erfüllung der alttestamentlichen Prophezeiungen über den nicht mit Menschenhand gemachten Tempel, d. h. im buchstäblichen Sinne Wohnsitz Gottes. Im Tempel des Alten Bundes waren die Vorbilder Marias die im Allerheiligsten sich befindende Bundeslade, das goldene Gefäß mit dem „Brot des Himmels", dem Manna, und Aarons Stab, der grünte. Im

[43]) Hl. Maximos der Bekenner, ibid. P. G. 91, 669 B.

[44]) Hl. Symeon v. Thess., ibid. P. G. 155, 704.

[45]) Hl. Symeon v. Thess., ibid.

[46]) Hl. Germanos, ibid. P. G. 98, 338 C.

[47]) Hl. Germanos, ibid. Hl. Symeon von Thess., P. G. 155, 704.

[48]) Das Aufheben der Arme als Gebetsgebärde existiert schon im Alten Bunde und im Heidentum. In der orthodoxen Kirche wird diese Gebärde nirgends vorgeschrieben; sie ist aber in der liturgischen Praxis tief verwurzelt als Versinnbildlichung des Gebets.

[49]) Das Bild des Zeichens ist das älteste Altarbild. Man findet es schon in der römischen Katakombe der heiligen Agnes im 4. Jahrh. (N. P. Kondakov, Ikonografija Bogomateri, B. 1, Petersburg 1914, SS. 165—168).

Neuen Bunde ist sie, wie wir schon sagten, Bild der Kirche. Ihre Darstellung als Orans eben dort, wo das unblutige Opfer dargebracht wird, erhält einen besonders tiefen Sinn in Bezug auf das Bild von Christus dem Allherrscher in der Schiffskuppel. Hier wird ihre Rolle als Fürbitterin und Einstehende für die Sünden der Welt vor Gott unterstrichen. Das ist zugleich ihre persönliche Rolle und die der Kirche. Charakteristisch in diesem Sinne ist in der Kiever Kathedrale der Heiligen Sophia die Inschrift über dem Mosaikbild der Gottesgebärerin (aus dem 12. Jahrhundert), welches „die unzerstörbare Wand" genannt wird. Sie ist der uns schon bekannte Auszug aus Ps. 45, der im Gebet bei der Ölung des Grundsteins des Kirchengebäudes gelesen wird. In seinem buchstäblichen Sinne bezieht er sich auf die Gottesmutter. „Die Inschrift vergleicht sie mit einer himmlischen Stadt, aus welcher Christus zur Rettung der Welt kam. Ihr Text ist folgender: *῾ο Θεὸς ἐν μέσω αὐτῆς καὶ οὐ σαλευθήσεται; βοηθήσει αὐτῇ Θεὸς ἡμέρα καὶ ἡμέρα,* d. h. „in Ihr ist Gott; sie kann nicht wanken. Beisteht Ihr Gott von Tag zu Tag"[50]). In dieser Inschrift wird die ständige Anwesenheit Gottes in ihr als irdischer Kirche festgestellt und seine ständige Hilfe den Gliedern der Kirche ausgedrückt, deren Fürbitterin sie ist"[51]). Der Bischof, dessen Thron unmittelbar unter dem Bilde der Gottesmutter steht, schließt als Haupt und Vorsteher der lokalen Kirche in seiner Person die von ihm geführte örtliche Kirche in den Verband der gesamten Kirche, deren Bild die Gottesmutter ist, ein und stellt so seine Gemeinde unter ihre Fürbitte.

Unter dem Bilde der Gottesgebärerin wird das auf dem Altar vollzogene Sakrament der Eucharistie dargestellt[52]). Noch niedriger, in der untersten Reihe, werden die Väter Liturgisten dargestellt; sie endet an beiden Seiten mit Bildern der heiligen Diakone als Helfern und Konzelebranten beim Sakrament.

Da der Altarraum Ort der Darbringung des von Christus eingesetzten unblutigen Opfers ist, wird er über dem Bilde der Gottesmutter dargestellt. Er ist „der Darbringer und der Dargebrachte", der Einsetzer des Sakraments und durch das Opfer am Kreuze sein Erfüller. Er ist der Hohepriester, und die Eucharistie ist die reale Wiederholung seines Opfers. Das während des Heiligen Abendmahles eingesetzte Sakrament erhält seine Wirksamkeit an Pfingsten durch die Herabkunft des Heiligen Geistes, kraft dessen es als Antwort auf den Ruf der Epiklesis vollzogen wird. Über dem Bilde Christi wird deshalb die Herabkunft des Heiligen Geistes dargestellt[53]).

---

[50]) Derselbe Vers wird als Antiphon am Feste der Geburt der Gottesmutter gelesen.
[51]) P. Florenskij, Stolp i Utverždenie Istiny, Moskau 1914, S. 771, Fußnote 690.
[52]) Siehe oben S. 65.
[53]) V. Jakovlev ibid.

5*

Die Anwesenheit Christi im Altarraum (in seinem Bilde und körperlich in den heiligen Gaben) erhebt diesen Teil des Kirchengebäudes zu seinem geistigen Mittelpunkt. Der Gläubige bekennt die Ankunft Christi durch sein Bild, wird seines Fleisches teilhaftig, sein „Fleischgenosse" im Sakrament (*σύσσωμα*: Eph. 3, 6) und dadurch Teilnehmer an seinem eschatologischen Reiche. Dieses künftige Reich ist aber untrennbar vom Gericht. Deshalb versinnbildlicht der Altarraum nach der Auslegung des heiligen Germanos „auch die zweite Ankunft, wenn Christus in Seiner Herrlichkeit erscheinen wird, um die Lebenden, die Toten und die ganze Welt zu richten"[54]).

Die Ausmalung des Kirchengebäudes bildet mit seiner Architektur ein unlösbares Ganzes. Diese Übereinstimmung äußert sich nicht nur in der Ausmalung im ganzen, sondern ist auch in jeder einzelnen Darstellung sichtbar. Der architektonische und der geistliche Mittelpunkt fallen zusammen, und rings um ihn verteilen sich alle Themen der Ausmalung.

Die Ausmalung einer Kirche kann vom idealen Gleichgewicht abschweifen, sie kann auch mehr oder weniger vollständig sein; aber wohin sie auch neigen mag: in die christologische, mariologische, hagiographisch-beschreibende (es gibt Kirchen, deren Wände ganz mit Szenen aus dem Leben eines einzigen Heiligen bemalt sind) oder andere Richtungen, der Grundsinn der Ausmalung bleibt immer der gleiche. Ebenso bleibt die Bedeutung des Kirchengebäudes unverändert, welchen Stil und welche Form es auch haben mag (Rotonde, Basilika, Kreuz usw.). Stets bleibt eine Kirche das Bild der verklärten Welt, des Reiches Gottes, der Kirche, die zur eschatologischen Erfüllung strebt.

B. SYMBOLIK DER IKONE

Wenn die Kirchenbemalung zum Gebäude gehört und mit ihm ein Ganzes, gleichsam eine allgemeine Ikone der Kirche bildet, so ist dagegen die Tafelikone ein unabhängiges Bild, das unmittelbar liturgisch bestimmt ist. Der Unterschied zwischen Wandmalerei und Tafelikone liegt also ausschließlich in ihrer praktischen Bedeutung. Der eigentliche Sinn und die Bedeutung beider sind aber die gleichen. Deshalb gibt es keinen Unterschied in der Einstellung zu ihnen und in ihrer Verehrung.

---

[54]) P. G. 98, 380 D.

Die Verehrung der Ikonen des Herrn, der Mutter Gottes, der Engel und der Heiligen ist ein Dogma des Siebten Ökumenischen Konzils. Die Wiederherstellung dieser Verehrung nach dem Bilderstreit des 8.—9. Jahrhunderts wurde von der Kirche auf dem Konzil von 843 als Triumph der Orthodoxie (Rechtgläubigkeit) erklärt, welcher seitdem am ersten Sonntag der Großen Fastenzeit gefeiert wird. Diese Einstellung zur Ikone entspricht ihrer Bedeutung: sie ist eine Sprache der Kirche, die jener der Heiligen Schrift gleicht (Oros des VII. Ökumenischen Konzils) und an die optische Aufnahmefähigkeit des Menschen gerichtet ist, ein Ausdruck des liturgischen Lebens der Kirche und ihrer geistlichen Erfahrung. Mit anderen Worten: die Ikone ist Ausdruck der Orthodoxie als solcher. Deshalb kann kein orthodoxes Kirchengebäude ohne Bilder sein, und man kann sich keinen einzigen noch so kurzen Ritus ohne Ikone vorstellen. Sie ist ein untrennbarer Teil des Kultes, mit dem sie zusammengewachsen ist, den sie ergänzt und erklärt. Der Inhalt und der Sinn der Ikone und des Gottesdienstes sind, in ihrer ganzen Tiefe und Vielseitigkeit, die gleichen; deshalb sind auch ihre äußerlichen Ausdrucksformen dieselben: gleiche Symbolik und gleicher Lakonismus.

Wie der Gottesdienst ist auch die Ikone Verbindung zwischen der irdischen und der himmlischen Kirche. Kraft der vom Heiligen in seinem Leben erworbenen und in ihr anwesenden Gnade wird die Ikone zum Vermittler zwischen dem Dargestellten und dem Betenden[55]). Die Ikone ist also nicht nur ein Bild, sondern auch eine geistige Realität. Dadurch existiert zwischen den Heiligen und den Betenden eine lebendige Verbindung, sozusagen ein Gebetskontakt. Während des Gottesdienstes tritt die ganze Versammlung der Gläubigen durch die kirchlichen Gebete und Ikonen in Verbindung mit der himmlischen Kirche, die auf den Wänden und in den Ikonen sichtbar dargestellt ist, und bildet mit ihr ein Ganzes.

Als Ursprung der Ikonen führt die Kirche das erste, nicht von Händen gemachte Bild Christi an. Das „nicht von Händen gemachte" (*ἀχειροποίητος*) Bildnis ist vor allem Christus selbst — das fleischgewordene Wort, welches sich im „Tempel seines Leibes" (Joh. 2, 21) zeigt. Deshalb ist die Ikone Christi ein unwiderrufliches Zeugnis der Fleischwerdung Gottes. Sie ist weder ein nach dem eigenen Ermessen des Menschen gemachtes Bild Gottes[56]) noch eine Personifizierung hoher Tugenden oder einer erhabenen Idee, sie ist auch kein abstraktes Ideal, sondern das Bildnis einer konkreten historischen Person,

[55]) „Die Heiligen waren schon während ihres Lebens vom Heiligen Geiste erfüllt. Ebenso wohnt nach ihrem Tode die Gnade des Hl. Geistes unerschöpflich sowohl in ihren Seelen und ihren Leibern, die in den Gräbern liegen, als auch in ihren Zügen und heiligen Darstellungen" (Hl. Johannes Damascenus, 1. Rede zur Verteidigung der Ikonen, § 19, P. G. 94, 1, 1248 CD).

[56]) L. Ouspensky und V. Lossky, Der Sinn der Ikonen, Bern 1952, S. 69.

die in einer bestimmten Zeit an einem bestimmten Orte gelebt hat. Sie ist das wahre Antlitz des menschgewordenen Sohnes Gottes[57]) und bildet deshalb einen untrennbaren Teil der dogmatischen Lehre der Kirche über die Inkarnation.

Wenn Ziel und Aufgabe der alttestamentlichen Symbole die Ankündigung Christi war, so ist Ziel und Aufgabe der christlichen Kunst, Zeugnis abzulegen von der schon geschehenen Erfüllung „des Gesetzes und der Propheten" (d. h. der Erschließung dieser Symbole des Alten Bundes) und von der göttlichen Offenbarung in der Welt durch die Wiedergabe des Antlitzes des menschgewordenen Gottes.

Nachdem das Wort Fleisch geworden ist und unter Menschen gelebt hat, muß das Bild nicht mehr symbolisch, sondern unmittelbar das zeigen, was auf Erden und in der Zeit dem Sehen, dem Beschreiben und der Darstellung zugänglich geworden ist. Im Alten Bunde hat es Symbole gegeben, weil es unmöglich war, Gott zu sehen. „Kein Mensch wird leben, der Mich sieht", sagt Gott zu Mose (Ex. 33, 20). Im Neuen Bunde dagegen ist gerade das unmittelbare, nicht symbolische Bild rettend: „Ich sah das menschliche Antlitz Gottes,

---

[57]) In dieser Frage ist der Standpunkt der orthodoxen Kirche klar und kategorisch. Für sie gibt es keine Zweifel daran, daß die ikonographische Darstellung Christi sein authentisches Gesicht zum Ursprung hat und bis auf die Zeit seines irdischen Lebens zurückgeht. Was nun die wissenschaftlichen Hypothesen über das Fehlen eines echten Bildnisses Christi betrifft, so muß man zugeben, daß diese Frage trotz oftmaliger kategorischer negativer Behauptungen wissenschaftlich offen bleibt. Denn gerade ein Vorgänger der Bilderstürmer, Eusebius von Caesarea, der die Ikonen ablehnt, macht die Entscheidung dieser Frage im negativen Sinne (für die kirchliche Überlieferung) unmöglich. Nachdem er die Statue Christi, die von der vom Blutgang geheilten Frau (Matth. 9, 20—23; Mk. 5, 25—34; Lk. 8, 43—49) errichtet wurde, beschrieben hat, wie er sie selbst in Paneas gesehen, fährt er fort: „Und man darf nicht erstaunt sein, daß die Heiden, die in den Genuß der Wohltaten unseres Heilands gekommen waren, so verfuhren. Wir selbst haben erhaltene, mit Farben gemachte Bilder der Apostel Paulus und Petrus und sogar Christi selbst gesehen, die die Heiden anfertigten, um dadurch entsprechend ihrer unerschütterlichen alten Tradition ihre Verehrung für diejenigen auszudrücken, die sie als ihre Wohltäter betrachten."

„*Καὶ θαυμαστὸν οὐδὲν τοὺς πάλαι ἐξ ἐθνῶν εὐεργετηθέντας πρὸς τοῦ Σωτῆρος ἡμῶν, ταῦτα πεποιηκέναι, ὅτε καὶ τῶν ἀποστόλων αὐτοῦ τὰς εἰκόνας Παύλου καὶ Πέτρου, καὶ αὐτοῦ δὴ τοῦ Χριστοῦ, δὶα χρωμάτων ἐν γραφαῖς σωζομένας ἱστορήσαμεν ὡς εἰκὸς τῶν παλαιῶν ἀπαράλλακτως οἷα σωτῆρας ἐθνικῇ συνηθείᾳ παρ᾽ ἑαυτοῖς τούτον τιμᾶν εἰωθότων τὸν τρόπον*". (Historia Eccesiastica, Buch VII, Kap. 18 P. G. 20, 680).

Also „erhaltene"; aber aus welcher Zeit? Aus jener Zeit wahrscheinlich, als die Auftraggeber in den Genuß der Wohltaten Christi und der Apostel gekommen waren?

Was das Verbot des Bildnisses betrifft, so ist es für die Kirche klar, daß es (Ex. 20, 4 und Deut. 5, 12—19) eine zeitliche, pädagogische Maßnahme gewesen ist, welche sich nur auf den Alten Bund bezieht, aber keine prinzipielle Untersagung darstellen kann. Die grundsätzliche Möglichkeit von Abbildungen im Alten Bunde wird aus der Tatsache ersichtlich, daß sich in der Stiftshütte ebenso wie im Tempel Darstellungen befanden (und die Stiftshütte selbst und alles, was sich in ihr befand, Darstellungen waren — siehe Hl. Johannes Damascenus, 2. Rede zur Verteidigung der heiligen Ikonen, Kap. 22, P. G. 94, 1, 1308 D).

und meine Seele ist gerettet", sagt der heilige Johannes Damascenus[58]). Der charakteristische Zug des Neuen Bundes ist, daß darin das Wort vom Bilde untrennbar ist, weil die Offenbarung des Wortes gleichzeitig die Offenbarung des Bildes Gottes ist. Deshalb unterstreichen die Kirchenväter und die Konzile jedes Mal, wenn sie vom Bilde sprechen, den Psalm 47, 9 zitierend: „Wie wir gehört haben, so sehen wir's an der Stadt des Herrn Sabaoth[59])." Im Alten Testament bestand die Beziehung zwischen Gott und seinem Volke nur in der Stimme, im Worte: „und der Herr redete mit euch auf dem Berge mitten aus dem Feuer: die Stimme Seiner Worte hörtet ihr; aber keine Gestalt sahet ihr außer der Stimme" (Deut. 4, 12). Die neutestamentliche Offenbarung wendet sich an den Menschen nicht mehr nur durch das Gehör, sondern auch durch das Sehvermögen; das, was der Mensch hört, ist hier gleichwertig dem, was er sieht. Das Bedürfnis zu sehen wird manchmal in den Schriften der Kirchenväter durch ein direktes Verlangen des menschlichen Antlitzes Gottes ausgedrückt: „Es soll auch der Anführer des Kampfes, Christus, auf dem Bilde dargestellt werden, der gerühmt sei in den Äonen", sagt der heilige Basilius der Große[60]). Genau dieselben Worte finden wir bei dem heiligen Gregor von Nyssa[61]). „Wenn der Unsichtbare, sich mit Fleisch bekleidend, sichtbar wird", sagt der heilige Johannes von Damascus, „dann stelle die Ähnlichkeit des Erschienenen dar". Wenn ... der, „welcher göttlicher Gestalt ist, die Gestalt des Knechtes angenommen hat (Phil. 2, 6—7), dadurch quantitativ und qualitativ eingeschränkt wurde und sich mit fleischlichem Leibe bekleidete, dann male auf Brettern und stelle zum Schauen den aus, der sichtbar zu werden gewünscht hat .... Die Geburt von der Jungfrau, die Taufe im Jordan, die Verklärung auf dem Tabor ... male alles mit Wort und Farbe, in Büchern und auf Brettern"[62]).

Auf Christus als Prototyp ist jede Heiligenikone gegründet, denn sie ist das Bild eines Menschen, in dem Christus „Gestalt gewonnen hat" (Gal. 4, 19), der zu einer lebenden Ikone Gottes wurde. Sie ist stets ein historisches Zeugnis einer Offenbarung der göttlichen Vorsehung in der Geschichte und einer konkreten menschlichen Person. Die Ikone ist also vor allem ein Porträt; darin liegt ihr Hauptsinn[63]). Deshalb darf man eine Heiligenikone ebensowenig

---

[58]) I. Rede, Kap. 22, P. G. 94, 1, 1256 A.

[59]) VII. Oekum. Konzil, Mansi XIII, 220 E — 221 A.

[60]) Rede 17, P. G. 31, 489 C.

[61]) P. G. 46, 737.

[62]) 1. Rede Kap. 8, P. G. 94, 1, 1237 D—1240 und 3. Rede, Kap. 8, P. G. 95, 1328 D.

[63]) Über die Porträteigenschaften der Ikone siehe V. P. Rjabušinskij, Les éléments portraitiques dans les icones russes. Actes du VIe Congrès d'études byzantines, Paris 1948, T. II, Paris 1951. — Es ist natürlich, daß die Ähnlichkeit manchmal sehr vermindert und schwer wiederherstellbar wird. Sie verschwindet aber nie ganz, und wichtig ist nicht das, was in diesem Falle von der Ähnlichkeit mit dem Prototyp abschweift, sondern das, was sie

wie die Ikone Christi als Symbol oder als eine Personifizierung einer Idee oder Tugend verstehen. In diesem Falle würde das Gebet selbst seinen Sinn verlieren, denn es ist ein persönlicher Kontakt des Menschen mit Gott, sei es unmittelbar oder durch einen Heiligen, d. h. durch eine andere menschliche Person. Deshalb läßt die orthodoxe Kirche den Ersatz des Antlitzes eines Heiligen durch ein anderes Gesicht oder durch eine abstrakte Vorstellung (das Ikonenmalen nach einem lebenden Modell oder nach persönlicher Einbildungskraft) nicht zu[64]).

Wenn man aber die Ikone eines Heiligen oder eines Ereignisses und um so mehr die Ikone Christi nicht als Symbol verstehen darf, so darf man auch nicht das Gegenteil tun: die Ikone durch ein Symbol ersetzen. Wenn das Symbol im Frühchristentum gegenüber dem historischen, direkten Bild dominiert hat, so ist es nicht deshalb gewesen, weil es ein vollwertiger und erschöpfender Ausdruck der christlichen Lehre war, sondern notwendigkeitshalber und unwiederholbarer historischer Umstände wegen. Eben auf Grund des neutestamentlichen Realismus wurde das das menschliche Antlitz Gottes ersetzende Symbol des Lammes als „Überbleibsel der jüdischen Unreife" erklärt und als solches durch die 82. Regel des Trullanums verboten[65]). Die Rolle eines solchen Symbols hörte nicht nur auf, konstruktiv zu sein, sondern würde negativ, denn das Symbol vermindert die Bedeutung und die Rolle des direkten Bildnisses. Solange ein historisches Zeugnis durch ein Symbol ersetzt werden kann, verliert dieses Zeugnis seine unbedingte Bedeutung[66]).

Das vom Trullanum verbotene Symbol, welches das menschliche Bild Gottes ersetzt, und infolgedessen jedes Symbol, das ein konkretes menschliches Antlitz ersetzt, gibt es in der orthodoxen Kirche nicht als selbständiges Thema. Ein Symbol begleitet immer etwas oder jemanden und bildet einen Teil der Darstellung. Z. B. werden die Symbole der Evangelisten (der Mensch

---

mit ihm trotzdem gemeinsam hat (Hl. Theodor von Studion, 3. Widerlegung der Ikonenstürmer, Kap. 3, § 5, P. G. 99, 421). Deswegen kann sich die Ikone, im Falle, daß man das Bildnis eines Heiligen nicht mit Sicherheit wiederherstellen kann, auf die Wiedergabe seiner charakteristischen Merkmale beschränken: Ähnlichkeit mit bekannten Heiligen, die Form des Bartes, Haarfarbe und ähnliches. Eben auf solchen Merkmalen sind alle ikonographischen Handbücher (Podlinnik) aufgebaut.

[64]) Die Moskauer Hundertkapitelsynode von 1551 z.B. befiehlt, die Ikonen nach alten Mustern zu malen und so, wie sie von den griechischen Ikonenmalern, von Andrej Rublev und anderen berühmten Ikonenmalern gemalt wurden.

[65]) Mansi XI, 977—980.

[66]) Das Symbol zeigt Gott nicht; es belehrt uns bloß über Gott. Und das, was in den ersten Jahrhunderten des Christentums konstruktiv sein konnte, verlor seinen Sinn in den folgenden Jahrhunderten, insbesondere in der Zeit des Kampfes der Kirche mit den christologischen Ketzereien. Es ist nicht möglich, eine christologische Irrlehre durch ein Symbol zu bekämpfen: man kann nicht die Menschwerdung Gottes durch die Darstellung eines Lamms oder eines Fisches beweisen.

—Matthäus, der Löwe — Markus, der Ochse — Lukas, der Adler — Johannes) nie so dargestellt, daß sie deren menschliches Bild ersetzen. Als aber unter westlichem Einfluß solche Darstellungen zu erscheinen begannen (u. a. auf der Antiminsia), wurden sie vom Heiligen Synod der Russischen Kirche im Jahre 1722 zum erstenmal[67]) und zum zweitenmal anfangs des 20. Jahrhunderts verboten[68]).

Der Grund des Verbotes der alten Symbole ist also das Vorhandensein des historischen Bildnisses Christi — Zeugnis seines Lebens im Fleische. Die Ikone durch das christologische Dogma begründend „festigt das Trullanische Konzil den in der Ikonographie schon eingebürgerten heilsgeschichtlichen Realismus und hebt den archaischen Symbolismus der alttestamentlichen ‚Symbole und Typen' auf. Die Voraussagungen sind verwirklicht und erfüllt, ‚die Gnade und die Wahrheit' ist erschienen"[69]). Deshalb verordnet das Konzil, den Heiland in menschlicher Gestalt darzustellen, „damit durch Seine Erniedrigung die Erhabenheit Gottes, des Wortes, gesehen werde"[70]). Mit anderen Worten: das Bild soll in der Knechtgestalt des Menschensohnes seine göttliche Herrlichkeit zeigen, weil das Bild des Menschen Jesus das Bild Gottes ist. In seinem Kommentar zu den Worten des Herrn „Wer Mich sieht, der sieht den Vater" (Joh. 14, 9), erklärt der heilige Symeon, der „Neue Theologe", daß diese Worte nur an die gerichtet sind, die den Menschen Jesus betrachtend zugleich seine Gottheit schauen. „Denn wenn man denken sollte", sagt der heilige Symeon, „daß diese Worte an alle gerichtet worden sind, die Seinen Leib angeblickt haben, so würde das bedeuten, daß auch die Kreuziger Christi den Vater gesehen haben, denn sie haben ja Christi Leib gesehen. Und es würde dann keinen Unterschied zwischen dem Gläubigen und dem Ungläubigen geben, und der erstere würde dem zweiten gegenüber keinen Vorteil haben, sondern alle hätten die Seligkeit gleicherweise erreicht, denn alle haben Gott gesehen"[71]). Die orthodoxe Kirche betrachtet die menschliche Natur Christi nie getrennt von seiner göttlichen, „denn in Ihm wohnt die ganze Fülle der Gottheit leibhaftig" (Kol. 2, 9). Die Aufgabe der kirchlichen Kunst

---

[67]) N. Pokrovskij, Evangelie v pamjatnikach ikonografii, Petersburg 1892, S. XXXVI u. Očerki pamjatnikov christianskoj ikonografii, Petersburg 1900, S. 95.

[68]) S. Bulgakov, Nastol'naja Kniga dlja svjaščennosližitelej, Kiev 1913 S. 780. Außer den Symbolen der Evangelisten wurden auch folgende Darstellungen verboten: „Des Herrn Sabaoth als Greis (schon durch das Große Moskauer Konzil von 1666/1667 verboten), der Heiligen Dreifaltigkeit als Mensch mit drei Köpfen, der Dreihändemadonna mit drei natürlichen Händen statt einer angehängten Hand, des Heiligen Kreuzes als Schlange, des heiligen Märtyrers Christophoros mit Hundekopf usw." (ibid.)

[69]) G. Florovskij, Vizantijskie Otcy V-VIII stoletij, Paris 1933, S. 249.

[70]) Mansi XI, ibid.

[71]) Die Reden des Hl. Symeon des Neuen Theologen, Moskau 1892, Rede 63, § 1, S. 111 (russisch).

ist, von diesen beiden Wirklichkeiten Zeugnis abzulegen: der Wirklichkeit Gottes und der des Menschen in der Person Jesu Christi. „Wir bekennen", sagen die Väter des VII. Ökumenischen Konzils, „das Fleisch des Herrn als vergottet und erkennen in der Ikone nichts anderes als ein Bild, das den Prototyp wiedergibt"[72]), das heißt die Ähnlichkeit mit diesem vergotteten Leibe. Der heilige Theodor von Studion sagt dies noch klarer: „Die Darstellung Christi darf nicht den Anblick eines verweslichen Menschen wiedergeben (das wird vom Apostel gerügt), sondern, wie Christus selbst gesagt hatte, das Aussehen eines unverweslichen Menschen ..., weil Christus nicht einfach ein Mensch ist, sondern der menschgewordene Gott"[73]). Ein bloßes Porträt im gewöhnlichen Sinne ist also noch keine Ikone, denn es zeigt nur das Menschliche. Um eine Ikone zu sein, muß ein Bild gleichzeitig mit der geschichtlichen Wirklichkeit einer Person oder eines Ereignisses die göttliche Wirklichkeit wiedergeben. Eben darin besteht die Hauptaufgabe der christlichen Kunst, wie sie von der orthodoxen Kirche verstanden wird. Und für die Wiedergabe dieser göttlichen Wirklichkeit, die die Kirche im Sichtbaren schaut und die in keiner Weise, sei es im Wort oder im Bild, unmittelbar ausdrückbar ist, gibt es die symbolische Sprache der Ikone.

Im Bezug auf die Ikone Christi begegnen wir in gottesdienstlichen Texten folgenden Ausdrücken: „Bild, das heller als die Sonne leuchtet"[74]), oder: „Segne und heilige, Herr, durch die Erleuchtung Deines allerreinsten Bildes"[75]). Dieses Licht der Ikone, das „heller als die Sonne leuchtet", ist nichts anderes als ein symbolischer Ausdruck des immateriellen Lichtes der Gottheit. „Ich bin das Licht der Welt" (Joh. 8, 12); diese Worte, die manchmal in den Ikonen des Heilands auf dem in seiner Hand aufgeschlagenen Evangelienbuch geschrieben sind, bedeuten nicht nur das Licht der Lehre und des neuen Lebens; sie bedeuten im buchstäblichen und direkten Sinne die Erscheinung des göttlichen Lichtes in der Welt. Deshalb, wenn die Kirche sich an Christus wendet, nennt sie ihn Licht: „Christus, Du wahres Licht, das jeden in die Welt kommenden Menschen erleuchtet und heiligt, es zeichne sich auf uns das Licht Deines Antlitzes ab, so daß wir darin das unnahbare Licht sehen mögen"[76]); oder: „Du bist heute dem Weltall erschienen und Dein Licht, Herr, zeichnete sich auf uns ab"[77]). Die höchste Offenbarung dieses Lichtes, die dem Menschen

[72]) Mansi XIII, 344.

[73]) 7 Kapitel gegen die Bilderstürmer, I. Kap., P. G. 99, 488.

[74]) Gottesdienst des Festes Christi *ἀχειροποιήτος* (des Heiligen Antlitzes) am 16. August, *ἀπόστηχον* 4. Ton, 2. Stich.

[75]) Ibid. 3. Stich.

[76]) Ein Gebet der ersten Stunde (Joh. 1, 9).

[77]) Das Kondakion des Festes der Theophanie (Taufe Christi), welches auch „Fest der Lichter" genannt wird.

gegeben wurde, ist die Verklärung des Herrn auf dem Berge Tabor: „Und Er ward verklärt vor ihnen, und Sein Angesicht leuchtete wie die Sonne, und Seine Kleider wurden weiß wie ein Licht“ (Matth. 17, 2). Dies ist eine körperliche und sichtbare Erscheinung der göttlichen Herrlichkeit der zweiten Person der Heiligen Dreifaltigkeit, die in ihrer Menschwerdung von ihrer göttlichen, mit dem Vater und dem Heiligen Geiste gleichen Natur untrennbar bleibt. Hier erscheint Christus vor seinen erwählten Jüngern nicht mehr in Knechtsgestalt, sondern als Gott. Sein ganzer Körper wurde verklärt und wurde sozusagen zum leuchtenden Gewand seiner Gottheit. Die Menschheit Christi erscheint hier in göttlicher, den drei Personen der Dreieinigkeit gemeinsamer Herrlichkeit und dient zu ihrer Bekundung. Im Alten Bunde war die Erscheinung der Herrlichkeit als Anwesenheit Gottes in einer Wolke beschrieben[78]); denn der Mensch konnte nicht das Antlitz Gottes ohne Wolkenhülle sehen und am Leben bleiben (Ex. 33, 20). Erschließung dieser alttestamentlichen Offenbarungen der Herrlichkeit war die Menschwerdung Gottes und im unmittelbaren Sinne die Herrlichkeit der Verklärung auf dem Tabor: „Wir sahen Seine Herrlichkeit als Herrlichkeit des eingeborenen Sohnes vom Vater“ (Joh. 1, 14). In der Herabkunft des Heiligen Geistes an Pfingsten wird das Tabor-Licht der göttlichen Herrlichkeit dem Menschen zueigen. Die Erscheinung der Feuerzungen ist die Offenbarung des dreieinigen Lichtes der Dreifaltigkeit: „Licht ist der Vater, Licht das Wort, Licht auch der Heilige Geist, der den Aposteln in Feuerzungen gesandt wurde“[79]). Es ist die Vollendung der Offenbarung der Heiligen Dreifaltigkeit[80]) und zugleich Anfang der Vergottung des Menschen, die in ihrer Fülle in der künftigen Auferstehung an den Tag gelegt wird. Das Tabor-Licht ist das Licht der Auferstehung, die Offenbarung der kommenden Auferstehung im verklärten Leibe Christi, wenn „der Heilige Geist wie ein Lichtgewand den Körper bekleiden wird — Gewand des Lebens, der Herrlichkeit und der Ruhe. Die Kraft des Lichtes wird das ganze Fleisch durchdringen, alles wird lichterfüllt, taucht hinein und wandelt sich in Licht und Feuer, ohne jedoch zu vergehen oder selbst zu verbrennen“[81]).

---

[78]) z. B. Ex. 40, 34—35; 3. Kön. 8, 10—11; 2. Chron. 5, 13—14.

[79]) Exapostilarion zu Pfingsten.

[80]) Aus diesem Grunde werden in der orthodoxen Kirche die Feste der Theophanie, der Verklärung und Pfingsten so feierlich begangen; sie sind Offenbarungen der Dreifaltigkeit und ihre Ikonen sind trinitarische Ikonen: in der Theophanie und in der Verklärung wurde die Stimme des Vaters gehört und der Heilige Geist war anwesend, im ersten Falle in Gestalt einer Taube, im zweiten in Gestalt einer Lichtwolke. Zu Pfingsten aber wird die Offenbarung der Dreieinigkeit an das innere Leben des Menschen gerichtet. — Messager de l'Exarchat du Patriarche russe en Eur. Occid., No 33/34, S. 79.

[81]) G. Florovskij, Vizant. Otcy V—VIII. stoletij, ibid. S. 161.

Aufgabe der Ikone ist es, sichtbar das Dogma der orthodoxen Kirche auszudrücken und von ihrer Erfahrung der Vergottung des Menschen durch die ungeschaffene Gnade des Heiligen Geistes zu zeugen. Sie ist also Zeugnis von der geistlich-körperlichen Verklärung des Menschen und durch ihn der ganzen sichtbaren Welt. Die Ikone ist eine sichtbare Vorwegnahme der Zukunft, des eschatologischen Reiches Gottes, die Offenbarung der Herrlichkeit Christi im Menschen. („Ich habe ihnen gegeben die Herrlichkeit, die Du Mir gegeben hast" (Joh. 17, 22). Sie ist Bild des Menschen und der Welt in deren endlichem Dasein und des Reiches des Lichtes. „Die Stadt bedarf keiner Sonne noch des Mondes, daß sie ihr scheinen; denn die Herrlichkeit Gottes erleuchtet sie, und ihre Leuchte ist das Lamm" (Offb. 21, 23). Alles in der Ikone führt zu diesem göttlichen Licht, d. h. zu dessen symbolischem Ausdruck. Die eigentliche Erscheinung dieses Lichtes und auch die Beteiligung daran werden sowohl durch äußere ikonographische Attribute wie auch durch die symbolische Sprache der Ikone wiedergegeben.

Die Berührung des göttlichen und des irdischen Daseinsplanes, das Eindringen des Göttlichen in das Irdische wird durch verschiedene Varianten ein und desselben Symbols ausgedrückt: durch den Himmel. Der Himmel wird in der Ikone oben, in der Mitte oder in einer Ecke in Form von konzentrischen Kreisen dargestellt, die vom Rand der Ikone abgeschnitten sind und gewöhnlich aus verschiedenen Schattierungen der Farben des sichtbaren Himmels bestehen. Auf diese Weise wird der Himmel hauptsächlich auf den Ikonen gewisser Feiertage dargestellt und manchmal auch, in etwas veränderten Umrissen, auf Heiligenikonen. Im letzteren Falle stellt man im Himmel das Objekt der geistigen Schau des betreffenden Heiligen, die Dreifaltigkeit, den Heiland oder die Mutter Gottes mit dem Kinde dar, an die er sein Gebet richtet. Manchmal kommt aus dem Himmel eine segnende Hand als Hinweis auf göttliche Hilfe.

In einigen Feiertagsikonen sehen wir eine etwas komplizierte Figur: aus dem Himmel kommt ein Strahl, der durch einen kleinen Kreis in drei andere Strahlen gebrochen wird. Das ist eine symbolische Andeutung der Wirkung der Heiligen Dreieinigkeit. Im Kreise wird in den Weihnachtsikonen der Stern dargestellt, der die drei Könige führte, und so wird hier die Wirkung der Dreifaltigkeit mit dem kosmischen Zeichen, das sie offenbarte, vereint. In den Ikonen der Taufe Christi sehen wir im Kreis eine Taube — das Symbol des Heiligen Geistes, in denen der Verkündigung kommen die drei Strahlen unmittelbar aus dem Himmel heraus. Manchmal sehen wir auf den Pfingstikonen nicht drei, sondern nur zwei Strahlen von dem Kreis ausgehen, was auf die doppelte Ökonomie in der Stiftung der Kirche, die des Logos und die des Heiligen Geistes, deutet.

Die Heilige Dreifaltigkeit wird in der orthodoxen Kirche in Gestalt von drei Engeln dargestellt. Diese Darstellung ist auf der Erscheinung der drei Männer, die zu Abraham im Hain Mamre kamen (Gen. 18, 1—8), begründet und wird deshalb „die alttestamentliche Dreifaltigkeit" genannt. Sie hat aber auch eine symbolische Darstellung, nämlich in der Pfingstikonographie der Herabkunft des Heiligen Geistes, wo sie in der Gestalt von einem Thron (Symbol von Gott dem Vater), einem Buche darauf (Symbol des Sohnes) und einer Taube (Symbol des Heiligen Geistes) abgebildet wird[82]). Diese Darstellung bildet den Mittelpunkt der Komposition, wenn Pfingsten in der Kirchenkuppel dargestellt wird[83]).

Der Heilige Geist wird entsprechend seinen Erscheinungen dargestellt, d. h. in der Taufe Christi als Taube, in der Verklärung als Lichtwolke, die ikonographisch in Form eines Sternes oder einer sternähnlichen Form dargestellt wird, an Pfingsten als Strahlen und Feuerzungen[84]).

Das Bild des Gottmenschen Christus ist an ikonographischen Attributen besonders reich. Viele dieser ihm eigenen Attribute werden auf die eine oder andere Weise in verschiedenen Arten der menschlichen Heiligkeit wiederholt. Jeder Heilige ist Abbild Christi, denn jede einzelne Art menschlicher Heiligkeit entspricht irgendeinem Aspekt des Dienens unseres Herrn.

Wenn das Symbol des Himmels zu einigen Feiertags- und Heiligenikonen gehört, so ist eine Variante davon das Lichtsymbol des Himmels, die Mandorla, ein spezielles Attribut Christi. Sie ist Symbol seiner göttlichen Herrlichkeit und eine Andeutung auf einen anderen, übersinnlichen Daseinsplan. Die Mandorla (wie auch der Himmel) ist oft regenbogenfarbig, weil der Regenbogen ein Zeichen des Bundes zwischen Gott und den Menschen ist[85]). Manchmal wird Christus auf einem Regenbogen sitzend dargestellt. Die Mandorla

---

82) Jede andere Darstellung der Dreifaltigkeit, d. h. Gott des Vaters in Gestalt eines Greises, des Sohnes als Kind und des Heiligen Geistes als Taube, sowie auch eine ähnliche Darstellung des Vaters und des Sohnes nebeneinander sitzend mit einer Taube zwischen ihnen, ist von der orthodoxen Kirche verboten (Großes Moskauer Konzil von 1666/1667, Kap. 43: Über die Ikonenmaler und Sabaoth, Akten der Moskauer Konzile, Moskau 1893 — russisch). Solche Bilder erschienen unter dem Einflusse der westlichen religiösen Kunst und sind in der orthodoxen Lehre nicht nur unbegründet, sondern widersprechen ihr. Darstellungen Gottes des Vaters, die man manchmal in späteren Ikonen sieht (obgleich nie als selbständiges Bild, sondern bloß als Ergänzungsmotiv), gehören schon zu den Entstellungen.

83) Diesem Symbol begegnet man auch manchmal in Miniaturen (Chludov-Psalter, Codex des Hl. Gregor des Theologen in der Pariser Nationalbibliothek), aber nie auf Ikonen.

84) Als Antwort auf den Mißbrauch des Taubensymbols in der russischen Ikonenmalerei befiehlt das große Moskauer Konzil, den Heiligen Geist so darzustellen, wie er tatsächlich in verschiedenen Fällen erschien (siehe Akten der Moskauer Konzile, ibid.).

85) „Das Ansehen der Herrlichkeit des Herrn" wird manchmal als Regenbogen beschrieben, z. B. Hes. 1, 28; Offb. 4, 3.

umringt den Herrn in der Verklärung, in der Höllenfahrt, der Himmelfahrt und im Entschlafen Mariä. Im letzteren Falle ist der äußere Rand der Mandorla manchmal von Engeln erfüllt, die die Beteiligung der himmlischen Welt, zusammen mit der irdischen Kirche, an der Beerdigung der Mutter Gottes ausdrücken. Als Symbol des Lichtes und der göttlichen Herrlichkeit Christi wird die Mandorla auch der Gottesgebärerin beigefügt[86]). In ihrer Ikone des Zeichens, die ein bildlicher Ausdruck der prophetischen Schau der Menschwerdung Gottes ist, umringt die Mandorla manchmal nicht nur das göttliche Kind Immanuel (Is. 7, 14; Matth. 1, 23), sondern auch seine Mutter. In einer von Engeln getragenen Mandorla wird sie auch auf Ikonen ihres Entschlafens dargestellt. Die Herrlichkeit ihrer Himmelfahrt wird hier, obwohl sie nicht auf Grund ihrer eigenen, sondern der göttlichen Kraft geschehen ist, mit der Herrlichkeit der Himmelfahrt Christi gleichgestellt. Es ist die Herrlichkeit der einzigen, besser gesagt der ersten aller Menschen, die eine volle Vereinigung mit Gott erreicht und so die Bestimmung des Menschen erfüllt hat, welche die berühmte patristische Formel ausdrückt: „Gott ist Mensch geworden, damit der Mensch Gott werde." Auf manchen Ikonen des Entschlafens wird die „gottähnliche" Herrlichkeit der Mutter Gottes, gemäß der Analogie zu Christi Himmelfahrt, durch die Darstellung der für sie geöffneten Himmelspforten unterstrichen. Das entspricht den liturgischen Texten des Festes: „Heute reicht der Himmel seinen Schoß entgegen"[87]), „nehmet die Pforten und erhöhet über die Welt jene, welche ewig Mutter des Lichtes bleibt"[88]).

Die Vereinigung des Himmels und der Erde wird in der Person Jesu Christi, Gott und Mensch, verwirklicht. Deshalb ist das persönliche Bild Christi auch Ausdruck dieser Vereinigung. Vollendung und vollständige Erfüllung dieser Einheit ist die verherrlichte menschliche Natur Christi in seiner Auferstehung. Sein umfassendster bildlicher Ausdruck ist die Ikone „Christus in seiner Herrlichkeit" (Christus von Engelscharen umgeben). Er thront, von einer mit Cherubimen erfüllten Mandorla umgeben, die zwischen zwei übereinander liegenden Vierecken eingeschlossen ist. Diese Vierecke bilden einen achtzackigen Stern — Symbol des achten Tages der Schöpfung, des künftigen Äons[89]). In den Ecken des äußeren Vierecks werden die Symbole der Evangelisten dargestellt als Andeutung der Botschaft an die vier Weltenden.

---

[86]) Als äußerst seltene Ausnahme begegnen wir einer runden Mandorla in Darstellungen von Heiligen; nie aber wird sie zu ihrem ikonographischen Attribut.

[87]) Großer Vespergottesdienst, Stich. des 5. Tones.

[88]) Apostichon des 4. Tones.

[89]) Im selben Sinne wird ein achtzackiger Stern auf den Bischofs- und Priestergewändern dargestellt.

Unter den Füßen des Heilands befinden sich die „Throne", geflügelte Räder, beschrieben in der prophetischen Schau der Herrlichkeit Gottes (Hes. 10, 9—10). Das Bild Christi in Herrlichkeit drückt das Sonntags-Prokimenon aus: „Der Herr ist König und von Pracht bekleidet" (Ps. 92, 1). Das ist die Pracht des Reiches Christi, des neuen Himmels und der neuen Erde. Er ist hier „Vater des künftigen Äons" (Is. 9, 6). Der Sonntag ist zugleich der erste Tag der Woche, Tag der Neuschöpfung der Welt, am historischen Tage der Auferstehung begonnen, und der achte Tag, wo keine Zeit mehr sein wird (Offb. 10, 6) und wo Christus „alles in allem" wird. Im Bilde Christi in Herrlichkeit ist alles zusammengefaßt: der ganze Prozeß der Heilsgeschichte und seine eschatologische Erfüllung. Die Symbolik des achten Tages der Schöpfung ist hier vollendet. Diese Symbolik zeichnet das Bild Christi vor allen Heiligenikonen aus, indem sie die Höhe seiner Herrlichkeit hervorhebt: „eine andere Klarheit hat die Sonne, eine andere Klarheit hat der Mond, eine andere Klarheit haben die Sterne" (1. Kor. 15, 41).

Ein eschatologisches Symbol Christi ist auch der „bereitete Thron" (*ἑτοιμασία*). Es ist ein leerer Thron — Platz Christi als Richter des Weltalls. Dieser Thron steht immer im Mittelpunkte der Komposition des Jüngsten Gerichtes mit dem Evangeliumbuch und den Marterwerkzeugen des Herrn darauf, denn die Predigt des Evangeliums und der Anteil (Kommunion) am Kreuze Christi sind das Kriterium, nach dem alle menschlichen Werte gemessen und gerichtet sein werden. Dem „bereiteten Thron" begegnet man auch manchmal auf einzelnen Heiligenikonen als Mitte der oberen Randdarstellungen[90]), gewöhnlich einer Deisis oder eines „Čin". Der auf der Ikone dargestellte Heilige wird in dieser Weise mit dem künftigen Gericht in Verbindung gebracht, d. h. als Fürbitter mit den anderen, über ihm im „Čin" dargestellten Heiligen in die eschatologische Perspektive eingeschaltet.

Wie die Mandorla, so geht auch der achtstrahlige Stern auf die Ikonen der Gottesgebärerin über; er bildet die drei Sternchen auf ihrem Maphorion: auf dem Haupte und den Schultern. Diesem Zeichen wird die Bedeutung der Ewigjungfräulichkeit beigemessen, d. h. der Jungfräulichkeit vor, während und nach der Geburt Christi. In frühen Ikonen hatte dieses Zeichen die Form eines Kreuzes. Später geht diese Kreuzform in das unmittelbar eschatologische Symbol des achtstrahligen Sternes über. Einerseits hat die Mutter Gottes persönlich schon die Grenze des künftigen Äons überschritten; andererseits kommt sie dem Schicksal der Kirche zuvor, denn als ihr Mittelpunkt ist sie bereits schon der Anfang des achten Tages der Schöpfung.

---

[90]) Meistens in Ikonen von Novgorod. V. Lasarev, Dva pamjatnika russkoj stankovoj živopisi 12—13 vv., Akademie der Wissenschaften. Kurze Mitteilungen des Instituts der Geschichte der materiellen Kultur, B. 13. 1946, S. 74.

Dieser Symbolismus des achtzackigen Sternes findet seinen direkten Ausdruck in den Ikonen, die „der brennende Busch" genannt werden. Sie enthüllen die prophetische Schau der Menschwerdung Gottes durch Mose (Ex. 3, 2 ff.). Diese Erscheinung wird von der Kirche auf die Mutter Gottes bezogen, denn in ihr durchdringt das göttliche Feuer die erschaffene Natur und vergottet sie, ohne sie zu verbrennen; in der Gottesgebärerin vereinigt sich Gott, der zu Mose aus dem Busche gesprochen hat, mit dem Menschen. Die Ikone des brennenden Busches stellt die Gottesmutter mit dem Kinde dar, von einer Mandorla umgeben. Zwei Vierecke hinter ihr bilden einen achtstrahligen Stern mit kosmischen Symbolen (Himmel, Sterne, Wolken). Die Analogie mit dem Bilde Christi wird noch durch die Abbildung der vier Evangelistensymbole in den Ecken unterstrichen. Es gibt auch eine andere Variante dieses Themas: die Mutter Gottes mit dem Kinde wird in einem brennenden Busch dargestellt. Das ist ein Versuch, den entsprechenden biblischen Text zu illustrieren.

Als ein unbedingtes Attribut der Ikonen Christi gilt das Evangelienbuch in seiner linken Hand und der Segen mit seiner Rechten. In den Muttergottesikonen hält das Kind eine Schriftrolle; der erwachsene Heiland aber wird mit dem Evangelium, Symbol seiner Predigt, der frohen Botschaft, dargestellt. Der Segen wie die Lehre lebt und wirkt in der Kirche und wird von der kirchlichen Hierarchie, die einst die Apostel eingesetzt haben, bewahrt und weitergegeben. Deshalb werden die Attribute des Herrn, das Evangelienbuch und der Segen, in die Darstellungen der heiligen Bischöfe übernommen. Die Bischöfe, die diese Macht besitzen, werden gewöhnlich mit der Rechten segnend und in der Linken das Evangelium haltend dargestellt. Mit gleichen Attributen stellt man auch die heiligen Priester dar. Derselbe Sinn der Belehrung wird durch die Schriftrolle ausgedrückt, die ein Attribut der heiligen Asketen ist. Die Gebärde des Segens trifft oft mit der Gebärde der Verkündigung zusammen (der alten Rednergebärde: die erhobene Hand mit den ausgestreckten Zeige- und Mittelfingern), so daß es manchmal schwierig ist, sie von einander zu unterscheiden.

Ein beständiges Attribut des Gewandes des Heilands ist der Clavus. Die Clavi sind lange Streifen auf der Tunika, von denen der linke durch das Himation verdeckt ist, so daß nur ein Clavus auf der rechten Schulter sichtbar ist. Dem Clavus wird die symbolische Deutung der Mission zugeschrieben. Deshalb ist er, außer der Ikone Christi, auch ein Attribut des Gewandes der Apostel („Gleichwie Du Mich gesandt hast in die Welt, so sende Ich auch sie in die Welt" — Joh. 17, 18 und 20, 21) und, in gewissen Fällen, der Engel; so z. B. in der Verkündigung.

Das „sonnengleiche" Leuchten des Antlitzes Christi und der Heiligen in den

Augenblicken ihrer höchsten Verherrlichung („auch das Gesicht Moses leuchtete" — Exod. 34, 30; 2. Kor. 3, 7—6) wird auf der Ikone durch den Nimbus wiedergegeben, der ein unbedingtes Attribut der Ikone, ein Symbol der Heiligkeit ist. Motovilov sagt von der vor seinen Augen geschehenen Verklärung des heiligen Serafim von Sarov: „Stellen Sie sich das Gesicht des Menschen, der mit Ihnen spricht, in der Mitte der Sonne, in der leuchtendsten Klarheit ihrer Mittagsstrahlen, vor"[91]). Dieses von den Heiligen ausstrahlende Licht der Gnade, das ihren Kopf als Hauptteil des Körpers umgibt, ist natürlich sphärisch. Da dieses Licht in der Malerei selbstverständlich nicht naturgetreu wiedergegeben werden kann, bleibt als einzige malerische Möglichkeit ein Diskus, sozusagen ein Schnitt dieses sphärischen Lichtes. Das ist eine sehr genaue, sichtbare Andeutung auf eine bestimmte Erscheinung der geistigen, besser gesagt der vergeistigten körperlichen Welt. Der Nimbus ist weder eine Allegorie noch ein konventionelles Attribut der Heiligkeit, sondern eine graphische Stilisierung einer tatsächlichen Wahrnehmung, Ausdruck einer konkreten Tatsache.

Ein spezielles Attribut der Ikonographie des Heilands ist der Nimbus mit dem Kreuz. Als Symbol seiner Leiden wird dieses Kreuz im Nimbus nirgends außer auf den Ikonen Christi gebraucht. In den Armen des Kreuzes befinden sich immer die griechischen Buchstaben *ὁ ὢν*[92]), d. h. „Der ist". Das ist der erste Name Gottes, der Name, mit dem Gott sich selbst nannte, als er mit Mose aus dem brennenden Busch sprach: „Ich bin Der, der ist .... Also sollst du zu den Kindern Israel sagen: Der, der ist, hat mich gesandt" (Ex. 3, 14). Diese Inschrift im Nimbus bezieht sich nicht auf die menschliche Natur des Heilands, die er sich bei seiner Fleischwerdung angeeignet hat; sie deutet auf seine göttliche Natur und zeigt, daß dieser auf der Ikone dargestellte „Menschensohn" derselbe Gott ist, der im Alten Bunde zu Mose sprach.

Als Symbol des Leidens findet man das Kreuz Christi auf den Ikonen der Märtyrer, seiner Zeugen, wieder. Diese halten es aber in der Hand. Die „Apostelgleichen", d. h. die Erleuchter der Völker (z. B. die Heiligen Konstantin und Helene), die ihnen „das Wort vom Kreuz" (1. Kor. 1, 18) brachten, haben ebenfalls ein Kreuz in der Hand.

---

[91]) W. Il'in, Prepodobnyj Serafim Sarovskij, Paris 1930, S. 125.

[92]) Der Artikel *ὁ* und das Partizip *ὢν* des Verbs *εἰμί* (sein). Im Jahre 1551 wurde von der Hundertkapitelsynode zu Moskau die Frage erörtert, ob es richtig sei, den mittleren Engel der alttestamentlichen Dreifaltigkeit mit den Kreuzbalken im Nimbus und der Bezeichnung „Jesus Christus" oder gar alle drei Engel mit Kreuzbalken in ihren Nimben darzustellen. Das Konzil beschloß, daß diese Ikone ohne Kreuzbalken und ohne die Aufschrift „Jesus Christus" zu malen sei. Die Aufschrift soll „Die Heilige Dreieinigkeit" lauten, und man soll nichts nach persönlichem Ermessen darstellen.

Um das göttliche Licht der Verklärung auszudrücken, genügt allein das äußerliche Attribut, der Nimbus, nicht. Auf dieses Licht sind alle Farben der Ikone abgestimmt und sinngemäß verteilt. Dies sind Farben der sichtbaren Welt, welchen aber eine bestimmte symbolische Bedeutung der Geisteswelt beigemessen wird. Licht durchdringt die Ikone unabhängig von der natürlichen Beleuchtung, denn das Reich Gottes ist Licht. Deshalb werfen weder Gegenstände noch Lebewesen auf der Ikone Schatten. Den stärksten Ausdruck dieses Lichtes stellt das Emblem der Sonne, das Gold, dar. Das Symbol des Paradieses, Gold (oder Goldgelbes als Ersatz und auch weiße Farbe, die selbst Symbol des Lichtes ist[93]), bildet oft den Hintergrund der Ikone, der in der Sprache der Ikonenmaler, unabhängig von seinem Ton, „Licht" genannt wird.

In den Darstellungen des Erlösers in Herrlichkeit wird dieses innere Leuchten auf seinem Gewande (selbst dieses Gewand ist hier strahlend, d. h. gelb oder weiß) mit gestrichelten goldenen Linien oder gelber Farbe wiedergegeben. Dieselben gestrichelten Linien werden auch bei dem göttlichen Kinde Immanuel, auf einigen Muttergottesikonen und auf einzelnen Ikonen des Erlösers verwendet. Diese besondere ikonographische Manier heißt „Assist" oder „Inokop". Dort, wo wir Christus in seiner traditionellen Kleidung, d. h. dem blauen Himation verschiedener Schattierungen (Blau = Symbol des Himmels) und der purpurnen Tunika (Purpur = Symbol der Erde) sehen, wird das göttliche Licht auf dem Clavus wiedergegeben. Manchmal verstärkt der „Assist" das Leuchten der weißen Kleider Christi in der Verklärung. Das Licht der göttlichen Herrlichkeit, Licht der Auferstehung, durchdringt in Form von goldenen Strahlen auch die Mandorla des Heilands bei der Verklärung, seiner Höllenfahrt und Himmelfahrt und auch beim Entschlafen der Mutter Gottes. Dadurch wird der Kontrast zwischen dem irdischen Daseinsplan und dem, was diesem Plan nicht unterliegt, unterstrichen. Der „Assist" wird all dem beigefügt, was schon in das göttliche Leben eingegangen ist. Mit dem „Assist" erstrahlen oft auch die Flügel der Engel. Die Strahlen der göttlichen Herrlichkeit durchdringen ebenso die Mandorla der Mutter Gottes und manchmal ihre Kleidung während ihrer Himmelfahrt nach ihrem Entschlafen.

Die Farben des Gewandes der Mutter Gottes sind jenen des Erlösers ähnlich, nur sind sie umgekehrt verteilt: purpurnes Maphorion und blaues oder blau-grünes Kleid. Die Schuhe der Gottesmutter sind rot zum Zeichen ihrer königlichen Abkunft. Die rote Farbe als solche ist Symbol des Feuers, der Liebe, und gehört deswegen den Märtyrerikonen. Grün ist Symbol des Lebens, der Fülle der Kräfte[94]).

---

[93]) Hl. Dionysios Areopagita, Die himmlische Hierarchie, Kap. 15, § 7, P. G. 3, 336 C.
[94]) Hl. Dionysios Areopagita, Ibid., P. G. 3, 336 C.

Nach den Worten des heiligen Theodor von Studion „wird jenes, was im Evangelium auf Papier und mit Tinte ausgedrückt ist, auf den Ikonen durch verschiedene Farben oder durch irgendein anderes Material verständlich gemacht“[95]). Diesen Ausspruch darf man natürlich nicht nur auf die ikonographische Abbildung jener Personen oder Geschehnisse beziehen, welche im Evangelium beschrieben sind. Es handelt sich nicht um die Darstellung gewisser Objekte der Erzählung, sondern um die Offenbarung des völlig neuen Lebens in Christo, das das Evangelium verkündet und dem die Darstellung entspricht. Daher die Eigenart der Ikone, welche manchmal das „normale“ Auge der Menschen schockiert.

Eine der Eigenschaften, in denen die Ikone mit dem Evangelium übereinstimmt, stellt die umgekehrte Perspektive dar, deren Fluchtpunkt sich nicht in der illusorischen Tiefe des Bildes befindet[96]), sondern vor dem Bilde, im Betrachter selbst. Wenn auch in der Ikone oft beide Perspektiven, die optische und die umgekehrte, vereint werden, so wird der letzteren doch immer der Vorrang gegeben. Die Grundlinie des Evangeliums läuft sozusagen auch in umgekehrter Perspektive: die ersten werden die letzten sein, die Sanftmütigen und nicht die Gewalttätigen werden das Erdreich besitzen, und die vollkommenste Erniedrigung am Kreuze wird zum glorreichsten Sieg. Dem entspricht auch das Leben eines Christen. Der Tod des Märtyrers wird zum Sieg, und die asketischen Entbehrungen stellen die höchsten Freuden dar. Wenn wir die umgekehrte Perspektive der Ikone von diesem Standpunkt aus betrachten, so wird uns ihr Sinn völlig klar. Es ist, als ob der Mensch am Anfang eines Weges steht, der sich nicht irgendwo in der Tiefe verliert, sondern sich in seiner ganzen unfaßbaren Fülle vor ihm öffnet. Der Fluchtpunkt dieser Perspektive ist jene „enge Pforte und der schmale Weg, der zum Leben führt“ (Matth. 7, 14), den die geistliche Erfahrung der orthodoxen Glaubenseiferer ausdrückt. Auf das Gleichnis der Pforte beziehen sich viele Kirchenväter in ihren Beschreibungen der geistlichen Vervollkommnung. So sagt der heilige Makarios der Große folgendes: „Die Pforten öffnen sich vor ihm

---

[95]) 1. Widerlegung, Kap. X, P. G. 99, 340 D.

[96]) Die Bestimmung der Ikone besteht nicht darin, eine optische Illusion der sichtbaren Gegenstände zu erzeugen, sondern gerade umgekehrt darin, das zu sein und zu scheinen, was sie wirklich ist, nämlich ein Bild. Deshalb ruft sie nicht die Illusion des sichtbaren Raumes und der Körperlichkeit hervor. Jedoch darf man nicht denken, daß die Ikone, ähnlich der nicht-christlichen Kunst des Orients, eine Kunst der reinen Fläche, also nur zweier Dimensionen sei. Die Komposition der Ikone ist immer räumlich und besitzt eine gewisse Tiefe. Die Körperlichkeit drückt sich in der Behandlung der Figuren, Gesichter, der Kleidung und der Gebäude aus. Die Ikone gibt die dritte Dimension wieder, aber derart, daß sie die Flächenhaftigkeit des Brettes nicht angreift. Die Komposition ordnet sich der Flächenhaftigkeit des Ikonenbrettes unter, und der Raum und die Körperlichkeit werden von dieser Flächenhaftigkeit begrenzt, ohne die Illusion des „Lochs in der Wand“ zu vermitteln.

(dem Menschen) und er tritt in das Innere vieler Wohnungen; und je nach dem, wie er eintritt, öffnen sich abermals Pforten vor ihm, und bereichert er sich. Und in dem Maße, in welchem er sich bereichert, zeigen sich ihm neue Wunder"[97]). Dem Menschen, der diesen Weg betritt, eröffnen sich grenzenlose Perspektiven und Möglichkeiten, und sein Weg wird dadurch nicht enger, sondern immer breiter. Doch beginnt dieser Weg im Herzen des Menschen, an einem Punkt, an welchem sich die gesamte Perspektive des Menschen umkehren muß. Dieser Anfang ist im wahrhaftigen und buchstäblichen Sinne *μετάνοια*, d. h. Umkehrung des Geistes.

Das geistlich Wesentliche des evangelischen Realismus drückt die symbolische Sprache der Ikone aus, welche die sichtbare Wirklichkeit im Licht einer geistlichen Erfahrung bricht und so den Schlüssel zu eben dieser Erfahrung darstellt. Die gesamte Komposition der Ikone, ihr Aufbau, ihre Formen, ihr linearer Rhythmus und ihre Farben, all das ist auf die symbolische Wiedergabe jenes innerlichen Aufbaus und Lichtes gerichtet, dessen äußerlicher Ausdruck der Heiligenschein ist. Mit Hilfe jener in ihrer Art einzigen Kunstsprache eröffnet sich uns die Geisteswelt der Menschen, welche zu Tempeln Gottes geworden sind.

„Bei uns ist alles vergeistigt", sagt der heilige Gregorios der Theologe: die Handlungen, die Bewegungen, die Wünsche, die Wörter, die Art zu gehen und die Kleidung, und sogar die Gebärden, weil der Geist (*νοῦς*) alles beherrscht und in allem Gott in dem Menschen abbildet"[98]). Eben diese Nachbildung des Menschen nach dem Vorbilde Gottes zeigt sich uns in der Ikone und wird durch sie wiedergegeben. Jener innere Frieden, von dem die orthodoxen Glaubenseiferer zeugen, wird in der Ikone durch den äußerlichen Frieden und die Harmonie wiedergegeben. Der äußerlichen Anordnung ist alles untergeordnet, denn sie drückt die innerliche Ordnung aus. Dadurch erklärt sich die Erhabenheit der Ikone, nämlich die Haltung der Heiligen, ihre Bewegungen und Gesten, denn „die sichtbaren Bewegungen sind Hinweise auf die unsichtbaren, innerlichen, so wie jede Frucht zeugt, von welchem Baum sie stammt"[99]). Wenn das Fleisch des Menschen sich von der Verwesung infolge der Sünden befreit, wird es dem Fleische Christi ähnlich[100]). Wenn alles Sündhafte im Menschen durch die Berührung mit dem Pfingstfeuer verbrannt ist,

---

97) Russische Philokalie, B. 1. Petersburg 1877, S. 230.

98) Hl. Gregorios der Theologe, 11. Rede, die sich an den hl. Gregorios von Nyssa wendet, P. G. 35, 840 A.

99) Abbas Thalassios, Über Liebe, Enthaltung und geistliches Leben dem Presbyter Paulus, Kap. 65, Russische Philokalie, B. 3, S. 331, Moskau 1888.

100) Hl. Maximos der Bekenner, Die Kapitel über die Gottesschau und Tätigkeit, Kap. 67, Russ. Philokalie, ibid. B. 3, S. 263.

„dann erstrahlt in Seele und Leib Gott allein“[101]). Deshalb ist auf der Ikone der Leib des Heiligen, alle Einzelheiten, sogar die Falten, Haare, Kleidung und alles, was ihn umgibt, jener höheren Ordnung gemäß angeordnet und in ihr vereint. Der Leib bewahrt seine biologische Struktur, seine Eigenschaften und die charakteristischen Besonderheiten der äußerlichen Erscheinung des Menschen, doch verliert dieser Leib seine fleischliche Schwere, ja seine eigentliche Fleischlichkeit[102]). Hier sehen wir die asketische Leistung in Freude verwandelt. Den Ikonen ist jegliche Sentimentalität und Süßlichkeit fremd, denn sie atmen den wahrhaften Geist des Evangeliums, „den Frieden Gottes, welcher höher ist als alle Vernunft“ (Phil. 4, 7). Denn so ist das Wort des Evangeliums im Bilde wiedergegeben, fern weltlicher Eitelkeit und äußerlicher Schönheit. Es versteht sich, daß das Licht der Ikone nicht durch von sich aus lichte und freundliche Farben erreicht werden kann, sondern dieses Licht ist göttliche Gnade, welche den Menschen von der Verwesung reinigt. „Es ist nicht rosa und weiße Schminke . . ., sondern statt dessen Entfernung allem Bösen gegenüber, auch Reinheit, Leidenschaftslosigkeit, Seligkeit, und alles ihnen Verwandte, wodurch im Menschen die Ähnlichkeit mit Gott ausgedrückt wird“[103]). Dieses Licht des vergeistigten, sündlosen Fleisches darf man natürlich nicht als nur geistliche oder nur körperliche Erscheinung verstehen, sondern als vollkommene Vereinigung beider. Jenes Licht will also als Offenbarung der künftigen verklärten Körperlichkeit verstanden sein, die sich bei der Auferstehung der Gerechten, „wenn die innerliche, verborgene Herrlichkeit des Geistes auch in den Körpern erstrahlen wird“[104]), zeigt. Diese symbolische Sprache der Ikone zusammen mit ihren ikonographischen Attributen stellt die äußerliche Wiedergabe der Vereinigung menschlichen und göttlichen Wollens und Handelns dar, die völlige gnadenvolle Übereinstimmung des Menschen mit Gott, der in ihm gefundenen Ruhe.

Die Kleidung des Heiligen umgibt seinen Körper auf natürliche Art, doch wird sie so wiedergegeben, daß sie die Heiligkeit nicht verbirgt, sondern sie im Gegenteil unterstreicht. Die asketische Erfahrung, besser gesagt ihr Resultat, findet ihren äußerlichen Ausdruck in der oft sogar geometrischen Strenge der Figuren, der Lichtflecken und der Linienführung der Falten. Sie hören auf, zufällig und ohne Ordnung zu sein, sie werden rhythmisch und der allgemeinen Harmonie des Bildes unterstellt.

Die Ikone ist der sichtliche Ausdruck des Sieges über die innerliche chao-

---

[101]) Hl. Maximos, ibid. Kap. 69, S. 264.

[102]) In großem Maße tragen dazu die Eitemperafarben, deren sich die Ikonenmaler bedienen, bei. Diese Farben haben nicht die Schwere und die Sinnlichkeit der Ölfarben; sie geben besser den Asketismus der Ikone wieder.

[103]) Hl. Gregorios von Nyssa, De Hominis Opificio, Kap. 5, P. G. 44, 137.

[104]) G. Florovskij, Vizantijskie Otci V—VIII vv., ibid., S. 160.

tische Zerrissenheit des Menschen und dadurch auch des Sieges über die chaotische Zerrissenheit der gesamten Menschheit und des Weltalls. Die bereits begonnene Vergottung des Menschen ist damit auch bereits begonnene Verklärung des Universums, denn im Menschen und durch ihn verwirklicht sich die Erbschaft des göttlichen Lebens auch für die Geschöpfe. Deshalb wird eine äußerliche historische Gegebenheit bei irgendeinem Ereignis der Heilsgeschichte oder bei irgendeinem Heiligen nicht nur als Hintergrund der Darstellung wiedergegeben, sondern sie nimmt lebendigen Anteil am Geschehnis. Der Erde, der Welt der Gewächse und Lebewesen, dem Himmel, allem ist eine Art Siegel dieser Teilnahme aufgeprägt, der Widerschein der menschlichen Herrlichkeit. Dadurch wird alles zum Bildnis: der Jordan ist nicht nur der Ort der Taufe des Herrn, sondern auch Bildnis des verklärten Wassers des kommenden Äons. Um die kosmische Bedeutung der Herrlichkeit des Menschen zu unterstreichen, bedient sich die orthodoxe Ikone in bestimmten Fällen allegorischer Darstellungen der Erde, des Wassers usw. durch menschliche Gestalten, welche jedoch (wie auch die Symbole, die das menschliche Bild ersetzen) nie als selbständiges Thema, sondern stets in der Eigenschaft von sichtbaren Erläuterungen zum liturgischen Text, Teil einer Ikone bilden. So z. B. die allegorischen Darstellungen der Erde und der Wüste auf der Ikone des Festes der Synaxe der Mutter Gottes (26. Dezember). Diese Ikone entspricht dem Text des Stichirons des Festes: „Was bringen wir Dir, Christus, Dir, der Du auf Erden unseretwegen als Mensch geboren bist? Denn jegliches von Dir geschaffene Wesen bringt Dir seinen Dank dar: die Engel Gesang, der Himmel den Stern, die Waisen Geschenke, die Hirten Verwunderung, die Erde eine Höhle, die Einöde eine Krippe, wir aber die jungfräuliche Mutter ....“ Indem die Ikone sämtliche hier aufgezählten Geschöpfe, Engel, Menschen usw. abbildet, fügt sie die allegorischen Figuren der Erde und der Einöde bei und deutet damit an, daß die Wirkung des sich hier vollziehenden Geschehnisses über ihren örtlichen und historischen Rahmen hinausgreift. Sie macht also klar, daß die Darbringung im Namen der ganzen Erde und aller Einöden geschieht, und daß sie, durch die von Gott sich angeeignete menschliche Natur, im Wesen selbst geheiligt sind. Dasselbe sehen wir z. B. in der Taufe des Herrn, wo das Meer und der Jordan durch allegorische Figuren dargestellt werden. Der Text des 3. Verses des 113. Psalms, „das Meer sah es und floh; der Jordan wandte sich zurück“, wird im Gottesdienst wiederholt und folgendermaßen kommentiert: das Zittern, welches den Täufer überkam, ging auf die Gewässer über. „Es zitterte die Hand des Täufers, als sie Dein allerreinstes Haupt berührte; der Jordan wandte sich zurück, da er nicht wagte, Dir zu dienen ...“[105]). Die Allegorie gibt hier auch das Zittern

[105]) Stichiron des 4. Tones.

der Schöpfung wegen der Berührung mit der Gottheit wieder und die Tatsache, daß die Taufe im Jordan das Wasser als solches heiligt: „Heute wird das Wesen des Wassers geheiligt.“ In der Kreuzigung werden auf den Seiten des Kreuzes oft Sonne und Mond als menschliche Gesichter abgebildet und zwar als Zeichen des Mitleidens der Schöpfung mit ihrem Schöpfer, gemäß dem Text des Evangeliums: „Es ward eine Finsternis über das ganze Land“ (Matth. 27, 45; Mark. 15, 33, Lk. 23, 44—45). Gleichzeitig sind Sonne und Mond hier Hinweise auf die eschatologische Perspektive der Kreuzigung, auf den Tag des jüngsten Gerichts, wenn „Sonne und Mond den Schein verlieren“ (Matth. 24, 29; Mark. 13, 14; Lk. 21, 25). Und endlich zeigt sich als die vielleicht charakteristischste Darstellung die allegorische Figur des Kosmos als unentbehrliches Attribut der Pfingstikonen. Die Herabkunft des Heiligen Geistes auf die Kirche gibt hier die Darstellung der zwölf Apostel, welche die Feuerzungen empfangen, wieder. Die übrige Welt, welche in Übereinstimmung mit dem Propheten Joel („Ich will Meinen Geist ausgießen über alles Fleisch“ — 2, 28) und anderen gottesdienstlichen Texten die Heiligung durch den Heiligen Geist noch erwartet, wird in Form des Kosmos, eines Menschen und Königs dargestellt. Er hält in seinen Händen ein Tuch mit zwölf Schriftrollen — Symbol der Apostelpredigten.

In gewissem Maße spielt die Architektur in der Ikone eine besondere Rolle. Mit den menschlichen Figuren ist sie durch den Sinn und durch die Komposition verbunden; doch sehr oft fehlt hier jeglicher logische Zusammenhang. Mehr noch: oft widerspricht sie in ihren Formen und deren Verteilung den menschlichen Normen und ist in einzelnen Fällen betont unlogisch. Die Proportionen werden überhaupt nicht beachtet; die Türen und Fenster sind nicht auf ihrem Platz und wegen ihrer Ausmaße im Verhältnis zu den menschlichen Figuren völlig unbrauchbar usw. Der Sinn dieser Tatsache besteht darin, daß die Architektur jenes Element in der Ikone ist, mit dessen Hilfe man besonders klar die Erhabenheit des auf der Ikone Dargestellten über die Logik zeigen kann. Das, was die Ikone vermittelt, geht über die Grenzen der verstandesmäßigen Kategorien, der Gesetze des irdischen Seins hinaus. Diese architektonische „Phantastik“, auf ihre Weise eine „Narrheit in Gott“, verwirrt beständig den Verstand, verweist ihn auf seinen Platz und unterstreicht dadurch den meta-logischen Charakter des Glaubens.

Auf ihrem historischen Weg nimmt die Kirche einzelne Eigenarten verschiedener malerischer Ausdrucksmöglichkeiten auf und verklärt sie. Auf diese Art wird ihre künstlerische Sprache je nach den Notwendigkeiten verschiedener Epochen einfacher oder komplizierter. Aber ihr Wesen bleibt trotzdem immer das gleiche: die symbolische Sprache der orthodoxen Ikone ist nichts anderes als die Fortführung der frühchristlichen Symbolik, ihre Erschließung und Vertiefung. Wenn also in den ersten christlichen Jahrhunderten der paradiesische Zustand des Menschen durch die Abbildung des Paradieses rings um die Menschen (Oranten) oder Lämmer ausgedrückt wurde, so ist jetzt der Ausdruck jenes Zustandes nicht mehr äußerliches Attribut oder erklärende Ergänzung. Der paradiesische Zustand wird bereits durch das Bildnis selbst wiedergegeben. Sein Ausdruck durch äußerliche Ergänzungen ist in das Innere, die eigentliche Art und Ausdrucksweise des Bildnisses eingegangen. Dem Ausspruch „das Reich Gottes ist mitten in euch" entsprechend wird er nicht mehr durch äußerliche Hinweise, sondern durch vollwertigen Ausdruck wiedergegeben. Also verkündet die orthodoxe Kirche durch ihre Ikone dieselbe Wahrheit wie am Beginn ihrer Geschichte.

Wie wir schon sagten, ist jeder Heilige ein Bild Christi, denn er verwirklicht diesen oder jenen Aspekt seines Werkes, und die Ikone jedes Heiligen deutet mittels seiner Attribute (Kreuz, Evangelium, Kleidung ...) auf dieses Wirken hin und führt so zur Urquelle menschlicher Heiligkeit, „dem Anfänger und Vollender des Glaubens" (Hebr. 12, 2), Jesus Christus, hin. Genau so verhält es sich auch mit der Symbolik der Ikone und des Kirchengebäudes in allen ihren Erscheinungsformen. Sie ist nicht Vermittlung zwischen Himmel und Erde, zwischen Geist und Materie, sondern Hinweis auf die Gottheit, die uns in der Person Jesu Christi offenbart ist, und auch Hinweis auf die Teilnahme des Menschen und der Welt am göttlichen Leben. Deswegen leitet alle orthodoxe Symbolik zur Person Jesu Christi und durch ihn zu dem, was seine Menschwerdung offenbart hat, zur Heiligen Dreieinigkeit.

Die Kirche — Bild der Dreieinigkeit, ist die Wiederherstellung der kosmischen Einheit, die durch den Sündenfall verletzt wurde. Rings um Christus versammelt sich alles Himmlische und Irdische, bestimmt, im Gottmenschen Christus zu neuen Geschöpfen zu werden. Dieser Gedanke von der Vereinigung der ganzen Schöpfung geht durch die gesamte Wandmalerei und Ikonographie. Besonders unterstreichen ihn aber einige Kompositionen, die die kosmische Bedeutung der Kirche erschließen, z. B. „Alles (was Odem hat) lobet den Herrn"[106]), „Über Dich freut sich, Gnadenvolle, die ganze Schöpfung"[107]), die „Synaxe der Mutter Gottes". Das ganze Weltall versammelt sich hier um Christus oder die Gottesmutter, vereinigt sich zu einem Tempel Gottes: Engelscharen, das menschliche Geschlecht, Tiere, Vögel, die Gewächse

---

106) Teil des Prokimenon vor dem Evangelium.

107) Marienhymne der Liturgie des Hl. Basilius des Großen: „Über Dich freut sich, Gnadenvolle, die ganze Schöpfung, das Heer der Engel und das Geschlecht der Menschen ...".

und Himmelskörper. Diese Vereinigung wird oft durch die Darstellung eines Kirchengebäudes im Hintergrund der Ikone symbolisiert. Die Einheit alles Erschaffenen in Gott, von den Engeln bis zur niedrigsten Kreatur, ist der künftige erneuerte Kosmos, der dem allgemeinen Streit und der Feindseligkeit der Schöpfung gegenübergestellt wird. Die Tierwelt, das pflanzliche und geometrische Ornament sind in der Wandmalerei und der Ikone nicht nur Schmuck, sondern Ausdruck der Zugehörigkeit der erschaffenen Welt zum Reich Gottes durch den Menschen. Faktisch drückt sich diese Zugehörigkeit in der Darbringung der Erstlinge der geschaffenen Welt im Tempel aus, und zwar beginnend mit dem Bau des Kirchengebäudes und in der Liturgie endend. Dieses Reich Christi ist im Geist der Liebe und in der lebendigen Verbindung des Fleisches und Blutes vereinigt. Deswegen steht der Verkörperung dieser Vereinigung, der Darstellung der Eucharistie, auch der zentrale Platz in der Apsis und über der königlichen Pforte zu. Die Versammlung der ganzen Schöpfung, der kommende universale Friede als allumfassender Tempel Gottes ist das Leitmotiv der orthodoxen Kunst, das ebenso in der Architektur wie in der Malerei herrscht[108]). Dies ist der kosmische Aspekt der Kirche, denn ihr als Leib Christi gehört das Universum. Nach der Auferstehung Christi wird die materielle Welt Teilnehmerin an seiner Verherrlichung und wird ihm untergeordnet. „Mir ist gegeben alle Macht im Himmel und auf Erden“ (Matth. 28, 18) (die Ikone Christi in Herrlichkeit und sein Bildnis als Pantokrator in der Kuppel). Die verfluchte Erde (Gen. 3, 17) wird zur gesegneten Erde, zum ersten Stück der neuen Erde unter einem neuen Himmel. Eben das ist der christliche Sinn der alten kosmischen Symbolik der Tempel.

Das orthodoxe Kirchengebäude und die Ikone umfassen in ihrer symbolischen Bedeutung die ganze Geschichte: die Vergangenheit, die Gegenwart und die Zukunft der Welt und der Kirche, denn: „Dein Reich ist ein ewiges Reich und Deine Herrschaft währet für und für“ (Ps. 144, 13) lautet das Gebet bei der Weihung des Kirchengebäudes. Sei es nun die Ikone eines Festes oder eines Heiligen, alles in ihr ordnet sich dem allgemeinen Ganzen, der katholischen Einheit des Kirchengebäudes, dem Bild des nicht von Händen geschaffenen Tempels, „dessen Baumeister und Schöpfer Gott ist“ (Hebr. 11, 10)[109]), ein.

---

[108]) E. Trubeckoj, Smysl Žisni, Berlin 1922, S. 71—72.
[109]) Hl. Johannes Damascenus, 2. Rede, Kap. 23, P. G. 94, 1, 1309.

LITERATURVERZEICHNIS

Brehier, L., L'Art chrétien. Paris 1938.
Bulgakov, S. V., Nastol'naja kniga dlja svjaščennoslužitelej. Kiev 1913.
Cabrol, Dom F., L'Archéologie chrétienne. Paris 1907.
— et Dom H. Leclercq, Dictionnaire d'archéologie chrétienne. Paris 1924—53.
Debol'skij, G. S., Dni bogosluženija pravoslavnoj kafoličeskoj vostočnoj Cerkvi. Petersburg 1901.
Didron, M., Manuel d'iconographie chrétienne. Paris 1845.
Diehl, Ch., Manuel d'art byzantin. Paris 1929.
Dmitrievskij, I., Iz'jasnenie božestvennoj Liturgii s priloženiem Knigi o Chrame sv. Simeona Solunskogo. Petersburg 1897.
Dobschütz, E. v., Christusbilder. Leipzig 1899—1909.
Florenskij, P., Stolp i utverždenie Istiny. Moskau 1914.
Florovskij, G. Vizantijskie Otci IV i V vv. Paris 1931.
— ,Vizantijskie Otci V—VIII vv. Paris 1933.
Grabar, A., Martyrium. Paris 1943—46.
Hautecoeur, L., Mystique et architecture. Paris 1954.
Jakovlev, V., Smysl simvoliki, usvojaemoj svjatymi Otcami i učiteljami Cerkvi christianskomu Chramu i ego sostavnym častjam, in: Zeitschrift „Vera i Cerkov". Petersburg 1904.
Kondakov, N., Ikonografija Bogomateri. Petersburg 1914-15.
Lasarev, V., Dva novych pamjatnika russkoj stankovoj živopisi XII—XIII vv, in: Akademija Nauk SSSR, Kratkie soobščenija Instituta Istorii material'noj kultury imeni N. Marra, Vyp. XIII. 1946.
— ,Istorija vizantijskoj živopisi. Moskau 1947.
Lebedev, P., Nauka o bogosluženii. 1913.
Lemerle, P., Le style byzantin. Paris 1943.
Lossky, V., Essai sur la théologie mystique de l'Eglise d'orient. Paris 1944.
Nasrallah, J., Marie dans la sainte et divine liturgie byzantine. Paris 1955.
Ouspensky, L., L'Icone. Paris 1948.
—, Essai sur la théologie de l'icone dans l'église orthodoxe. Paris 1960.
— und V. Lossky, Der Sinn der Ikonen. Bern 1952.
Pokrovskij, N., Evangelie v pamjatnikach ikonografii. Petersburg 1892.
—, Pamjatniki christianskoj ikonografii i iskusstva. Petersburg 1900.
Pravoslavnaja Bogoslovkaja Enciklopedija, Bd. 5. Petersburg 1904.
Scaglia, P. S., Manuel d'archéologie chrétienne. Turin 1916.
Šmeman, A., Istoričeskij put' Pravoslavija. New York 1954.
Trubeckoj, E., Smysl žizni. Berlin 1922.
—, Altrussische Ikonenmalerei. Paderborn 1927.
Uvarov, A. S., Christianskaja simvolika. Moskau 1908.
Veniamin, Archiepiskop, Nowaja Skrižal'. Petersburg 1857.

SYMBOLIK DER OSTKIRCHLICHEN SEKTEN

von

PETER HAUPTMANN

Inhaltsübersicht

A. MANNIGFALTIGKEIT UND EINHEIT DES OSTKIRCHLICHEN SEKTENTUMS

I. Das ostkirchliche Sektentum in seiner Mannigfaltigkeit

Das Sektentum im Bereich der Ostkirche ist äußerst vielgestaltig. In ihm haben sich nicht nur grundverschiedene religionsgeschichtliche Typen ausgeprägt, sondern auch innerhalb derselben wieder zahlreiche Denominationen gebildet, die einander mehr oder weniger feindlich gegenüberstehen. Vielfach haben sich außerdem Denominationen in Fragen der Lehre oder der Praxis in zwei Lager gespalten, zwischen denen erhebliche Spannungen bestehen. So kann die Symbolik selbst innerhalb einer Denomination von Ort zu Ort beträchtliche Unterschiede aufweisen.

Die Eigenart der verschiedenen Typen des ostkirchlichen Sektentums kann an deren Haltung gegenüber dem Problem des Verhältnisses von Wort und Geist abgelesen werden. Das russische Altgläubigentum und die Anhänger des Alten Kalenders in Griechenland stellen eine Rechtsabweichung vom orthodoxen Standpunkt dar. Für sie ist das geschriebene Wort der kirchlichen Tradition der alleinige Träger und Vermittler des Geistes und als solcher jeder kirchenregimentlichen Reformmöglichkeit entzogen. Eine extreme Linksabweichung bilden demgegenüber die „Gottesleute" (chlysty): bei ihnen gilt nur das ekstatische Erlebnis des Heiligen Geistes im Herzen der Gläubigen. Bei den „Streitern des Geistes" (duchoborcy) findet sich eine entsprechende Betonung des Geistes als eines inneren Lichtes. Später kam jedoch bei den „Gottesleuten" eine willkürliche Auslegung der kirchlichen Schriften hinzu, wie sie auch für die aus ihrer Mitte hervorgegangene Sekte der „Weißen Tauben" (skopcy) festzustellen ist. Die Lehre der „Geistlichen Christen-Milchtrinker" (molokany) baute sich von Anfang an auf einer spiritualisierenden und allegorienreichen Bibelauslegung auf. Durch die russischen Evangeliumschristen-Baptisten kam schließlich ein naiver Biblizismus als weitere Antwort auf dieses Problem hinzu. Die zahlreichen anderen Sekten, die oft ebenso schnell wieder verschwinden, wie sie entstanden sind, und hier unberücksichtigt bleiben müssen[1]), lassen sich historisch wie phänomenologisch einem der genannten Typen zuordnen.

Höchst ungleich sind die zahlenmäßige Entwicklung und gegenwärtige Entfaltung. Während die Altgläubigen und die Evangeliumschristen-Baptisten nach Millionen zählen, kommen für die Anhängerschaft der anderen Richtungen wesentlich geringere Zahlen in Betracht. Zum Altgläubigentum gehörten

[1]) Vgl. R. Stupperich, Das russische Sektenwesen der Gegenwart, in: Osteuropa, 10. Jg. (1934/35), S. 553—564.

einstmals beträchtliche Teile der russischen Bevölkerung. Zuwachs an Gliedern haben heute nur noch die Evangeliumschristen-Baptisten zu verzeichnen. Die „Gottesleute", die „Weißen Tauben" und die „Streiter des Geistes" werden in der Sowjetunion nicht als Religionsgemeinschaften anerkannt. Aber auch die Anhängerschaft des alten Kalenders ist in Griechenland schweren staatskirchlichen Bedrückungsmaßnahmen ausgesetzt.

II. Das ostkirchliche Sektentum als Einheit

Nötigt die Mannigfaltigkeit des ostkirchlichen Sektentums der Gegenwart einerseits zu einer gesonderten Darstellung der Symbolik der verschiedenen Hauptgruppen, so bilden diese andererseits in mancher Hinsicht auch eine Einheit. Abgesehen von der Anhängerschaft des Alten Kalenders, die eine griechische Parallelbildung aus neuester Zeit zum ostslawischen Altgläubigentum darstellt, haben sie ihre Prägung durch die Religiosität des russischen Menschen erhalten. Darüber hinaus ist, wenn auch in unterschiedlichem Ausmaß, die Verwandtschaft zur Orthodoxie noch deutlich erkennbar. Wer keinen Zugang zum Wesen orthodoxer Frömmigkeit besitzt, wird auch den ostkirchlichen Sekten nicht gerecht werden können. Sie sind allesamt einer goldenen Vergangenheit — bald altrussischen, bald urchristlichen Charakters — zugewandt und stehen der neueren Kultur und Zivilisation ablehnend gegenüber.

Selbst so verschiedene Erscheinungen wie die Altgläubigen und die „Gottesleute" haben manche gemeinsame historische Wurzel. Der Einfluß des fanatischen Asketen Kapiton hat sowohl in der strengen Askese der „Gottesleute" als auch bei den Selbstverbrennungen zahlreicher Altgläubiger eine Nachwirkung gehabt. Versuche zur Durchsetzung eines allgemeinen obligatorischen Zölibates schufen in den Gemeinschaften der priesterlosen Altgläubigen und der „Gottesleute" vielfach analoge Probleme. Freilich sind jeweils grundverschiedene Beweggründe ausschlaggebend geworden. Doch es finden sich auch auffällige terminologische Berührungen zwischen dem Schrifttum des Protopopen Avvakum, der zentralen Führergestalt des Altgläubigentums im 17. Jhdt., und chlystischem Sprachgebrauch.

Die Staatsgewalt hat die verschiedenen Sekten stets mehr oder weniger einheitlich behandelt. In den berüchtigten russischen Klostergefängnissen schmachteten Vertreter der verschiedenen Richtungen oft gleichzeitig für Jahrzehnte. Selbst in der Sowjetunion bestehen noch getrennte Räte für die Angelegenheiten der Russisch-orthodoxen Kirche und die der anderen Religionsgemeinschaften. Die antireligiöse Agitation findet ihren Schwerpunkt in der Bekämpfung des Sektentums. Aber auch die Anhänger des Alten Kalenders und ihre

Bischöfe sind Gewaltmaßnahmen von seiten des griechischen Staates ausgesetzt, die den Verfolgungen des russischen Altgläubigentums bis zum Jahre 1905 weithin entsprechen.

Fast alle russischen Sekten haben in geschlossenen Siedlungen wichtige Kraftzentren erhalten. Oft sind diese von Sektierern in unzugänglichen Gebieten heimlich gegründet worden, vielfach aber auch Ergebnis von Zwangsansiedlungen in den entlegensten Teilen des russischen Reiches. In den verschiedenen Sekten sind — zumal in den Blütezeiten — alle Schichten der Bevölkerung vertreten. Einzelne umfassend gebildete Männer hat dagegen allein das Altgläubigentum aufzuweisen.

Zusammenfassend läßt sich sagen, daß im ostkirchlichen Sektentum verschiedenartigen religiösen Anliegen und theologischen Motiven weithin gleichartige psychologische Bedingungen und soziologische Entwicklungen entsprechen. Die Symbolik des ostkirchlichen Sektentums ist von beiden Seiten gleichermaßen beeinflußt worden.

B. DIE SYMBOLIK DER ALTGLÄUBIGEN

I. Das „Zweifingerkreuz"

Hauptpunkt in dem Erlaß vom 11. 2. 1653, mit dem der Patriarch Nikon die große Kultusreform der russischen Kirche einleitete, war die Ersetzung des traditionellen Zweifingerkreuzes durch das im Laufe der vorangegangenen Jahrhunderte im Morgenlande üblich gewordene Dreifingerkreuz. Sooft man sich mit dem Zeichen des Kreuzes segnete, sollten nicht mehr Zeige- und Mittelfinger als Abbild der zwei Naturen Christi zusammengefügt, sondern die Spitzen dieser beiden Finger an den Daumen gelegt werden zur Symbolisierung der drei Personen der Gottheit.

In Rußland war aber das Zweifingerkreuz, obwohl dieser Name beibehalten wurde, längst zu einem Fünffingerkreuz geworden: die Spitzen von Daumen, kleinem und Goldfinger symbolisierten zusammengelegt das trinitarische Dogma, während Zeige- und Mittelfinger die Zweinaturenlehre versinnbildlichten. Insofern erschien den Vertretern altrussischer Frömmigkeit dieser Reformpunkt nicht als Symbolaustausch zwischen den beiden gleichwertigen christlichen Grunddogmen, sondern als Reduktion des altkirchlichen Lehrerbes. Wer aber die Zweinaturenlehre bestreitet, kann nicht an der Trinitätslehre festhalten wollen.

Der Protopope Avvakum konnte das Dreifingerkreuz allein zu der antichristlichen Trias aus der Johannesapokalypse (Drache, Tier und falscher Prophet) in Beziehung setzen und mußte es für besser halten, nie geboren zu sein, als sich mit drei Fingern zu bekreuzigen. Für die Mönche des Soloveckij-Klosters war das Dreifingerkreuz überhaupt ohne Symbolkraft; sie nennen es „ščepot' ", was im Russischen sowohl die Prise bezeichnet als auch die zum Aufnehmen einer solchen zusammengelegten Finger.

Noch heute ist es die Grundlage der christlichen Unterweisung in der orthodoxen Christenheit, daß man es lernt, sich in der richtigen Weise zu bekreuzigen. Sich zu segnen mit dem Zeichen des heiligen Kreuzes ist dort die häufigste und allgemeinste Äußerung des religiösen Lebens. In einer Zeit, wo die Vermittlung der Glaubenslehre durch das gesprochene oder gedruckte Wort noch äußerst selten war, mußte der Symbolgehalt der kirchlichen Riten um so stärker empfunden werden.

Im Altgläubigentum ist das Zusammenlegen der Finger zusätzlich noch zu einem Symbol des Festhaltens am „alten Glauben" geworden. Wer sich mit fünf Fingern bekreuzigte, gab sich eben dadurch als Altgläubiger zu erkennen und mußte lange genug darauf gefaßt sein, deswegen verhaftet, gefoltert und eingekerkert zu werden. Was das Zweifingerkreuz als Bekenntnis des Altgläubigentums bedeutet, hat der große russische Maler Surikov (1848—1916) auf seinem Gemälde von der Wegführung der Bojarin Feodos' ja Prokof'evna Morozova eindrucksvoll veranschaulicht. Auf einem Schlitten festgebunden, hebt diese treue Anhängerin des Protopopen Avvakum unter Aufbietung aller Kräfte die rechte Hand empor, um das umherstehende Volk zu beschwören, nicht vom Zweifingerkreuz zu lassen. Als W. Hollberg im Jahre 1931 den Nastavnik einer Gemeinde der priesterlosen Altgläubigendenomination der Fedoseevcy westlich des Peipussees fragte, was er für das Wesentliche am Altgläubigentum hielte, legte dieser die fünf Finger der rechten Hand zum Zweifingerkreuz zusammen und sagte: „Das ist unser erstes Dogma". Wie stark im Altgläubigentum die Einheit von Ritus und Dogma festgehalten worden ist, zeigt die Antwort des Moskauer Konzils der priesterlosen Denomination der Pomorcy vom Jahre 1909 auf die Frage nach der richtigen Verteilung des Jesus-Gebetes auf die einzelnen Phasen der Bekreuzigung. Beim Berühren der Stirn müsse man sagen „Herr", bei der des Magens „Jesu Christe", bei der der rechten Schulter „Sohn Gottes", bei der der linken „erbarme dich unser" und anschließend eine Verbeugung machen: „die aber die Gebetsworte „Sohn Gottes" beim Berühren der linken Schulter sprechen, handeln dem Glaubensbekenntnis zuwider, denn sie bekennen nicht den, der da gen Himmel gefahren ist und zur Rechten des Vaters sitzt".

II. Die heiligen Bücher

Die russischen Altgläubigen haben im Zweifingerkreuz nicht nur ein kräftiges und heilbringendes Symbol gegen ein leeres und heilloses verteidigen wollen. Es ist für sie außerdem ein Stück ihnen schriftlich überkommener und unumstößlicher kirchlicher Tradition. Das gilt auch von den übrigen Formen, die einer Veränderung unterworfen wurden: dem zweifachen Halleluja-Gesang, der Schreibung des Jesusnamens als „Isus", den häufigen Verneigungen bis zum Erdboden während der Liturgie, der Siebenzahl der Prosphoren (nach Matth. 15, 34 par.: Speisung der Viertausend — gegenüber Matth. 14, 17 par.) bei der Eucharistie, geringfügigen Erweiterungen des Wortlautes des Nicaeno-constantinopolitanum u. a. Alle diese Formen waren in den agendarischen Büchern verbindlich festgelegt worden und gingen teilweise auf Entscheidungen der Moskauer Hundertkapitelsynode (Stoglav) von 1551 zurück. Dieses Konzil hatte seine Entscheidungen teils auf Grund von Kirchenväterzitaten, teils auf Grund von Visionen verherrlichter Asketen gefällt und Abweichungen mit dem Bannfluch bedroht. Das Reformkonzil von 1667 mußte um der Durchsetzung seiner Ziele willen die Hundertkapitelsynode infolgedessen für null und nichtig erklären. Das bedeutete für altgläubiges Denken nicht weniger als die Behauptung, die Kirche der Väter sei nicht Kirche gewesen. Diese aber hatte sich ihnen durch ihre von Gott verherrlichten Wundertäter, deren Gebeine der Verwesung entnommen geblieben waren, vollauf legitimiert. Darum müssen ihre Formen dem Willen Gottes entsprechen und konnte deren Befolgung das Heil verbürgen.

Indem die agendarischen, kanonistischen und paränetischen Bücher der Väter die gottgewollten liturgischen Formen tradieren, erscheinen sie geradezu als der Weg zum Heil. So konnte es noch W. Hollberg geschehen, daß ein Nastavnik der Fedoseevcy am Westufer des Peipussees die Erfüllung der Bitte, die liturgischen Bücher der Gemeinde einsehen zu dürfen, von der Bereitschaft abhängig machen wollte, diese Bücher zu „billigen" — was einer Bekehrung zum Altgläubigentum gleichkäme. So stark wird die Heiligkeit dieser Bücher empfunden, daß man sie profaner Beurteilung meint entziehen zu müssen.

Der Kreis der heiligen Bücher ist nicht fest umgrenzt. Theoretisch umfaßt er das gesamte kirchliche Schrifttum Rußlands bis zum Jahre 1653 und des Byzantinischen Reiches bis zum Jahre 1453. Tatsächlich fanden unter den Altgläubigen nur die vor 1653 in Rußland gedruckten Bücher allgemeine Verbreitung; sie erlebten im 18. Jhdt. auf polnisch-weißrussischem Gebiet zahlreiche Nachdrucke. Hinzu kamen literarische Erzeugnisse aus der Geschichte des Altgläubigentums: Konzilsbeschlüsse, liturgische Ersatzformulare und apologetische Schriften. Man ist überzeugt, jede gottesdienstliche Form auf eine schriftliche Tradition zurückführen und aus dieser eindeutig festlegen zu können. Aus dieser Überzeugung resultiert weithin die Aufspaltung des Altgläubigentums in zahlreiche Denominationen, da völlige Gleichförmigkeit des liturgischen Verhaltens bis in die letzten Einzelheiten hinein nicht durchweg anzutreffen war.

III. Die Gottebenbildlichkeit

Die altrussische Ikonographie und der altrussische Lebensstil, beide in besonderer Weise um Darstellung der Gottebenbildlichkeit des Menschen bemüht, sind von den Kultusreformen des 17. Jhdts. noch nicht unmittelbar berührt worden. Selbst Patriarch Nikon ist im Jahre 1655 dem Eindringen der „westlichen“, naturalisierenden Malweise in die russische Ikonographie scharf entgegengetreten, und gegen Ende des Jahrhunderts gab noch der vorletzte Patriarch vor der Abschaffung des Moskauer Patriarchates durch Peter d. Gr., Ioakim (1674—90), seiner Überzeugung Ausdruck, daß sich den Hunden und Katzen gleichmache, wer sich rasiere: so sehr schien der Bart des Mannes zum Wesen seiner Gottebenbildlichkeit zu gehören. Doch unter dem Einbruch des Aufklärungsdenkens mußten sich diese Positionen bald als unhaltbar erweisen. Allein im Altgläubigentum, das sich dem Zeitgeist gegenüber völlig abschirmen konnte, blieben die altrussische Malweise und der altrussische Lebensstil erhalten. Sie wurden je länger je mehr zu sinnfälligen Unterscheidungsmerkmalen zwischen dem Altgläubigentum und der von ihm als „nikonianisch“ oder — weniger aggressiv — „großrussisch“ bezeichneten Staatskirche.

In der Bewahrung der Kontinuität der traditionellen Ikonographie hat das russische Altgläubigentum eine beachtenswerte kulturgeschichtliche Leistung vollbracht, die kein geringerer als Goethe zu würdigen wußte. Die Ikonen der orthodoxen Kapelle in Weimar, die für die Großfürstin Marija Pavlovna im Hause der Frau von Stein eingerichtet worden war, stammten aus altgläubigen Malerdörfern wie Palech. Goethe erbat sich neben mancherlei Auskünften „Musterstücke von jeder Art dieser Bilder. ., womöglich von den jetzt lebenden Künstlern, weil es belehrend für den Kunstfreund seyn müßte, wie ein aus den ältesten Zeiten von Constantinopel her abgeleiteter Kunstzweig bis auf unsere Tage sich unverändert durch eine stetige Nachahmung erhalten, da in allen andern Ländern die Kunst fortgeschritten und sich von ihren ersten religiösen strengen Formen entfernt hat". Die für Goethe angestellten Erhebungen wie die ihm besorgten Ikonen sind indessen aus ungeklärten Gründen nicht in seine Hände gelangt[2]).

Natürlich hat die Maltechnik der Altgläubigen im Laufe der Zeit auch mitunter eigentümliche Entwicklungen durchgemacht. So berichtet W. Hollberg von den Fedoseevcy westlich des Peipussees, daß die Ikonenmaler nach Fertigstellung der Umrißzeichnung in aufeinander folgenden Schichten erst ein Skelett, darnach die Muskulatur und schließlich die Haut des Körpers malten, bevor sie die Gewandung und die Attribute als letzte Schicht darüberlegten. Diese Malweise steht im Kontrast zu der ursprünglichen Tendenz, die Heiligengestalten gerade unter Außerachtlassung anatomischer Gegebenheiten abzubilden; denn je stärker sie entsinnlicht erscheinen, desto deutlicher spiegeln sie die Gottebenbildlichkeit wieder. Man glaubte jedoch, die Realität der Gegenwart des Abgebildeten durch solche anatomische Schichtenmalerei erhöhen zu können, deren Aufkommen vermutlich mit dem Brauch in Zusammenhang steht, die Beichte im Notfalle infolge Priesterlosigkeit oder äußerster Vereinsamung vor einer Ikone abzulegen.

Die Heiligen auf den Ikonen sind den Altgläubigen nicht nur Leitbilder für den inneren, sondern auch für den äußerlichen Menschen einschließlich der Haar- und Barttracht sowie der Kleidung. Zumindest zu den Gottesdiensten erscheinen die Altgläubigen in einer einheitlichen Tracht, die der altrussischen Kleidung der vorpetrinischen Zeit angepaßt ist. Wie stark die Auffassung des Patriarchen Ioakim von der Barttracht als einem Wesensmerkmal der Gottebenbildlichkeit im Altgläubigentum eine Selbstverständlichkeit geblieben ist, zeigen die Akten des Moskauer Konzils der Pomorcy vom Jahre 1909. Gemeindegliedern, die mit rasiertem Bart gestorben sind, ohne dafür Buße getan zu haben, wird das kirchliche Begräbnis verweigert. Ausnahmen werden nur bei Soldaten gemacht, die unter Zwang rasiert worden sind. Auch gebührt es jedem Christen, „seinen Kopf nach christlicher Sitte zu ordnen." Kahlscheren des Kopfes ist tatarische Sitte und damit eo ipso unchristlich. Die europäische ist die Kleidung abgefallener Christen, die nicht einmal gültig getauft sind. Ebenso hat das Verbot der Bartrasur, das von der Hundertkapitelsynode schon erneuert worden war, seine Wurzeln in dem Bestreben, sich fremden Religionen gegenüber abzugrenzen. Ist doch für den Islam, zumal für die islamische Mystik, der schöne bartlose Jüngling ein Symbol Allahs.

---

[2]) Vgl. H. Wahl, Goethes Anstoß zur russ. Ikonenforschung, in: Jb. d. Goethe-Ges., Bd. 10 NF, Weimar 1947, S. 219 ff.

IV. Die Priesterlosigkeit

Das schwerste Problem des Altgläubigentums ergab sich aus dem Verlust der Hierarchie. Der einzige Bischof, der sich Nikons Reformwerk offen widersetzte, wurde sofort beseitigt. Die Schar der von russischen Bischöfen nach altem Ritual geweihten Priester konnte nicht aufgefüllt werden. An diesem Problem ist das Altgläubigentum in seine beiden Hauptgruppen auseinandergebrochen, die sich völlig auseinandergelebt haben: die „Popovcy", die in keinem Falle auf ein Priestertum verzichten wollen, und die „Bezpopovcy", die sich der Priesterlosigkeit mit allen aus ihr folgenden Konsequenzen stellen.

Innerhalb der „Popovcy" bestehen heute wieder drei verschiedene Hierarchien, so daß die Aufnahmeriten für die Priester, die in der „Großrussischen" Kirche ihre Weihe erhalten hatten, später aber für den „alten Glauben" gewonnen wurden, längst der Vergangenheit angehören. Die Weigerung der „Bezpopovcy", „nikonianische" Priesterweihen für ergänzungs- und verbesserungsfähig zu halten oder die durch den Metropoliten Amvrosij von Bosnien 1846 begründete Hierarchie von Belaja Krinica anzuerkennen, führte dagegen zu einer erheblichen Weiterbildung der altgläubigen Symbolik.

Schon die Grundlage dieser Weigerung, die Auffassung von der „geistigen Herrschaft" des Antichrist in der Staatskirche, ist seit dem altgläubigen Konzil von Novgorod im Jahre 1694 Dogma aller „Bezpopovcy". Auf dem Moskauer Konzil der Pomorcy vom Jahre 1909 wurde der geistig herrschende Antichrist als die Summe aller Irrlehren interpretiert. Die im Anschluß an Apok. 11, 3 erwartete Wiederkunft Henochs und Elias wird als Überführung der Irrlehren des Antichrist durch die Lehre Henochs, Elias und des Apostels Johannes verstanden. Die Priesterlosigkeit aber nötigte eine Bewegung, die sich um der unveränderten Bewahrung aller kirchlichen Traditionen willen von der Großkirche abgetrennt hatte, nun ihrerseits zu einer Umgestaltung des gesamten gemeindlichen und gottesdienstlich-sakramentalen Lebens.

Das Hirtenamt mußte in Laienhände gelegt, der Gottesdienst einer reinen Laiengemeinde angepaßt und die Sakramentsverwaltung auf das, was in Vollmacht von Laien steht, beschränkt werden. An die Spitze der priesterlosen Altgläubigengemeinden traten „Nastavniki" als Lehrer und Gemeindeleiter. Anfangs waren es Mönche, die kleineren klösterlichen Gemeinschaften vorstanden, später konnten sie — wenigstens bei den „Pomorcy" — auch Familie haben. In besonderem, feierlichem Gottesdienst in sein Amt eingeführt, von den Gemeindegliedern als „otec" (Vater) angeredet, erfreut sich der „Nastavnik" in seiner Herde einer Autorität, um die ihn nicht wenige Priester beneiden mögen. Es hat den „Bezpopovcy" niemals an hervorragenden Inhabern dieses Amtes gefehlt. Als W. Hollberg um das Jahr 1930 die „Fedoseevcy" eines livländischen

Dorfes besuchte, fand er diese von der Heiligkeit ihres 10 Jahre zuvor verstorbenen „Nastavnik" überzeugt. Da sein Leichnam noch keine Verwesungserscheinungen aufwies, wartete man auf ein von seinem Grabe ausgehendes Heilungswunder. Auf ihrem Moskauer Konzil im Jahre 1909 haben die „Pomorcy" festgestellt, daß die „Nastavniki" nicht einfach als Laien anzusehen seien, denn nach der Wahl durch die Gemeinde hätten sie durch den Segen eines anderen „Nastavnik" die Gnade des Heiligen Geistes für die Gemeindeleitung erhalten.

Nähert sich die Auffassung vom Amt des „Nastavnik" damit weitgehend dem evangelischen Verständnis vom geistlichen Amt, so bleiben dem „Nastavnik" dennoch die dem orthodoxen Priester zugewiesenen liturgisch-sakramentalen Funktionen vorenthalten. Alle gottesdienstlichen Stücke, die nicht auch von Laien gesungen werden können, sind in Wegfall geraten. Aus der patristischen Gebetsliteratur gebildete Ersatzstücke ergänzen die Fragmente der orthodoxen Gottesdienste wieder zu neuen liturgischen Einheiten.

Das Kirchengebäude hat eine entsprechende Umgestaltung erfahren. Ein Altar kann in einer priesterlosen Gemeinschaft weder geweiht noch benutzt werden. Mit ihm ist auch die Apsis weggefallen. Der Ikonostas hat keine Türen mehr. Er ist nicht mehr Trennwand zum Altarraum, sondern schließt den Kirchenraum nach hinten ab wie die Retabel eines abendländischen Hochaltars. Ein Analoj vor dem Ikonostas dient zur Aufnahme der liturgischen Bücher.

Die Eucharistie ist durch die Feier eines „duchovnoe pričastie", einer „Kommunion im Geist", ersetzt worden, nachdem die Vorräte an Elementen, die von den letzten „vornikonianischen" Priestern geweiht wurden, aufgebraucht waren. Die Praxis der Vermehrung geweihter Elemente durch Beimischung von Partikeln derselben bei der Bereitung neuer hat sich nicht durchgesetzt. In besonderen, streng esoterischen Gottesdiensten treten die durch Ablegung der Beichte vorbereiteten Kommunionwilligen geschlossen vor den Ikonostas. Sie glauben an einen Empfang des Leibes und Blutes Jesu Christi auch ohne Darreichung von Brot und Wein, allein auf Grund ihres innigen Verlangens. Die von ihnen nicht verschuldete Not der Priesterlosigkeit läßt sie ein entsprechendes Erbarmen Gottes erhoffen.

Bei der Verwaltung des Taufsakramentes und der Ordnung der Bußpraxis brachte der Verlust des Priestertums dagegen nur verhältnismäßig geringe Änderungen mit sich. Aus einer in der orthodoxen Kirche theoretisch möglichen Nottaufe entwickelte sich die dem zuständigen „Nastavnik" vorbehaltene Laientaufe. Die Selbsttaufe beim Anschluß an eine altgläubige Gemeinschaft oder zur Ergänzung der als unzureichend empfundenen Nottaufe hat sich nicht durchgesetzt. Weil nur altgläubige Taufen anerkannt werden, pflegt das Taufbecken so groß zu sein, daß gegebenenfalls auch Erwachsenentaufen darin vollzogen werden können. Das dreimalige Untertauchen gehört so sehr zum Wesen der Taufe, daß auch Krankheit oder Schwäche des Täuflings keinen Ersatz durch Besprengung zulassen. Nach Anhörung der Beichte spricht der „Nastavnik" nur den ersten Teil der orthodoxen Absolutionsformel, in der Christi Vergebung erfleht wird; den zweiten Teil mit der Lossprechung im Namen des dreieinigen Gottes hat man gemeinhin nicht vom Priester auf den „Nastavnik" zu übertragen gewagt. Für verschiedene Handlungen sakramentalen Charakters hat man sich durch Gebrauch von gesegnetem Öl anstelle geweihten Öles und von gesegnetem Wasser anstelle geweihten Wassers entsprechende Ersatzriten geschaffen.

Am schwersten ließ sich die Priesterlosigkeit im Hinblick auf die Eheschließung überwinden. Kaum ein anderes Problem hat den „Bezpopovcy" auch nur annähernd so viel Not, Streit und Spaltung verursacht. Wenn es in einem Referat auf dem Moskauer Konzil der „Pomorcy" vom Jahre 1909 schließlich heißen kann: „Wo wahrer Glaube ist, da ist auch rechtmäßige Ehe" —, so handelt es sich dabei um eine Erkenntnis, die sich erst nach und nach und keineswegs überall durchgesetzt hat, nicht einmal bei allen „Pomorcy". Besonders die Denomination der „Filippovcy", unter denen einstmals die Selbstverbrennungen angesichts staatlicher Verfolgungsmaßnahmen besonders häufig und anhaltend waren, hält unerbittlich an dem schon auf dem altgläubigen Konzil von Novgorod im Jahre 1694 verkündeten allgemeinen obligatorischen Zölibat fest. Ein gemeinsames Wohnen von Mann und Frau in einem Hause wird dadurch jedoch nicht ausgeschlossen. Erweist die Geburt eines Kindes die Betätigung ehelicher Gemeinschaft, so muß Buße getan werden. Bei zunehmendem Alter wird die Verpflichtung zum Zölibat gewissenhafter erfüllt. Zölibatsverletzungen aus Schwachheit erscheinen ihnen nicht so schwerwiegend wie eine vorsätzliche unkanonische Usurpierung priesterlicher Befugnisse im Falle einer Eheschließung. Die auf Drängen der Staatsgewalt im vorigen Jahrhundert eingeführte Eheschließung durch den „Nastavnik" brachte die „Fedoseevcy" von Riga und Umgebung unter dem Namen „Grebenščikovcy" innerhalb ihrer Denomination in völlige Isolierung.

Die Haltung in der Ehefrage, — die freilich stets mehr auf die Eheschließung als auf das eheliche Zusammenleben bezogen war —, hat auch im Kirchenbau ihren Niederschlag gefunden. Die Gotteshäuser der ehelosen „Bezpopovcy" sind vielfach durch eine etwas übermannshohe mit Ikonen behangene Trennwand quer zum Ikonostas in eine Männer- und eine Frauenkirche unterteilt.

Indem die Priesterlosigkeit das Altgläubigentum vor die schwierigsten Probleme stellte, hat sie eine theologische Arbeit veranlaßt, durch die sich das priesterlose Altgläubigentum weit über das sonstige ostkirchliche Sektentum erhebt.

C. DIE SYMBOLIK DER „GOTTESLEUTE“ (CHLYSTY)

I. Die besonderen Geistesträger

Wie keine einzelne Gemeinde der „Gottesleute“, kein „Schiff“, ohne besonderen Geistesträger denkbar ist, von dem aus die Begeisterung auf andere überspringen könnte, so ist die Sekte insgesamt nicht erklärbar ohne das Auftreten des „reichen Gastes“ Danila Filippov und seines geistlichen Sohnes Ivan Timofeevič Suslov sowie ihrer unmittelbaren Nachfolger. Durch diese russischen Bauern hat die Sekte ihre Prägung erhalten, obschon ihre Tradition auch von einem Christus Averjan im 14. und einem Christus Emeljan im 16. Jhdt. weiß und Berührungen mit uraltem häretischen Gedankengut kontinuierliche Traditionen vermuten lassen.

Das ekstatische Erlebnis einer Asketenschar auf dem Berge Gorodina an der Vjazma um das Jahr 1645 muß als Geburtsstunde der Sekte angesehen werden. Man hatte sich dort zu besonderen religiösen Anstrengungen versammelt, um Christus „zu neuen Qualen herabzulocken.“ Nachdem man Gott Zebaoth selbst inmitten seiner himmlischen Heerscharen geschaut zu haben glaubt, ist man überzeugt, dieser sei in die Gestalt Danilas eingegangen. Im ersten seiner Zwölf Gebote erklärt Danila Filippov in Kostroma, es gebe keinen anderen Gott außer ihm, und er sei zum zweiten Male herabgekommen auf die Erde zur Errettung der Menschenseelen.

15 Jahre später verband er sich mit Ivan Timofeevič Suslov durch Vermittlung seiner ekstatischen Begabung. Er gab ihm, wie es heißt, die Gottheit, indem er sich drei Tage hintereinander mit ihm vor Zeugen in den Himmel erhob. Als der „Christus“ des „Gottes Zebaoth“ breitete Suslov die Lehre Danilas im Gebiet von Wolga und Oka erfolgreich aus. Seine Mutter Arina Nesterovna wurde zur Muttergottes erklärt. Die Häuser, in denen Danila und Suslov Wohnung genommen hatten, nannten ihre Anhänger „Gotteshäuser“, sich selbst aber „Gottesleute“.

Scheint Danila zu Beginn seines Auftretens eine Zeitlang im Kerker gesessen zu haben, so dürfte Suslov wiederholt Verhören, Folterungen und Bestrafung mit der Knute unterworfen worden sein. Die Legende der „Gottesleute“ spricht von wiederholter Kreuzigung und Auferstehung ihres „Christus“ Suslov, aber auch davon, daß sie ihn durch Bestechungsgelder aus der Haft befreit hätten. Bald fand die Sekte in Moskau ihre Zentren. Danila soll am 1. Januar 1700 im Alter von 100 Jahren während eines ekstatischen Gottesdienstes gen Himmel gefahren sein. Das Gleiche wird von Suslov berichtet, als dieser dasselbe Alter erreicht hatte. Steht der Legende von Danilas leiblicher Himmelfahrt die Tradition von seinem Grabe in Kriušino bei Kostrama entgegen, so heißt es von Suslov, er habe seinen Leib zum Zeichen der Demut auf Erden zurückgelassen. Die Kirche „Nikola v dračach", bei der Suslov begraben wurde, ist den „Gottesleuten" stets heilig gewesen.

Suslovs Nachfolger als „Christus" wurde Danilas leiblicher Sohn, der Nižnij-Novgoroder Strelec Prokofij Danilovič Lupkin, der 1733 starb. Sein Weib Akulina Ivanovna galt lange als „Gottesmutter", bis sie sich angesichts des steigenden Einflusses der „Gottesmutter" Nastasja Karpovna mit der Würde einer „Salbenträgerin" begnügen mußte. Auf Lupkin folgte sein Sohn Spiridon, seit 1713 unter dem Namen Serafim Mönch im Moskauer Simonov-Kloster. Das Jahr 1733 mit den ersten großen Prozessen gegen die „Gottesleute", die mit der Hinrichtung der Nastasja Karpovna auf dem „Sytnyj dvor" in St.-Petersburg sowie Bestrafung mit der Knute und Verschickung nach Sibirien für Lupkins Frau und Sohn endeten, schließt die schöpferische Epoche, die der Sekte ihr Gepräge gab, ab.

Andrejan Petrov, der das Verhalten eines „Jurodivyj"[3]) zur Schau trug, hatte in der kurzen Zeit zwischen seinem Auftreten im Jahre 1744 und seiner Verhaftung schon mit zwei anderen Anwärtern um die Christuswürde zu ringen. Die zunehmende Verbreitung der Sekte, die sich verschärfenden Verfolgungen und das Fehlen eines alle anderen überragenden Ekstatikers brachten es schließlich mit sich, daß bald jede einzelne Gemeinschaft ihre eigenen Christusse oder Gottesmütter hatte. Die leiblichen Nachkommen Danilas galten zwar allesamt als Christusse oder Gottesmütter, Propheten oder Prophetinnen, verfügten aber nicht über eine Autorität, die über die Gemeinden hinausgegangen wäre, in denen sie lebten. Eine Unzahl verschiedenartiger Sekten sondert sich von den „Gottesleuten" ab. Das Liedgut der älteren Zeit mit seiner großen religiösen Kraft und Schönheit bleibt allen „Gottesleuten" gemein und hält die Erinnerung an die ersten Geistesträger wach. Die Verbreitung der später entstandenen Lieder reicht meist nur wenig über den Umkreis ihrer Entstehung hinaus.

Die Christus- und Muttergottessymbolik der „Gottesleute" dient nicht in erster Linie dem Bestreben, eine Wiederholung der neutestamentlichen Heilsgeschichte in der jeweiligen Gegenwart zu erzwingen, sondern stellt den Versuch dar, das Wesen der männlichen oder weiblichen Geistesträger, die anderen ekstatische Erlebnisse vermitteln können, zu begreifen. Jeder „Gottesmensch" kann zum Propheten oder Christus bzw. zur Prophetin oder Gottesmutter werden, wenn sich ein entsprechendes Wachstum seiner ekstatischen Potenz einstellt. Wenn den ersten Geistesträgern im Bewußtsein der „Gottesleute"

---

[3]) Vgl. P. Hauptmann, Die „Narren um Christi willen" in der Ostkirche, in: Kirche im Osten, Bd. 2/1959, S. 27 ff.

besondere Bedeutung zukommt, so letztlich nur um ihrer unvergleichlichen ekstatischen Potenz willen. Doch nicht so sehr auf jene ersten Ekstatiker als vielmehr auf Jesus Christus und die Jungfrau Maria selbst bleibt das Denken der „Gottesleute" rückbezogen. Entscheidend ist freilich, einen Geistesträger unter sich zu haben, von dem aus das Feuer der Ekstase überspringt. Sie gibt es anscheinend auch heute noch.

II. Die ekstatischen Gottesdienste

Ihren entscheidenden Ausdruck findet die Frömmigkeit der „Gottesleute" in den „Radenija", den religiösen Tänzen zur Erlangung der Ekstase. „Radenie" bedeutet „Beflissenheit": allein durch den religiösen Tanz können Christus und die Muttergottes erfreut, allein durch ihn kann die Gnade erlangt werden. Die „Gottesleute" fühlen sich bei Ausführung der „Radenija" als irdische Engel; mit dem heiligen Geist kommt der ganze Himmel auf sie herab. Der religiöse Tanz ist ihnen sowohl Mittel zur Herabnötigung des Geistes als auch bereits dessen Geschenk.

Zu den „Radenija" versammeln sich die „Gottesleute" in besonderen Betsälen, die in Wohnhäusern untergebracht sind, dennoch aber wie die russisch-orthodoxen Kathedralen „Sobor" genannt werden. An den Wänden hängen Ikonen, der Raum ist möglichst hell erleuchtet, um den Gegensatz zur finsteren Nacht hinter den festgeschlossenen Läden symbolhaft auszunützen. Die „Radenija" beginnen abends und können bis gegen Tagesanbruch dauern. Sie werden an Sonn- und Feiertagen, aber auch an besonderen Gedenktagen der „Gottesleute" oder aus besonderen Anlässen veranstaltet. In den Vorzimmern vertauschen die „Gottesleute" ihre Alltagskleidung mit den langen und weitärmeligen weißen Tanzhemden, den „Radelnyja"; ein weißes Tüchlein, — „Schutz" oder „Zeichen", auch „Flügel des Erzengels" genannt, — und ein Handtuch vervollständigen die liturgische Tracht. Die Frauen tragen außerdem weiße Kopf- und Halstücher.

Der Gottesdienst kann mit einer Art orthodoxer Vesper eingeleitet werden. Dann spricht man sich gegenseitige Verzeihung zu und nimmt auf den an den Wänden aufgestellten Bänken Platz. Nachdem etliche der traditionellen Lieder gesungen worden sind, beginnt ein Teil der Gemeinde mit den „Radenija", während der andere den Gesang fortsetzt. Es gilt, den „hellen Falken" aus dem siebenten Himmel herabzulocken: das ekstatische Geisterlebnis hat das Symbol der sanften Taube durch das eines Raubvogels ersetzt. Hierbei wird dem Gesang des „Jesusgebetes" besondere Kraft zugeschrieben. K. K. Graß übersetzt die von ihm als älteste ermittelte Form: „Komm zu uns,

Herr Jesus Christus, / Gib zu uns den Gottessohn, / Erbarme dich, Herrscher, unser! / Allerheiligste Gottesmutter, / Bitte für uns, Licht, / Deinen Sohn, unsern Gott. / Die Welt ist durch dich gerettet, / Unsere, der Vielsündigen, Seelen auf der Erde, / Auf der feuchten Erde, dem Mütterchen, der Ernährerin".

Es haben sich verschiedene Formen des „Radenie" herausgebildet, die innerhalb eines Gottesdienstes einander ablösen können. Laufen die „Gottesleute" in einem länglichen Kreis in zunehmendem Tempo hintereinander her, wobei sie plötzlich einander zukehren, auf die Zehen springen und sich mit Fäusten gegen die Brust schlagen, während der Leiter der Versammlung sich inmitten des Kreises um sich selbst dreht, so spricht man vom „Schiffchen" (korablik) oder dem „Davidsradenie": so habe David vor der Bundeslade getanzt, so sei Jesu Fahren im Schiff auf dem See Genezareth zu verstehen. Hierbei können sich die „Gottesleute" auch mit ihren Handtüchern geißeln, nachdem sie dieselben zusammengedreht haben. Dieses keineswegs wesentliche Moment ihrer religiösen Praxis wird gewöhnlich zur Rechtfertigung des Sektennamens „Chlysty" = Geißler benützt, der jedoch nichts anderes als die polemische Entstellung einer weiteren Selbstbezeichnung der „Gottesleute" als „Christy" = Christen darstellt.

Eine weitere Form ist das „Reigen-" oder „Kreisradenie": um den Leiter herum bilden die Frauen einen inneren, die Männer einen äußeren Kreis, wobei sich diese mit und jene gegen den Lauf der Sonne bewegen, bis sich nach Auflösung der Kreise ein jeder im „Einzelradenie" um sich selbst dreht. Beim „Wändchen" (stenočka) wird im gemeinsamen Kreis, in dem jeder seitwärts zu seinem Nachbarn steht, unter starkem Schwenken der Arme kreisförmig und sehr schnell gesprungen. Hierbei wird ganz besonders viel Schweiß vergossen. Überhaupt sehen die „Gottesleute", denen die kirchliche Taufe nichts bedeutet, in den Strömen von Schweiß, die während der „Radenija" fließen, das wahre „Bad der Wiedergeburt". Bei den anderen Formen wird in rasender Geschwindigkeit im „Sobor" hin und her gerannt. Laufen vier Gruppen von der Mitte der vier Wände zur gegenüberliegenden Seite und zurück, spricht man vom „Kreuzchen" (krestik), sind die vier Ecken Ausgangs- und Zielpunkt, vom „Winkelradenie". Das „Radenie des Blumen- oder Bändchenwebens" entsteht, indem die „Gottesleute" von zwei einander gegenüberliegenden Wänden aus jeweils in einer Reihe zwischen einander hindurch zur gegenüberliegenden Seite und zurück rennen. Sehr häufig ist das „Handgriffradenie", bei dem sich mehrere Paare an den Händen fassen, um gemeinsam zu tanzen und zu springen.

Beim Tanzen werden häufig Zwischenrufe ausgestoßen, die mit sonst nicht gebräuchlichen Interjektionen und unverständlichen Wörtern durchsetzt sind.

Selbst gehbehinderte Greise und halbwüchsige Knaben erzielen nach zuverlässigen Zeugnissen Tanzgeschwindigkeiten, die normalerweise nicht möglich wären. Schneller als die übrigen „Gottesleute" können sich ihre Geistesträger bewegen. Durch Anblasen oder Zungenküsse zwecks Geistmitteilung suchen sie die Bewegungen der anderen zu beschleunigen. Sie selbst drehen sich so schnell, daß ihre Augen nicht mehr sichtbar sind, die Haare senkrecht in die Höhe stehen und die Hemden sich aufblähen. Von Schüttel-, Wein- und Lachkrämpfen ergriffen, sinken die Tanzenden schließlich zu Boden und fallen in Bewußtlosigkeit. Um dieses rauschartigen Zustandes willen wird der im „Radenie" wirksam geglaubte Geist als köstliches Bier gepriesen; wer von ihm trunken geworden ist, der lebt wirklich.

Der Verlust der Gewalt über sich selbst erscheint den „Gottesleuten" als Ergriffensein vom heiligen Geist. Was einer ohne Bewußtsein während der Ohnmacht spricht, gilt als unmittelbare Rede des Geistes. Durch solche Verkündigung erweist sich der Prophet. Rhythmus und Reim gehören als äußere Merkmale zur Sprache des Geistes. Inhaltlich scheinen diese Weissagungen nur selten über Ermahnungen nach Art der Zwölf Gebote Danilas hinauszugehen. Indessen sind auf solche Weise auch die herrlichen Lieder der „Gottesleute" entstanden, die oft erzählenden Charakter haben. Alle diese durch die „Radenija" verursachten Geistmitteilungen werden den traditionellen heiligen Schriften der Kirche als „Goldenes Buch", „Lebensbuch" und „Taubenbuch" („Zolotaja, životnaja i golubinaja kniga") gegenübergestellt und als „weiche Brötchen" gepriesen, die soeben aus dem Backofen herausgenommen worden sind.

Den Abschluß der ekstatischen Gottesdienste bildet stets ein Liebesmahl bei Tee und süßem Backwerk, welches die Teilnehmer als Gastgeschenk zur allgemeinen Bewirtung mitzubringen pflegen. Dieses Liebesmahl hat die Abendmahlsfeiern der Anfangszeit völlig zu verdrängen vermocht, da es den „Gottesleuten" allein um Einung mit dem Geist zu tun ist.

III. Die asketische Lebensführung

Ekstase und Askese sind bei den „Gottesleuten" unlösbar aufeinander bezogen. Zum ekstatischen Gottesdienst wird nur zugelassen, wer den asketischen Grundsätzen der Sekte Genüge tut. Hinter jedem ihrer neugeworbenen Glieder liegt eine entsprechende Probezeit, und bei der feierlichen Aufnahmehandlung, die der erstmaligen Teilnahme an den „Radenija" vorausgeht, dem „Privod", wird eine streng asketische Lebensführung gelobt.

Wer sich heimlicher Übertretungen schuldig gemacht hat, wagt oft nicht ohne vorherige Beichte an den Gottesdiensten teilzunehmen, weil er fürchtet, von einem der Geistesträger überführt zu werden. Die „Gottesleute" haben verschiedene, mitunter sehr würdige Beichtformen geschaffen.

Meldet sich der Geist nach den „Radenija" zu Wort, so läßt er es nicht an Ermahnungen zu asketischem Lebenswandel fehlen. Doch indem sie eine äußerste Schwächung des Fleisches bewirken, dienen auch die „Radenija" selbst ganz unmittelbar dem asketischen Ziel. Die im Taumel der Ekstase empfundene Freude macht ihrerseits die „Gottesleute" willig zum Verzicht auf den natürlichen Lebensgenuß.

Die chlystische Askese ist denkbar schroff. Nichtfastenspeisen scheiden grundsätzlich als Nahrungsmittel aus. Vielfach ißt man überhaupt nur jeden zweiten Tag, keinesfalls aber vor den ekstatischen Gottesdiensten. Es dient zum Erweis der Frömmigkeit, wenn man sieben Tage hintereinander fastet, ohne auch nur einen Schluck Wasser zu sich genommen zu haben. Von den „Propheten" wird freilich mehr erwartet als von den übrigen „Gottesleuten". „Christusse" und „Gottesmütter" sollen sich oft 40 Tage lang jeglicher Nahrung enthalten haben. Der Genuß alkoholhaltiger Getränke ist schon in den Zwölf Geboten Danilas strengstens untersagt worden.

Die Forderung nach geschlechtlicher Enthaltsamkeit wird so rigoros gestellt, daß sie jede eheliche Gemeinschaft ausschließt. Nicht allein das Zeugen, selbst das Gebären von Kindern gilt den „Gottesleuten" als in höchstem Maße sündhaft. Behält man die Kinder im Hause, so sind diese „kleinen Sünden", „Welpen" oder „jungen Katzen" gehalten, ihre Eltern Onkel und Tante zu nennen. An die Stelle der Ehe ist bei den „Gottesleuten" eine Lebensgemeinschaft von „geistlichen Brüdern und Schwestern" getreten, für deren Einsegnung mannigfache Riten geschaffen wurden. In einem Einweihungsvers heißt es: „Unsere Ehe bewahret, / Einander liebet, / Zusammen lebet, / Euer Fleisch tötet, / Kleine Sünden zeuget nicht". Eltern haben nicht selten ihre Töchter verflucht, wenn diese von ihren „geistlichen Brüdern" Kinder empfangen hatten, und gezwungen, dieselben in Findelhäuser zu geben. Danila hat bereits in seinem 8. Gebot die bloße Teilnahme an Hochzeiten und Tauffeiern untersagt.

Mehr als alle anderen wird von den „Gottesleuten" die Ikone des hl. Georg mit dem Drachen geliebt. Auf ihr ist ihnen der Sieg des Geistes über das Fleisch symbolisiert. Ein radikaler Dualismus bestimmt alle ihre Anschauungen. Er ist so stark, daß das christliche Inkarnationsdogma keinen Widerhall finden kann. Dadurch aber wird es ihnen erst möglich, Christus und die Muttergottes als Symbole der Geistesträger in den eigenen Reihen zu verwenden. Sie kennen auch nicht die durchgeistigte Persönlichkeit, in der der Heilige

Geist durch Leib, Seele und Geist des Menschen hindurch handelt. Bei ihren Geistesträgern bedient er sich nur der Zunge, Lippen und Stimmbänder des in der Ekstase als Person ausgelöschten Menschen.

Weil ihnen der Geist nur als ein fremder und scheuer Gast erscheint, wahren sie eine so strenge Arkandisziplin. Die Verpflichtung zur Geheimhaltung des Glaubens spielt beim „Privod" eine größere Rolle als das Gelöbnis der asketischen Lebensweise. Man fürchtet, den Geist durch Preisgabe seines geheimnisvollen Wirkens vor den Ohren Außenstehender für immer zu verlieren. Nicht das Bekennen, sondern das Verschweigen ihres Glaubens vor Gericht hat den „Gottesleuten" Folterungen eingebracht. Neue Glaubensgenossen werben sie, indem sie Neugier erwecken. Der Einweihung in die Geheimnisse des Glaubens sind Geheimhaltungsschwüre vorausgegangen. Nur mit Hilfe von Rekonvertiten konnte im Laufe der Zeit ein zuverlässiges Bild der Sekte gewonnen werden.

Die Arkandisziplin der „Gottesleute" hat wesentlich dazu beigetragen, daß die schauerlichsten Gerüchte über sie in Umlauf kommen und weithin für wahr gehalten werden konnten: so sollten sie sich im Anschluß an die „Radenija" nach Löschen des Lichtes allgemeiner Unzucht ergeben („Svalnyj grech") und Abendmahlsfeiern mit Fleisch und Blut von Kindern oder der Brust einer Gottesmutter halten. Die Unhaltbarkeit dieser abgeschmackten Unterstellungen, an denen einst eine staatskirchliche Polemik interessiert war, hat K. K. Graß überzeugend nachgewiesen. Ein ernstes religiös-sittliches Streben kann den „Gottesleuten" am allerwenigsten abgesprochen werden.

D. DIE SYMBOLIK DER „WEISSEN TAUBEN" (SKOPCY)

I. Das Verhältnis zu den „Gottesleuten"

Einige Jahre nach der 1762 erfolgten Ermordung Peters III. begann unter den „Gottesleuten" des Dorfes Bogdanovka im Gouvernement Orel eine Bewegung, die bald auch auf andere „Schiffe" in den Gouvernements Tambov und Tula übergriff und schließlich zur Entstehung einer neuen religiösen Gemeinschaft führte. Das asketische Ideal der „Gottesleute" sollte auf dem Wege der Verschneidung seine rigorose Durchsetzung erfahren. Der Bringer dieser neuen Heilslehre, der Bauer Andrej Ivanov, als Petersburger Kleinbürger Kondratij Selivanov genannt, wurde zum Erlöser schlechthin erklärt, neben dem es keine weiteren Christusse geben könne. Er behauptete, mit dem Zaren Peter III. identisch zu sein, in dessen Person Jesus Christus zum zweiten und letzten Male in die Welt gekommen sei.

Die ausschließliche Betonung der Verschneidung, kraft deren sie sich als „Weiße Tauben" wissen, während man sie deswegen gemeinhin als „skopcy" (Verschnittene) bezeichnet, sowie die Verehrung ihres Erlösers Selivanov scheiden sie zutiefst von den „Gottesleuten", obschon ihre gottesdienstlichen Formen weithin die gleichen geblieben sind. Das ekstatische Element hat allerdings bei den „Weißen Tauben" nicht die zentrale Stellung behalten, die ihm bei den „Gottesleuten" zukommt.

II. Die Erlöserlegende

Die Geschichte Selivanovs, die mit seinem Auftreten als Prediger der Verschneidung beginnt, welches Bestrafung mit der Knute und Verschickung nach Sibirien zur Folge hatte, ist für skopzisches Bewußtsein unlösbar mit einer phantastischen Vorgeschichte verknüpft und durch dieselbe bestimmt. Peter III. wäre demnach der Ermordung entgangen, indem er mit einem seiner Soldaten zuvor die Kleider tauschte. Ursache des Mordanschlages gegen ihn sei die Entdeckung seiner Verschneidung durch seine Gemahlin Katharina II. gewesen. Peter III. sei von seiner Mutter Elisabeth auf übernatürliche Weise empfangen und geboren worden. (In Wahrheit war Peter III. kein Sohn, sondern ein Neffe der Kaiserin Elisabeth.) Elisabeth habe jedoch nur zwei Jahre regiert und sich dann als Asketin unerkannt ins Gouvernement Orel zurückgezogen, nachdem sie einer ihr ähnlichen Hofdame den Thron überlassen hatte. Für die „Weißen Tauben" war sie mit der als „Muttergottes" verehrten Bäuerin Akulina Ivanovna identisch, Peter III. aber mit ihrem „Erlöser" Selivanov, der nach seiner Rückkehr aus Sibirien vor Kaiser Paul erscheinen durfte und später von Alexander I. besucht wurde.

Hat man in chlystischen Kreisen häufig die Christuswürde beansprucht und hat auch ein politischer Abenteurer wie Emel'jan Pugačev den Namen Peters III. geführt, so stellt die Verbindung beider Motive eine Eigentümlichkeit der Skopzenlegende dar, welcher für die Ausbreitung der Sekte erhebliche Bedeutung zukommt. Der Zulauf, den die falschen Dimitrij oder Pugačev fanden, sowie das Geheimnis um das Ende Alexanders I., der als der Eremit Fedor Kuzmič nach Sibirien gegangen sein könnte, zeigen die Empfänglichkeit der russischen Seele für derartige Vorstellungen. Sie muß um so größer sein, wenn der wieder aufgetauchte totgeglaubte Zar mit dem wiederkommenden Christus gleichgesetzt wird.

Während sein als zweiter Johannes der Täufer verehrter „Vorläufer“ Aleksandr Ivanovič Šilov in der Festung Schlüsselburg starb, konnte Selivanov von 1802 bis 1820 in Petersburger Bürgerhäusern seine Anhängerschaft von nah und fern um sich versammeln. Diese Jahre sind als die „Goldene Zeit“ in die skopzische Überlieferung eingegangen. Der große Betsaal war durch eine übermannshohe ikonengeschmückte Trennwand in eine Männer- und Frauenkapelle unterteilt. Auf dieser Trennwand befand sich ein Thronlager für Selivanov, so daß dieser bei den „Radenija“ alle sehen und von allen gesehen werden konnte. 1820 wurde er in das Spaso-Evfimij-Kloster nach Suzdal’ gebracht, wo er 1832 im Alter von mehr als 100 Jahren starb.

Unter seinen Anhängern hat man seinen Tod lange nicht wahrhaben wollen. Der Glaube an ein künftiges Heraustreten des Erlösers aus seiner Verborgenheit ist unter den „Weißen Tauben“ lebendig geblieben und hat zur Annahme einer dritten Wiederkunft geführt. Als russischer Zar wird er die Weltherrschaft aufrichten und an allen Enden der Erde die Verschneidung durchsetzen, was auf völlige Wiederherstellung des paradiesischen Zustandes hinausläuft, denn erst nach dem Genuß der verbotenen Frucht seien Adam und Eva die Geschlechtsorgane gewachsen. Anstelle des Glaubens an die Auferstehung des Fleisches findet sich bei ihnen die Überzeugung von einem Weiterleben der Seele nach dem Tode. Während die Seelen der Verschnittenen im siebenten Himmel ewig selig sein werden, drohen denen der anderen unaufhörliche Gewissensqualen.

III. Die Verschneidung

Das einzige und zugleich vollkommene Mittel zur Erlangung des ewigen Heiles sehen die „Weißen Tauben“ in der Verschneidung. Als „Feuertaufe“ ursprünglich mit einem glühenden Eisen vollzogen, ist sie das Sakrament schlechthin, das alle anderen entbehrlich macht. Skopzische Schriftauslegung weiß sie als Mitte der Botschaft des Alten und Neuen Testamentes hinzustellen. Man beschränkt sich nicht nur auf eine buchstäbliche Auslegung von Worten wie Matth. 19, 12, Mark. 9, 43 ff. par., Luk. 23, 29, Kol. 3, 5 oder Jes. 56, 3. Durch Unterstellung einer symbolischen Redeweise werden Isaaks Opferung, das Ausziehen der Schuhe Moses vor dem brennenden Dornbusch, die Jordantaufe und die Fußwaschung vom Gründonnerstag zu Verschneidungsszenen. Die auf den Ikonen bartlos oder mit nur spärlichem Bartwuchs dargestellten Heiligen werden von den „Weißen Tauben“ ebenfalls für die Verschneidung in Anspruch genommen. Was bisher Geheimlehre war, der nur wenige Auserwählte folgen konnten, wird nun seit dem Erscheinen

Selivanovs als Heilsweg gepredigt. Dieser Predigt sind nicht nur chlystische oder orthodoxe Russen, sondern auch lutherische Finnen gefolgt.

Die Verschneidung besteht zunächst in der Kastration der Männer durch Ausschneiden der Hoden oder Abschneiden des Hodensackes. Da jedoch durch die Kastration, sofern sie erst nach Eintritt der Mannbarkeit erfolgt, zusammen mit der Zeugungsfähigkeit nicht zugleich auch das Begattungsvermögen eingebüßt werden muß, wird sie nicht selten durch eine Abtragung des Gliedes ergänzt. In diesem Falle fügt man dem „ersten oder kleinen Siegel“ noch das „zweite oder Zarensiegel“ hinzu, ergänzt man „das erste Weißwerden und die erste Reinheit“ durch „das zweite Weißwerden und die zweite Reinheit“, schreitet man vom „Beschlagen der Vorderfüße“ zum „Beschlagen der Hinterfüße“, „besteigt“ man nach dem „Schecken“ auch noch den „Schimmel“, — wie es in der skopzischen Symbolsprache heißt. Im Augenblick der Verschneidung mittels eines Rasiermessers oder Sensenstückes pflegen der Verschneider und der Neuverschnittene den Ostergruß zu wechseln. Häufig weist der Verschneider die abgetrennten Teile mit einem Ruf wie: „Siehe da, die zertretene Schlange!“ Sonst werden die männlichen Genitalien als „Höllenschlüssel“, die weiblichen als „Abgrund“ bezeichnet.

Die Übertragung der Verschneidung auch auf die weiblichen Glieder der Gemeinschaft kann objektiv gesehen nur symbolische Bedeutung besitzen. Als „erste Reinheit“ gilt hier das Ausschneiden von Teilen der großen und kleinen Labien sowie der Klitoris, als „zweite Reinheit“ die teilweise oder vollständige Abtragung der Brüste. Letztere ist oftmals allerdings nur angedeutet durch Zufügung von Brand- oder Schnittwunden.

Die Frage nach der von Gott gewollten Vermehrung des Menschengeschlechtes erledigt sich für die „Weißen Tauben“ durch das Täuferwort, daß Gott dem Abraham aus Steinen Kinder erwecken könne. Oft nehmen sie Knaben und Mädchen kinderreicher armer Leute in ihre Häuser auf, die sie meist sehr bald für die Verschneidung zu gewinnen verstehen. Maksim Gor'kij hat erlebt, wie sich ein Heizer an Bord eines Dampfers auf der Kama einem reichen Skopec als Knecht verdingte. Dieser Heizer sagte zu Maksim Gor'kij, der damals noch ein Knabe war: „Er nimmt dich auch mit, wenn ich ihm nur ein Wort sage. Willst du, daß ich es tue? Sie werden dir abschneiden, was du nicht brauchst, und dir Geld geben. Für sie ist es ein hohes Fest, wenn sie einen Menschen verstümmeln können, sie belohnen ihn reichlich dafür!“

E. DIE SYMBOLIK DER „STREITER DES GEISTES“ (DUCHOBORCY) UND DER „GEISTLICHEN CHRISTEN - MILCHTRINKER“ (MOLOKANY)

I. Das Geistprinzip

Der Ursprung der „Streiter des Geistes“ und der „Geistlichen Christen-Milchtrinker“ scheint ebenso wie das Verhältnis, das ursprünglich zwischen den beiden Sekten bestanden haben mag, nicht mehr aufzuhellen zu sein. Die „Streiter des Geistes“ sehen ihre Väter in Hananja, Asarja und Misael (Zusatz 64 zu Dan. 3), während die „Geistlichen Christen-Milchtrinker“ ihre Existenz auf die Anregungen eines Häretikers, der im 16. Jhdt. in Moskau wirkte, zurückführen. Es ist indessen weder gelungen, die Herkunft jener Berufung auf die drei Männer aus dem Feuerofen zu ermitteln, noch die Identität dieses Häretikers mit einer historischen Persönlichkeit wie Matvej Baškin zu erweisen. Auch der Anteil des Moskauer Arztes Dimitrij Tveritinov an der Entwicklung der Sekte ist nicht eindeutig zu bestimmen. Sichere Spuren haben erst Wanderprediger in den Gouvernements Char'kov, Ekaterinoslav und Tambov während der 2. Hälfte des 18. Jhdts. hinterlassen. Durch deren Tätigkeit ist bereits vorhandenes Gedankengut in festere Formen gebracht, aber auch die Auseinanderentwicklung beider Sekten vorangetrieben worden. Wie die „Duchoborcy“ durch Silvan Kolesnikov, Ilarion Pobirochin und dessen Nachfolger Savelij Kapustin, so sind die „Molokany“ durch Pobirochins Schwiegersohn, den Schneider Semën Ukleïn, entscheidend geprägt worden; Ukleïn war Pobirochins Mitarbeiter, bis es zwischen beiden zum Bruch kam.

Ungeachtet mancher Unterschiede im einzelnen, liegt der Symbolik beider Sekten das Geistprinzip zugrunde, wie sie sich auch beide „Geistliche Christen“ nannten, so lange sich noch keine festen Bezeichnungen für ihre Gemeinschaften herausgebildet hatten. Worte wie Joh. 4, 24 und 2. Kor. 3, 6 oder 3, 17 werden von ihnen, losgelöst vom Kontext, bis in die letzten Konsequenzen hinein ausgeschöpft. I. M. Manaenko begann seine Ansprache auf der Zagorsker Friedenskonferenz[4]) mit den Worten: „Wir, die geistlichen Christen-Milchtrinker, halten an den Grundlagen der christlichen Lehre fest: Gott im Geist und in der Wahrheit zu dienen ...“.

---

[4]) Konferencija vsech cerkvej i religioznych ob-edinenij v SSSR, posvjaščennaja voprosu zaščity mira, Zagorsk, Troice-Sergieva Lavra, 9—12 maja 1952 goda, Materialy, Moskau 1952.

Von ihrem Ausgangspunkt her verwerfen sie nicht nur eine als Heilsanstalt dienende Kirche samt ihren Sakramenten, sondern berauben sie auch die Menschwerdung Gottes in Jesus Christus und seinen Kreuzestod ihrer zentralen Heilsbedeutung. Anstelle der Taufwiedergeburt ist es die Aneignung der Erkenntnis, daß Gott Geist ist, die den Menschen zu einem Kinde Gottes macht. Die Aneignung dieser Erkenntnis bedeutet ihnen Kommunikation mit Christi Leib und Blut, so daß besondere Abendmahlsfeiern als überflüssig erscheinen. Die wahren Sakramente werden nicht von Menschenhand gespendet, sondern von Gott unmittelbar dargereicht. Während die „Duchoborcy" im Leiden, Sterben und Auferstehen des Gottessohnes lediglich ein Gleichnis des inneren Erlösungsvorganges anerkennen, der an jeder Menschenseele, die ja ihrem Wesen nach Gott ebenbürtig ist, geschehen kann, sehen die „Molokany" in Jesus Christus den großen Künder aller Geheimnisse, der seine das Heil vermittelnde Lehre mit dem Tode besiegelte. Wenn Manaenko von den „Worten unseres Lehrers Christus" spricht, dann erscheint auch im Konferenzstenogramm „Učitel'" als mit großem Anfangsbuchstaben geschrieben: „Lehrer" als Ehrentitel Christi!

Aus dem Bewußtsein des Geistbesitzes ergibt sich für die Anhänger beider Sekten ein Gefühl unbegrenzter Freiheit gegenüber der bürgerlichen Gesetzgebung, das sie nicht selten mit dieser in Konflikt geraten läßt. Während die Überzeugung der „Molokany", daß die weltliche Obrigkeit nur für die Kinder dieser Welt da sei, die nicht — wie die Kinder Gottes — die ewigen Gesetze im Herzen trügen, nach außen kaum Folgen gehabt hat, machen die etwa 2 400 „Söhne der Freiheit" den kanadischen Behörden ständig Schwierigkeiten, indem sie sich beispielsweise weigern, ihre Kinder zur Schule zu schikken oder Steuern zu zahlen. Bei Protesten pflegen sie sich mitunter in der Öffentlichkeit nackt auszuziehen. Sie bilden jedoch nur einen Bruchteil der seit 1898 nach Kanada ausgewanderten „Duchoborcy", deren Gemeinschaften heute rund 20 000 Anhänger zählen dürften. Außerdem gibt es in Georgien noch viele ausschließlich von den „Duchoborcy" bewohnte Dörfer. Beide Sekten sind grundsätzlich entschiedene Gegner des Kriegsdienstes.

Die Tatsache jener Kollektivauswanderung wie schon das Streben nach geschlossenen Siedlungen in Rußland seit Beginn des 18. Jhdts. unterstreicht das theokratische Ideal sowohl der „Duchoborcy" als auch der „Molokany", die heute im Kaukasus ihr Hauptsiedlungsgebiet haben und außerdem noch in Ostsibirien und in der Moldau anzutreffen sind, ja sogar in den USA und in Kanada.

II. Regeln und Ordnungen

Die Verachtung der kirchlichen Tradition hat die Aufstellung neuer Satzungen so wenig ausgeschlossen, wie die Abwertung des Buchstabenglaubens die Schaffung eines eigenen Schrifttums. Waren die „Streiter des Geistes“ zunächst der Meinung, daß man Bücher verbrennen sollte, und weigert sich die Splittergruppe der „Söhne der Freiheit“ noch heutigentags, Gedrucktes zu lesen, so ist es doch zur Zusammenstellung eines „Lebensbuches“ (Životnaja kniga) aus Bibelzitaten, vor allem Teilen des Psalters, orthodoxen Kirchenliedern und Gebeten sowie eigener religiöser Dichtung gekommen, und in Kanada verfügen die „Duchoborcy“ über ein eigenes Organ. Die „Molokany“ dagegen haben der von ihnen als Quelle des Glaubens betrachteten und fleißig gelesenen Bibel sehr bald deren Auslegung bestimmende Schriften an die Seite gestellt; ihre Glaubenslehre erschien 1865 in Genf, 1908 folgte ein Katechismus.

Während die „Duchoborcy“ auf das Fasten als den Erweis des in einem Menschen wirkenden Geistes großen Wert legen und besondere Fastenzeiten von drei- bis zwölftägiger Dauer kennen, haben die „Geistlichen Christen“ vom Volke den Namen „Milchtrinker“ erhalten, weil sie zur Bewährung der vom Geist geschenkten Freiheit auch an Fasttagen Nichtfastenspeisen wie Milch zu sich nehmen[5]). Andererseits lehnen sie in strenger Bindung an den Bibelbuchstaben den Genuß nicht nur von Schweinefleisch (Lev. 11, 7; Dt. 14, 8), sondern selbst von Zwiebeln und Knoblauch (Num. 11, 5!) ab.

Durch nachdrückliche Betonung solcher Züge hat sich von den „Molokany“ schon sehr früh eine Richtung getrennt, die unter dem Namen „Subbotniki“ (Sabbatleute) als besondere Sekte noch heute besteht. Sie weiß sich auch an das Sabbat- und Beschneidungsgebot gebunden. Ebenso haben sich die „Molokany“ des Dongebietes durch die Schaffung einer reich ausgestalteten Gottesdienstordnung vom Hauptzweig der Bewegung abgesetzt.

Im allgemeinen besteht der sonntägliche molokanische Gemeindegottesdienst aus einer Folge von Schriftlesungen, Gebeten sowie Psalmgesang und dauert zwei bis drei Stunden. Besondere Gottesdienststätten erstrebt man nicht grundsätzlich; wo sie sich ergeben, liegen rein praktische Notwendigkeiten zugrunde. Die Bewährung in Arbeit und Beruf ist ebenso Bestandteil des gemeindlichen Lebens wie die Teilnahme an den gottesdienstlichen Versammlungen. Der als Gemeindeleiter gewählte Presbyter, dem zwei Gehilfen zur Seite stehen, beginnt den Gottesdienst mit einem Vaterunser. Bei der Schriftlesung wird jeder von ihm rezitierte Vers sogleich von der ganzen Gemeinde

---

[5]) Einer anderen Erklärung zufolge stellt dieser Sektenname eine Selbstbezeichnung auf Grund von 1. Petr. 2, 2 dar, wo vom „λογικὸν γάλα“ = „slovesnoe moloko“ die Rede ist.

nachgesungen. Zum Gebet wirft man sich nieder und berührt mit der Stirn den Boden. Die freie Wortverkündigung ist nicht an das Amt der Gemeindeleitung gebunden.

In Baku und Tiflis verfügen die „Geistlichen Christen-Milchtrinker“ über besondere „Exekutivorgane“, deren Vorsitzende ihre Gemeinschaften nach außen vertreten. Auf eine strenge Gemeindezucht, die in bestimmten Fällen zum Ausschluß einzelner Glieder führen kann, wird sowohl von den „Molokany“ als auch von den „Duchoborcy“ großer Wert gelegt.

Weil allein Gott unser Vater (Matth. 23, 9) und die Erde unser aller Mutter (Sir. 40, 1) ist, lassen sich die duchoborzischen Eltern von ihren Kindern, um deren Erziehung sie sich mit besonderer Sorgfalt kümmern, nur „Alter“ und „Alte“ rufen.

F. ZUR SYMBOLIK DER „EVANGELIUMSCHRISTEN-BAPTISTEN“

I. Das Verhältnis zum ostkirchlichen Sektentum

Die „Evangeliumschristen-Baptisten“ (Evangel'skie christiane-baptisty) bilden heute neben dem kontinental-europäischen und dem anglo-amerikanischen den dritten Zweig des Weltbaptismus. Ihr Bund ist 1944 durch Zusammenschluß des 1909 gegründeten Bundes der Evangeliumschristen und des seit 1884 bestehenden Bundes der russischen Baptisten entstanden, dem 1945 auch noch die russischen Pfingstler beitraten. Der Bund der Evangeliumschristen vereinigte die von Lord Radstock, Oberst V. P. Paškov, Graf Korff und F. W. Baedeker in St.-Petersburg ausgelöste neumethodistische Bewegung — im Volke Paškovščina genannt — mit dem „Stundismus“ im Süden Rußlands, dessen Entstehung mit der Wirksamkeit des Pastors Karl Bohnekämper und der württembergischen Stundenhalter unter den deutschen Kolonisten in Zusammenhang steht. Unter dem Einfluß baptistischer Strömungen begann schon sehr früh eine Weiterentwicklung zum „Stundobaptismus“. Die Selbstbezeichnung „Evangeliumschristen“ wurde unter Berufung auf Apg. 11, 26 und Phil. 1, 27 angenommen.

Weist der Durchbruch des täuferischen Gedankens die Behandlung der Symbolik der Evangeliumschristen-Baptisten in extenso auch einer Gesamtdarstellung des Baptismus zu, so besteht doch andererseits eine unverkennbare Verwandtschaft mit dem übrigen russischen Sektentum. Sie ist nicht allein auf analoge Voraussetzungen psychologischer Art und entsprechende Umweltbedingungen zurückzuführen. Es sind vielmehr nicht wenige Altgläubige, Duchoborcy und Molokany für den Anschluß gewonnen worden. Gerade die bedeutendsten Führerpersönlichkeiten sowohl der Baptisten als auch der Evangeliumschristen, V. G. Pavlov (1854—1924) und I. S. Prochanov (1869—1935) wurden als Kinder molokanischer Eltern geboren.

Die äußeren Formen des russischen Baptismus haben die Evangeliumschristen nicht überzeugen können und den Zusammenschluß um Jahrzehnte hinausgezögert. Man wollte ein eigenes Haus bauen, ein russisches, und kein aus Amerika umgesetztes übernehmen. Der Bund der Evangeliumschristen-Baptisten ist zweifellos solch ein russisches Haus geworden.

II. Die Besonderheiten gegenüber dem Weltbaptismus

Die Frömmigkeit der Evangeliumschristen-Baptisten ist durch eine gesetzlich bestimmte Weltabgewandtheit geprägt. Ihre Frauen verzichten auf jeglichen Schmuck und Putz. Tanzen, Genuß alkoholischer Getränke, Rauchen und Kartenspiel werden schon als sündhaft empfunden. Aus besonderen Anlässen wird mitunter streng gefastet. Man hält es nicht für christlich, durch Klagen vor Gericht in dieser Welt sein Recht zu suchen.

Kirchenzucht wird mit größtem Ernst geübt. Wer durch eine Verfehlung öffentliches Ärgernis erregt hat und dafür aus der Gemeinde ausgeschlossen worden ist, darf auch nicht mehr gegrüßt werden; lediglich die engsten Anverwandten des Ausgeschlossenen sind von dieser Bestimmung ausgenommen. Für den äußersten Fall kennt man einen Ausschluß „bis zum Kommen des Herrn".

Die aus möglichst vielen kurzen Ansprachen, Gesängen und Gebeten zusammengesetzten Gottesdienste haben ausgesprochenen Versammlungscharakter. Der ordinierte Presbyter, dem die Spendung der (Erwachsenen-) Taufe und die Verwaltung des Abendmahles vorbehalten sind, ist in den Gottesdiensten in erster Linie der Versammlungsleiter, der den zu Predigern berufenen Gliedern das Wort gibt, selbst jedoch nicht immer zu predigen braucht. Den Presbytern stehen ebenfalls ordinierte Diakone zur Seite. Mitunter haben heute die Gemeinden der Evangeliumschristen-Baptisten die alten Kirchen der einstigen deutschen evang.-luth. Gemeinden Rußlands in

Benutzung. Meistens begnügen sie sich jedoch mit schlichten Betsälen. Sowohl die Evangeliumschristen als auch die Baptisten haben eine eigene geistliche Lieddichtung hervorgebracht. Den Texten unterlegt man vorwiegend Volksliedermelodien. Das Gesangbuch der Evangeliumschristen, „Gusli" (Harfe) genannt, ist neben der Bibel das für die Bewegung wichtigste Buch.

G. ZUR SYMBOLIK DER ANHÄNGER DES ALTEN KALENDERS

Das Schisma in der russischen Christenheit seit 1654 bzw. 1667 hat 1923 im orthodoxen Griechenland eine auffällige Parallele erhalten. Hier war es die Einführung des gregorianischen Kalenders, die eine Spaltung zur Folge hatte. Der Athos-Mönch Matthäus Karpathakis (gest. 1950), der als Bußprediger und Werber für das klösterliche Leben Zugang zu weiten Kreisen der bäuerlichen Bevölkerung gefunden hatte, trat gegen die Kalenderreform auf. Wenn die Anhänger des alten (julianischen) Kalenders mit der Behauptung, mindestens eine Million Griechen des In- und Auslandes zu umfassen, nicht zu hoch greifen, stellte ihre Gefolgschaft einen durchaus beachtlichen Teil der gegenwärtig 8,2 Mill. zählenden griechischen Bevölkerung dar. Es gibt jedoch auch Schätzungen, nach denen die Zahl der Anhänger des alten Kalenders nicht mehr als 50 000 beträgt.

Die geringe Durchschnittsbildung der griechischen Pfarrgeistlichen, von denen 1930 erst 10% über eine Bildung des mittleren Reifegrades verfügten, konnte die Anhänglichkeit an den alten Kalender nur verstärken. Allerdings hat sich erst im Juni 1960 auch die hl. Synode der Koptischen Kirche noch ausdrücklich zum julianischen Kalender als einem „zu wahrenden Vätererbe" bekannt. Da die Orthodoxe Kirche Griechenlands die Feste des Osterkreises nicht nach dem gregorianischen Kalender, sondern in Übereinstimmung mit den orthodoxen Schwesterkirchen feiert, die noch dem julianischen Kalender folgen, geht es bei diesem Schisma allein um die Unveränderlichkeit der von den Vätern überkommenen Datierung.

Die Umstellung auf den gregorianischen Kalender brächte die Harmonie eines Kirchenjahres und damit des liturgischen Kernes der ganzen Kirchengeschichte ins Wanken. So sehen die Anhänger des alten Kalenders in der Annahme des gregorianischen Kalenders eine „Befleckung". Ein Geistlicher, der sich derselben schuldig gemacht hat, scheint für eine Übernahme in ihre

Hierarchie kaum mehr geeignet. Wahrscheinlich wirken sich hierbei auch noch die der griechischen Volksseele seit der Kreuzfahrerzeit anhaftenden antilateinischen Ressentiments aus.

Wie einst die Staatskirche Rußlands, so tut auch heute diejenige Griechenlands alles, um durch Gewaltmaßnahmen mit staatlicher Hilfe den Riß unheilbar zu machen. Aus der verfassungsmäßig garantierten Glaubensfreiheit dürfen die Anhänger des alten Kalenders kein Recht zu religiöser Propaganda ableiten. Schließungen ihrer Gottesdienststätten, Verhaftungen ihrer Bischöfe, Meldungen ihrer Geistlichen bei den weltlichen Behörden, Ungültigkeitserklärungen für ihre Sakramente — obwohl sie in der Kalenderfrage doch keinen anderen Standpunkt einnehmen als die meisten orthodoxen Kirchen, mit denen die Kirche Griechenlands volle Gemeinschaft unterhält — können bei den Anhängern des alten Kalenders das bereits feststellbare Bewußtsein ihrer kirchlichen Sonderexistenz nur stärken. Schon längst erklären sie die griechische Kirche für schismatisch. Heute noch der Orthodoxie zuzuzählen, werden sie bald Ansätze zur Herausbildung einer eigenen Symbolik entwickeln.

An das russische Altgläubigentum erinnert auch sehr stark die Spaltung der Bewegung in zwei Gruppen, und zwar in eine kleinere mit und in eine größere ohne eigene Hierarchie. Der Leiter des Kirchenausschusses der größeren Gruppe, Archimandrit Akakios Pappas, soll jedoch unlängst in Amerika eine Bischofsweihe erhalten haben. An der Spitze der um das Kloster Keratea gescharten kleineren Gruppe steht eine von Erzbischof Agathangelos und acht Metropoliten gebildete Bischofssynode.

LITERATURVERZEICHNIS

a) über die ostkirchlichen Sekten allgemein:

Gehring, J., Die Sekten der russischen Kirche (1003—1897). Nach ihrem Ursprunge und inneren Zusammenhange dargestellt, Leipzig 1898.

Klostermann, R. A., Probleme der Ostkirche. Untersuchungen zum Wesen und zur Geschichte der griechisch-orthodoxen Kirche, Göteborg 1955, Kp. 6: Die Sekten (S. 218—258).

Margaritov, S., Istorija russkich mističeskich i racionalističeskich sekt, Simferopol' 1910[3].

Sovremennoe sektantstvo i ego preodolenie. Po materialam ekspedicii v Tambovskuju oblast' v 1959 g., Moskau 1961 (Voprosy istorii religii i ateizma IX).

Struve, N. A., Other Christian Denominations, in: Religion in the USSR, ed. by B. Iwanow, München 1960, S. 131—142.

Stupperich, R., Russische Sekten, Wernigerode 1938 (Das Evangelium unter den Völkern des Ostens, Heft 8).

b) über die Altgläubigen:

Hauptmann, P., Altrussischer Glaube. Der Kampf des Protopopen Avvakum gegen die Kirchenreformen des 17. Jhdts., Göttingen 1962 (Kirche im Osten — 4. Beiheft).

Hollberg, W., Charakteristika russisch-altgläubiger Frömmigkeit, I. Voraussetzungen, II. Existenzkampf und rituelle Frömmigkeit, in: Evangelisch-Lutherische Kirchenzeitung, Nr. 2/1954, S. 23—26; Nr. 7/1954, S. 102—105.

ders., Das russische Altgläubigentum (ungedrucktes Manuskript).

Johannes Chrysostomus OSB, Die „Pomorskie otvety" als Denkmal der Anschauungen der russischen Altgläubigen gegen Ende des 1. Viertels des XVIII. Jahrhunderts, Rom 1957 (Orientalia Christiana analecta 148).

Pleyer, V., Das russische Altgläubigentum, Geschichte — Darstellung in der Literatur, München 1961 (Slavistische Beiträge Bd. 4).

Smirnov, P. S., Istorija russkago raskola staroobrjadstva, Rjazan' 1893 (Petersburg 1895[2]).

c) über die „Gottesleute" (chlysty):

Ajvazov, I. G., Christovščina, 3 Bde., Petrograd 1915.

Graß, K. K., Die russischen Sekten, 1. Bd.: Die Gottesleute oder Chlüsten nebst Skakunen, Maljowanzü, Panijaschkowzü u. a., Leipzig 1907.

d) über die „Weißen Tauben" (skopcy):

Graß, K. K., Die russischen Sekten, 2. Bd.: Die Weißen Tauben oder Skopzen nebst Geistlichen Skopzen, Neuskopzen u. a., Leipzig 1914.

Pelikan, E., Gerichtlich-medizinische Untersuchungen über das Skopzentum in Rußland, dt. v. N. Iwanow, Gießen 1876.

e) über die „Streiter des Geistes" (duchoborcy) und die „Geistlichen Christen-Milchtrinker" (molokany):

Lenz, Th. E., Commentationis de duchoborzis particula I., Dorpat 1829.

Pech, T., Die Molokanen, Ein Beitrag zur Sektenkunde und Kirchengeschichte Rußlands, in: Hist. Taschenbuch, begr. v. F. v. Raumer, hrsg. v. W. H. Riehl, 5. F./8. Jg., Leipzig 1878 S. 203—237.

f) über die „Evangeliumschristen-Baptisten":

Gutsche, W., Westliche Quellen des russischen Stundismus, Anfänge der evangelischen Bewegung in Rußland, Kassel 1956.

ders., Religion und Evangelium in Sowjetrußland zwischen zwei Weltkriegen, Kassel 1959.

Stupperich, R., Die russische Evangeliumsbewegung, in: Die Furche, Berlin 1934, H. 2, S. 136—149.

g) über die Anhänger des Alten Kalenders:

Spuler, B., Die orthodoxen Kirchen XXV ff., in: Internationale Kirchliche Zeitschrift, Bern 1951 (41. Jg.) ff.

II.

SYMBOLIK DES ORIENTALISCHEN CHRISTENTUMS

SYMBOLIK DER SYRISCHEN KIRCHEN

von

PAUL KRÜGER

Inhaltsübersicht

EINFÜHRUNG

Die syrischen Kirchen bilden einen Teil der morgenländischen National- oder Volkskirchen. Die Gruppe der morgenländischen Nationalkirchen, zu denen außer den syrischen noch die koptische, äthiopische und die armenische Kirche gehört, berührt sich trotz aller schwerwiegenden Unterschiede in einem gewissen Grade mit den orthodoxen Ostkirchen.

Die Bezeichnung „syrische Kirchen" ist ein Sammelbegriff. Es gibt mehrere syrische Kirchen, die in sich selbständig und voneinander völlig unabhängig, d. h. autonom sind. Ihre Verschiedenheit ist innerlich durch die dogmatischen Anschauungen, besonders christologischer Art, bedingt. Ihre Einheit haben sie im Volkstum und damit auch in der Kirchen- bzw. Liturgiesprache, die das Altsyrische ist. Im Laufe der Zeit haben sich bestimmte Volksteile der Syrer von ihren von Rom getrennten Konfessionen losgesagt und sich Rom unter Beibehaltung ihrer angestammten Liturgie einschließlich der Liturgiesprache und ihrer organisatorischen Selbständigkeit angeschlossen. Sie bilden die mit Rom vereinten (unierten) syrischen Kirchen. Wir behandeln demnach in aller Kürze und nur skizzenhaft zunächst die autonomen und dann die mit Rom unierten syrischen Kirchen.

Außer Acht lassen wir die melkitischen Syrer, da sie der östlichen Orthodoxie angehören. Sie haben sich damals nicht an der Opposition gegen das Konzil von Chalcedon im Jahre 451 beteiligt wie der größte Teil der Syrer und Ägypter. Diese ihre Gegner nannten sie deshalb Melchiten oder Kaiserliche, weil sie im Verbande der Reichskirche verblieben und zum Kaiser hielten. Sie verteilen sich auf die Patriarchate Antiochien, Jerusalem und Alexandrien. Das Patriarchat Antiochien umfaßt hauptsächlich Syrien und den Libanon und die nach Amerika ausgewanderten Gläubigen unter einem Metropoliten in New-York, das Patriarchat Jerusalem Palästina und das Patriarchat Alexandrien Ägypten. Von der 1054 vollzogenen Trennung der byzantinischen Kirche von der römischen sind sie mitbetroffen worden. Im Laufe der Zeit haben sich auch hier eine Anzahl von Gläubigen von der Orthodoxie abgewandt und sich mit Rom vereinigt. So haben wir unter den Melchiten eine orthodoxe und eine römisch-katholische syrische Gruppe. Hier wie dort sind die Syrer sehr zahlreich vertreten[1]).

Die syrischen Kirchen werden dargestellt nach der konfessionskundlichen Ganzheitsmethode. Gegenstand der Betrachtung ist die äußere wie innere Gestalt und Form der jeweiligen Kirche, wobei der Schwerpunkt auf der inneren

[1]) Vergl. R. Janin, Églises orientales et rites orientaux, Paris 1955, S. 146, 152, 161, 168.

Gestalt und Struktur liegt, auf dem inneren Geiste, der sich besonders in der Liturgie zeigt. Die Liturgie ist in Wort, Gegenstand, Handlung und Gebärde Ausdruck der Seele. Ihr ist daher im hohen Grade der Symbolcharakter eigen. Das Übernatürliche wird in der Liturgie Gegenwart, in ihr spürt der Mensch die unmittelbare Nähe Gottes. So ist die Liturgie als lebendiger Glaube der beste und sicherste Zugang zur dogmatischen Geisteswelt, die in den einzelnen Punkten dargeboten werden soll unter Einschaltung einiger geschichtlicher und organisatorischer Bemerkungen. Was ist der Inhalt dessen, was in der Liturgie gebetet wird? Wo finden sich Unterschiede und Übereinstimmungen? Wo liegt das Charakteristische der einzelnen Kirchen?

A. DIE AUTONOMEN SYRISCHEN KIRCHEN

I. Die nestorianische Kirche

1. Geschichtliches und heutiger Bestand

Die nach dem Patriarchen Nestorius von Konstantinopel († frühestens 451) benannte nestorianische Kirche ist die christliche Kirche des persischen Reiches, in welches das Christentum schon im Anfange des 3. Jahrhunderts Eingang gefunden hatte. Zum ersten Male meldete sie auf der Synode von Markabda im Jahre 424 Unabhängigkeitsansprüche an[2]). Auf der Synode von Seleukia im Jahre 486 wurde der auf dem Konzil von Ephesus im Jahre 431 verworfene Nestorianismus offiziell als Lehre angenommen und damit die Selbständigkeit deklariert. Die Nestorianer nennen sich selbst gerne Ostsyrer oder Orthodoxe. Im 4. Jahrh. erduldeten sie namentlich unter Sapor II. blutige Verfolgungen.

Die große Ausdehnung des damaligen Perserreiches und seine Beziehungen zu Innerasien ermöglichten es der nestorianischen Kirche, die Mission bis nach China auszuweiten. Im Jahre 636 begründete der aus Syrien gebürtige Priester Olopen die nestorianische Kirche in China, die an dem Kaiser Taitsung (627—649) eine Stütze hatte. Die im Jahre 1625 aufgefundene Säule von Hsi-anfu, errichtet im Jahre 781, berichtet über den Stand und den Erfolg der Mission[3]). Andererseits drang das nestorianische Christentum bis nach Palä-

[2]) Vergl. W. de Vries, Zum Kirchenbegriff der nestorianischen Theologen, Orientalia Christiana Periodica = OCP 17 (1951) 95—96.

[3]) Vergl. K. Algermissen, Konfessionskunde, Celle 1957, S. 361—362.

stina, Ägypten und Arabien vor, so daß es als christliches Bekenntnis räumlich am weitesten ausgebreitet war vom 7.—11. Jahrhundert. So ist es zu verstehen, daß Muhammed sein christliches Ideengut dem Nestorianismus entnommen hat. Als die Araber 633—643 das Perserreich eroberten, nahmen sie der nestorianischen Kirche gegenüber zunächst eine freundliche Haltung ein, da sie ihnen als Vermittlerin griechischer Kultur galt. Die nestorianische Kirche machte die Araber mit Aristoteles und anderen griechischen Philosophen bekannt, die auf dem Wege über die Araber dann später dem Abendland übermittelt wurden[4]). Im 10.—11. Jahrhundert fand die Mission ein Ende und wurde in der 2. Hälfte des 13. Jahrhunderts vorübergehend erneuert, jedoch in der zweiten Hälfte des 14. Jahrhunderts restlos aufgegeben.

Wahrscheinlich sind die Missionare bis nach Indien gekommen. Als der Indienfahrer Kosmas im Anfange des 6. Jahrhunderts dort eintraf, fand er Christen vor, die mit der nestorianischen Kirche Persiens in Verbindung standen. Heute existiert dort an der Malabarküste (Westindien) eine eigene nestorianische Gemeinde, die sich unter der Führung des Priesters Mar Mellus gegen Ende des 19. Jahrhunderts zu einer organisatorisch selbständigen Kirchengemeinschaft formierte, an deren Spitze ein Metropolit steht. Daher werden sie als Mellusianer bezeichnet. Sie gehören zu einem größeren Kreis von Christen verschiedener Konfessionen, die man allgemein nach dem ersten Missionar Indiens, dem Apostel Thomas, als Thomaschristen bezeichnet oder auch nach ihrer Heimat als Malabarchristen.

Der Mongoleneinfall im 13. Jahrhundert gab der nestorianischen Kirche einen gewissen Auftrieb. Anfänglich schien es sogar, als ob die Eroberer sich dem nestorianischen Christentum zuwenden würden. Doch sie nahmen später den Islam an und gaben damit der Gesamtentwicklung eine andere Richtung. Der schreckliche Khan Timur, auch Tamerlan genannt († 1405), rottete den Nestorianismus fast ganz aus.

Über die weitere Geschichte des Nestorianismus bis ins 16. Jahrh. hinein wissen wir kaum etwas. Im 16. Jahrhundert waren nur noch Ruinen die stummen Zeugen der einst so mächtigen und erfolgreichen nestorianischen Kirche.

Die heutigen Nestorianer mit dem Katholikat (Patriarchat) in Seleukia-Ktesiphon wohnen hauptsächlich im Irak, in Syrien und im Iran (Persien). Ihre Zahl kann nur geschätzt werden und wird daher ganz unterschiedlich angegeben. Die Zahl 40 000 ist wohl zu niedrig gegriffen[5]). Die neuesten Statistiken bieten R. Janin, K. Algermissen und W. de Vries. Nach Janin wohnen ungefähr 40—50 000 im Irak, im Iran (Urmia) ungefähr 20 000, in Sowjet-

---

[4]) AaO, S. 361.

[5]) So bei H. Mulert—E. Schott, Konfessionskunde, Berlin 1956, S. 159.

Rußland mit den Schwerpunkten Erivan, Tiflis und Alexandropol gegen 40 bis 50 000, die sogar Zeitungen in syrischer Sprache mit kyrillischer Schrift herausgeben. Eine geringere Anzahl gibt es auch in Moskau. Gegen 25—30 000 sind jüngst nach den USA ausgewandert. Sie trennten sich vom Katholikos und bildeten die American Assyrian Apostolic Church mit dem Sitz in Chikago. Die Mellusianer an der westindischen Malabarküste machen ungefähr 10 000 aus. Nach Angaben dieser Aufstellung gäbe es ungefähr 140 000 lebende Nestorianer[6]). Nach Algermissen beträgt die Gesamtzahl der heutigen Nestorianer etwa 87 000[7]), nach de Vries nur 57 000[8]).

2. Verfassung

Die Verfassung ist hierarchisch. An der Spitze steht der Katholikos (Patriarch), der früher von den Bischöfen frei gewählt, seit 1450 aber regelmäßig aus derselben Familie durch eine formelle Bischofswahl zur Würde des Katholikos erhoben wird. Meist folgt der Neffe seinem Onkel auf dem Patriarchenstuhl. Der offizielle Sitz ist Mahoze (Seleukia-Ktesiphon), in letzter Zeit Kotschanes im türkischen Kurdistan. Heute weilt der Katholikos in den USA.

Der Katholikos hat kirchliche Jurisdiction wie auch richterliche Gewalt. Er weiht oder bestätigt die neugeweihten Bischöfe. Er trägt den Beinamen Simon und hat das Recht der Einberufung der Synoden. Seit 1551 standen sich zwei Patriarchenlinien gegenüber, die Simonlinie und die Eliaslinie. Letztere ist nunmehr erloschen.

Auch das Bischofsamt ist erblich geworden. Durch feierliche Akklamation wirkt das Volk bei der Bischofswahl mit. Auch der Bischof hat neben den oberhirtlich-priesterlichen Aufgaben noch richterliche Befugnisse. Der Oberbischof ist der Metropolit.

Der Pfarrer bzw. Seelsorger wird vom Volke gewählt. Man nennt ihn Rabbi. Die Ausbildung ist sehr dürftig. Die Priester, die von den Gläubigen sehr geachtet werden, sind verheiratet. Auch ist eine Wiederheirat gestattet. Als Gehilfen stehen dem Priester der Diakon, evtl. der Subdiakon, der Lektor und der Šahara (Wächter), der vornehmlich für die Persolvierung des Nachtofficiums zu sorgen hat, zur Seite.

Die nestorianische Kirche befindet sich augenblicklich in einer noch nicht abgeschlossenen Reorganisation. Bis jetzt bestehen zwei Erzbistümer (Metropolen) und zwar im Irak und an der Malabarküste in Westindien und seit 1953 eine Diöcese im Iran.

---

[6]) Vergl. R. Janin, S. 420—430.

[7]) Algermissen, S. 363.

[8]) W. de Vries, Zur neuesten Entwicklung der Ostkirchen, Ergänzung zu der Reihe „Das östliche Christentum", Neue Folge, Heft 12, S. 19. Sonderdruck aus „Ostkirchliche Studien" 2 (1953), Heft 4.

3. Die Liturgie

Die aus Syrien mit der kirchlichen Metropole Antiochien ursprünglich stammende Liturgie wurde durch den Katholikos Išo'yabh III. um 650 einer reformierenden Revision unterzogen.

Die künstlerisch meist nicht sehr bedeutenden Kirchen sind geostet. Das Sanctuarium mit dem Altar ist gegenüber dem Schiff der Kirche etwas erhöht, aber durch eine Wand voneinander getrennt, die sich bis zum Gewölbe erhebt. In der Wandmitte befindet sich eine Türöffnung mit einem Vorhang und zwei Türflügeln, die sich nur zu bestimmten Zeiten beim Gottesdienst öffnet. Eine Orgel oder ein Harmonium gibt es nicht, jedoch finden sich in der Kirche Ikonen nach byzantinischem Muster.

Die liturgischen Gewänder ähneln denen des byzantinischen, die heiligen Gefäße denen des lateinischen Ritus. An liturgischen Büchern gibt es eine Vielzahl und zwar 16 verschiedene Typen.

Die Nestorianer verwenden drei Meßformulare bzw. drei Anaphoren (auswechselbare Hauptteile): die Anaphora der Apostel Addai und Mari, in welcher der Einsetzungsbericht fehlt. Die Überlieferung betrachtet Addai und Mari als Jünger und Schüler des Herrn und als die ersten Glaubensboten Syriens. Die zweite Anaphora ist die des Theodor von Mopsuestia, die dritte die des Nestorius. Ehemals war die Zahl der Anaphoren größer. Die Verwendung der drei gebräuchlichen Anaphoren an den einzelnen Tagen ist genau geregelt. Die Gläubigen kommunizieren unter beiden Gestalten.

Die Taufe ist nach der Katechumenenliturgie aufgebaut. Beichte und Letzte Ölung stehen ziemlich außer Übung. Der Ritus der Priesterweihe, der Ehe und der Konsekration der Kirchen ist dagegen noch lebendig.

Das Officium (Stundengebet) weist drei Hauptteile auf: Vesper, Nachtgottesdienst und die Laudes (Morgengottesdienst). In Mönchskreisen fügte man noch Prim, Terz, Sext und Non hinzu. Der Psalter ist auf eine Woche verteilt.

4. Die Glaubenslehre

a) Die Quellen

Es gibt zwei Arten von Quellen: die Glaubensquellen und die theologischen Quellen. Erstere sind die Hl. Schrift des alten und des neuen Testamentes und die apostolische Überlieferung. Die Hl. Schrift ist inspiriert, d. h. Gott bzw. der Hl. Geist ist ihr eigentlicher Urheber[9]). Der bedeutendste neutestamentliche Autor ist Paulus[10]). Die mündliche Überlieferung ist apostolisch. Anerkannt

---

[9]) Brief des Mar Aba an Klerus und Volk bei J. B. Chabot, Synodicon Orientale ou Recueil de Synodes Nestoriens, Paris 1902, S. 551.

[10]) Brief Išo'yabhs I. († 595) an den Bischof Jakob von Darai bei O. Braun, Das Buch der Synados, Stuttgart und Wien 1900, S. 240.

werden nur die Konzilien von Nikaea (325) und das erste von Konstantinopel (381)[11]). Der erste der Väter und der Krontheologe ist Theodor von Mopsuestia[12]).

Die theologischen Quellen bilden zwei Gruppen von Dokumenten: die offiziellen Texte: Symbole und liturgische Bücher und die Werke und Schriften der Theologen. Die theologischen Auffassungen selbst sind ziemlich konstant, sie entbehren einer reicheren Entwicklung.

b) Die Lehre von Gott dem Einen und Dreieinigen

Von jeher hatten die Nestorianer eine klare und ganz der christlichen Tradition entsprechende, auf dem nikaenisch-konstantinopolitanischen Symbolum sich gründende Gottesvorstellung.

Es gibt nur einen Gott. Sein Sein und Sein Wesen sind von Ewigkeit. Er ist der Schöpfer der unsichtbaren und der sichtbaren Welt, Er ist den Geschöpfen absolut verborgen, d. h. sie können Ihn weder in der Zeit, noch in der Ewigkeit adaequat erfassen und schauen. Die Gottesschau in der ewigen Seligkeit ist daher keine unmittelbare Wesensschau, sondern die Schau Seiner Glorie, Seiner Herrlichkeit, die Er ausstrahlt. In Seinem Wesen ist Er vollkommen und unveränderlich, Er ist lebendig, allwissend, allweise, allgütig, barmherzig, unbegrenzt usw.[13]).

Und doch ist Gott dem Menschen nicht entrückt. Er ist relativ erkennbar sowohl durch den Glauben als auch durch die Vernunft, die Ihn auf dem Wege der philosophischen Methode des Kausalschlusses aus der Schöpfung erkennen kann[14]).

Von noch größerer Bedeutung ist den Nestorianern der Glaubenssatz über die Dreifaltigkeit, deren Formel lautet: ein Gott in drei Personen. Die Natur, das Wesen, die Substanz, d. h. die Gottheit, sind gleich, identisch, nur die Personen sind verschieden. Zwischen den Personen bestehen folgende drei Relationen: der Vater ist der genitor, der Sohn der genitus, der Hl. Geist der procedens[15]). Der Hl. Geist geht nur vom Vater aus.

---

[11]) In demselben Briefe, bei Braun, S. 272, in der Einleitung zum Symbolum; ferner aaO, S. 239.

[12]) Protokoll der Synode des Sabrišo' vom Mai 596 bei Braun, S. 284.

[13]) Vergl. den Brief des Katholikos Georg an den Priester u. Chorbischof Mina vom Jahre 679 bei Braun, S. 349—350; ferner Babai d. Gr. († nach 628) bei A. Vaschalde, Babai Magnus, Liber de unione, Corp. Script. Christ. Orient. Script. Syri, to. 34 (Text), to. 35 (lat. Übers.), Louvain 1953, to. 35, S. 6.

[14]) S. bei Babai, Vaschalde, to. 35, S. 20, Z. 22—25.

[15]) Vergl. Synode Išo'yabhs I. vom Jahre 585/6 bei Braun, S. 201; Synode des Ezechiel vom Jahre 576 bei Braun, S. 170. Zu den Relationen s. Babai bei Vaschalde, S. 26.

Auch der Begriff der Appropriation ist den Autoren bekannt. Wie der Vater, so ist auch z. B. der Sohn Schöpfer[16]).

c) Christologie und Soteriologie

Christus besitzt zwei Naturen, eine göttliche und eine wahre menschliche. Die göttliche Natur, der Logos, ist gleichen Wesens mit dem Vater[17]). Die beiden Naturen sind zugleich Personen, die im parzopha (gr. prosopon) der Sohnschaft geeint sind[18]). Der parzopha ist die örtlich-räumliche Einheit der inhabitatio, der Einwohnung des Logos im Menschen als dem Tempel und die innere Einheit des Willens, der Gnade und der Liebe. Die göttliche Natur oder Person ist im parzopha dominierend und regierend, die menschliche gleicht sich an und wird zur Einheit der Sohnschaft angenommen. In etwa treffen wir in der Auffassung vom parzopha in der Subordination der menschlichen Natur auf monophysitische Gedankengänge severianischer Richtung[19]).

Die Eigenschaften und Propritäten bleiben den Naturen oder Personen. Sie werden aber gemeinsam und promiscue ausgesagt nicht von der Person, sondern vom parzopha Jesus Christus, der ein Nebeneinander aber nicht ein Miteinander ist. Der parzopha ist der Ausgangspunkt für die uneigentliche Idiomenkommunikation[20]).

Wegen der Einheit im parzopha ist die menschliche Natur der Anbetung würdig, da sie im parzopha infolge ihrer assumptio durch die göttliche Natur von dieser gesalbt wurde[21]).

Auch das Kreuz Christi darf angebetet werden, weil in ihm der parzopha Christus gegenwärtig gedacht wird[22]).

Der Logos wurde Mensch, um die Menschen zu erlösen und ihnen das Heil, das neue Leben, zu bringen[23]). Wenn auch die Texte von einer Schuld der Menschheit bzw. der Menschennatur sprechen, die durch die Sünde Adams

---

[16]) Synode des Mar Aba vom Jahre 543/4 bei Braun, S. 136. Zur Trinitätslehre vergl. auch die neuere Spezialuntersuchung von E. K. Delly, La théologie d'Elie bar Šenaja, Rome 1957 (Studia Urbiniana, Nr. 1) bes. S. 19 ff.

[17]) Synode Išo'yabhs I. bei Braun, S. 202; Apologie an den Perserkönig Chosrau II, um 650 bei Braun, S. 324/5.

[18]) Babai in seinem Kommentar zu den Zenturien des Evagrius Pontikus bei W. Frankenberg, Berlin 1912, S. 187, Z. III, 1 und bei Vaschalde, S. 111; dann bei Braun, S. 201, S. 367 u. ö.

[19]) Zum parzopha: Frankenberg, S. 145, Z. II, 22; S. 187, Z. III, 1; S. 261, Z. IV,3; bei Braun, S. 370, S. 169 u. ö.

[20]) In der Apologie bei Braun, S. 324, bei Vaschalde, S. 52, 53 u. ö.

[21]) Babai bei Vaschalde, S. 112; Brief des Mar Abas an Klerus u. Volk bei Chabot, S. 553.

[22]) Babai bei Vaschalde, S. 146. Vergl. dazu die Ikonenauffassung in der Orthodoxie.

[23]) Babai bei Vaschalde, S. 113; Brief Išo'yabhs († 595) an den Bischof Jakob von Darai bei Braun, S. 245, Kanon 5, dazu Eph. 2, 17; Synode des Mar Ezechiel vom Februar 576 bei Braun, S. 170.

hervorgerufen wurde, so darf man diese Aussagen nicht auf das Vorhandensein einer Erbsünde deuten. Eine solche haben die Nestorianer nie anerkannt. Die Sünde und die Schuld sind immer in einem persönlichen Sinne zu verstehen[24]). Der Gedanke einer stellvertretenden Genugtuung, der satisfactio vicaria, ist den Nestorianern nicht unbekannt[25]). Gelitten hat Christus Seiner Menschheit nach[26]). Die göttliche Natur hatte insofern Anteil am Erlöserleiden, als sie immer mit der Menschheit Christi verbunden blieb, also willentlich[27]). Auch während des Todes trennte sich die Gottheit nicht von der Menschheit. Mit dem Leibe war sie im Grabe, mit der Seele im irdischen Paradies, das als Zwischenaufenthalt für die guten Seelen vom Tode bis zum allgemeinen Weltgerichte gedacht wird[28]). Unmittelbar nach dem Tode stieg Christus in die Scheol hinab. Nach Seiner Auferstehung fuhr Er in den Himmel hinauf, wo Er zur Rechten Seines Vaters erhöht wurde[29]).

d) Mariologie

Die Namen und Bezeichnungen, die Maria trägt, sind: virgo, ancilla, coelum secundum, puella, electa, filia David, paupera.

Maria ist heilig, voller Gnaden, ohne jeden Makel und jungfräulich. Sie ist die terra vivens, aus der Christus hervorging. Das Wesen der Mutterschaft Mariens wird umschrieben mit dem Begriff Christusgebärerin, da keiner der Menschen, auch Maria nicht, nach der Anschauung der Nestorianer Gott gebären könne. Maria hat zwar nur die Menschennatur Christi geboren, doch war von Anfang an mit dieser Natur Christi der Logos verbunden, der in der Menschheit wohnte. Der Hl. Geist hat im Schoße der Jungfrau und Christusgebärerin die menschliche Natur hervorgebracht. Babai d. Gr. († nach 628) macht eine Unterscheidung zwischen incarnatio und inhumanatio Christi. Incarnatio bedeutet die Fleischwerdung als solche, die inhumanatio ist die Begabung des Leibes Christi mit der Geistseele im Mutterschoße nach 40 Tagen.

In einem weiteren Sinne kann auch bei den Nestorianern Maria Gottesgebärerin genannt werden wegen der Einheit des parzopha Christus. So ist Maria Christotokos und Theotokos. Sie hat weder einen reinen Gott, noch einen reinen Menschen geboren.

---

[24]) Babai bei Vaschalde, S. 140; Brief des Katholikos Mar Aba an Klerus und Volk vom Jahre 540 bei Chabot, S. 552.

[25]) Brief Georgs an Mina vom Jahre 679 bei Braun, S. 361; Babai bei Vaschalde, S. 140.

[26]) Synode des Mar Ezechiel vom Jahre 576 bei Braun, S. 169/170; Babai bei Vaschalde S. 141.

[27]) Protokoll der Synode des Sabrišo' vom Mai 596 bei Braun, S. 284.

[28]) Brief Georgs vom Jahre 679 bei Braun, S. 367; Synode Išo'yabhs I. vom Jahre 585/6 bei Braun, S. 203.

[29]) Synode Išo'yabhs I. bei Braun, S. 203.

Hervorgehoben wird des öfteren der Glaube Mariens, mit dem sie die Botschaft des Engels annahm. Sie empfing durch das Ohr, also vermittels der Worte des Engels. Neben dem Glauben werden noch ihre Demut und ihre Armut gerühmt.

Am Heilswerke hat Maria insofern mitgewirkt, als sie Christus der Welt schenkte, also indirekt und in instrumentaler Weise. Durch ihre jungfräuliche Mutterschaft hat sie der Welt die Gnaden der Erlösung übermittelt[30]).

e) Ekklesiologie

Die Kirche ist eine von Christus gegründete, mit göttlicher Vollmacht und Autorität ausgerüstete, heilsnotwendige Gemeinschaft von Bischof, Priester und Gläubigen. Seit Seiner Herabkunft am ersten Pfingstfeste weht und wirkt der Hl. Geist in der Kirche. Sie ist ermächtigt, die Gnade den Menschen auszuteilen und zu vermitteln. Durch keine Macht der Erde kann sie überwunden werden. Christus ist ihr unsichtbares Haupt. Sie hat die weitere Aufgabe, die ihr von Christus anvertraute Lehre zu bewahren und zu verkünden. Häretiker finden in ihren Reihen keinen Platz. Sie ist das Reich Christi auf Erden.

Sie ist eine innere wie auch äußere Glaubensgemeinschaft. Ihr Verhältnis zum Staat ist sehr positiv und sie hat deshalb die Anordnungen des Staates im disziplinären Bereich immer anerkannt. Der Katholikos (Patriarch) ist der sichtbare Stellvertreter Christi, dem man gehorchen muß. Die Nestorianer lehnen den Primat Petri, der in Rom lehrte und dort gestorben ist, nicht ab und verneinen auch nicht die zeitliche Fortdauer dieses Primates. Jedoch erkennen sie den Primat des Papstes nicht an[31]).

Die Kirche ist der geheimnisvolle Leib Christi. „Denn kein Leib hat zwei Köpfe und kein Kopf hat zwei Leiber, da eine Kirche dem einen Christus und ein Christus der einen Kirche, die Sein Leib ist, gehört, wie geschrieben steht“[32]). Christus ist mit seiner Kirche „sogar bis zum Ende der Welt“[33]).

---

[30]) Zum Ganzen vergl. P. Krüger, Das Bild der Gottesmutter bei dem Syrer Narsai, in „Ostkirchl. Studien“ 2 (1953) 110—120; ders., Zur Mariologie Babais des Gr., Manuskript des Verf. Einzelne Stellen zur Jungfräulichkeit liefern Babai bei Vaschalde, S. 177, S. 47; Synode des Mar Aba vom Jahre 543/4 bei Braun, S. 134; Brief Išo‘yabhs I. an Jakob von Darai bei Braun, S. 239/40.

[31]) Zum Ganzen vergl. W. de Vries, Zum Kirchenbegriff der nestorianischen Theologen, OCP 17 (1951) 95—132. De Vries versucht hier, S. 118 ff, gegen David, Khayyath u. a. nachzuweisen, daß die Idee vom Papsttum in der nestorianischen Kirche niemals gebilligt wurde. Jedoch spricht Narsai († um 500) einmal von den „Augen des Glaubens“, mit denen Petrus Rom ausgestattet habe. (Vergl. A. Mingana, Narsai Doctoris Syri homiliae et carmina, II, Mausilii 1905 (syrisch), S. 81—82). Hier ist jedenfalls die Rede von einem Glaubensprimate Petri und Roms.

[32]) Synode Išo‘yabhs bei Braun, S. 216, Kanon XIII. Vergl. Eph 1, 22.

[33]) Brief Georgs an Mina bei Braun, S. 363.

f) Anthropologie

Der Mensch besteht aus Leib und Seele. Der belebende und constituierende Teil ist die Seele, die im Mutterschoße nach 40 Tagen im Leibe erschaffen wird. Sie ist geistig und hat drei Kräfte: Verstand, Willen und Gefühl[34]).

Adam und Eva wurden aus nichts an einem Freitag außerhalb des Paradieses erschaffen. Den Leib Adams nahm Gott aus der Erde und hauchte ihm eine Seele ein, den Leib Evas nahm Er aus einer Rippe Adams und gab ihm ebenfalls eine Seele ein. Als Geist-Leib-Wesen waren Adam und Eva ein Inbegriff des Kosmos. Als Abbilder Gottes waren sie im Zustande der Glorie, der Gnade, erschaffen worden. Weiterhin besaßen sie noch folgende besondere Gaben: die Selbsteinsicht, die Vision und die Prophetie, die Herrschaft über den Kosmos und die mit einer Wesenschau verbundene Namengebung der Tiere. Durch die Übertretung des Gebotes verloren sie die Glorie, die besonderen Gaben, das Paradies, in das sie nach der Erschaffung ihrer Glorie willen eingesetzt wurden und brachten Sünde, Tod, Begierde, Ungerechtigkeit, Irrtum, Unfriede, Neid, Haß, Knechtschaft des Teufels in und über die Menschheit, deren Stammeltern sie sind[35]).

Adam ist nicht unsterblich, sondern sterblich erschaffen worden[36]).

Da die Nestorianer eine in der Natur gelegene Sünde (Erbsünde) ablehnen, sprechen sie von einer Schuld der Natur im Sinne der Begierde, aus der die auf Freiwilligkeit beruhende persönliche Sünde hervorgeht[37]).

Der Mensch ist auf die Gnade Gottes angewiesen. Ohne sie vermag er nichts Gutes zu tun[38]). Pelagianisch haben die Nestorianer nie gedacht. In dieser Richtung gemachte gelegentliche Äußerungen sind ein Mißverständnis. Der Mensch darf nicht sündigen, sondern hat den in den Geboten niedergelegten Willen Gottes zu erfüllen. Ohne gute Werke wird er nicht in den Himmel gelangen.

g) Angelologie

Die Engel sind von Gott im Anfange der Schöpfung, aber sicher vor den Menschen aus dem Nichts als reine Geister mit einer „leichten Beweglichkeit", d. h. wahrscheinlich Körperhaftigkeit in einem äußerst subtilen Sinne, erschaffen worden. Das „im Anfang" bedeutet nicht absolut eine Gleichzeitigkeit. Die Engel existierten aller Wahrscheinlichkeit nach schon vor der materiellen

---

[34]) AaO bei Braun, S. 350. Dazu S. 367.

[35]) Zum Ganzen s. ausführlicher: Die ersten Menschen im Schrifttume Narsais, Manuskript des Verf.

[36]) Synode des Sabrišo‘ vom Mai 596 bei Braun, S. 283. Im Protokoll.

[37]) Synode des Mar Aba vom Jahre 543/4 bei Braun, S. 285 u. S. 283. Dazu S. 134.

[38]) Vergl. P. Krüger „Zum theologischen Menschenbild bei Babai d. Gr.", Oriens Christianus 44 (1960) 46—74 Stellen bei Narsai s. A. Mingana, Bd. I, S. 157, Z. 3—2 vu; S. 143, Z. 4—3 vu. u.ö.

Schöpfung. Der Katholikos Georg schreibt in seinem Briefe an den Priester Mina im Jahre 679: „Und so ordnete Gott allmählich die Gestaltlosigkeit der ungeformt geschaffenen Schöpfung gar wunderbar und weise zur Belehrung der zuvor geschaffenen, vernünftigen Geister“[39]). Die Engel haben Verstand und freien Willen und wurden vor ihrer Erschaffung von Gott von Ewigkeit her erkannt. Sie sind schön und unsterblich. Sie lieben Gott und haben sich in der Prüfung bewährt. Ihre Erkenntnis ist inbezug auf die leblose Schöpfung vollkommen. Den Menschen können sie nur beeinflussen. Sein Inneres bleibt ihnen verborgen. Sie haben eine himmlische und eine irdische Aufgabe. Im Himmel loben sie Gott, im irdischen Bereiche sind sie Diener der Vorsehung Gottes und wahren die innere und äußere gottgewollte Ordnung des Kosmos. Der Ablauf der Jahreszeiten z. B. und auch Geschehnisse und Ereignisse in der Welt, wie Krieg usw., liegen in ihrer Hand. Deshalb werden die Engel auch Wächter genannt. Nicht nur Menschen, auch Völker, Städte haben ihren Schutzengel.

Ihre Zahl ist unbegrenzt. Sie bilden eine Rangordnung in neun Chören, die zu je dreien zu einer mehr lockeren Einheit zusammengefaßt werden[40]).

Ein Teil der Engel wurde neidisch auf Gott und fiel so der Sünde anheim. Daher verstieß sie Gott. Seither gibt es Teufel oder Dämonen. Das Haupt der Teufel war als Engel der Beherrscher der Lüfte. Georg schreibt an Mina: „Manche aber der Engel, von Neid und Bosheit gegen (Ihn) bewegt, ließen sich dahin bringen, daß sie sich zum Sturze in den Abgrund des Hochmutes ... anschickten. Als unser guter Gott das sah, beraubte Er den Teufel, der über die Herrschaft der Luft gesetzt war und seine ganze Schar ihrer Ehre und Macht. Und von da an blieben sie verstoßen von Seinem Angesichte .... Und ständig bemühen sie sich, die Menschen durch Verführung, durch Ungehorsam gegen Gott in den Abgrund ihrer Bosheit zu werfen[41]).

h) Heiligen- und Märtyrerverehrung und Mönchtum

Neben Maria verehren die Nestorianer die Heiligen und die Märtyrer. Der liturgische Festkalender weist eine ganze Reihe von Marien- und Heiligenfesten auf. Die Begründung der Heiligenverehrung liegt in der Vollkommenheit der Heiligen, soweit sie menschlich erreichbar ist. Sie werden um ihre Fürbitte angerufen und gelten als Freunde Gottes.

---

[39]) S. Braun, S. 352. Die Schöpfung wurde ungestaltet aus dem Nichts von Gott erschaffen. Sodann begann Gott mit dem Werke der Ordnung und Ausschmückung zur Belehrung der Engel, die auf diesem Wege die Größe und Herrlichkeit Gottes erkennen sollten. Zur Beweglichkeit der Engel s. Brief Georgs an Mina: „Infolge dieser uns und den Geistern verliehenen Beweglichkeit und Willensfreiheit.“ Bei Braun, S. 354.

[40]) Zum Ganzen vergl. P. Krüger, Das älteste syrisch-nestorianische Dokument über die Engel, Ostkirchl. Studien 1 (1952) 283—296.

[41]) S. Braun S. 353.

Auch die Reliquien der Heiligen und Märtyrer werden verehrt. Die Synode Išoʿyabhs I. vom Jahre 586 schützt sie vor Mißbrauch, indem sie rügt: „Andere tragen Nachbildungen der Gebeine von Heiligen oder solche selbst und gehen herum und schleichen sich in die Häuser der Gläubigen, besonders leichtsinniger Weiber"[42]). Den höchsten Wert haben unter den Reliquien die Gebeine. Dieselbe Synode führt weiter an, daß sie „an den zur Ehre des Segens der hl. Gebeine bestimmten Orten niedergelegt und verehrt werden sollen"[43]). Diese Orte sind die unmittelbar an die Sakristeien der Kirchen angebauten Martyrien, die schon Rabbulas von Edessa († 435) hierfür reserviert hatte[44]). Die Nestorianer nehmen an, daß von den Gebeinen ein Segen ausgehe.

Das Mönchtum, das heute bei den Nestorianern ausgestorben ist, war in früheren Zeiten sehr lebendig und sehr bedeutend. Die Mönche lebten teils in der Gemeinschaft, teils als Einsiedler. Als Vater des eigentlichen Mönchtumes gilt Mar Eugen. Besondere Berühmtheit erlangte das von Mar Abraham d. Gr. gegründete Kloster auf dem Berge Iz(a)la bei Nisibis, dessen Tochterkloster Beth Abe ebenfalls von großer Bedeutung war[45]). Zum Mönchtum zählen auch die „Bundessöhne" und „Bundestöchter"[46]).

i) Eschatologie

Nach dem Tode werden die Seelen der Guten von dem Schutzengel in das irdische Paradies geleitet, wo sie bis zur Auferstehung am jüngsten Tage verweilen werden, die Seelen der Bösen gelangen in die Scheol. Die abgeschiedene Seele jedoch verfällt in diesem Zwischenzustand nicht einem Seelenschlafe, indem sie unbewußt dahinlebt. Sie ist wach, sie lebt weiter in dem Zustand, dem sie sich bei der Trennung vom Leibe befand. Sie ist aber unfähig, äußerlich zu wirken und tätig zu sein, da sie des Leibes beraubt ist. Sie führt ein rein in sich getragenes geistiges Leben. Sie kann weder Gutes noch Böses tun und hat eine bestimmte Vorahnung ihres kommenden ewigen Glückes oder ihrer

---

[42]) Braun S. 218/9. Kanon XIV.

[43]) Braun aaO.

[44]) Vergl. Braun, S. 219, Anm. 1.

[45]) Vergl. Näheres bei W. Budge, The book of governors. The historia monastica of Thomas, bishop of Marga, London 1893. Dazu: Bibliothek d. Kirchenväter, 2. Aufl., 22 (1915), S. 283—331: Ostsyrisches Mönchsleben von O. Braun.

[46]) Schon bei Aphrahat werden in einer 336/7 verfaßten Homilie „Bundessöhne" und „Bundestöchter" erwähnt, worunter eine Form des Aszeten- und Nasiräertums in der Welt verstanden wird. Hierüber hat jüngst S. Jargy gehandelt in seinem Artikel „Les »fils et filles du pacte» dans la littérature monastique syriaque", OCP 17 (1951) 304—320, ohne jedoch zu einem sicheren Ergebnis zu gelangen. Er meint (S. 320), daß man den Begriff der Bundessöhne und Bundestöchter nicht festlegen könne. Man müsse ihn jedesmal aus der Zeitepoche und dem Geist und der Sprache des betreffenden Schriftstellers verstehen.

Verdammnis[47]). Nach einigen Autoren verbleiben die Seelen der Guten und der Bösen gemeinsam in der Scheol. Die Nestorianer legen sowohl den Gebeten als auch der Darbringung des eucharistischen Opfers für die Toten große Bedeutung bei.

Dem unmittelbaren Weltuntergang geht die Herrschaft Satans voraus. Bosheit und Irrtum werden die Menschen verwirren und ihnen Leiden aller Arten bringen. Satan wird sich eines Menschen bedienen und durch diesen sich als Gott ausgeben und sich als Messias bezeichnen. Mit ihm wird Elias kämpfen und ihn besiegen.

Die Toten werden auferstehen — die Guten in Herrlichkeit der Seele und des Leibes, die Bösen in Häßlichkeit. Christus wird in großer Pracht wiederkommen, um den Kosmos zu erneuern und um Gericht zu halten. Nach dem Gerichte werden die Guten in die ewige Seligkeit des Himmels eingehen, wo sie der Anschauung der Glorie Gottes — nicht des Wesens Gottes — teilhaftig werden, die Bösen werden der ewigen Feuerpein der Hölle, der Gehenna, überantwortet[48]). Eine Fegfeuerlehre ist den Nestorianern unbekannt[49]).

k) Sakramentenlehre

Vorbemerkung über die Quellen

Als Quellen zur Sakramententheologie stehen uns nach der neuesten Forschung zur Verfügung die liturgischen Teilkommentare in der Briefliteratur über liturgische Fragen und in der liturgischen Kasuistik, insofern sie die Mysterien, d. h. nach unserer Begriffsauffassung die Sakramente, betreffen. Zu verhören sind aber auch die Werke der allgemeinen Theologie, der Exegese und bisweilen auch der Kirchengeschichte. In der Zeit von der Mitte des 7. Jahrh. bis zur Jahrtausendwende entstanden dann die liturgischen Ganzkommentare des Abraham bar Lipheh (7. Jahrh.) und des Anonymus (9. oder 10. Jahrh.). In diesem Zusammenhang sind auch zu erwähnen die Sammlung

---

[47]) Nach neueren Forschungen ist die Theorie vom Seelenschlafe wohl in das Reich der Fabel zu verweisen. Sie findet sich noch z. B. bei Fr. Heiler, Urkirche und Ostkirche, München 1937, S. 437. Vergl. P. Krüger, Le sommeil des âmes dans l'oeuvre de Narsai, L'Oriens Syrien 4 (1959) 193—210. Dazu Babai bei Vaschalde, S. 150. Die Quelle für unsere Darlegungen ist hier Narsai.

[48]) Vergl. E. K. Delly, Le 23e »Memra« de Narsai, in: Divinitas, Roma (1959) 1—36.

[49]) Einige Textnachweise: Zur Wiederkunft: Synode des Katholikos Mar Aba bei Braun, S. 135, 2. Abschnitt u. Brief des Mar Aba bei Chabot, S. 552. Christus wird so wiederkommen, wie Er in den Himmel aufgefahren ist. Zur Erneuerung des Menschen und des Kosmos: Brief des Katholikos Išo'yabhs I. bei Braun, S. 238. Allgemeines Gericht: Synode Išo'yabhs I. bei Braun, S. 203. Himmel: Das Leben des Mar Giwargis (Georg) von Mar Babai, Bibl. d. Kirchenväter[2] 22 (1915), übers. von O. Braun, S. 271; Synode des Mar Isaak vom Jahre 410 bei Chabot, S. 270. Hölle: Brief des Katholikos Išo'yabhs I. bei Braun, S. 247, Kanon 5; Synode des Katholikos Mar Ezechiel vom Februar 576 bei Braun, S. 170.

liturgischer Antworten auf Anfragen hin, zusammengestellt von Išoʿ bar Nun († 828). In unmittelbarer Nähe der Jahrtausendwende bewegt sich die Sammlung liturgischer Fragen, die man später Georg von Arbela († 960) zugeschrieben hat. Hieraus hat van Unnik einen Teil veröffentlicht, nämlich die Fragen über den Dienst des Altares[50]). Unveröffentlicht sind noch die Abhandlungen über die Taufe, die Priesterweihe, über die Ehe und über die Liturgie der heiligen Mysterien, d. h. der Meßliturgie[51]).

Die bedeutendsten Werke über die Mysterien der späteren Zeit, die eine Überschau und eine zusammenhängende Innenschau geben, sind: die Erklärung aller göttlichen Mysterien des Johannan bar Zo'bi (13. Jahrh.)[52]), die liturgischen Kommentare des Abdišoʿ († 1318) und seine kürzere Abhandlung über die Mysterien im „Buche der Perle über die Wahrheit der christlichen Religion“[53]), „das Buch der sieben Gründe der kirchlichen Geheimnisse“ des Patriarchen Timotheus II. († 1332)[54]).

α. *Die Mysterien im allgemeinen*

Begriff, Gruppierungen und Zahl

Die Nestorianer haben wohl gelegentlich über die Mysterien geschrieben, sind aber nicht zu einer systematischen und synthetischen Darstellung vorgedrungen.

Der Begriff „Mysterium“ ist sehr weitreichend und umfassend. Der gesamte Kultus der Kirche, mit dem der Gläubige in Berührung tritt, ist ein Mysterium: die Personen, die in ihm in die Erscheinung treten, ihre Handlungen und die von ihnen gebrauchten Gegenstände. Der Sinn des Mysteriums ist es, uns in geheimnisvoller Weise vermittels sichtbarer Dinge zu übernatürlichen Welt des Glaubens hinzuführen und emporzuheben. Nach dieser auf platonischen Ideen sich gründenden Begriffsauffassung gibt es sehr viele Mysterien. Das Mysterium ist immer Symbol: es stellt nicht nur dar, sondern enthält, trägt in sich, was es darstellt oder darstellen soll. So wird es zum Vermittler zwischen Gott und dem Menschen. Seine Existenz verdankt es nicht der Willkür von Menschen, sondern dem Wehen und Wirken des Hl. Geistes.

Mit der Definition des Mysteriums ist engstens verbunden der des Heiligen. Heilig ist eine Person oder eine Handlung oder ein Gegenstand, wenn sie bzw. er dem Profanen entzogen und dem Gebiete des Sakralen, das durch den Kultus bzw. durch die Liturgie bestimmt wird, zugeeignet wird.

---

[50]) Vergl. W. C. van Unnik, Nestorian Questions on the Eucharist, Haarlem 1937.
[51]) In der Handschrift vat syr 150.
[52]) Unveröffentlicht in der Handschrift Borg. syr. 90.
[53]) Bei A. Mai, Scriptorum veterum nova collectio, T. X., 2, Romae 1838, p. 317—366.
[54]) Noch in der Handschrift vat syr 151.

Die Mysterien sind nicht alle gleich. Es gibt unter ihnen Grade und Rangstufen. Als besondere Gruppe heben sich zunächst heraus Taufe und Eucharistie, die als erstrangig angesehen werden. Dieser Dualismus erweitert sich zu einer Dreiheit unter Hinzufügung der Priesterweihe. Weiterhin führen die Autoren Gruppierungen oder Gruppen von Mysterien an, die aber mehr oder weniger subjektiver Art und deshalb nur von akzidenteller Bedeutung sind.

Erst bei zwei Kirchenschriftstellern der späteren Zeit, bei Abdišo' († 1318) und Timotheus II. († 1332) finden wir eine durch eine bestimmte Zahl festgelegte Gruppe von Mysterien. Im Buche der Perle zählt Abdišo' folgende sieben Mysterien auf: die Priesterweihe, die Taufe, das Öl der Salbung, die Eucharistie, die Vergebung der Sünden, das fermentum, das Zeichen des lebenspendenden Kreuzes. Timotheus II. zählt in seinem Werke „Buch der sieben Gründe der kirchlichen Geheimnisse" ebenfalls sieben Mysterien auf, allerdings nicht dieselben wie Abdišo'. Seine Reihenfolge: Handauflegung (Priesterweihe), Weihe des Altares, die Taufe, Brechung der Eucharistie, die Mönchsweihe, das Begräbnis, Verlöbnis und Ehe. Eine Begründung für die Siebenzahl wird weder von Abdišo' noch von Timotheus II. gegeben. Dagegen unterscheidet Letzterer in der Siebenzahl ausdrücklich zwischen Haupt- und Nebenmysterien. Hauptmysterien, in denen der Hl. Geist unmittelbar und wahrscheinlich auch erhöht wirkt, sind folgende vier: Handauflegung, Altarweihe, Taufe und Eucharistie.

Der Spender. Der Spender der göttlichen Geheimnisse ist ausschließlich der Priester, dem von Gott durch die Kirche die Gewalt und die Vollmacht hierzu verliehen wurden. Dieser Fundamentalsatz hatte von jeher in der nestorianischen Kirche eine unumschränkte Geltung. Eine Sakramentenspendung kann weiterhin nur der der wahren Kirche Christi angehörende Priester vollziehen. Ein häretischer oder schismatischer Priester wäre hierzu nicht in der Lage. In einer Diskussion mit Häretikern und Schismatikern stellte Katholikos Išo'yabh III. (647—658) den Grundsatz auf: außerhalb der Kirche gibt es kein wahres und echtes Priestertum und deshalb auch keine wahren und echten Sakramente. Nur Katholikos Timotheus I. (780—823) macht hier eine Ausnahme. Er erklärt, daß die Spendung der Sakramente durch häretische Priester oder Häretiker die Gültigkeit nicht beeinträchtigen, vorausgesetzt, daß von einem solchen wenigstens die Gottheit und Menschheit Christi anerkannt werden.

Grundlegend für die Spendung ist das objektive Priestertum. Der Priester selbst ist persönlich nicht entscheidend. Das heißt in unserer Terminologie: das Mysterium im engeren Sinne wirkt aus sich durch seine gültige Setzung, es wirkt opere operato, unabhängig von der ethisch-moralischen Würde des Spenders.

Die Einsetzung der Mysterien durch Christus, die Apostel oder die Kirche. Die Priester sind in der Wahl und Auswahl der Mysterien nicht frei. Sie sind gebunden an den in der Kirche gebräuchlichen Mysterienkanon, der letztlich in der Tradition begründet ist und irgendwie auf den Hl. Geist zurückgeht. Timotheus II. hat hierüber folgendes Prinzip aufgestellt: „Es gibt nichts in der Kirche, was durch Zufall oder ohne Bedeutung eingesetzt worden ist. Alles, was in der Kirche eingesetzt worden ist, hat der Hl. Geist angeordnet, Er, der die Quelle der Wahrheit ist". Zur Einsetzung der Mysterien hat sich der Hl. Geist Christi, der Apostel und der Kirche bedient. So sind nach der Lehre der Nestorianer Taufe, Eucharistie und Priesterweihe unmittelbar von Christus, die Weihe des Altares, die Zeremonien der Taufe und das fermentum der Eucharistie unmittelbar durch die Apostel in die Kirche eingeführt worden. Andere Riten und Zeremonien werden auf die Oberhäupter der Kirche zurückgeführt.

Die Mysterien sind nicht in ihrer heutigen Gestalt und Form eingesetzt worden, sondern nur ihrer inneren Substanz nach. Im Laufe der Zeit haben sie sich äußerlich entwickelt und verändert. So erklären die Nestorianer die Verschiedenheit der Riten in den einzelnen Kirchen.

β. Die Mysterien im einzelnen

Bei der Besprechung der einzelnen Mysterien legen wir im wesentlichen den Mysterienkanon Timotheus' II. zugrunde.

Die Handauflegung. Das Zeichen der Priesterweihe ist bei allen nestorianischen Autoren die mit der Anrufung des Hl. Geistes verbundene Handauflegung zum Unterschiede von jener Handauflegung, bei der die Anrufung des Hl. Geistes nicht geschieht. Letztere wird z. B. bei der Mönchsweihe angewandt.

Das Priestertum verleiht einen unauslöschlichen Charakter. Der um 1300 geschriebene Liber Patrum erwähnt diesen Charakter mit folgenden Worten: „Donum sacerdotii, quod confertur secreto et manifeste et signatur et figitur in mentibus hominum modo indelebili et increabili." Išo'yabh III. äußert eine gegenteilige Meinung. Tatsächlich haben die Nestorianer die abgefallenen Priester bei der Wiederaufnahme nicht immer wiedergeweiht.

Nach der einstimmigen Auffassung der Nestorianer kann die Handauflegung nur vom Bischof vorgenommen werden. Die Hauptgrade des Priestertumes sind: Bischofsamt, Priesteramt und das Diakonat. Jede dieser drei Ordnungen ist unterteilt in drei weitere, so daß es also entsprechend den neun Chören der Engel neun verschiedene Stufen gibt. Diese neungradige Klassifikation wurde zum ersten Male erwähnt von Išo'bokt (8. Jahrh.). In der Aufzählung der einzelnen Stufen findet man aber bei den Autoren nicht immer eine Übereinstimmung. Der Liber Patrum gibt folgende Liste: 1. Die Oberpriester: Katholikos (Patriarch), Metropolit, Bischof; 2. die einfachen Priester: Chorbischof (früher Landbischof, jetzt nur noch ein Titel), Periodeut (Visitator), Priester; 3. die Diener: Diakon Subdiakon und Lektor. Die Salbung des Patriarchen und der Metropoliten ist nur dann eine wahre Konsekration, wenn der Kandidat noch nicht die Bischofsweihe empfangen hat. Die Synode vom Jahre 410 schreibt für die Bischofsweihe einen Konsekrator und zwei Mitkonsekratoren vor. Den Subdiakonen und Lektoren werden bei der Weihe die Hände nicht aufgelegt.

Die Weihe des Altares. Sie ist dem Bischofe vorbehalten und bei den Nestorianern ein sehr alter Brauch, dem sie eine große Bedeutung beimessen. Der Altar symbolisiert Christus. Seine Weihe gilt als Voraussetzung für die Gültigkeit des eucharistischen Opfers. Er wird bei der Weihe mit Öl gesalbt, das der Bischof eigens für diesen Zweck konsekriert hat. Dabei wird in einem begleitenden Gebetswort der Hl. Geist herabgerufen.

Die Taufe. Sie ist heilsnotwendig und ist die Grundlage für den Empfang weiterer Mysterien. Sie bewirkt die Eingliederung in die kirchliche Gemeinschaft, sie tilgt die persönlichen Sünden und gibt die Gnade der Kindschaft Gottes und das Anrecht auf die ewige Seligkeit. Die Taufe mit Wasser kann ersetzt werden durch das Martyrium (Bluttaufe) und wahrscheinlich auch durch die Begierdetaufe (Wunschtaufe).

Die Kindertaufe war schon sehr früh in Übung. Da die Nestorianer eine Erbsünde nicht anerkennen und die Kinder noch nicht sündigen können, wirkt die Kindertaufe bei ihnen nur nach der positiven Seite hin: sie verleiht die Gliedschaft der Kirche und die Kindschaft Gottes. Die Ablehnung der Erbsünde war auch der Grund der Abschaffung des Exorcismus und der Renuntiationen aus dem Taufritual der Kindertaufe. Die ohne Taufe verstorbenen Kinder kommen zu einem Orte der natürlichen Seligkeit und werden kirchlich beerdigt.

Grundsätzlich kann die Taufe nicht wiederholt werden. Die Wesenselemente der Taufe sind nach Timotheus II.: Wasser, hl. Öl, der Priester und die priesterlichen Gebete. Abdišoʿ bedient sich der scholastischen Terminologie, indem er das Wasser als die Materie, die Abwaschung durch dreimaliges Untertauchen im Namen der Dreifaltigkeit als die Form erklärt, die indikativ-passivisch ist: es wird getauft NN. Das Katechumenenöl wird jedesmal vor der Taufe vom Priester konsekriert.

Die Firmung. Eine postbaptismale Salbung findet sich zuerst bei einem Anonymus (9. oder 10. Jahrh.). Nach diesem tritt die volle Wirkung der Taufe erst ein durch die zuletzt erfolgende Bezeichnung mit Öl. Die Formel, die diese Salbung begleitet, lautet: baptizatus et perfectus est. Es handelt sich hier wohl nicht um ein eigenes Mysterium, sondern eher um einen die Taufe abschließenden Ritus im Sinne einer Vollendung. Emmanuel bar Šahare

(10. Jahrh.) spricht ebenfalls von einer Bezeichnung, nicht von einer Salbung nach der Taufe. In den Handschriften des Taufritus wird teils eine Salbung nach der Taufe erwähnt, teils nicht.

Die Nestorianer kennen eine Handauflegung nach der Taufe mit einem begleitenden Gebet. G. Bickell und neuerdings A. Raes erblicken hierin das Mysterium der Firmung. W. de Vries aber meint, die Nestorianer hätten niemals eine ausdrückliche Intention zur Spendung des Mysteriums der Firmung gehabt.

Die Eucharistie. Das äußere Zeichen sind gesäuertes Brot und mit Wasser gemischter Wein. Die Eucharistie ist Opfer und Kommunion zugleich. Vor der Feier der Liturgie wird das Brot unter Beimengung des fermentum (eines von den Aposteln überkommenen Sauerteiches) hergestellt bzw. gebacken.

Die Nestorianer glauben an eine reale und wahrhafte Gegenwart Christi in Brot und Wein. Über die Art und Weise der Gegenwart Christi sind die Autoren nicht einheitlicher Meinung. Babai d. Gr. († nach 628) spricht z. B. vom Brote als eines corpus typicum jenes Leibes, der im Himmel ist. Am nächsten kommt man der nestorianischen Auffassung durch die Parallele Eucharistie-Inkarnation. In Christus sind zwei Naturen=Personen, die göttliche und die menschliche, in der Einheit des parzopha = prosopon der Sohnschaft. Der parzopha bedeutet die tatsächliche Daseinsweise bzw. Erscheinungsweise Christi ohne eine physische Verbindung der beiden Naturen. Sie bleiben ganz selbständig. So auch in der Eucharistie: wie die göttliche Natur in der menschlichen wohnt, so wohnt = ist Christus in Brot und Wein gegenwärtig. Man kann daher die Gegenwart als Inhabitationstheorie bezeichnen. Im einzelnen gehen auch hier die Autoren auseinander. Eine Transsubstantiation haben die Nestorianer nicht anerkannt.

Die Nestorianer wollen nicht in der liturgischen Opferfeier einen bestimmten Punkt der Konsekration von Brot und Wein absolut festlegen. Trotzdem aber verlegen sie das Gegenwärtigwerden Christi praktisch in die Epiklese.

Die Buße. In der persischen Kirche war aller Wahrscheinlichkeit nach schon vor Bildung der nestorianischen Kirche die private Beichte in Übung. Als Zeuge wird Aphraates (Mitte des 4. Jahrh.) angeführt.

Die Nestorianer erkennen an die Möglichkeit der Tilgung der nach der Taufe begangenen Sünden. In der älteren Zeit geschah dieses durch die Bußinstitution für öffentlich bekannte und begangene Sünden. Die Büßer wurden am Ende ihrer auferlegten Bußzeit von den Priestern wieder aufgenommen, d. h. zum Empfang der Mysterien wieder zugelassen. Diese Einrichtung geriet ab 800 mehr und mehr in Vergessenheit.

Eine private Beichte gab es zur Zeit Išo'yabhs I. († 596). Er betrachtete sie aber nicht als verpflichtend. Es scheint, daß das Bekenntnis aller Sünden bei den Nestorianern bei der privaten Beichte, wo sie praktisch wurde, niemals eine unerläßliche Verpflichtung war.

Weitere Mysterien. Die Autoren bringen sehr wenig über die letzte Ölung. Sie haben sie nie den Mysterien zugerechnet. Es ist bisweilen die Rede von einer Salbung der Kranken, um sie zu heilen. Als Ersatz für die Letzte Ölung gilt des öfteren der Henana (eine geweihte Masse aus Erde, Öl und Wasser), von dem der Priester dem Kranken zu trinken gab.

Die Ehe erwähnt Timotheus II. unter den zweitrangigen Mysterien. Nach ihm ist die Ehe ein Abbild der Vereinigung Christi mit Seiner Kirche. Sie wird vom Priester gesegnet, nachdem die Brautleute vorher, im Ritus des Verlöbnisses mit anschließender Krönung, ihren Konsens gegeben haben.

Mönchsweihe und Begräbnisritus werden von Timotheus II. ebenfalls als Mysterien bezeichnet[55]).

II. Die jakobitisch-monophysitische Kirche

1. Geschichtliches und heutiger Bestand

Die Beschlüsse des Konzils von Chalcedon (451) erfuhren sowohl aus politischen als auch aus religiösen Gründen einen Widerspruch seitens der syrischen Kirche, die gegenüber den Machthabern des byzantinischen Reiches ihre Unabhängigkeit anstrebte. Theologisch zentralisierte sich ihre Opposition auf die Christologie. Sie stützte sich auf Cyrill von Alexandrien und behaupteten, das Chalcedonense sei wegen der Zweinaturenlehre dem Nestorianismus verfallen. Kaiser Zenon versuchte durch das 482 veröffentlichte Henotikon einen Ausgleich zwischen Monophysitismus (christologische Einnaturenlehre) und Orthodoxie herbeizuführen. Im allgemeinen legten die byzantinischen Kaiser dem Monophysitismus gegenüber eine ziemlich schwankende Haltung an den Tag. Mit Severus bestieg im Jahre 512 ein in der monophysitischen Lehre maßgeblicher Patriarch den Stuhl von Antiochien (bis 518).

Der Organisator der entstehenden monophysitischen Kirche wurde der zum Bischof geweihte Mönch Jakob Baradai († 577), der bei der Kaiserin Theodora in hohem Ansehen stand. Mit dem ebenfalls zum Bischof geweihten Mönche Theodor durchzog Jakob drei Jahrzehnte lang die Lande und weihte Bischöfe und Priester. Nach ihm wurden die syrischen Monophysiten Jakobiten genannt. Da Kaiser Justinian I. (527—565) sich als ein entschiedener Gegner erwies, gerieten die Jakobiten in einen Gegensatz zum Reiche und formierten sich zu einer selbständigen National- oder Volkskirche.

---

[55]) Vergl. zum Ganzen W. de Vries, La théologie sacramentaire chez les Syriens Orientaux, L'Orient Syrien, 4 (1959) 471—494. Hier finden sich auch die angeführten Stellen und Quellen.

Die arabische Eroberung in den Jahren 634—637 war vorerst noch ohne besondere nachteiligen Folgen. Doch gegen Ende des 7. Jahrhunderts begannen die Muhammedaner, die Jakobiten zu schwächen und zu unterdrücken. Der Mongoleneinfall unter Timur im 14. Jahrhundert zerbrach die innere und äußere Stärke der jakobitischen Kirche, die ein reiches literarisches Leben entfaltet hat, das im 11.—12. Jahrhundert den Höhepunkt erreichte.

Die rd. 100 000 Jakobiten leben in Syrien, im Irak, in Kurdistan, in der Libanonrepublik und in Amerika. R. Janin schätzt ihre Zahl auf 70 000[56]).

Hinzu kommen noch gegen 300 000 Jakobiten an der Malabarküste, die zu den Thomaschristen gehören. Schon im 4. Jahrhundert bestanden Wechselbeziehungen zwischen den Christengemeinden in Syrien, Persien und Indien (Malabarküste). Sie erkennen den Patriarchen von Antiochien als Oberhaupt an, haben jedoch unter einem Katholikos eine völlig selbständige Organisation. In ihre westsyrische Liturgie sind im Laufe der Zeit einige Sonderheiten eingedrungen. Es sei an dieser Stelle angefügt, daß es unter den Thomaschristen noch folgende von den Jakobiten abgespaltene selbständige Kirchengemeinschaften gibt: 1. die unabhängige jakobitische Kirche von Anjoor mit 4 000 Seelen, 2. die Marthomiten (stark anglikanisch orientiert) mit 200 000 Seelen und 3. die anglikanischen Syrer (auch reformierte Jakobiten genannt)[57]).

2. Verfassung

Innerhalb der kirchlichen Hierarchie unterscheiden die Jakobiten zwölf Stufen: Sänger, Lektor, Subdiakon (niedere Grade), Diakon, Archidiakon, Priester, Chorbischof, Perodeut, Bischof, Metropolit, Maphrian, Patriarch (höhere Grade). Chorbischof (früher Landbischof) und Periodeut (Visitator) erhalten eine spezielle Ordination. Der Archidiakon überwacht den Klerus. Dem Patriarchen ist der Maphrian beigegeben.

Heute wird von der Bischofsversammlung nur ein Bischof zum Patriarchen gewählt. Nach Ablegung des Glaubensbekenntnisses wird der Neugewählte inthronisiert. Er bedarf der staatlichen Anerkennung und residiert seit 1932 in Homs in Syrien. Seiner kirchlichen und zivilen Jurisdiktion sind alle Syrer seines Bekenntnisses unterworfen, er ernennt die Bischöfe und konsekriert das Myron, das Chrisma. Eine gewisse Anerkennung wird ihm auch von den Jakobiten der Malabarküste gezollt.

Der Maphrian hatte ehemals eine bedeutende Stellung. Heute bekleidet er ein Ehrenamt und gilt als der Vertreter des Patriarchen. Der Klerus ist nur einigermaßen ausgebildet, insoweit die Spendung der Sakramente und die Feier der Meßliturgie in Frage kommen. Sie haben eine Familie.

---

[56]) R. Janin, Les Églises Orientales et les Rites Orientaux, Paris 1955, S. 387.

[57]) Zur Statistik vergl. P. Placidus, Die St.-Thomaschristen oder die syrischen Christen von Malabar, Ostkirchliche Studien 4 (1955) 287.

3. Die Liturgie

Die bei den Jakobiten gebräuchliche westsyrische Liturgie hat sich aus dem antiochenischen Ritus entwickelt, der sich zunächst des Griechischen als Kultsprache bediente. Hauptsächlich infolge der dogmatischen und volklichen Gegensätze gegenüber den Byzantinern ersetzte man das Griechische durch die syrische Landessprache, die zum Unterschiede vom Ostsyrischen das Westsyrische ist. Aufgrund ihrer nationalen Eigenständigkeit gaben die Syrer ihrer Liturgie eine eigene Prägung. Heute werden innerhalb der Eucharistiefeier die Epistel und das Evangelium den Gläubigen auch arabisch verkündet.

Die dreischiffigen Kirchen sind geostet. In dem vom übrigen Kirchenraum durch eine Zwischenwand getrennten Sanktuarium befinden sich drei Altäre, von denen der mittlere, von einem Baldachin überdacht, der Darbringung des eucharistischen Opfers dient. An das Sanktuarium schließen sich an das Diakonikon (Sakristei) und der Beth-Qadiše (Aufbewahrungsort der Reliquien des Kirchenpatrons). Das Chor ist dem Sanktuarium vorgelagert.

Die hl. Gefäße sind dieselben wie im byzantinischen Ritus außer der Lanze, die keine Verwendung findet. Das Brot ist gesäuert. Die priesterlichen Gewänder haben eine eigene Form.

Außer dem unveränderlichen Rahmenwerk (ordo communis) besitzen die Jakobiten für die Feier der Eucharistie eine ganze Reihe von Anaphoren, gegen 70, deren Muster die Jakobusanaphora ist[58]). Viele werden nicht mehr gebraucht. Die Gläubigen kommunizieren unter beiden Gestalten.

Die Materie für die Taufe ist natürliches Wasser, das vom Priester, dem ordentlichen Spender der Taufe, vorher geweiht wird. Einer Reihe von Gebeten folgt eine Anzahl von Kreuzzeichen, sodann der Exorzismus und eine dreifache Salbung auf der Stirne des Täuflings. Die Taufformel ist trinitarisch und indikativ-passivisch.

Unmittelbar an die Taufe schließt sich die Firmung an, wobei die Glieder des Körpers gesalbt werden.

Die Beichte ist seltener geworden. Man bekennt vor dem Eingang zur Kirche dem Priester seine Sünden in einer allgemeineren Form, worauf der Priester dem Pönitenten die Buße auferlegt und ihn unter Gebet losspricht.

Für die Letzte Ölung sind, wie im byzantinischen Ritus, sieben Priester erforderlich. Die Kranken werden an den Gliedern mit dem vom Priester vorher geweihten Öl gesalbt. Im Notfalle genügen drei Priester.

---

[58]) Näheres über den Begriff der Anaphora (auswechselbarer Opfer- und Kommunionteil) und über diese selbst s. die eingehende Studie von G. Khouri-Sarkis, Notes sur l'anaphore syriaque de saint Jacques, L'Orient Syrien 5 (1960) 3—32; ders., L'anaphore syriaque de saint Jacques, introduction, traduction. L'Orient Syrien 4 (1959) 385—448. Deutsche Übers. der Jakobusanaphora von E. Hammerschmidt, Die syrische Jakobusanaphora, Ostkirchliche Studien 4 (1955) 289—299.

Das Stundengebet, hauptsächlich bestehend aus liturgischen Kompositionen, Hymnen, Psalmen und Gebeten, umfaßt folgende Einzelteile: Matutin, Laudes, Prim, Terz, Sext, Non, Vesper, Komplet.

Der Kirchengesang ist etwas kompliziert. Noten gibt es nicht, deshalb müssen die Sänger die Melodien auswendig kennen. Wie bei den Byzantinern gibt es auch bei den Jakobiten acht Töne.

Das Kirchenjahr beginnt mit dem Sonntag, der dem 1. November am nächsten liegt. Der Advent dauert acht Wochen. Nach Weihnachten dienen drei bis fünf Wochen der Vorbereitung auf die Fastenzeit, die sieben Wochen umfaßt. Die Osterzeit dauert ebenfalls sieben Wochen. Von Pfingsten bis zum Feste Kreuzauffindung (14. Sept.) sind es dreizehn bis achtzehn Wochen. Die Muttergottes- und Heiligenfeste sind sehr zahlreich. Fast- und Abstinenztage werden sehr streng gehalten.

4. Die Glaubenslehre

a) Die Quellen

Die Jakobiten lehren zwei Glaubensquellen: die Hl. Schrift und die Tradition. Die Kirche bestimmt autoritativ, welche Bücher zur Hl. Schrift gehören; ferner erklärt die Kirche die Hl. Schrift in autoritativer Weise[59]). Ein Lehramt der Kirche wird hier also nicht in Abrede gestellt.

Die Tradition ist nach den Jakobiten niedergelegt zunächst in den drei großen Konzilien, nämlich in dem von Nikäa (325), im 1. Konzil von Konstantinopel (381) und im Konzil von Ephesus (431). Die Räubersynode von Ephesus (449—450) wird zwar anerkannt, doch wird sie den drei großen Konzilien nicht als gleichwertig erachtet. Außer den Konzilien ist die Tradition erhalten und aufbewahrt in den Schriften der Väter der Kirche, die meistens Bischöfe sind[60]).

b) Die Lehre von Gott dem Einen und Dreifaltigen

In der Lehre über Gott den Einen stimmen die Jakobiten völlig überein mit den Nestorianern, Orthodoxen und der katholischen wie der evangelisch-protestantischen Kirche. In den dogmatischen Anschauungen über die Trinität läßt sich im wesentlichen die gleiche Identität feststellen. Jedoch in der Frage nach dem Ausgang des Hl. Geistes werden unterschiedliche Anworten gegeben. Barhebräus († 1286) bezeugt den ewigen Ausgang des Hl. Geistes nur vom Vater. Er erklärt, daß der Hl. Geist vom Sohne nichts erhalten habe, was zu Seinem Wesen gehöre[61]). Weiterhin sagt er dann, es sei zutreffender,

---

[59]) Vergl. W. de Vries, Zum Kirchenbegriff der späteren Jakobiten, OCP 19 (1953) 165.
[60]) W. de Vries, Zum Kirchenbegriff, S. 165—168.
[61]) Vergl. Fr. Graffin, Le Candélabre du Sanctuaire de Grégoire Abou'lfaradj, dit Barhebräus. 3 e base: de la théologie, Patrologia Orientalis, t. 27, fasc. 4, Paris 1957, S. 129.

anzunehmen, der Hl. Geist habe vom Sohne die „Art und Weise der Offenbarung an die Kreaturen" empfangen, womit die zeitliche Sendung des Hl. Geistes vom Sohne intendiert ist[62]). In den liturgischen Texten jedoch wird der Auffassung des öfteren Raum gegeben, daß der Hl. Geist aus dem Vater und Sohne von Ewigkeit her ausgehe.

c) Christologie

Die jakobitische Kirche bekennt sich zu einer Christologie severianischer Richtung (nach Severus von Antiochien, † 518), die wie folgt skizziert werden kann.

Christus besitzt eine volle und ganze Menschennatur mit Leib und Seele, der Er außer der Sünde ganz verhaftet ist. Auch im Augenblicke der Menschwerdung bleibt die menschliche Natur als solche und wird nicht aufgehoben. Doch erleidet sie eine gewisse Einschränkung dadurch, daß sie nicht ihrer Existenz, sondern ihrer Subsistenz nach vom göttlichen Logos terminiert ist. Ihre Funktionen sind gleichsam an die göttliche Natur gebunden. Die Einheit zwischen göttlicher und menschlicher Natur ist daher nicht eine personale oder hypostatische, sondern eine compositorische, in der allein der göttliche Logos handelt und bestimmt. Die Menschennatur ist in diesem Sinne dem Logos subordiniert. Somit ist Christus der Realität nach nur eine Natur, die göttliche, die sich zur Erlösung der Menschheit der menschlichen Natur bediente. Christus ist zwar aus zwei Naturen, aber nicht in zwei Naturen. Er ist wesentlich der göttliche Logos[63]).

d) Ekklesiologie

Die Lehre von der Kirche bei den Jakobiten entspricht im wesentlichen durchaus den Auffassungen der römisch-katholischen, der orthodoxen wie auch mit gewissen Einschränkungen der evangelischen Kirche. Wir brauchen deshalb hier nur auf die Hauptpunkte hinzuweisen.

Die Kirche ist eine innere, auf der Gnade gegründete, wie auch eine äußere, sichtbare Gemeinschaft. Sie ist hierarchisch gegliedert. In dem von den Jakobiten anerkannten Symbol von Nikäa-Konstantinopel sind folgende vier Merkmale der Kirche enthalten: Einheit, Heiligkeit, Katholizität, Apostolizität. Sie ist von Christus gestiftet worden. Er ist ihr Bräutigam, sie ist Sein

---

[62]) AaO.

[63]) Näheres: Jos Lebon, La christologie du monophysisme syrien, in: Das Konzil von Chalcedon in Geschichte und Gegenwart, I, Würzburg 1951, S. 425—580. Dazu: P. Mouterde, Le Concil de Chalcédoine d'apres les historiens monophysites de langue syriaque, aaO, S. 581—602; P. Krüger, Das Problem der Rechtgläubigkeit Jakobs von Serugh und seine Lösung, Ostkirchliche Studien 5 (1956) 167.

geheimnisvoller Leib. Die Taufe verleiht die Mitgliedschaft der Kirche. Ohne die Kirche gibt es kein Heil, das im Auftrage der Kirche durch die Priester vermittelt wird.

Neuerdings hat W. de Vries beachtliche Forschungen vorgelegt über die Anschauungen der Jakobiten von der Kirche und insonderheit auch von dem Primate des Papstes. Bei den Autoren finden sich Stellen, die den Primat Petri und des Papstes anerkennen. Jedoch haben sie diese Auffassungen nie in die Praxis umgesetzt[64]). Ihr Oberhaupt ist der Patriarch.

e) Angelologie

Diese Disziplin ist ein noch ziemlich unerforschtes Gebiet.

Die Engel sind reine Geister, begabt mit Verstand und freiem Willen. Sie hießen auch Wächter, deren Natur wie bei den Nestorianern feuerartig gedacht wird. Sie sind vor dem Menschen von Gott aus dem Nichts erschaffen worden[65]). Die Engel haben die Aufgabe, im Himmel Gott zu loben und auf Erden die Menschen zu lenken und zu leiten (Schutzengel). Das Amt der Schutzengel beschreibt Jakob von Serugh wie folgt: „Siehe, die Engel sind bei uns geistigerweise und wir haben nicht das reine Auge, um sie zu sehen. Es sind unter uns Dämonen, die alle Tage Netze legen. Und es sind die Engel da, die uns in liebevoller Weise helfen“[66]). Barhebräus schreibt den Engeln ein allgemeines Priestertum zu[67]), wohl deshalb, weil die Engel Gott dienen. Weiterhin unterscheidet Barhebräus die Engel in eine hohe oder obere Kirche, gebildet von den Seraphim, Cherubim und Thronen, in eine mittlere, bestehend aus Fürstentümern, Mächten und Herrschaften und in eine dritte oder untere Kirche, bestehend aus den Vorstehern, Erzengeln und Engeln[68]). Die neun Chöre sind zu je dreien zu einer Gruppe zusammengefaßt. Die Zahl der Engel ist unbestimmt. Die Aufteilung der Engel in Chöre und Gruppen hat Barhebräus ohne Zweifel von Ps.-Dionysius übernommen[69]).

---

[64]) Vergl. hierzu Algermissen, S. 380/81, wo auch auf die Literatur hingewiesen wird. Dazu W. de Vries, Zum Kirchenbegriff der späteren Jakobiten, OCP 19 (1953).

[65]) Vergl. R. Kohlhaas, Jakobitische Sakramententheologie im 13. Jahrh. Der Liturgiekommentar des Gregorius Barhebräus (Liturgiegeschichtliche Quellen und Forschungen, Heft 36), Münster (Westf.) 1959, S. 46.

[66]) Jakob ist wohl den Monophysiten zuzurechnen. Vergl. P. Krüger, Das Problem der Rechtgläubigkeit des Jakob von Serugh und seine Lösung, Ostkirchliche Studien 5 (1956) 158—176 u. 225—242; ders., Untersuchungen über die Form der Einheit in Christus nach den Briefen des Jakob von Serugh, Ostk. Studien 8 (1959) 184—201. Den Text s. P. Bedjan, Homiliae selectae Mar Jakobi Sarugensis, IV, Parisiis 1908, S. 337, Z. 4—1 vu, Sermo 120.

[67]) S. Kohlhaas, S. 18.

[68]) S. de Vries aaO, S. 174.

[69]) Vergl. Kohlhaas, S. 48 ff. Zur Angelologie s. auch Art. Angelologie chez les Syriens DTC I, 1 (1930) 1253—1259, der sich allerdings mehr auf die Nestorianer bezieht.

Das Wissen der Engel ist umfassend. Sie kennen alle Dinge. Ihr Wissen erwerben sie nicht durch Vergleiche und Kombinationen, sondern durch eine „einfache und einzigartige" Schau[70]).

f) Anthropologie

Die Welt und der Mensch sind von Gott aus dem Nichts erschaffen, d. h. in philosophischer Terminologie: ins Dasein gerufen worden. Der Leib Adams ist unmittelbar aus der Hand Gottes hervorgegangen, dem Gott die Seele einhauchte. Eva wurde von Gott als Mensch aus der Rippe Adams gebildet. Die ersten Menschen besaßen der Seele nach ein natürliches und übernatürliches Ebenbild Gottes; das natürliche bestand in dem mit Verstand und freiem Willen begabten Geistsein, das übernatürliche in der Glorie, d. h. in der Herrlichkeit der Gnade. Auf Grund ihres übernatürlichen Ebenbildes erhielten Adam und Eva, die außerhalb des Paradieses erschaffen waren, dieses als Aufenthaltsort und Wohnstätte zugewiesen. Adam besaß eine Herrscherstellung im gesamten Kosmos, der ihm mit Einschluß der Tierwelt diente und hatte eine besonders tiefe Einsicht in alles Geschaffene. Durch die Übertretung des Gebotes Gottes sündigten die Stammeltern, unter denen Adam das Haupt und der Ursprung der Menschheit ist. Diese Ursünde hatte erhebliche Folgen für die ersten Menschen wie auch für das ganze Menschengeschlecht. Die Folgen für Adam und Eva: Verlust der Gnade, des Paradieses, der besonderen Erkenntnis und der Herrscherstellung Adams, sodann der Tod, Schmerz, Mühe und Arbeit; die Folgen für die Menschheit: Sünde, Begierde und Leidenschaften, Tod, Schmerz und Arbeit, Krankheiten, Herrschaft des Teufels. Adams wegen wurde auch die Erde verflucht: sie trug Disteln und Dornen. Christus wurde Mensch, um den ordo primus, den Zustand in der Erschaffung, wiederherzustellen.

Parallel der Erschaffung wird dem Leibe des Menschen im Mutterschoße erst nach einiger Zeit, nach allgemeiner Annahme nach 40 Tagen, die Seele einerschaffen. Philoxenus von Mabbug († um 522) scheint der Erste zu sein, der eine gewisse Vorstellung von der Erbsünde hatte[71]).

In ethischer Hinsicht wird als Maxime aufgestellt, daß der Mensch sich hier auf Erden eines Wandels der Engel befleißigen soll[72]).

g) Mariologie und Heiligenverehrung

Im wesentlichen sind es zwei Grundgedanken, die die Auffassung von der Gottesmutter bestimmen: Maria ist Mutter und Jungfrau zugleich. Sie ist

---

[70]) E. Lemoine, Philoxène de Mabbug, Homélies (Sources Chretiennes, 44) Paris 1956, S. 472.

[71]) Vergl. Der erste Mensch und die erste Sünde in der Frühzeit des Monophysitismus. Manuskript des Verf.

[72]) So z. B. Philoxènus von Mabbug bei Lemoine S. 222.

die virgo-mater. In dieser Anschauung zeigt sich deutlich, daß Maria immer in engster Verbindung mit Christus gesehen wird. In welchem Verhältnis steht Maria zur Sünde? Trotz ihrer anhaftenden Sündhaftigkeit war sie ethisch rein und makellos. Weil sie sich ethisch bewährt hat, wurde sie von Gott zur Mutter Seines Sohnes auserwählt. Als der Hl. Geist auf sie herabkam, wurde nicht nur die Menschheit Christi in ihr gebildet, sie wurde auch unmittelbar vor der Menschwerdung des Herrn durch denselben Hl. Geist von der Sündhaftigkeit selbst befreit und dadurch ontisch erhöht. Maria ward jetzt die Gnadenvolle, die Herrliche, ganz Reine. Am Heile der Menschen hat Maria insofern mitgewirkt, als sie der Welt den Erlöser geschenkt hat. Ihre Mitwirkung an der Erlösung ist also eine instrumentale. Maria hat auch eine Beziehung zur Kirche. Severus von Antiochien († 518) hebt hervor, daß der Mensch durch Maria zur Gemeinschaft mit Gott berufen worden ist, der ein Familiencharakter eigen ist, welcher in einer Gnadengemeinschaft gründet. Maria gab den Menschen den Weinstock, Christus, an dem die Menschen die Glieder sind. Hier liegt ein Bezug auf die innere Kirche vor. Somit ist Maria auch die Mutter des mystischen Leibes Christi, der Kirche. Sie ist der „Sitz der Weisheit", weil in ihr der Logos wohnte. Da Maria den Himmel wieder für die Menschen geöffnet hat, ist sie auch Mitbegründerin der triumphierenden Kirche. Nach Severus empfängt der Mensch in der Eucharistie den Leib und das Blut des Herrn, die aus Maria geboren wurden. Jakob von Serugh, der uns als Erster von der Schmerzensmutter berichtet, sieht die Kirche als eine virgo, deren Urbild Maria ist[73]). Einer leiblichen Aufnahme in den Himmel steht die jakobitische Kirche eher positiv als negativ gegenüber. In den Schriften unter dem Namen Ephräm ist sogar von einer leiblichen und seelischen congloria cum Christo die Rede[74]).

Die Heiligen und Märtyrer gelten als Freunde Gottes und wahre Nachfolger Christi. Wie die Muttergottes-, so sind auch die Heiligenfeste sehr zahlreich. In der Liturgie werden sie gemeinsam mit Maria um Fürbitte angerufen. Die Reliquien der Heiligen und Märtyrer, besonders ihre Gebeine, genießen eine hohe Verehrung.

h) Klösterliches Leben

Der Vater des monophysitischen Mönchtumes ist nach der Tradition Mar Eugen, der in der ersten Hälfte des vierten Jahrhunderts das Mönchtum aus Ägypten nach Syrien gebracht haben soll. Der früheste Ansatzpunkt wäre das

[73]) Vergl. P. Krüger, Maria und die Kirche in der älteren syrischen Väterliteratur, in: Maria et Ecclesia, Actus congressus mariologici-mariani in civitate Lourdes anno 1958 celebrati, vol. III: de parallelismo Mariam inter et ecclesiam, Romae, 1958 S. 109—110, S. 133—135.

[74]) Vergl. Algermissen, Konfessionskunde, S. 379.

Jahr 300. Im syrischen Raume hat sich das monophysitische Mönchtum vor allem in dem Gebirgsland Tur-'Abd(h)in etabliert. Hier war das Hauptkloster Quartamin, das künstlerisch, literarisch, kulturell wie auch religiös eine hervorragende Bedeutung gewonnen hat. Aus dem ersten Jahrtausend sind uns ungefähr 20 weitere Klöster bekannt, die mehr oder weniger Stätten der religiösen Kultur und Bildung waren.

Das Koinobitentum war vorherrschend. Daneben war das Eremitentum lebendig. Auch Nonnenklöster sind aus der Frühzeit des Monophysitismus nicht unbekannt[75]).

Von den zahlreichen Klöstern früherer Zeiten besitzen die Jakobiten heute noch gegen 10, von denen das hervorragendste das Kloster Mar Mattai bei Mossul ist.

An der Spitze der Klostergemeinschaft steht der von den Mönchen gewählte und vom Bischof durch Handauflegung consekrierte Rabban.

i) Eschatologie

Der Tod bedeutet die Trennung der Vernunftseele vom Leibe. Jedoch erklärt Barhebräus, daß sich die Seele nicht absolut vom Leibe trenne. Weil ihre Verbindung mit dem Leibe eine solche der Liebe sei, halte sie immer einen Blick auf jenen Leib gerichtet, den sie abgelegt habe, dorthin, wo sie ihn abgelegt habe. Daher erfahre, wenn wir zu dem Grabe, dem Schreine jenes Leibes, kommen, unsere Seele eine Begegnung mit jener Seele[76]). Die Seele bleibt in einer gewissen Verbindung mit ihrem Leibe.

Nach dem Verlassen des Leibes kommen der Seele die Engel und Dämonen entgegen, die um die Seele kämpfen[77]) und nach bestandenem Kampfe diese, wobei ihr Zustand entscheidet, an den Ort geleiten, wo sie bis zum Weltende verharren soll. Barhebräus spricht nicht von einem besonderen Gerichte, aber er schreibt, daß die Seelen der Gerechten bei den Engeln des Lichtes wohnen werden, während die Seelen der Sünder bei den Dämonen verweilen müssen[78]). Vielleicht liegt hier die Vorstellung von einem vorausgehenden besonderen Gerichte zugrunde. Die allgemeine Auffassung ist die, daß die Seelen der Guten im irdischen Paradiese, die der Bösen in der Scheol lokalisiert werden. Letzteren kann das Gebet der Lebenden noch helfen, wenigstens,

---

[75]) Vergl. P. Krüger, Das syrisch-monophysitische Mönchtum im Tur-'Abdlh)in von seinen Anfängen bis zur Mitte des 12. Jahrh., Münster (Westf.) 1937.

[76]) Vergl. R. Kohlhaas, Jakobitische Sakramententheologie im 13. Jahrh. Der Liturgiekommentar des Gregorius Barhebräus (Liturgiewissenschaftliche Quellen und Forschungen, Heft 36), Münster (Westf.) 1959, S. 46.

[77]) AaO, S. 79.

[78]) DTC XIV, 2 (1941) 3045 ff.

insofern ihr Los erleichtert werden kann[79]). Der Gedanke an ein die Sünden tilgendes Reinigungsfeuer ist einzelnen Theologen nicht ganz fremd[80]). Nach dem Weltuntergange wird dann im allgemeinen Weltgerichte das endgültige Urteil von dem in Herrlichkeit wiedererschienenen Christus gefällt, nachdem die Toten dem Leibe und der Seele nach in Glorie oder in Häßlichkeit je nach ihren Werken auferstanden sind[81]). Der Lohn der Guten wird die ewige Seligkeit des Himmels in der Anschauung Gottes bzw. der Glorie Gottes sein, der der Sünder die ewigen Feuerqualen der Gehenna, der Hölle.

k) Sakramentenlehre

Bezüglich der Sakramentenlehre sind wir wie bei den Nestorianern in der Lage, auf Grund der neuesten Forschungen von de Vries Genaueres und Umfassenderes zu bieten. Deshalb behandeln wir diese wie bei den Nestorianern zuletzt und stützen uns auf das maßgebliche Werk von de Vries[82]), dessen Inhalt wir kurz skizzieren.

α) *Die Mysterien im allgemeinen*

Begriff, Wirkweise, Ursprung. Die Jakobiten sprechen den Mysterien denselben Symbolcharakter zu wie die Nestorianer. So haben auch bei den Jakobiten alle materiellen Sachen, Dinge und Handlungen innerhalb der Liturgie nicht nur in sich einen Sinn. Ihre primäre Bedeutung ist eine übernatürliche. Nach dem platonischen Prinzip Idee-Abbild haftet ihnen das Göttliche an, das sie den Menschen vermitteln.

Das Mysterium ist, so können wir es bestimmen, eine wahrnehmbare Handlung oder eine sichtbare Materie, mit denen, um ein Wort Theodor bar Wahbuns († 1192) zu gebrauchen, das Göttliche wie „das Feuer mit dem Eisen" verbunden ist. Das Mysterium geht über den Rahmen einer reinen Darstellung oder Erinnerung hinaus.

Aus der Definition des Mysteriums folgt, daß es nicht menschlichen Ursprunges sein kann. Es ist von Christus eingesetzt und von den Aposteln über-

[79]) Algermissen, S. 382. Er spricht hier von einer sühnenden Sphärenreise der abgeschiedenen Seelen.

[80]) Heiler, S. 464.

[81]) Über die Auferstehung des Leibes hat Barhebräus reichhaltige und höchst interessante Ausführungen gemacht. Einzelne seiner Thesen: Der Auferstehungsleib ist identisch mit dem verstorbenen Leibe, dem kein Glied fehlen wird; die Leiber werden im Vollalter von 30 Jahren auferstehen und nicht in verschiedenen Altern; ob die Auferstandenen Haare und Nägel wiedererhalten oder nicht; ob die Auferstandenen sich des gesprochenen Wortes bedienen oder nicht; die Auferstandenen bedürfen nicht mehr der Kleider; ob die Menschen sich nach der Auferstehung erkennen oder nicht; die Auferstandenen bedürfen nicht der Speise und des Trankes usw. Näheres bei H. Koffler, Die Lehre des Barhebräus von der Auferstehung der Leiber, Roma 1932 (Orientalia Christiana XXVIII, 1).

[82]) W. de Vries, Sakramententheologie bei den syrischen Monophysiten, Roma 194 (Orientalia Christiana Analecta 125).

liefert worden. Eine Entwicklung sekundärer Art in den einzelnen Riten wird nicht ausgeschlossen. Moses bar Kepha († 903) meint, die Mysterien seien entweder auf Christus oder auf die Kirche unter Leitung und Eingebung des Hl. Geistes zurückzuführen.

Bestimmte Gruppen. Unwiederholbarkeit. Empfänger. Die Mysterien stehen nicht alle auf der gleichen Stufe. Taufe, Firmung (Salbung mit dem Myron), die Buße, die Handauflegung vermitteln den Hl. Geist, andere dagegen nicht. Eine eigene Gruppe bildet die Dreiheit: Taufe, Myronsalbung, Eucharistie. Sie sind aus Geist und Materie zusammengesetzt, also nach unserer Terminologie aus dem sichtbaren Zeichen und der inneren Gnade. Obwohl die Jakobiten, wie hier ersichtlich, eine genaue Vorstellung vom eigentlichen Mysterium haben, so ist von ihnen doch nicht ein spezieller Sakramentsbegriff entwickelt worden. Die Konsekration des sichtbaren Zeichens, der Materie, geschieht durch eine Epiklese, so daß drei Epiklesen unterschieden werden: eine Taufepiklese, eine Myronepiklese und eine eucharistische Epiklese.

Taufe, Firmung und Priesterweihe können nur einmal empfangen werden. Der Grund hierfür liegt in der Mitteilung eines unzerstörbaren Merkmals, das jedes der drei Mysterien der Seele einprägt.

Die Mysterien wirken objektiv durch ihre Setzung und den Vollzug durch den Priester im Namen der Kirche in der Fortsetzung und Zuneigung des Heilswerkes Christi an die Menschen. Das bedeutet aber nicht, daß sich der Mensch gegenüber den Mysterien rein passiv verhalten soll. Das ist nur bei der Kindertaufe der Fall. Der Erwachsene soll sich auf den Empfang des Mysteriums vorbereiten. Verlangt wird zuerst der Glaube. Außer dem Glauben ist die Absicht wichtig.

β) Die Mysterien im einzelnen

Erst in jüngerer Zeit sind die Jakobiten zu einer feststehenden und einheitlich anerkannten, bestimmten Zahl von Mysterien gekommen. Sie kennen sieben Mysterien. Wann diese Siebenzahl angenommen wurde, ist noch nicht ganz geklärt. Sie geht aber unverkennbar auf einen lateinischen Einfluß zurück. Der Katechismus des Patriarchen Severius Barzauma schreibt: „Die Mysterien der Kirche sind diese: die Taufe, das Myron, die Eucharistie, die Buße, die Priesterweihe, die Krankenölung und die Ehe“ (de Vries S. 99).

Die Taufe. Die Taufe ist von Christus eingesetzt und das erste und grundlegende Sakrament. Sie steht im engsten Zusammenhang mit der Taufe Christi. Einige Autoren zählen mehrere Arten von Taufen auf, so Bar Kepha sieben, Barhebräus († 1286) acht Arten, unter ihnen die Bluttaufe (Märtyrer), die Feuertaufe (Fegfeuer?) und die Taufe der Tränen (Buße). Einer Begierdetaufe (Wunschtaufe) begegnet man nicht in den Texten.

Die Taufe ist heilsnotwendig. Selbst die Gottesmutter ist nach Bar Kepha von Johannes getauft worden. Die Heilsnotwendigkeit wird öfter von den Autoren abgeschwächt. Ungetauft gestorbene Kinder sind glücklich und leiden nicht. Es herrschen hier zwei Ansichten vor: die Kinder kommen in den Himmel oder sie werden nach dem Glauben der Eltern belohnt oder bestraft. Erstere aber hat das Übergewicht.

Die Materie der Taufe ist Wasser, die der feierlichen Taufe geweihtes Wasser. Sie wird durch ein dreimaliges Untertauchen gespendet. Im Falle einer Nottaufe ist das Aufgießen des Wassers gestattet, neuerdings auch nur eine Bezeichnung der Stirne in Kreuzesform mit Wasser. Die Taufformel ist trinitarisch und der Form nach indikativ-passivisch. Nur die Formel der Nottaufe, die auch ein Laie spenden kann, ist aktivisch.

Der ordentliche Spender der Taufe ist der Priester, der außerordentliche der Diakon. Empfänger sind Kinder und Erwachsene. Die Wirkungen der Taufe sind zweifacher Art: die Tilgung der Sünden und die Gnade des Hl. Geistes. Unter Berufung auf die Kindertaufe meint de Vries, daß die Taufe nach den Jakobiten auch die Erbsünde tilge.

Die Firmung. Die Firmung ist unmittelbar mit der Taufe verbunden. Die Materie ist das aus Balsam und Olivenöl hergestellte Myron, dessen Weihe eine hochfeierliche und repräsentative Zeremonie darstellt, die heute dem Patriarchen vorbehalten ist. Es ist nicht klar, ob es bei der Spendung der Firmung neben der Salbung mit dem Myron eine Handauflegung gegeben hat. Die Formel ist trinitarisch und indikativ-passivisch. Der Spender ist der Priester.

Als Vollendung der Taufe bedeutet die Firmung eine Besiegelung. Sie schenkt die Fülle der Gnaden des Hl. Geistes und stärkt zum geistigen Kampf gegen das Böse. Eine klare Antwort über die Heilsnotwendigkeit der Firmung ist nicht zu erhalten.

Die Eucharistie. Brot und Wein bilden die Materie der Eucharistie. Heute verwenden die Jakobiten gesäuertes Brot. Dem Wein wird etwas Wasser beigemischt.

Die Jakobiten lehren eindeutig und klar, daß im eucharistischen Brot und Wein der Leib und das Blut Christi wahrhaft und wirklich gegenwärtig sind. Trotz dieser eindeutigen Auffassung über die reale Gegenwart Christi in mystischer Weise, worin sie mit der Anschauung der katholischen und der orthodoxen Kirche übereinstimmen, sind die Jakobiten nicht zu einem Anbetungskult des in Brot und Wein gegenwärtigen Christus vorgedrungen. Jedoch wird heute die Eucharistie aufbewahrt dergestalt, daß eine Partikel des in das hl. Blut eingetauchten konsekrierten Brotes an einem würdigen Orte der Kirche sich findet. Die Art und Weise der realen Gegenwart Christi ist umstritten.

Impanations- und Konsekrationstheorie stehen sich hier gegenüber. De Vries neigt zur Impanationsauffassung, die er in Parallele zur Inkarnation setzt. Wie in Christus seine Menschennatur gegenwärtig war, so ist auch Christus in der Eucharistie gegenwärtig. Diese Gegenwart wird durch die Epiklese bewirkt, d. h. durch die Herabrufung des Hl. Geistes. Teils hält man die Einsetzungsworte bzw. Konsekrationsworte in Verbindung mit der Epiklese für notwendig, teils für nicht notwendig. Eine weitere Art der Konsekrierung ist die Berührung bzw. Beigießung profanen Weines zum eucharistischen Weine und die Bezeichnung eines Kelches mit Wein mit dem eucharistischen Brote.

Die hl. Kommunion wird unter beiden Gestalten gespendet. Gereicht wird eine in das hl. Blut eingetauchte konsekrierte Brotpartikel, auch bei der Krankenkommunion. Ein Löffel wird nicht mehr verwendet. Der ordentliche Spender der hl. Kommunion ist der Priester, der außerordentliche der Diakon.

Nach den Jakobiten ist die Eucharistie dasselbe Opfer wie das am Kreuze, jedoch in unblutiger und sakramentaler Weise.

Die Buße. Die Existenz einer Bußinstitution steht für die erste Zeit der jakobitischen Kirche außer Zweifel. Sie galt der Sühne für besonders schwere Vergehen wie Häresie, Mord, Ehebruch. Es genügte die öffentliche Kenntnis dieser Untaten. Es werden mehrere Klassen von Büßern erwähnt. Bischöfe und Priester besaßen die Vollmacht, nach Ablauf der Bußzeit die Pönitenten wieder in die Kirche aufzunehmen. Im achten Jahrh. setzte die Auflösung der Bußinstitution ein, die heute erloschen ist.

Es ist sehr unwahrscheinlich, daß es in der Frühzeit der jakobitischen Kirche eine geheime Ohrenbeichte gegeben hat. Vom 7.—8. Jahrh. ab scheint die Privatbeichte immer mehr aufgekommen zu sein. Dionysius bar Salibi († 1171) bietet uns die ersten Texte über ein privates Sündenbekenntnis. Die heutige Beichtpraxis ist örtlich sehr verschieden, es herrschen hierin weder Klarheit noch Einheit. Vorgeschrieben ist die Beichte vor der Kommunion. Der neue Katechismus erklärt: „Es ist Pflicht des Pönitenten, daß er alle seine Sünden bekenne, die großen und die kleinen (und zwar) einzeln, indem er ihre Zahl angibt und ihre Arten und Umstände. Und wenn er eine Sünde aus Vergeßlichkeit ausläßt, so ist er verpflichtet, sie zu beichten, wenn sie ihm wieder einfällt" (de Vries S. 202).

Für die Lossprechung ist sowohl die optative als auch die autoritative Formel bezeugt. An Genugtuung werden bei der Beichte auferlegt: Fasten, Almosen, Gebet und in besonders schweren Fällen zeitlicher Ausschluß vom Empfange der Kommunion. Mit der Annahme der Genugtuung ist verbunden der gute Vorsatz, sich zu bessern. Ist die Sünde vergeben, so ist auch die Strafe für die Sünde hinfällig. Einen Ablaß kennen die Jakobiten nicht.

Die Vollmacht zur Sündenvergebung haben nur Bischöfe und Priester.

Barhebräus ist der Auffassung, daß im Notfalle auch ein Laie absolvieren könne. Doch ist diese Ansicht ganz vereinzelt. Dem Bischof bzw. dem Priester ist die absolute Schweigepflicht auferlegt.

Der Pönitent muß zur Ablegung der Beichte durch Vorsatz, Bußgeist und Reue disponiert sein. Wesentlich ist die Reue, definiert als Zerknirschung des Herzens über die begangenen Sünden. Für die Buße sind also folgende fünf Stücke notwendig: Reue, Vorsatz, Sündenbekenntnis, Genugtuung. Die Gewissenserforschung resultiert aus dem Sündenbekenntnis. Eine Unterscheidung zwischen vollkommener und unvollkommener Reue ist nicht deutlich erkennbar.

Die Krankenölung. Mit dem Beginne des 6. Jahrh. ist die Krankenölung nachweisbar, die sowohl als Heilmittel für den Leib als auch für die Seele betrachtet wird.

Die Salbung des Kranken kann nach heutigem Ritus auf zwei Arten erfolgen: nach dem kürzeren Ritus, der heute gewöhnlich befolgt wird und nach einem längeren Ritus, der praktisch seltener zur Anwendung kommt. Nach dem kürzeren Ritus salbt man in drei Kreuzen die Stirne, die Augen, die Ohren, die Nase, den Mund, die Hände und Füße. Bei Todesgefahr genügt eine Salbung auf Stirne, Brust und rechter Hand oder auch nur auf der Stirne.

Die Gebetsformeln bei der Krankenölung deuten an, daß durch diese die Sünden vergeben werden, Schutz gegen die Versuchungen gewährt und die Gnade zum ewigen Leben verliehen wird. Die Spendung der Krankenölung ist dem Priester vorbehalten, ebenso die Weihe des Krankenöles.

Jeder Kranke kann die Letzte Ölung empfangen. Das Vorhandensein einer Todesgefahr wird nicht unbedingt vorausgesetzt. Auch ist eine Wiederholung des Empfanges möglich. Kinder schließt man teils bis zu 15 Jahren aus, teils gewährt man schon kleinen Kindern den Empfang der Krankenölung. Selbst nach dem soeben eingetretenen Tode kann die Letzte Ölung noch empfangen werden.

Die Priesterweihe. Das äußere Zeichen ist wesentlich die Handauflegung. Den neun Chören der Engel entsprechend zählt man heute neun hierarchische Grade: Sänger, Leser, Subdiakon-Sakristan, Diakon, Priester — Bischof, Metropolit, Patriarch oder: Sänger, Leser, Subdiakon — Diakon, Archidiakon, Priester — Bischof, Maphrian (Vertreter des Patriarchen), Patriarch. Die Aufzählung ist nicht absolut. Daneben gibt es noch den Chorbischof (früher Landbischof) und den Periodeuten (Visitator), die aber heute reine Titel sind; die Träger dieser Titel haben keine Bischofsweihe empfangen.

Bei der Bischofsweihe werden dem Kandidaten nicht nur die Hände, sondern auch das Evangelienbuch auferlegt. Das Anlegen der bischöflichen Gewänder, die Überreichung des Hirtenstabes und die Thronerhebung finden erst nach der feierlichen Proklamation des Neugeweihten statt.

Die Weihe der niederen Grade, vom Subdiakon abwärts, beschränkt sich auf eine einfache Bezeichnung in Kreuzesform und auf die Überreichung der Gegenstände. Zu diesen Zeremonien tritt das Weihegebet hinzu.

Grundsätzlich werden die Weihen durch den Bischof vollzogen. Nur Männer können geweiht werden, falls kein Weihehindernis im Wege steht. Die Weihe der heute nicht mehr existierenden Diakonissin spricht nicht dagegen.

Die Ehe. Die Ehe wird heute allgemein als Mysterium anerkannt. Der neuere Katechismus lehrt über die Ehe: „Was ist das Sakrament der Ehe? Es ist die gesetzmäßige Verbindung zwischen Mann und Frau zur Erziehung reiner Nachkommenschaft und zur gegenseitigen Hilfe im Leben. Welches sind die Bedingungen der Ehe? Es gehört zu ihren Bedingungen, daß sie geschehe mit der Zustimmung der beiden Teile und daß sie sich verbinden in Gegenwart des Priesters, der das Gebet des Segens spricht und vor Zeugen und daß sie (= die Ehe) nicht sei mit einem Verwandten im verbotenen Grade und nicht vor dem gesetzten Alter“ (de Vries S. 247).

Es läßt sich aber historisch nicht nachweisen, daß die syrisch-monophysitischen Theologen die Ehe immer als ein Mysterium betrachtet haben. Erst in neuerer Zeit wurde mit der Siebenzahl der Sakramente auch bei den Jakobiten das Sakrament der Ehe eingeführt.

In dem Katechismus werden sowohl der Consens der Eheleute als auch der Segen des Priesters als Wesensbestandteile des Zustandekommens der Ehe bezeichnet. Der Consens wird am Vortage oder einige Tage früher vor der Einsegnung durch den Priester abgelegt. Das Jawort wird entweder durch die Vertreter der Brautleute abgegeben oder durch diese selbst. Dieses Verlöbnis, dem die Krönung der Brautleute folgt, wird als unauflöslich angesehen. Die volle Gültigkeit erhält der Ehevertrag erst durch die Segnung des Priesters.

Gibt es eine Ehescheidung? Nach dem Katechismus nicht, der sagt: „Wird das Band der Ehe gelöst? Es wird nicht gelöst, außer durch den Tod eines der beiden Teile“ (de Vries S. 250). Demnach gilt die Ehe als unauflöslich. Und doch befolgt man heute eine andere Praxis. In einem als offiziell geltenden, 1929 veröffentlichten Gesetzeskodex werden aber eine ganze Anzahl von Scheidungsgründen angeführt, die das Recht der Wiederverheiratung gestatten.

Kann man eine zweite oder dritte Ehe eingehen? Im Falle des Todes des einen Teiles ist eine zweite Ehe zulässig, eine dritte dagegen gilt als unkanonisch, kann aber geduldet werden.

QUELLEN- UND LITERATURVERZEICHNIS

Das folgende Verzeichnis erhebt keineswegs den Anspruch auf Vollständigkeit. Es dient nur zur weiteren und intensiveren Orientierung. Wir legen es vor unter dem Gesichtspunkt sowohl des Allgemeinen, die beiden syrischen Kirchen Betreffenden, als auch dem des Speziellen, nur die eine oder andere Kirche Betreffenden. Der weltanschauliche Standpunkt der Verfasser ist nicht eigens vermerkt. An Quellen führen wir nur solche an, die leichter zugängig und in eine abendländische Sprache übersetzt sind. Wenn ein Werk zu einer bestimmten Frage schon zitiert wurde, so verschlägt das nichts, da hier eine systematische Zusammenstellung versucht wird. In den meisten der aufgeführten Werke wird auf weitere Literatur hingewiesen.

I. Allgemeines

1. Geschichte:

Baur, Chr., Der christliche Orient, München o. J. (1930).

Brandreth, H. R. T., An outline Guide to the Study of Eastern Christendom, London 1951.

Burkitt, F. C., Early Christianity outside the Roman Empire, Cambridge 1902.

—, Early eastern Christianity, London 1904.

Hitti, P. K., Syria. A short history, Wiesbaden 1959.

—, History of Syria, including Libanon and Palestine, London² 1957.

Kawerau, P., Amerika und die orientalischen Kirchen (Arbeiten zur Kirchengeschichte, 31), Berlin 1958 (Umfangreiche Quellen- und Literaturangaben).

—, Die jakobitische Kirche im Zeitalter der syrischen Renaissance, Berlin 1960.

Monneret de Villard, U., Le chiese della Mesopotamia, Roma 1940 (Orient. Christiana Analecta, 128).

Patai, R., Jordan, Lebanon and Syria. An annoted bibliography, New Haven 1957.

Rabbath, E., Unité syrienne et devenir arabe, Paris 1937 (heutiger politischer Bestand).

Spuler, B., Die Gegenwartslage der Ostkirchen, Wiesbaden 1948.

Vries, W. de, Der christliche Osten in Geschichte und Gegenwart, Würzburg 1951 (Das östliche Christentum, Neue Folge, Heft 12); dazu ders., Zur neueren Entwicklung der Ostkirchen, Sonderdruck aus: Ostkirchl. Studien 2 (1953) Heft 4.

—, Die Haltung des Heiligen Stuhles gegenüber der getrennten Hierarchie im Nahen Osten zur Zeit der Unionen. In: Zeitschr. f. kath. Theol. 80 (1958), 378—409.

—, Die Lage der Ostchristen im Vorderen Orient. Vortrag im April 1958 in Saarbrücken. In: Cath. unio 27 (1959).

Ziadé, N. A., Syria and Lebanon, London 1957.

2. Literaturgeschichte:

Barzaum, M. I. A. I., Geschichte der syrischen Wissenschaften und Literatur (arabisch), Aleppo 1956.

Baumstark, A., Geschichte der syrischen Literatur, Bonn 1922.

—, Rücker, A., Die syrische Literatur, in: B. Spuler, Handbuch der Orientalistik, 3. Bd.: Semitistik, Leiden 1954, S. 168—204.

Ortiz de Urbina, I., Patrologia syriaca, Rom 1958.

Spuler, B., u. Forrer, L., Der vordere Orient in islamischer Zeit, in: Wissenschaftliche Forschungsberichte (Geisteswissenschaftliche Reihe), hrsg. von K. Hönn, Bd. 21: Orientalistik, 3. Teil, Bern 1954, S. 52—57 (Hier ein Bericht über die neuesten Forschungen).

3. Dogmatik:

Gordillo, M., Compendium theologiae Orientalis, Rom 1939.

—, Marologia Orientalis, Rom 1954 (Orient. Christiana Analecta, 141).

Graffin, F., Recherches sur le thème de L'Église-Epouse dans les liturgies et la littérature de langue syriaque, in: Orient Syrien 3 (1958) 317—334.

Jugie, M., Theologia dogmatica Christianorum Orientalium, V, Paris 1935.
Levene, A. The early Syrian Fathers on Genesis, London 1951.
Spačil, Th., Doctrina theologiae Orientis separati de revelatione, fide, dogmate. Pars II: Doctrina examinatur, Rom 1934 (Orient. Christ. Anal., 104).
Vries, W. de, Der Kirchenbegriff der von Rom getrennten Syrer, Rom 1955 (Orientalia Christ. Analecta, 145).

4. Liturgie:

Baumstark, A., Liturgie comparée. 3. éd. par B. Botte, Chevetogne 1953.
Droner, E. S., Water into Wine, A Study into Ritual Idiom of Eastern Rites, London 1956.
Hanssens, J. M., Les oraisons sacramentelles des ordinations orientales, Orient. Christiana Periodica 18 (1952) 297—318.
—, Institutiones liturgicae de ritibus orientalibus, II, Rom 1930; III, Rom 1932.
Krüger, P., Gläubiges Beten, Paderborn 1940 (Gebetstexte).
Mansourati, I., La prière „Sub tuum praesidium“ dans la liturgie syrienne, Damas 1956/57.
Raes, A., Les Complies dans les rites orientaux, in: Orient. Christ. Per. 17 (1951), 133—145.
Salaville, S., Liturgies Orientales, Paris 1932.

5. In konfessionskundlicher Sicht:

Algermissen, K., Konfessionskunde, Celle 1957 (mit reichen Literaturangaben).
Casper, J., Die orientalische Christenheit, in: Christus und die Religionen der Erde, hrsg. von Fr. König, 3. Bd., Freiburg 1951, S. 643—729 (mit neuesten Literaturangaben).
Dictionnaire de théologie catholique = DTC XI, 1 (1931), 288—313.
Friz, K., Die Stimme der Ostkirche, Stuttgart 1950.
Hammerschmidt, E., Grundriß der Konfessionskunde, Innsbruck 1955.
Heiler, F., Urkirche und Ostkirche, München 1937 (in manchen Punkten überholt).
Janin, R., Églises orientales et rites orientaux, Paris 1955.
—, Les églises séparées d'Orient, Paris 1930.
Krüger, P., u. Tyciak, J., Morgenländisches Christentum, Paderborn 1940.
Tyciak. J., u. Werhun, J., Der christliche Osten. Geist und Gestalt, Regensburg 1939.

6. Kunstgeschichte:

Baumstark, A., Die frühchristlich-aramäische Kunst und die Konkordanz der Testamente, in: Oriens christianus, Neue Serie, 12.—14. Bd. (1925), 162—179.
Beyer, O., Der syrische Kirchenbau, Berlin 1925.
Strzygowski, J., Ursprung der christlichen Kirchenkunst, Leipzig 1920.

7. Malabarchristen:

Lamers, B. J., Der Apostel Thomas in Südindien, in: NZM 14 (1958) 15—28; 116—130.
Placid, P., The present syro-malabar liturgy: Menezian or Rozian?, in: Orient. Christ. Period. 23 (1957), 313—331.
—, The South Indian Apostolate of St. Thomas, in: Orient, Chr. Period. 18 (1952), 229—245.
—, Portuguese religious conquests in Malabar under the diocese of Cochin during the 16. century. The report for 1957, in: Neue Zeitschr. f. Miss.-wiss. 13 (1957) 287—306.
Tisserant, C. E., Eastern Chrianity in India. A history of the syromalabar church from the earliest time to the present day. Authorized adaptation from the French by ER Hambye, Bombay 1957.

II. Spezielles

1. Nestorianer:

Baumstark, A., Ostsyrisches Christentum und ostsyrischer Hellenismus, in: Römische Quartalschrift f. Christl. Altertumskunde u. Kirchengeschichte 22 (1908), 17—35.
Chabot, I. B., Synodicon Orientale ou Recueil de Synodes Nestoriens, Paris 1902. Ein wichtiges Quellenwerk. Deutsch übersetzt von O. Braun, Das Buch der Synhados, Stuttgart 1900.
DTC XI, 1 (1931), 157—323.

Jugie, M., Ecclesiologie des Nestoriens, in: Echo d'Orient 34 (1935) 5—25. Christian Doctrine of the Holy Apostolic and Catholic Church of the East, Chicago 1950, (Katechismus der Nestorianer).
Krüger, P., Die Regenbitten Aphrems des Syrers (zum nestorianischen Officium des Ninivitenfastens), Leipzig 1933.
Macomber, W. F., The Christology of the Synod of Seleukia-Ctesiphon a. D. 486, in: Orient. Chr. Per. 24 (1958), 142—154.
Ortiz de Urbina, I., Storia e cause dello scisma della Chiesa di Persia, in: Orient. Chr. Per. 3 (1937), 456—485.
Vine, A. R., The nestorian churches, London 1937.
Vries, W. de, Die syrisch-nestorianische Haltung zu Chalcedon, in: Das Konzil von Chalcedon in Geschichte und Gegenwart, I, Würzburg 1951, 603—635.

2. Jakobiten:

Anaphorae syriacae quotquot in codicibus adhuc repertae sunt cura Pontificii Instituti Studiorum Orientalium editae et latine versae (ed A. Raes). Vol. I, fasc. I: Introductio generalis (A. Raes) 1. Anaphora Timothei Alexandrini. Ed. A. Rücker. — 2. Anaphora Severi Antiocheni. Ed. GH. Codrington, Rom 1939. Vol. I, fasc. II: 3. Anaphora Gregorii Nazianzeni. Ed. I. Hausherr. — 4. Anaphora Joannis Chrysostomi. Ed. GH Codrington. — 5. Anaphora Duodecim Apostolorum. Prima. Ed. A. Raes. — Anaphora Duodecim Apostolorum. Secunda. Ed. A. Raes, Rom 1940. (Bedeutendes liturgisches Quellenwerk mit den angegebenen Anaphoren).
DTC XIV, 2 (1941), 3017—3088.
Grillmeier, A. u. Bacht, H., Das Konzil von Chalcedon, I, Würzburg 1951, S. 419 ff.
Kohlhaas, R., Jakobitische Sakramententheologie. Der Liturgiekommentar des Gregorius Barhebräus erstmals herausgegeben und erläutert, Münster (Westf.) 1959 (Liturgiew. Quellen u. Forschungen, Heft 36).
Krüger, P., Das syrisch-monophysitische Mönchtum im Tur-'Abd(h) in von seinen Anfängen bis zur Mitte des 12. Jahrhunderts, Münster (Westf.) 1937.
Lemoine, E., Philoxène de Mabbug, Homélies, Paris 1956 (Sources chrétiennes, 44).
Spuler, B., Die westsyrisch-monophysitische Kirche unter dem Islam, in: Saeculum 9 (1958), 322—344.
Uhlemann, F., Symeon, der erste Säulenheilige in Syrien, Leipzig 1846.
Vries, W. de, Sakramententheologie bei den Monophysiten, Rom 1940 (Orient. Christ. Analecta, 125).

B. DIE MIT ROM VEREINTEN (UNIERTEN) SYRISCHEN KIRCHEN

I. Die chaldäische Kirche

Die mit Rom unierten Ostsyrer, Chaldäer genannt, waren ehemals Nestorianer. Im 13. Jahrhundert bahnten sich als Folge und Auswirkung der Kreuzzüge die ersten Beziehungen an zwischen der nestorianischen und der römischen Kirche. Im Jahre 1236 gewannen die Dominikaner den damaligen Patriarchen von Bagdad für die Union und im Jahre 1445 entschloß sich der nestorianische Metropolit von Cypern mit seinen Gläubigen ebenfalls für die Union mit Rom. Im Jahre 1552 empfing der von den Nestorianern zum Patriarchen gewählte Mönch Johann Sulaqa die Bischofsweihe aus den Händen des Papstes und gründete nach seiner Rückkehr aus Rom eine kath.-unierte Kirche. Er wurde 1555 ermordet. Nebenher bemühten sich auch weitere Nestorianer um eine Annäherung an Rom. Der Patriarch Elias VIII. übersandte 1610 ein Glaubensbekenntnis an Papst Paul V., das jedoch nicht anerkannt wurde. Trotzdem aber fühlte man sich mit Rom verbunden. Es gab zeitweilig zwei gegeneinander rivalisierende katholische Patriarchen, bis um 1660 die Patriarchen der Eliaslinie zur Trennung von Rom zurückkehrten. Im Jahre 1672 wurde der nestorianische Erzbischof von Diabekr (Amida) katholisch, formierte die ostsyrischen Katholiken von neuem und erhielt im Jahre 1681 von Innozenz XI. den Titel „Patriarch von Babylon". Er residierte in Diabekr.

Der Patriarch wird von einer Bischofssynode gewählt. Nach Mitteilung der Wahl an die orientalische Kongregation in Rom wird der neue Patriarch vom Papste bestätigt und erhält aus seiner Hand das Pallium. Er legt das Glaubensbekenntnis ab und gelobt dem Hl. Stuhle Gehorsam. Seine Residenz ist Bagdad.

Die Zahl der Gläubigen beträgt ungefähr 170 000, von denen 145 000 im Irak, 10 000 in Persien, 6 500 in Syrien und im Libanon und 1 600 in Ägypten wohnen. Gegen 5 000 sind nach den USA ausgewandert und haben sich in den Gegenden von Chicago und Detroit niedergelassen.

Zur Ausbildung des Klerus gibt es mehrere Institute bzw. Seminare.

Das Ordensleben wird repräsentiert durch die im Jahre 1908 gegründete Kongregation des hl. Hormisdas für die Männer und durch die Schwestern von der Unbefleckten Empfängnis.

In der selbständigen hierarchischen Organisation sowie in der Liturgie, die nur in unwesentlichen Einzelheiten vom römisch-katholischen Ritus beeinflußt ist, einschließlich der syrischen Liturgiesprache stimmen sie mit den

Nestorianern überein. Die Siebenzahl der Sakramente haben sie von der römischen Kirche übernommen, wie sie auch die Glaubenslehre der römischen Kirche ohne Vorbehalt angenommen haben.

Die Christen des chaldäischen (nestorianischen bzw. ostsyrischen) Ritus an der indischen Malabarküste nennen sich lieber Thomaschristen denn Chaldäer, weil der Apostel Thomas ihre Kirche gegründet haben soll. Zu Beginn des 9. Jahrhunderts kam der Syrer Mar Thomas Kana zur Malabarküste und errichtete dort eine christliche Gemeinschaft. Obgleich die Christen nicht mit Rom uniert waren, sondern eher nestorianisch dachten, sandte ihnen Papst Johannes XII. im Jahre 1330 einen Bischof. Einen Markstein in der Geschichte bildet die Synode von Diamper im Jahre 1599, auf der man sich vom Nestorianismus lossagte. In den Jahren von 1599—1896 unterstellte man sie lateinischen Bischöfen. Gegen 200 000 brachen im Jahre 1653 die Beziehungen zu Rom wieder ab, jedoch wurden viele im Laufe der Jahre wieder für die Union gewonnen.

Die Chaldäer der Malabarküste sind selbständig. Es gibt sechs Diözesen mit ungefähr 987 000 Gläubigen, die der Oberleitung der Kongregation für die orientalische Kirche in Rom unterstehen. Der apostolische Delegierte residiert in Bangalore.

Der Klerus wird herangebildet im interrituellen Seminar von Puttenpally (Travancore).

Das Ordensleben steht in hoher Blüte. Es existieren sechs Männer- und zwölf klösterliche Frauengemeinschaften.

In die Liturgie sind einige lateinische Bräuche eingeführt worden. So bedienen sich z. B. die Priester der lateinischen Gewänder.

II. Die westsyrisch-antiochenische Kirche

Auf demselben Wege wie die chaldäische, ist auch die westsyrische oder besser die syrisch-antiochenische Kirche entstanden, nämlich durch Rückgliederung jakobitischer Syrer in die römisch-katholische Kirche. Nach anfänglichen Berührungen mit den Lateinern während der Kreuzzüge und als Auswirkungen des Florentiner Unionskonzils (1439) setzten im 16. und besonders im 17. Jahrhundert Bestrebungen nach einer Vereinigung mit der römischen Kirche ein. Im Jahre 1662 erhielten die neueingegliederten und somit katholischen Westsyrer einen eigenen Patriarchen. Das erste Zentrum war Aleppo. Infolge harter Verfolgungen seitens der Jakobiten wurden die katholischen Syrer arg bedrängt, so daß sie in den Jahren von 1706—1783 keinen Patriarchen stellen konnten. Gegen Ende des 18. Jahrhunderts wurde die syrisch-katholische Kirche neu konstituiert und Antiochien als neues Zentrum bestimmt. Schwere Verfolgungen mußte sie seitens der Türken (1915—1922) erdulden.

Die Zahl der Gläubigen verteilt sich wie folgt: ungefähr 70 000 wohnen in Syrien, Irak, Kurdistan, Mesopotamien, gegen 8 000 in den USA und gegen 10 000 in Frankreich, Kanada, Südamerika, Australien u. a.

Die westsyrisch-antiochenische Kirche ist selbständig organisiert und zwar hierarchisch. Der Patriarch wird seit dem Konzil von Scharfe im Libanon (1888) von den Bischöfen unter dem Vorsitz eines Metropoliten gewählt. Der Wahl folgt sofort die Inthronisation und am folgenden Sonntag die Ordination. Der Patriarch legt nach Mitteilung seiner Wahl an die römische Kongregation für die orientalischen Kirchen das vom Papste vorgeschriebene Glaubensbekenntnis ab und gelobt dem Papste Gehorsam, der ihm das Pallium als Zeichen der Patriarchenwürde zusendet. Sein Titel lautet: Patriarch für die Syrer. Sein Sitz ist Beirut.

Die Bischöfe einer Diözese werden von Klerus und Volk gewählt. Es bestehen zwei Metropolen, zwei Erzbistümer, vier Bistümer und drei Patriarchatsvikariate.

Der Klerus erhält zumeist seine Ausbildung in dem 1801 gegründeten Seminar zu Scharfe. Die Jesuiten in Beirut und die Kapuziner in Konstantinopel stehen in der Priesterausbildung helfend zur Seite. Der Zölibat ist seit dem Konzil von Scharfe (1888) verpflichtend, doch kann der Patriarch Ausnahmen gestatten. Die Verpflichtung zum Breviergebet besteht ebenfalls seit 1888.

Die mönchische Lebensweise ist bis heute kaum aus den Anfängen herausgekommen. Bei Mossul befindet sich das Kloster des Mar Behnam, bei Beirut ein Frauenkloster.

Die Liturgie ist mit der der Jakobiten, auch der Sprache nach, identisch. Das Sprachidiom ist das Westsyrische, das wie das Ostsyrische zu den semitischen Sprachen gehört[83]).

In der Glaubenslehre gibt es keinerlei Verschiedenheit zwischen der antiochenischen und der römischen Kirche. Etwaige dogmatischen Unebenheiten in der Liturgie sind deshalb ausgeglichen worden, wie auch in der chaldäischen Liturgie.

Im 19. Jahrhundert setzte unter den Jakobiten an der Malabarküste in Südwestindien eine Unionsbewegung zur römischen Kirche ein. Im Jahre 1913

[83]) Zum näheren Studium der westsyrischen Liturgie seien empfohlen: G. Khouri-Sarkis, L'anaphore syriaque de saint Jacques, introduction, traduction, L' Orient Syrien 4 (1959) 385—448; ders., Notes sur l'anaphore syriaque de saint Jacques, aaO 5 (1960) 3—32. Beide Arbeiten zeichnen sich aus durch Genauigkeit und reiche Sachkenntnis. Dazu als Fortsetzung aaO 5 (1960) 129—158.

gründete ein jakobitischer Priester eine religiöse Männer- und Frauengenossenschaft. Als er mit dem Namen Mar Ivanios 1928 Metropolit wurde, schloß er sich mit seinem Bischof Mar Theophilus im Jahre 1930 Rom an. Viele Jakobiten folgten ihm. Rom nahm die Union an unter Belassung des Ritus und der Hierarchie. Es bestehen das Erzbistum Trivandrum, an dessen Spitze das Oberhaupt, ein Metropolit, steht und das Bistum Tiruvalla. In Trivandrum und Alwaye befinden sich Seminare. Die Zahl der selbständigen unierten Malabarsyrer, die man Malankaresen nennt, beträgt gegen 77 000. Es gibt mehrere Ordensgemeinschaften: die Brüderschaft von der imitatio Christi, die Schwestern von der imitatio Christi, beides Gründungen des Mar Ivanios, die Tertiaren des Carmel und die Töchter Mariens. Die Liturgie ist die westsyrisch-antiochenische.

III. Die Maroniten

1. Geschichtliches und heutiger Bestand

Die Maroniten leiten ihren Namen ab von dem Mönche Maron, der zu Anfang des 5. Jahrhunderts lebte und bei Apameia in Syrien seine Ruhestätte fand. An seinem Grabe entstand ein nach ihm benanntes Kloster, dessen Mönche dem damaligen byzantinischen Kaiser Heraklius zugetan waren, weil er eine Einigung mit den Monophysiten auf Grund der Kompromißformel von dem einen Willen in Christus herbeiführen wollte (Monotheletismus). Als aber das 3. Konzil von Konstantinopel im Jahre 681 den Monotheletismus verurteilte, distanzierten sich die Mönche des hl. Maron von diesem Konzilsbeschluß. Es ist durchaus möglich, daß der Gegensatz zum Konzil ein rein verbaler war. Jedenfalls zog sich die Gemeinschaft der Maroniten vor ihren Gegnern in die schwer zugänglichen Berge des Libanon zurück, wo sie sich zu einer eigenen Nation formierten. Durch die Zerstörung des Klosters des hl. Maron um die Mitte des 10. Jahrhunderts wurde der Sitz der Oberleitung der maronitischen Kirche in den Libanon verlegt. Der erste historisch nachweisbare Patriarch hieß Petrus, der im Anfange des 12. Jahrhunderts lebte[84]). Die Maroniten selbst erklären, daß sie nie von Rom getrennt gewesen seien. Jedoch berichtet Wilhelm von Tyrus, eine zuverlässige Quelle, daß das ganze maronitische Volk, gegen 40 000, mit Priestern, Bischöfen und dem Patriarchen, geschlossen im Jahre 1181/82, angeregt durch die Berührung und Begegnung mit den Kreuzfahrern, in den Schoß der kath. Kirche wiederaufgenommen worden seien. Papst Innozenz III. spricht in einer Verlautbarung von der Rückkehr der Maroniten zur römisch-kath. Kirche[85]).

---

[84]) W. de Vries, Der christliche Osten in Geschichte und Gegenwart, S. 39/40.
[85]) AaO, S. 95.

Die rund eine gute halbe Million zählenden Maroniten wohnen der Mehrzahl nach in der Republik Libanon, sie bilden weiterhin Gemeinden in Syrien, Jordanien, Ägypten, Cypern, Israel, in Nord- und Südamerika.

2. Verfassung

Das Oberhaupt der maronitischen Kirche, die eine hierarchische Verfassung hat, ist der Patriarch, der von einer Bischofssynode auf Lebenszeit gewählt wird. Er muß mindestens vierzig Jahre alt sein. Nach der Wahl erfolgt die Konsekration in Form einer Handauflegung seitens aller anwesenden Bischöfe. Zur Bestätigung wird die römische Kongregation für die orientalische Kirche, der ja alle unierten orientalischen Kirchen unterstehen, von der Wahl und der Weihe des neuen Patriarchen in Kenntnis gesetzt. Der Papst antwortet mit der Übersendung des Pallium. Der Titel lautet: Patriarch von Antiochien und des ganzen Orientes. Er residiert im Winter in der Nähe von Beirut, im Sommer in Deman im Libanon.

Die Zahl der Weltpriester, denen eine einmalige Ehe gestattet ist, beläuft sich auf ungefähr 600. Im allgemeinen werden sie von den Gläubigen gewählt. Ihre Ausbildung erfolgt in den Diözesanseminaren oder auch an dem von Papst Gregor VIII. im Jahre 1584 in Rom gegründeten maronitischen Kolleg. Die Jesuiten leiten das St. Franziskus-Xavier-Seminar in Beirut. Ein weiteres Seminar ist das Patriarchalseminar von Ghazir.

3. Ordensleben

Das klösterliche Gemeinschaftsleben bei Männern wie bei Frauen stand bei den Maroniten in hoher Blüte. Es gibt drei Männer- und zwei Frauenkongregationen. Die Missionare von Kraim sind ein reiner Missionsorden. Im Jahre 1736 wurde das gesamte Ordensleben neu formiert. Unter den Frauenklöstern sind die der Mariametten wohl die bekanntesten.

4. Die Liturgie

Die Kirchen der Maroniten sind nach dem Stile der Kirchen des römisch-lateinischen Ritus konstruiert. Sie haben also u. a. keine Ikonostase.

Die gebräuchlichste Anaphora ist die des Jakobos, benannt nach dem ersten Bischof von Jerusalem. Wie im westsyrisch-antiochenischen oder auch im jakobitischen Ritus, zu deren Liturgiegemeinschaft die Maroniten zu zählen sind, existieren neben der Jakobosanaphora noch 14 weitere Anaphoren. Liturgiesprache ist das Westsyrische. Die Meßfeier ist in mancher Hinsicht der der römisch-lateinischen eucharistischen Feier angeglichen. So sind z. B. von der eigentlichen Geistepiklese nur noch Spuren vorhanden.

Der Klerus ist zur Pervolvierung des Stundengebetes verpflichtet. Es gibt sieben Horen (Stunden): das Nachtgebet, Morgengebet, Terz, Sext, Non,

Vesper und Complet, die reich an poetischen Kompositionen sind, die vielfach Ephrem dem Syrer († 373) zugeschrieben werden.

Auch in der Liturgie der Sakramente, deren es sieben gibt, finden sich Angleichungen an den lateinischen Ritus.

Seit 1606 verwenden die Maroniten den gregorianischen Kalender, der 23 Hauptfeste aufweist.

Auch die Fast- und Abstinenzpraxis ist bei ihnen noch sehr lebendig.

QUELLEN- UND LITERATURVERZEICHNIS

1. Allgemeines:

Liesel, N., Les liturgies catholiques orientales, Rom 1958.

Riotte, J. E. C., Die orientalisch-katholischen Gemeinschaften in Kanada, in: Ostkirchl. Studien 4 (1955), 97 ff.

2. Die Chaldäer:

Breviarium Chaldaicúm, Rom 1938.

Das Missale des chaldäischen Ritus ist 1901 erschienen und 1936 neu aufgelegt worden. Hierzu vergl. Delly, E. K., L'édition du Missel chaldéen de 1901, in: Orient. Christ. Period. 23 (1957,)159—170.

Engberding, H., Die Kirche als Braut in der ostsyrischen Liturgie, in: Orient. Christ. Period. 3 (1937), 5—44.

Livre des Rites pontificaux de la sainte Eglise des Syriens orientaux c. a. d. des Chaldéens, Rom 1957.

Thaliath, J., The synod of Diamper, Rom 1958 (Orient. Christ. Analecta, 152).

3. Die Westsyrer:

Hayek, A., Le relationi della Chiesa siro-giacobita colla santa sede dal 1143 al 1656 (noch unveröffentlicht).

Vries, W. de, Dreihundert Jahre syrisch-katholische Hierarchie, in: Ostkirchl. Studien 5 (1956), 137—157.

4. Die Maroniten:

Hitti, P. K., Lebanon in history, London 1957.

Hornus, J. M., L'Église maronite au Liban. In: Verbum Caro 12 (48), 377—385.

Salibi, K. S., The maronite church in the middle ages and its union with Rome, in: Orient. Chr. Period. 42 (1958), 92—104.

Ziadé, J., La hierarchie maronite. Son évolution, sa résidence, Beyrouth 1956.

In den oben angeführten geschichtlichen und konfessionskundlichen Werken werden die unierten Kirchen mitbehandelt.

An speziellen Zeitschriften wären für das Gesamtgebiet zu erwähnen: Oriens christianus, Wiesbaden; Ostkirchliche Studien, Würzburg; Orientalia Christiana Periodica, Rom; L'Orient Syrien, Paris.

KULTSYMBOLIK DER KOPTISCHEN UND DER ÄTHIOPISCHEN KIRCHE

von

ERNST HAMMERSCHMIDT

Inhaltsübersicht

VORBEMERKUNG

Die beiden folgenden Untersuchungen stellen die Aspekte der koptischen und äthiopischen Kultsymbolik heraus, die für eine phänomenologische Betrachtung wesentlich erscheinen. Da die unierten Gruppen unter diesem Gesichtspunkt im wesentlichen nichts Neues aussagen, wurden sie nicht weiter berücksichtigt.

Für etliche wertvolle Hinweise bin ich Herrn Professor D. Dr. K. H. Rengstorf, D. D., (Münster) zu Dank verpflichtet.

ABKÜRZUNGEN DER LITERATUR

ALW	= Archiv für Liturgiewissenschaft (Regensburg)
ÄZ	= Zeitschrift für Ägyptische Sprache und Altertumskunde (Leipzig)
BSAC	= Bulletin de la Société d'archéologie copte (Kairo)
Cerulli	= E. Cerulli, Storia della letteratura etiopica, Mailand ²1961
Cramer, Ägypten	= M. Cramer, Das christlich-koptische Ägypten einst und heute, Wiesbaden 1959
Cramer, Lebenszeichen	= M. Cramer, Das altägyptische Lebenszeichen im christlichen (koptischen) Ägypten. Eine kultur- und religionsgeschichtliche Studie auf archäologischer Grundlage, Wiesbaden ³1955
CSCO	= Corpus Scriptorum Christianorum Orientalium (Löwen)
CSEL	= Corpus Scriptorum Ecclesiasticorum Latinorum (Wien)
DLZ	= Deutsche Literaturzeitung (Berlin)
Doresse I, II	= J. Doresse, L'empire du Prêtre-Jean I: L'Éthiopie antique, II: L'Éthiopie médiévale, Paris 1957
Drower	= E. S. Drower, Water into Wine. A Study of Ritual Idiom in the Middle East, London 1956
DThC	= Dictionnaire de théologie catholique (Paris)
EChQ	= Eastern Churches Quarterly (Ramsgate/England)
GCS	= Die griechischen christlichen Schriftsteller der ersten drei Jahrhunderte (Leipzig-Berlin)
GGA	= Göttingische gelehrte Anzeigen (Berlin)
Heiler	= F. Heiler, Urkirche und Ostkirche = Die katholische Kirche des Ostens und Westens I, München 1937
HO VIII	= J. Leipoldt — G. Widengren — A. Adam — B. Spuler — E. L. Dietrich — J. W. Fück — A. J. Arberry — R. Strothmann — A. von Gabain, Religionsgeschichte des Orients in der Zeit der Weltreligionen = B. Spuler (Hrsg.), Handbuch der Orientalistik, 1. Abt., VIII. Bd., 2. Abschnitt, Leiden-Köln 1961
Hyatt	= H. M. Hyatt, The Church of Abyssinia, London 1928
JAC	= Jahrbuch für Antike und Christentum (Münster)
JLW	= Jahrbuch für Liturgiewissenschaft (Münster)
Kopp	= Cl. Kopp, Glaube und Sakramente der koptischen Kirche = OC (s. u.) XXV.—1., 1932
Kromrei	= E. Kromrei, Glaubenslehre und Gebräuche der älteren abessinischen Kirche. Inaugural-Dissertation zur Erlangung der Doktorwürde bei der Hohen Philos. Fakultät d. Univ. Leipzig, Leipzig 1895
Matthew	= The Teaching of the Abyssinian Church as set forth by the Doctors of the Same. Translated by the Rev. A. F. Matthew, with an Introduction by Canon J. A. Douglas, London 1936
OC	= Orientalia Christiana (Rom 1923—1934)
OCA	= Orientalia Christiana Analecta (Rom 1935 ff.)

OCP	= Orientalia Christiana Periodica (Rom 1935 ff.)
OLZ	= Orientalistische Literaturzeitung (Leipzig)
OP	= J. Aßfalg, Die Ordnung des Priestertums. Ein altes liturgisches Handbuch der koptischen Kirche = Publications de Centre d'Etudes orientales de la Custodie Franciscaine de Terre-Sainte — Coptica 1, Kairo 1955
Or	= Orientalia (Rom)
OrChr	= Oriens Christianus (Leipzig-Wiesbaden)
OrSyr	= L'Orient Syrien (Paris)
OSt	= Ostkirchliche Studien (Würzburg)
PG	= J. P. Migne, Patrologia Graeca
PL	= J. P. Migne, Patrologia Latina
POr	= Patrologia Orientalis (Paris)
PrOrChr	= Le Proche-Orient chrétien (Jerusalem)
RAC	= Reallexikon für Antike und Christentum (Stuttgart)
RE	= Realencyklopädie für protestantische Theologie und Kirche (Leipzig)
ROC	= Revue de l'Orient chrétien (Paris)
ThLZ	= Theologische Literaturzeitung (Leipzig)
TU	= Texte und Untersuchungen zur Geschichte der altchristlichen Literatur (Leipzig-Berlin)
Ullendorff, Elements	= E. Ullendorff, Hebraic-Jewish Elements in Abyssinian (Monophysite) Christianity = Journal of Semitic Studies 1 (1956) 216—256
Ullendorff, Ethiopians	= E. Ullendorff, The Ethiopians. An Introduction to Country and People, London 1960
Woolley	= R. M. Woolley, Coptic Offices, London 1930
ZA	= Zeitschrift für Assyriologie und verwandte Gebiete (Leipzig)
ZDMG	= Zeitschrift der Deutschen Morgenländischen Gesellschaft (Leipzig-Wiesbaden)
ZKG	= Zeitschrift für Kirchengeschichte (Stuttgart)
ZNW	= Zeitschrift für die neutestamentliche Wissenschaft (Gießen-Berlin)
ZRGG	= Zeitschrift für Religions- und Geistesgeschichte (Marburg)

A. DIE KOPTISCHE KIRCHE

I. Das koptische Christentum

1. Die Anfänge

Die früheste Geschichte des ägyptischen Christentums liegt im Dunkeln verborgen[1]). Bis zum Episkopat des Demetrius (188/89—231) gibt es keinerlei Nachricht, die als ernstzunehmende historische Wahrheit angesprochen werden könnte. Sicherlich gab es in der Mitte und schon am Anfang des 2. Jh. Christen in Ägypten, die entscheidende Frage ist aber, wie deren Christentum beschaffen war[2]). Die Erforschung dieses Zeitraumes in seiner Gesamtheit hat den Anstoß dazu gegeben, von der altkirchlichen Betrachtung in der Entwicklungsfrage, wie sie schon bei Origenes ausgesprochen wird[3]) (Unglaube — Rechtglaube — Irrglaube), abweichend zu schließen, daß in Ägypten bis ins 3. Jh. hinein „keine Scheidung zwischen Rechtgläubigkeit und Ketzertum" durchgeführt war, so daß sich „die Typen ganz und gar noch nicht deutlich gegeneinander" abgrenzten[4]). Um so verständlicher ist es, daß eine spätere Zeit mit Hilfe der Legende von Markus als dem Gründer der alexandrinischen Kirche und deren erstem Bischof versuchte, den im Sinne der Großkirche „leeren" Raum auszufüllen. In den Schriften der alexandrinischen Autoritäten, wie Klemens (gest. vor 215), Origenes (gest. 253/54) und Dionysius von Alexandrien (gest. 264/65), findet sich kein Hinweis auf diese Tradition, so daß die Annahme, Markus sei der Gründer der alexandrinischen Kirche, nicht vor der Mitte des 3. Jh. im Umlauf gewesen sein dürfte[5]). Allem

[1]) Vgl. A. von Harnack, Mission und Ausbreitung des Christentums II, Leipzig [4]1924, 706f.; J. Leipoldt in: HO VIII 17f.; B. Spuler in: HO VIII 269f.

[2]) Die Variante des Codex D (gig) zu Apg 18, 25, daß der Alexandriner Apollos in seiner Heimat in der christlichen Lehre unterrichtet worden sei, trägt — abgesehen von den schwierigen Datierungsfragen des Textes — auch nichts zur Klärung bei, da sie ja nicht sagt, welcher Art dieses Christentum gewesen ist.

[3]) In Cant. III = GCS 33: Origenes 8, 179, Z. 4—6; Fragm. in Proverbia = Lommatzsch XIII 228; Tertullian, De praescriptione haer. 36 = CSEL 70, 46 s.

[4]) W. Bauer, Rechtgläubigkeit und Ketzerei im ältesten Christentum = Beiträge zur historischen Theologie 10, Tübingen 1934, 63. Ob die Tatsache, daß der soeben publizierte Papyrus Bodmer XIV—XV (in der Liste der neutestamentlichen Papyri: P^{75}) das Lukas- und Johannesevangelium enthält, eine Revision der Bauerschen These notwendig machen wird, bleibt abzuwarten; vgl. V. Martin-R. Kasser, Papyrus Bodmer XIV—XV (Evangiles de Luc et Jean), Genf 1961.

[5]) Der erste Bericht darüber findet sich bei Eusebius, Hist. eccl. II 16 = Eusebius, Kirchengeschichte, hrsg. v. E. Schwartz, Berlin [5]1952, 57, und in den Apostolischen Konstitutionen VII 46 = F. X. Funk, Didascalia et Constitutiones Apostolorum I, Paderborn 1905, 425 s. Die Feststellung des Eusebius ist aber sehr unbestimmt: Er berichtet, „man sage" (*φασιν*), daß Markus der erste war, der das Evangelium nach Ägypten gebracht habe. Zum alexandrinischen Christentum vgl. jetzt auch L. W. Barnard, Saint Stephen and Early Alexandrian Christianity = New Testament Studies 7 (1960/61) 31—45.

Anschein nach muß man dem Demetrius den Beginn eines planvollen Ausbaues einer kirchlichen Organisation zuschreiben, in dessen Rahmen auch seine Gegnerschaft gegen Origenes gehört. Dieser war ihm bei seinen Bemühungen, die alexandrinische Katechetenschule in seinen Dienst zu zwingen, im Wege und mußte dem willfährigen Heraklas weichen, der seinerseits dem Demetrius auf dem Bischofsstuhl folgte[6]).

Die persönlichen Träger frühägyptischen Christentums sind die Gnostiker gewesen: Basilides mit seinem Sohn Isidor, Karpokrates und Valentin mit seinen zahlreichen Schülern[7]), Theodotus, Iulius Cassianus und Apelles. Das „Apokryphon des Johannes"[8]), dem nach W. C. van Unnik eine in Syrien entstandene Gnosis zugrunde liegt[9]), ist im Kreis der Barbelo-Gnostiker entstanden. Ägypten ist bis jetzt — mit Ausnahme der Manichaica der Turfantexte des 8. Jh. — das einzige Land, in dem gnostische Originaltexte gefunden wurden[10]). Alles deutet darauf hin, daß sich die Gnosis in ihren verschiedenen Formen im Niltal schon frühzeitig großer Verbreitung erfreute. Eine besondere Stütze dieser Annahme ist der große Fund von Nag' Ḥammādī, der seit 1946 die Forschung ständig beschäftigt[11]). Zu dem gnostischen Kreis gehört auch das Ägypterevangelium, das nach Bauer in eine Zeit zurückreicht, „in der sich die Christen Ägyptens dieses Evangeliums, und zwar nur seiner, als ihres Lebens Jesu bedient haben"[12]). Die Aufteilung des alexandrinischen Hebräerevangeliums[13]) und des Ägypterevangeliums[14]) auf die judenchristliche bzw. heidenchristliche Gemeinschaft kann aber nicht ohne starke Einschränkungen vollzogen werden[15]).

---

[6]) Vgl. Bauer, Rechtgläubigkeit und Ketzerei, 57 f.

[7]) Über die Ausbreitung vgl. A. von Harnack, Geschichte der altchristlichen Literatur bis Eusebius I 1, Leipzig [2]1958, 174—184; zu den einzelnen Vertretern der Gnosis vgl. F. Ueberweg-B. Geyer, Die patristische und scholastische Philosophie, Basel-Stuttgart [13]1958, 30—39; H. Leisegang, Die Gnosis, Stuttgart [4]1955.

[8]) Vgl. W. Till, Die gnostischen Schriften des koptischen Papyrus Berolinensis 8502 = TU 60, Berlin 1955.

[9]) W. C. van Unnik-J. B. Bauer-W. C. Till, Evangelien aus dem Nilsand, Frankfurt a. M. 1959, 92.

[10]) Vgl. W. Henning in: Sitzungsberichte der Preuss. Ak. d. Wiss., Philos.-histor. Kl. 1932, Berlin 1933/34, 884.

[11]) Vgl. u. a. J. E. Ménard, Les manuscrits de Nag Hammadi. Etude bibliographique = Bibliotheca Orientalis 13 (1956) 2—6; eine gute Zusammenfassung des status quaestionis in dem Anm. 9. erwähnten Buch; R. Haardt, Die neue Gnosisforschung im Lichte der koptischen Handschriften von Chenoboskion = Festschrift für Prof. V. Christian, Wien 1956, 37—45; für die gnostischen Evangelien vgl. H.-Ch. Puech in: E. Hennecke-W. Schneemelcher, Neutestamentliche Apokryphen I, Tübingen [3]1959, 158—271.

[12]) Bauer, Rechtgläubigkeit und Ketzerei, 54.

[13]) Vgl. Hennecke-Schneemelcher I 104—107.

[14]) Fragmente und Untersuchung bei Hennecke-Schneemelcher I 109—117.

[15]) Nach Schneemelcher müßte die These Bauers unter gewissen Voraussetzungen, d. h. wenn der Titel dem Ägypterevangelium in Rom beigelegt wurde, dahin modifiziert werden,

Seit Demetrius erscheint die ägyptische Kirche als eine blühende Gemeinschaft, die an dem kulturellen Leben Alexandriens regen Anteil nimmt, an allen öffentlichen Belangen lebhaft interessiert ist und eine Schule unterhält, die bald zu großer Berühmtheit gelangt[16]). Verglichen mit der Frühzeit anderer orientalischer Kirchen zeigt die ägyptische eine außergewöhnliche Kraft und Unternehmungslust[17]). Obwohl es auch hier (zum Teil sogar sehr heftige) Verfolgungen gegeben hat, scheinen die ägyptischen Christen mit ihren nichtchristlichen Mitbürgern im großen und ganzen in keinem schlechten Verhältnis gelebt zu haben. Ein Grund dafür ist sicherlich in der kosmopolitischen Atmosphäre Alexandriens zu suchen[18]). Die christlichen Gemeinden Ägyptens sprachen griechisch, lebten in griechischer Umgebung und in Kontakt mit den griechischen Kirchen rund um das Mittelmeer, d. h. sie waren nicht national-ägyptisch im eigentlichen Sinne.

Ebenso wie die Anfänge des Christentums Ägyptens sind die Anfänge der nationalen ägyptischen (d. h. koptischen[19])) Kirche nicht deutlich greifbar[20]). Die koptischen Bibelübersetzungen[21]) tragen wenig dazu bei, die Ursprünge des koptischen Christentums zu erhellen[22]). Einen Anhaltspunkt liefert der Mönchsverband des Pachomius, der um 320 bei Pbou in Oberägypten (Tabanese) entstand. Hier waren schon koptische Bauern und Handwerker vertreten, die sicherlich kein Griechisch kannten[23]). Etwa um die gleiche Zeit entstanden

---

daß es nicht die Gesamtheit der ägyptischen Heidenchristen umfaßt haben muß, sondern in seiner Entstehung auf einen enkratitischen Kreis in der 1. Hälfte des 2. Jh. weist; vgl. Hennecke-Schneemelcher I 117.

[16]) Bauer, Rechtgläubigkeit und Ketzerei, 59, bemerkte, wie „unmittelbar nach der Entfernung des Origenes die Hohe Schule mit spürbarer Reklame in den Dienst ausgesprochen ‚kirchlicher' Bestrebungen tritt".

[17]) Für diesen Zeitraum vgl. u. a. E. Rochy Hardy, Christian Egypt: Church and People, New York 1952, 3—46.

[18]) Vgl. De Lacy O'Leary, The Saints of Egypt, London 1937, 2.

[19]) Vom griech. *αἰγύπτιος* über das arabische qibṭ, qubṭ; die Bezeichnung hat nichts zu tun mit Koptos, dem Hauptort des nach ihm von den Griechen Koptites genannten fünften oberägyptischen Gaues in der Thebais auf dem Ostufer des Nils, wie E. W. Lane, Manners and Customs of the Modern Egyptians, London 1954 (Reprint), 536, nahelegen möchte; vgl. H. Kees in: Pauly-Wissowa, Real-Encyclopädie XI 1367.

[20]) Vgl. dazu G. Bardy, Les premiers temps du christianisme de langue copte = Mémorial Lagrange, Paris 1904.

[21]) Für den letzten Stand dieser Frage vgl. H. J. Polotsky, Zur Neugestaltung der koptischen Grammatik = OLZ 54 (1959) 453f.; P. E. Kahle, Bala'izah I, London 1954, 10—14, 279—290.

[22]) Es verdient aber vermerkt zu werden, daß um 250/55 der Vater des christlichen Mönchtums, Antonius, in einer ägyptischen Kirche Teile der Evangelien gehört haben soll. Nach seiner Vita (verfaßt von Athanasius) soll er aber kein Griechisch verstanden haben; vgl. K. Heussi, Der Ursprung des Mönchtums, Tübingen 1936, 101; G. Garitte, A propos des lettres de S. Antoine l'Eremite = Muséon 52 (1939) 11—31; J. Leipoldt in: HO VIII 21 f.

[23]) Vgl. L. Th. Lefort, Les premiers monastères Pachomiens = Muséon 52 (1939) 9—15; J. Leipoldt in: HO VIII 22 f.

die berühmten koptischen Klöster im Wādi 'n-Natrūn[24]). Das sogenannte „Weiße Kloster" bei Sohāg (Mittelägypten), um 350 von Pgol gegründet, hatte nur koptische Mönche[25]).

Um diese Zeit war das Christentum von den hellenistischen Stadtgebieten schon auf das Land vorgedrungen. Sehr wahrscheinlich sind die Anfänge des nationalen Christentums bereits vor 250 zu suchen, da die altägyptische Volksreligion zur Zeit des Kaisers Decius gefallen war[26]). Die sozialen Fragen (Bedrückung der koptisch-christlichen kleinen Leute durch die heidnischen Großgrundbesitzer) war nur eines der Probleme, die die Entstehung des Christentums nationaler Prägung begleiteten.

Entscheidende Kräfte für die Konsolidierung der koptischen Kirche gingen von dem Abt Schenute von Atripe aus, der im 5. Jh. das „Weiße Kloster" leitete[27]). So wenig er für die allgemeine Geschichte der Kirche bedeutet, so entscheidend wichtig war seine Wirksamkeit für das koptische Ägypten. Seine Schützlinge waren die Bauern, Handwerker und Lohnarbeiter, die in vielen Fällen sicher nicht aus „Frömmigkeit" zu ihm kamen, sondern durch ihre wirtschaftliche Not zu ihm getrieben wurden. Das Ergebnis dieser Entwicklung war die Heranbildung einer großen christlich-koptischen Gemeinschaft, „die starke Stoßkraft hatte, nicht ignoriert werden konnte, und für die Zukunft bedeutungsvoll war"[28]).

Auf diesem Hintergrund spielten sich die christologischen Auseinandersetzungen ab, die durch nationale und kirchenpolitische Spannungen mitbestimmt wurden. Die allgemeinen Voraussetzungen des sog. „Monophysitismus" wurden schon oben bei der Behandlung der syrischen Kirche skizziert[29]). Die „Räubersynode" von Ephesus (449) wurde völlig von Dioskorus von Alexandrien beherrscht. Zunächst schien seine Lehre mit der Betonung der *einen* göttlichen Natur in Christus gesiegt zu haben. Aber bald sah sich Alexandrien einer dreifachen Front gegenüber: Rom, Konstantinopel und Antiochia[30]). Das Konzil von Chalkedon 451 verdammte schließlich auch seinen Bischof

---

[24]) Vgl. Hugh Gerard Evelyn-White, The Monasteries of the Wâdi 'n-Natrûn 1—3, New York 1926/33; kurze Einführung von O. H. E. KHS-Burmester, A Guide to the Monasteries of the Wadi 'n-Natrun, Kairo 1954.

[25]) Vgl. J. Leipoldt, Schenute von Atripe und die Entstehung des national ägyptischen Christentums = TU 25, 1, Leipzig 1903, 36.

[26]) Vgl. J. Leipoldt, Die Entstehung der koptischen Kirche = Fünfter Antiquariatskatalog R. Haupt, Halle a. d. S. 1905, 5.

[27]) Zu ihm vgl. das Anm. 25 genannte Werk von Leipoldt und die Ausgabe seiner Biographie und seiner Werke von Leipoldt und W. E. Crum in: CSCO 41 und 129 (vita), 42, 73, 96 und 108 (opera); J. Leipoldt in: HO VIII 23f.

[28]) Cramer, Ägypten, 6.

[29]) Vgl. dazu bes. das Chalkedon-Werk hrsg. von A. Grillmeier SJ.-H. Bacht SJ., 1—3, Würzburg 1951—54.

[30]) Vgl. A. Böhlig, Aegypten und Byzanz bis zur arabischen Zeit, München 1953, 13.

Dioskorus. Alexandrien und mit ihm die koptische Kirche (auch weite Teile der syrischen) schloß sich der Entscheidung des Dioskorus an. Damit war aber im kirchlichen Leben Ägyptens keineswegs Ruhe eingekehrt. In der Folge wechselten die Patriarchen oft genug mit den Kaisern, manchmal regierten auch zwei Patriarchen, ein orthodoxer und ein monophysitischer, nebeneinander. Die dauernden Einmischungsversuche der als fremd und feindlich empfundenen Kräfte des byzantinischen Reiches führten schließlich dazu, daß die muslimischen Eroberer 640 als Befreier begrüßt wurden[31]). Die arabischen Herren verwandelten sich im Laufe der Zeit aber in Bedrücker, die die koptische Kirche erst durch unerträgliche Steuerlasten, später auch durch blutige Verfolgungen verwüsteten[32]).

2. Altägyptische Elemente

Unausgesprochen oder ausgesprochen erhebt sich bei der Frage nach der Entstehung des koptischen Christentums auch die nach seinen altägyptischen Elementen. Es sei gleich festgestellt, daß es sich dabei nicht so sehr um das unorthodoxe Christentum der ersten zwei Jahrhunderte handelt, sondern um die christliche Art, wie sie seit Demetrius die koptische Kirche geprägt hat[33]). Ohne den altägyptischen Einfluß von vornherein negieren zu wollen, muß man doch sagen, daß er oft überschätzt worden ist[34]). Wenn auch gerade in letzter Zeit sehr aufschlußreiche Parallelen zwischen der Geburtsgeschichte der Evan-

---

[31]) Für diesen Zeitraum vgl. C. D. G. Müller, Benjamin I., 38. Patriarch von Alexandrien = Muséon 69 (1956) 313—340.

[32]) Ein lebhaftes Bild über den Zustand der Kopten im 19. Jh. gibt E. W. Lane, Manners and Customs of the Modern Egyptians, London 1954 (Reprint), 535—558; eine wichtige Monographie von R. Strothmann, Die koptische Kirche in der Neuzeit = Beiträge zur historischen Theologie 8, Tübingen 1932; eine wertvolle (wenn auch von Übertreibungen nicht freie) Schilderung in dem seltenen (anonymen) Schriftchen: Die Zustände der christlichen Sekten unter der mohammedanischen Herrschaft im Orient mit Rücksicht auf die gegenwärtigen Ereignisse in Syrien, Zwickau, Eigentum des Vereins zur Verbreitung guter und wohlfeiler Volksschriften, 1861, 11—44; zur Geschichte der koptischen Kirche seit Chalkedon vgl. nun B. Spuler in: HO VIII 279—304, zur Gesamtgeschichte S. Chauleur, Histoire des Coptes d'Egypte, Paris 1960.

[33]) Natürlich hat das Christentum auch durch den Kanal der Gnosis manche indirekte Beeinflussung durch die ägyptische Religion erfahren: Der Gnostizismus war für manche nur eine Durchgangsstation auf dem Wege vom Heidentum zum Christentum; sicher haben sie auch dann, als sie sich zum Christentum bekannten, ägyptische und gnostische Souveniers mit sich geführt. Vgl. F. H. Hallock, Christianity and the Old Egyptian Religion = Egyptian Religion 2 (1934) 7.

[34]) Solche Überschätzungen finden sich z.B. bei W.M. Flinders Petrie, Religion and Conscience in Ancient Egypt, London 1898, 46; A. Ranke — H. Erman, Ägypten und Ägyptisches Leben im Altertum, Tübingen 1923, 62, Anm. 2. Den religionsgeschichtlichen und -psychologischen Zusammenhang zwischen Isis- und Marienverehrung hat E. A. W. Budge viel besser umschrieben: A Short History of the Egyptian People, London 1914, 181; vgl. jetzt auch J. Leipoldt in: HO VIII 29—42.

gelien und dem ägyptischen Mythos aufgezeigt worden sind[35]) und auch (allerdings mit Einschränkungen) ein Beitrag Ägyptens zum Trinitätsproblem[36]) diskutiert wurde, bleiben doch starke und m. E. auch berechtigte Zweifel bestehen, ob die wesentlichen Grundlagen des koptischen Christentums oder sogar des Christentums überhaupt von daher beeinflußt worden sind[37]). Damit soll nicht geleugnet werden, daß der ägyptische Mythos manches beigetragen hat, zumindest dadurch, daß er eine Form lieferte, in die ähnliche Inhalte neu gekleidet wurden[38]).

Als gesichert können drei — schon von J. Leipoldt aufgezeigte[39]) — Einflußbereiche angesehen werden, in denen die alte Volksreligion auf das koptische Christentum wirkte: a) Der Moralismus, der sich darin zeigt, daß den Kopten das Christentum wesentlich als ein Sittengesetz göttlicher Autorität erscheint. Bemerkenswert ist auch, daß die negativen Tugenden mehr gepriesen werden als die positiven: Es heißt vom Apa Hor, daß er niemals eine Lüge ausgesprochen, niemals einen Fluch ausgestoßen, niemals etwas Unnützes ge-

---

[35]) E. Brunner-Traut, Die Geburtsgeschichte der Evangelien im Lichte ägyptologischer Forschung = ZRGG 12 (1960) 97—111. Die einsame koptische Tradition, nach der Christus in Herakleopolis Magna (kopt. Ehnes, arab. Aḥnās) geboren worden sein soll, ist vielleicht von der ägyptischen Mythologie um Hermopolis Magna (kopt. Ešmun, arab. Ašmūnain) beeinflußt (Ursprung des Ersten und Zweiten Adams); vgl. G. Giamberardini OFM., Il natale nella chiesa copta = Studia Orientalia Christiana, Aegyptiaca 9 — (Theologica 6), Kario 1958, 14 s. Nach S. Morenz (Ägyptische Religion = Die Religionen der Menschheit 8, Stuttgart 1960, 188, Anm. 99) braucht man allerdings nicht die Parallele zu Hermopolis zu ziehen, sondern kann unmittelbar auf Herakleopolis als Ursprungsort des Heiles verweisen.

[36]) Vgl. S. Morenz in: DLZ 78 (1957) 373 f.; dsl., Um Herkunft und Frühgeschichte des Christentums = ThLZ 80 (1955) 529 f.; dsl., Ägyptische Religion, Stuttgart 1960, 270—273.

[37]) Vgl. E. Hammerschmidt, Altägyptische Elemente im koptischen Christentum = OSt 6 (1957) 249 f.; W. E. Crum, Koptische Kirche, in: RE XII 812 (mit älterer Literatur).

[38]) Vgl. Brunner-Traut (Anm. 35), a. a. O., 110 f.; G. Klameth, Über Herkunft der apokryphen Geschichte Josephs des Zimmermanns = Angelos 3 (1928) 6—31; S. Morenz, Die Geschichte von Joseph dem Zimmermann = TU 56, Berlin und Leipzig 1951; dazu H. Engberding OSB., Der Nil in der liturgischen Frömmigkeit des Christlichen Ostens = OrChr 37 (1953) 56—88; S. Morenz, Rechts und links im Totengericht = ÄZ 82 (1957) 61—71; dsl., Feurige Kohlen auf dem Haupt = ThLZ 78 (1953) 187—192 (Röm 12, 20 bzw. Spr 25, 22); L. Dudley, The Egyptians Elements in the Legend of Body and Soul, Baltimore 1911; Fr. Zimmermann, Koptisches Christentum und altägyptische Religion = Theologische Quartalschrift 94 (1912) 597—604; G. Lanczkowski, Beeinflussung des Christentums durch ägyptische Vorstellungen = ZRGG 8 (1956) 14—32; C. D. G. Müller, Die Engellehre der koptischen Kirche, Wiesbaden 1959, 89—102; M. Cramer, Die Totenklage bei den Kopten = Sitzungsberichte der Öst. Ak. d. Wiss., Phil.-hist. Kl. 219, 2, Wien 1941, 55—57, 72—81; E. Hammerschmidt, Altägyptische Elemente im koptischen Christentum = OSt 6 (1957) 233—250; A. Hermann, Der Nil und die Christen = JAC 2 (1959) 30—69; dsl., Der letzte Apisstier = JAC 3 (1960) 34—50; J. Leipoldt in: HO VIII 25—42; eine zusammenfassende Darstellung jetzt in der ausgezeichneten Arbeit von Jean Doresse, Des hièroglyphes à la croix: Ce que le passé pharaonique à légué au christianisme = Uitgaven van het Nederlands Historisch-Archaeologisch Instituut te Istanbul 1960.

[39]) Entstehung der koptischen Kirche, 3—5.

sprochen habe[40]). Im „Paradies der Väter" zählen durchwegs die Tugenden der Askese, der Enthaltung, des Nicht-Tuns mehr als die positiven Akte. b) Der zweite Punkt ist das lebhafte Interesse der Kopten für das Jenseits. Ausschmückung und Ausmalung des jenseitigen Lebens kennzeichnet die christlichen Niltalbewohner — ebenso wie ihre altägyptischen Vorfahren. Vor allem der Strafort im Jenseits war dem einfachen Christen ein beliebtes Feld für das Spiel seiner Phantasie (in diesen Zusammenhang gehört auch die Vorstellung vom Feuerstrom im Jenseits[41])). Ägypten ist zudem das „klassische Land der Apokalypsen" geworden[42]). Das einfache Volk hat einen Totenkult getrieben, der in diesem Ausmaß fast einmalig dasteht. Bekannte Mönche und Einsiedler mußten dafür sorgen, daß ihr Leib ganz im Geheimen begraben würde; sonst bestand die Gefahr, daß ihre Grabstätte der Ausgangspunkt eines neuen Kultes wurde. Auch die Praxis der Mumifizierung wurde weiter fortgesetzt[43]), obwohl die offiziellen Vertreter der Kirche gegen sie auftraten und die Gläubigen ermahnen ließen, einen Brauch aufzugeben, der geeignet war, gegen christliche Anschauungen zu verstoßen. Wir wissen von Hunderten mumifizierter Körper. Anscheinend ist diese Praxis erst mit der Eroberung des Landes durch den Islam ausgestorben[44]). c) Der dritte Zug im Volksglauben, der einen Einfluß ägyptischer Vorstellungen zeigt, ist die Vorliebe für Amulette, Zaubersprüche, Reinheitserklärungen usw., d. h. der Hang zur Magie[44a]). Es sind uns eine Reihe von Urkunden mit Zauber- und Fluchformeln überliefert. Es gibt in ihnen zwar christliche Elemente (so erscheinen Jesus, die Apostel, Michael, Gabriel, Raphael und Satan), aber gelegentlich werden ebenso die alten Gottheiten dazu genannt. Es wäre aber nicht richtig, diesen Beitrag Altägyptens an die erste Stelle rücken zu wollen[45]). Zudem scheint hinter all der Magie doch etwas mehr zu stecken als bloße Sucht nach Geheimnisvollem[46]).

Grundsätzlich muß man sich bei der Frage der Einflüsse aber dessen bewußt sein, daß sich die Ausbildung des christlichen Dogmas in anderen — und zwar

---

[40]) Vgl. E. A. W. Budge, The Paradise or Garden of the Holy Fathers I, London 1907, 102.

[41]) Vgl. Hammerschmidt, Altägyptische Elemente, 242—244.

[42]) Leipoldt, Entstehung des koptischen Christentums, 4.

[43]) Vgl. E. Naville, The Old Egyptian Faith, London 1909, 315; Ph. D. Scott-Moncrieff, Paganism and Christianity in Egypt, Cambridge 1913, 101—105; C. Schmidt, Ein altchristliches Mumienetikett = ÄZ 32 (1894) 56; J. Leipoldt in: HO VIII 26—28.

[44]) Vgl. G. Elliot Smith, Egyptian Mummies = Journal of Egyptian Archaeology 1 (1914) 195.

[44a]) Vgl. u. a. A. M. Kropp O.P., Ausgewählte koptische Zaubertexte 1—3, Brüssel 1930/31.

[45]) S. Morenz in: ThLZ 80 (1955) 230, Anm. 13.

[46]) Vgl. H. Junker, Die Religion der Ägypter = F. König (Hrsg.), Christus und die Religionen der Erde II, Freiburg i. Br. 1952, 596—606; dsl., Pyramidenzeit, Zürich-Köln 1949, 97—107. Die Tatsache, daß der exzessive Tierkult und die Magie der ägyptischen Spätzeit einen Niedergang bedeuten, kann und soll natürlich nicht abgestritten werden; vgl. W. Wolf, Die Welt der Ägypter, Stuttgart 1955, 141 f.

eigenen — Kategorien vollzogen hat, als der der Fortsetzung ägyptischer Spekulationen[47]). Sie vollzog sich auch räumlich in einem Rahmen, für den das Altägyptische keineswegs ausschlaggebend war.

Material für das Studium von Zusammenhängen bietet auch der Vergleich der altägyptischen mit der koptischen Archäologie, wie dies teilweise durch F. W. Deichmann geschehen ist[48]). Der Grabbau der christlichen Zeit (wie die aus dem 4. und 5. Jh. stammende Nekropolis von Al-Bagawāt) hat viel Altägyptisches beibehalten. Von den Kirchenbauten gehören hierher die sog. Sohāg-Gruppe, d. h. das „Weiße Kloster", das „Rote Kloster" und die Kirche von Dendera. Der Grundriß und der Aufbau des „Weißen Klosters" sind zweifellos nach der ägyptischen Tempelbaukunst ausgerichtet[49]). Auch zwischen der altägyptischen Opfertafel und der koptischen Altartafel besteht ein Zusammenhang[50]).

Ein Element, das für das Weiterleben des Altägyptischen besonders kennzeichnend ist, da es beides — Weiterleben und Adaptierung an das Neue — demonstriert, ist das Lebenszeichen.

3. Das Lebenszeichen

Das sog. „Henkelkreuz" ist eigentlich eine altägyptische Hieroglyphe, die ihrem Lautwert nach ʿnḫ (anch) = Leben, bedeutet[51]). Es findet sich in Ägypten auf unzähligen Reliefs, Inschriften und in den Händen der Götter und Könige. Da es als der Ausdruck des Lebens schlechthin gilt, halten es ägyptische Götter den Königen an die Nase, spenden als Arme dargestellte Sonnenstrahlen das Lebenszeichen[52]). Dieses Zeichen, für dessen ursprüngliche Bedeutung verschiedene Theorien aufgestellt wurden[53]), wurde im christlichen Ägypten von

[47]) Vgl. dazu M. Werner, Die Entstehung des christlichen Dogmas, Bern-Tübingen ²1954.

[48]) Zum Altägyptischen in der koptischen Baukunst = Mitteilungen des Deutschen Instituts für Ägyptische Altertumskunde in Kairo 8 (1939) 34—37.

[49]) Vgl. allgemein A. Badawy, L'art copte. Les influences égyptiennes, Kairo 1949; dsl., L'art copte. Les influences hellénistiques et romaines = Bulletin de l'Institut d'Egypte 34 (1953); Cramer, Ägypten, 68—75.

[50]) Vgl. M. Cramer, Ein Beitrag zum Fortleben des Altägyptischen im Koptischen und Arabischen = Mitteilungen des Deutschen Instituts für Ägyptische Altertumskunde in Kairo 7 (1937) 119—127.

[51]) Zu diesen Ausführungen vgl. die grundlegende Studie von M. Cramer, Das altägyptische Lebenszeichen im christlichen (koptischen) Ägypten, Wiesbaden ³1955.

[52]) Cramer, Lebenszeichen, 1.

[53]) Cramer, Lebenszeichen, 1, 4 f.: A. Kircher SJ. (17. Jh.): ein „mystisches Tau"; J. Strzygowski (eine Anschauung des 18. Jh. übernehmend): ein „Nilschlüssel", um die Überschwemmung zu regeln; J. Capart: eine „menschliche Figur" (entsprechend einer Totenritualzeremonie in Indochina, wobei dem Sterbenden ein Stück Seide auf die Brust gelegt wird, in das — nachdem es nach seinem Ableben zu einer Art Puppe geformt wurde — seine Seele eingehen soll); Flinders Petrie und A. Wiedemann: ein „Band" oder ein „Gürtel", zu den Knotenamuletten gehörend (die der Anschauung entspringen, das Schürzen eines be-

den Kopten übernommen, wobei man die „crux ansata" im christlichen Sinne umdeutete. Rufinus, Sokrates und Sozomenus berichten von der Übernahme des Lebenszeichens[54]), Sokrates und Sozomenus verknüpfen diese mit der Zerstörung des Serapeums zu Alexandrien (391 n. Chr.)[55]). Rufinus, dessen Bericht der älteste ist, berichtet, daß die „thoraces Serapis" in Alexandrien ganz allgemein durch Kreuzzeichen ersetzt worden seien. Als die, „die von den Heiden übrig waren", dies sahen, erinnerten sie sich, daß auch die Hieroglyphen so ein Zeichen besaßen, das das „kommende Leben" (vita ventura) bedeute. Wir dürfen uns den Vorgang so vorstellen, daß diese Letzten des Heidentums die Christen auf ihr Zeichen — eben das Lebenszeichen — aufmerksam machten, die es dann auf Grund seiner Ähnlichkeit mit dem einfachen Kreuz und seines reichen Symbolgehaltes übernahmen. Es erhebt sich natürlich die Frage, warum die Christen dieses Zeichen denn nicht schon früher übernommen hatten, besonders da es sich in der ägyptischen Kunst so großer Beliebtheit erfreute. Vielleicht läßt sich die Frage mit der gleichen Erklärung beantworten, die auch für ähnliche Erscheinungen im Übergang vom Heidentum zum Christentum zu geben ist. Als das Heidentum noch eine wirkliche Macht war, scheuten sich die Christen, Formen zu übernehmen, die einen heidnischen Kult kennzeichneten (dies würde allerdings nicht für die unorthodoxe Periode bis Demetrius gelten[56])). Als das Heidentum zu einem ohnmächtigen Relikt wurde und es galt, die Scharen aus ihm ins Christentum hinüberzuführen, hatte man auch weniger Bedenken, Formen aus deren Tradition mitzuübernehmen[57]).

Das Henkelkreuz wurde auch im koptischen Ägypten weithin verwendet. Es findet sich auf Grabsteinen, auf Stoffen, als Wand- und Deckenschmuck in Kirchen und Klöstern, in der Kleinkunst und in den Handschriftenilluminationen. Dabei kommen die verschiedensten Variationen vor, aber doch stets so, daß die Grundform immer noch gut erkennbar ist. In Erment, dem oberägyptischen On (einige km südl. von Luxor), finden sich z. B. Formen mit breit ausladenden Armen und gespreiztem Schaft[58]):

---

stimmten Knotens schütze vor Zauber); B. Gunn, A. H. Gardiner und — früher — A. Erman: ein „Sandalenriemen"; H. Schäfer: vielleicht „Gürtel" oder „magischer Knoten"; S. Schott und H. Bonnet: ein „Knotenamulett".

[54]) Rufinus, Hist. eccl. II 26 = PL 21, 537; Sokrates, Hist. eccl. V 17 = PG 67, 607—610; Sozomenus, Hist. eccl. VII 15 = PG 67, 1453—1458.

[55]) Die zahlreichen Zeugnisse über den Vorfall bei Th. Hopfner in: Der Alte Orient, Beiheft 4, Leipzig 1925, Index unter Theophilus.

[56]) Tatsächlich zeigt ein Lederaufschlag bei den Funden von Chenoboskion ein eingeritztes Lebenszeichen; ebenso der gnostische Papyruskodex Brucianus in der Bodleian Library in Oxford; vgl. Cramer, Lebenszeichen, 46, 63, Abb. 57/58; dsl., Ägypten, 3, 57.

[57]) Ähnliches gilt für die von den Kopten gebrauchten altägyptischen Personennamen; vgl. Hammerschmidt, Altägyptische Elemente, 237f.

[58]) Cramer, Lebenszeichen, 9 und 11, Abb. 9—13.

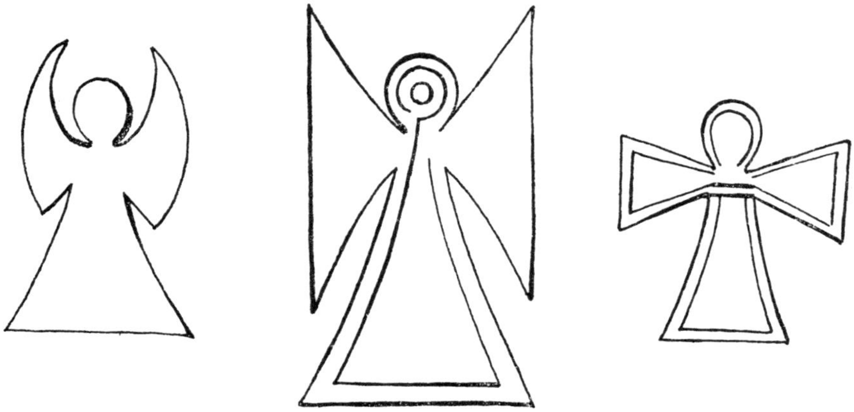

In Achmim wurden zahlreiche Stoffe mit Henkelkreuzen gefunden[59]), im Friedhofsbezirk von Antinoë eine hölzerne Grabbeigabe in Form des Lebenszeichens[60]).

Die Frage ist nun, ob dieses Zeichen in erster Linie als Kreuzzeichen oder als Lebenszeichen verstanden wurde. Man wird in ihm wahrscheinlich beide Bedeutungen zu suchen haben: Kreuz und Leben[61]). Daß diese beiden Bedeutungen ineinander übergehen, bestätigt das archäologische Material ziemlich eindeutig[62]). In der Hauptzeit der Verwendung, im 6. und 7. Jh., wird den Kopten die Bedeutung Kreuz *und* Leben vertraut gewesen sein, ohne daß sie sich deshalb vielleicht über den ursprünglichen, hieroglyphischen Wert des Zeichens noch klar gewesen sind. Letztlich kommt es jeweils auf den Zusammenhang und den begleitenden Text an, welche Bedeutung mehr zu betonen ist. Auf jeden Fall schließen sich beide nicht aus, sondern streben aufeinander zu. Nicht nur in der christlichen Symbolsprache, sondern in der gesamten christlichen Lehre sind Kreuz und Leben eng miteinander verbunden[63]). Die Spekulation

---

[59]) Cramer, Lebenszeichen, 23 f., Abb. 30.

[60]) Cramer, Lebenszeichen, 37 f.

[61]) Vgl. C. M. Kaufmann, Ein altchristliches Pompeji in der libyschen Wüste, Mainz 1902, 28.

[62]) Cramer, Lebenszeichen, 50.

[63]) Vgl. die Praefatio de sancta Cruce im lateinischen Ritus: „. . . Qui salutem humani generis in ligno Crucis constituisti. . .“; die Kreuzverehrung am Karfreitag: „Crux fidelis, inter omnes arbor una nobilis“ und den Hymnus „Vexilla Regis prodeunt“ des Venantius Fortunatus von Poitiers (gest. bald nach 600); das Kirchengebet am Fest der Kreuzauffindung (3. Mai): „. . . vitalis ligni pretio. . .“. Auch in der griechischen Liturgie treffen wir überall auf den Gedanken, daß das Kreuz das Leben bedeutet. Das Fest der Kreuzerhöhung (14. Sept.) wird dort „Die Erhöhung des ehrwürdigen und lebenspendenden (ζωοποιοῦ) Kreuzes“ genannt. In dem Triodion des Theodor Studites (am Mittwoch der dritten Fastenwoche) heißt es: „Dein leben-

über Christus und sein Kreuz als „Lebensbaum“ war in der alten Kirche so sehr beliebt[64]), daß man sie (allerdings in einer etwas abgewandelten Form) auch in die Geschichten vom Martyrium der Apostel übertrug[65]).

II. Der Kult der koptischen Kirche

Das Leben in und durch Christus konkretisiert sich im Kultus der Kirche, und hier vor allem im eucharistischen Mahl. Bevor wir uns näher mit der Frage beschäftigen, welchen symbolhaften Ausdruck, welche Gestalt die Mahlfeier in der koptischen Kirche angenommen hat[66]), müssen wir uns zwei wesentlichen Elementen des Kultus, dem kirchlichen Raum und den Trägern des kirchlichen Amtes und damit den Liturgen, zuwenden.

1. Der kirchliche Raum

Nach dem Abklingen der großen Verfolgungen gingen die Christen daran, für ihren Gottesdienst eigene Gebäude zu errichten[67]). Von den alten Kirchenbauten Ägyptens sind heute nur ganz wenige als solche erhalten, die meisten sind in der persischen und arabischen Eroberung zugrundegegangen oder wurden nachher zu Moscheen umgebaut. Die ältesten Kirchenbauten[68]) scheinen nach angeblichen Inhabern oder Erbauern genannt worden zu sein: so in Alexandrien die Kirche des Theonas, des Dionysius, des Athanasius und des

bringendes Kreuz, Herr, ist mir ein Siegel zum Heil.“ Das Kreuz wird hier besungen als „geistige und lebendige Leiter, auf die unser Gott sich gestützt, durch die wir zum Himmel fanden den Aufgang.“ Am Freitag der Osterwoche wird das Kreuz mit dem Leben schlechthin identifiziert: „Dein Kreuz, Herr, ist Leben, Auferstehung deinem Volk.“ Zum Kreuz als *σημεῖον ἐκπετάσεως* in Didache XVI 6 vgl. den Artikel *σημεῖον* von K. H. Rengstorf in: Theologisches Wörterbuch zum Neuen Testament VII 260 f. — In der ev.-lutherischen St.-Kilianskirche in Usseln (Waldeck) fand ich (durch Hinweis von Prof. Rengstorf) ein Bild, auf dem Christus an ein Kreuz geschlagen ist, das die Form eines Lebensbaumes zeigt — ein ganz besonders starker Ausdruck der Identifizierung.

[64]) In dem pseudo-cyprianischen Gedicht „De pascha“ wird das Kreuz als der auf dem Mittelpunkt der Erde (Golgotha) gepflanzte Lebensbaum verherrlicht; vgl. M. Werner, Entstehung des christlichen Dogmas, 502.

[65]) Vgl. dazu die treffenden Ausführungen bei M. Werner, Entstehung des christlichen Dogmas, 498—505.

[66]) Dabei bin ich mir der Schwierigkeit bewußt, daß infolge des Platzmangels die historische Entwicklung nur teilweise berücksichtigt werden kann. Es ist aber auch ganz allgemein schwierig, zu den Quellen, die innerhalb der orientalischen Kirchen eine Entwicklung erkennen lassen, vorzustoßen. Eine solche Entwicklung hat ja auch nicht in dem Ausmaß wie im Abendland stattgefunden.

[67]) Doch wurden in Ägypten trotz römischer Christenverfolgungen schon im 2. Jh. Kirchen gebaut, die auch nach außen hin in Erscheinung traten; vgl. Cramer, Ägypten, 21.

[68]) Vgl. A. Badawy, Les premières églises d'Égypte jusqu'au siècle de saint Cyrille, Kairo 1947; J. G. Davies, The Origin and Development of Early Christian Architecture, London 1952, 129—131.

Theophilus[69]). Bemerkenswerte Überreste haben sich in Oberägypten erhalten, vor allem zu Philä, Medīnet Habu, Aḥnās, Bawīt, Aswān, in der Nitrischen Wüste und in der Oase Al-Charge. Von diesen Kirchen befinden sich etliche mitten in den alten Tempelgebäuden; zum Teil haben auch antike Felsengräber als Bethäuser gedient[70]).

Relativ alt sind die koptischen Kirchen im römischen Kastell in Alt-Kairo (Bablūn, Qaṣr aš-šama)[71]): Abū Sarge [= Sergius (und Bacchus)], Al-Muʿallaqa (= die „Hängende", weil sie zwischen zwei Bastionen der Festung „hängt"), Sitt-Barbara, Mari Ǧirǧis (= Georg) und Al-Aḏra (Kirche der Jungfrau). Die Krypta von Abū Sarge (an deren Stelle nach einer alten Legende die hl. Familie auf ihrer Flucht geruht haben soll) wird dem 6. Jh. zugeschrieben. Cramer äußert die begründete Vermutung, daß dies eine „der ältesten erhaltenen Stätten christlichen Lebens im nördlichen Ägypten" ist[72]). Die Muʿallaqa-Kirche wird zum ersten Mal in der Biographie des Patriarchen Josef (831—849) erwähnt[73]), während die Barbara-Kirche in ihren Anfängen in sehr frühe christliche Zeit zurückzureichen scheint. Manche der dort gefundenen Holzschnitzereien haben hellenistischen Charakter, die Schnitzereien einer Holztür werden in das 5. Jh. datiert[74]).

J. Arnott Hamilton kennzeichnet die Architektur der koptischen Kirchen als „Coptic Architecture"[75]). Damit bleibt aber die Frage offen, was „koptische Architektur" nun eigentlich ist. In der Beurteilung dieses Problems herrscht noch etliche Unsicherheit[76]). Wie schon oben angedeutet, finden sich in der koptischen Baukunst altägyptische Elemente, zu denen als zweiter wesentlicher Bestandteil der hellenistisch-römische Einfluß kommt[77]). Grundsätzlich dürfte die koptische Kunst als Misch-Stil zu bezeichnen sein, wobei im einzelnen zu klären ist, welcher Einfluß vorherrscht.

Ein gemeinsamer Grundzug der koptischen Kirchenbauten ist die Kuppel, die auf einem viereckigen Unterbau ruht. Die winkelausfüllenden Stützbogen stammen aus der gleichen Quelle, wie in den anderen Teilen des byzantinischen Reiches: aus der persischen Architektur. In Ägypten erscheinen sie seit Beginn des 8. Jh.

---

[69]) Vgl. E. W. Crum, Koptische Kirche, in: RE XII 812.

[70]) Vgl. A. Badawy, Les premiers établissements chrétiens dans les anciennes tombes d'Egypte = Tome commém. du Mill. de la Bibl. Patr. d'Alexandrie, Alexandrien 1953, 67—89.

[71]) Vgl. Cramer, Ägypten, 15—18.

[72]) Cramer, Ägypten, 18.

[73]) Vgl. POr 10, 497.

[74]) Vgl. Cramer, Ägypten, 23.

[75]) Byzantine Architecture and Decoration, London ²1956, 154.

[76]) Was sich z. B. auch darin zeigt, daß M. Cramer das betreffende Kapitel mit der Frage „Gibt es eine koptische Kunst?" (Ägypten, 68) überschreibt.

[77]) Vgl. die Anm. 49 zitierte Arbeit Badawys.

Es gibt eine Gruppe von Kirchen, die durch eine Reihe von Kuppeln gekennzeichnet ist[78]). Daneben steht ein Typ, der eine Zentralkuppel mit parallelen Tonnengewölben im Norden und Süden hat. Aber auch das basilikale Grundschema, das im Ostteil viereckig abgeschlossen wird, findet sich in Ägypten (Wādi 'n-Natrūn)[79]). Die Kirchen des „Weißen" und „Roten Klosters" zeigen einen basilikalen Grundriß, der durch Gewölbe, die auf winkelausfüllenden Stützbogen ruhen, über dem Haikal ergänzt wird[80]). Hamilton hält es für möglich, daß die Idee, ein Viereck mit einer Kuppel abzuschließen, im Zuge der orientalischen Austauschbeziehungen aus Byzanz gekommen ist, obwohl die Kuppel an sich den vorchristlichen Ägyptern bereits wohl vertraut war[81]).

Das Kirchengebäude ist in der Regel dreigeteilt: (1.) Das Allerheiligste (Haikal)[82]), das durch eine bildergeschmückte Holzwand (Ikonostase) vom (2.) Chorraum geschieden ist. Der Chorraum (für Kleriker und vornehme Laien bestimmt) ist wiederum durch ein Holzgitter vom (3.) Gemeinderaum getrennt. Lane spricht davon, daß die größeren Kirchen in vier oder fünf Teile gegliedert sind: Haikal, Chorraum („appropriated to the priests who read the lesson, &c., and to boys who serve as acolytes and singers, and the chief members of the congregation"), die nächsten ein oder zwei Teile für die Männer, der letzte für die Frauen, die durch ein Holzgitter von den Männern getrennt sind[83]); teilweise befinden sich die Frauen noch auf der Empore[84]).

Es erscheint nicht als ausgeschlossen, daß diese Trennung auf frühen jüdischen oder judenchristlichen Einfluß zurückgeht[84a]).

---

78) Die Kirche der hll. Kyrus und Johannes in Kairo hat 12, die des hl. Pachomius zu Medammot nicht weniger als 33 Kuppeln.

79) Neben der bei Hamilton, l. c. 288, angegebenen Literatur vgl. auch Hon. R. Curzon, Visits to Monasteries in the Levant, London 1916.

80) Vgl. Hamilton, l. c. 155: „These domes with their squinches have been the subject of much discussion, but it has now been proved that the towers which carry them were originally roofed with wood and the domical coverings were not substituted until a much later century."

81) L. c. 155 s.

82) Nach E. König (Hebräisches und aramäisches Wörterbuch zum Alten Testament, Leipzig [6] u. [7]1936, 78 b) ist das hebr. hēkāl entweder eine Abteilung von ykl (= Komplex, „umfassendes Haus") oder Nachahmung des assyr. „ekallu, sumer. e-gal, großes Haus"; vgl. dazu L. Koehler-W. Baumgartner, Lexicon in Veteris Testamenti libros, Leiden 1958, 230b—231a; besonders G. Widengren, Sakrales Königtum im Alten Testament und im Judentum (Franz Delitzsch-Vorlesungen 1952), Stuttgart 1955, 8: „Die israelitische Kunst wird hauptsächlich als in Kanaan zustande gekommen angenommen, wenigstens was Baukunst im allgemeinen, Sakralarchitektur und religiöse Kunst betrifft. Das Wort für ‚Tempel', *hēkāl*, ist ein kanaanäisches Wort, bezeugt in Ugaritisch als *hēkalu*, das in sich ein mesopotamisches Lehnwort ist, *ēkallum*, aus Sumerisch *é-gal*." — Zum koptischen Kirchenraum vgl. auch O. H. E. Burmester, Rites and Ceremonies of the Coptic Church I = EChQ 7 (1947/48) 379—384.

83) Lane, Manners and Costums of the Modern Egyptians, 543.

84) Cl. Kopp (115) konnte aber beobachten, daß Mann und Frau im Gottesdienst zusammenblieben.

84a) Vgl. S. Krauss, Synagogale Altertümer, Wien 1922, 365f.

Das Zentrum der Kirche, die als irdischer Himmel und eine himmlische Erde bezeichnet wird[85]), ist der Altar, der frei in der Mitte des Haikal steht und meistens von einem einfachen Baldachin aus Holz gekrönt ist[86]). Er ist in würfelförmiger Gestalt aus Ziegeln gemauert[87]) und nach Osten hin geöffnet[88]). Diese Höhlung an der Ostseite, für die auf Apk 6,9 verwiesen wird, ist zur Aufnahme von Reliquien und des Chrisams bestimmt; in ihr wird am Karfreitag auch das Kreuz niedergelegt. Auf dem Altar ist eine Stein- oder Marmorplatte eingelassen, die mitunter — wie z. B. in der Turmkirche des Makariusklosters im Wādi 'n-Natrūn — die Form des ägyptischen ḥtp-Zeichens erkennen läßt, das sich auf vielen altägyptischen Opfertafeln findet[89]) (es stellt ein Brot dar, das dem Verstorbenen auf einer Matte im Napf gereicht wird[90])). In dieser Platte wird oft eine Holztafel[91]) (arab. lauḫ) eingelassen, die mit Konsekrationskreuzen verziert ist und manchmal auch die koptische oder griechische Inschrift „Jesus Christus hat gesiegt" oder „Jesus Christus, Sohn Gottes" trägt[92]).

Während des Gottesdienstes stehen zwei Kerzen auf dem Altar[93]); es kommt auch vor, daß Kerzenhalter neben den Altar gestellt werden.

Der Haikal wird durch den Ḥiǧāb („Vorhang") vom übrigen Teil der Kirche

---

85) Die in ihr Anwesenden dementsprechend als himmlische Menschen und irdische Engel; vgl. OP 96 = (24); Ibn Sabbāʿ, La perle précieuse, traitant des sciences ecclésiastiques 54 = POr 16, 753; dsl., Kitāb al-ǧauhara an-nafīsa fī ʿulūm al-kanīsa, Kairo ²1920/30. 98 s.; F. W. Deichmann in: Jahrbuch des Deutschen Archäologischen Instituts 54 (1939) 122; A. Stange, Das frühchristliche Kirchengebäude als Bild des Himmels, Köln 1950.

86) Zur Altar- und Kirchweihe vgl. G. Horner, The Service for the Consecration of a Church and Altar, Oxford 1902; Kirchen-, Altar- und Taufbeckenweihe in OP 121—127 = (45)—(50); O. H. E. Burmester, Rites and Ceremonies of the Coptic Church X = EChQ 10 (1953/55) 325—337.

87) Das einzigartige Beispiel eines aus dem 14. oder 15. Jh. stammenden Holzaltares (aus Abū Sarge, jetzt im Koptischen Museum Nr. 1172) bei O. H. E. Burmester, Rites and Ceremonies of the Coptic Church IX = EChQ 11 (1955/56) 44 und Tafel 37; zum koptischen Altar dsl., Rites and Ceremonies of the Coptic Church I = EChQ 7 (1947/48) 382 s.

88) Cramer, Ägypten, Abb 17, 20, 25 und 26.

89) M. Cramer, Ein Beitrag zum Fortleben des Altägyptischen im Koptischen und Arabischen = Mitteilungen des Deutschen Instituts für Ägyptische Altertumskunde in Kairo 7 (1937) 119—127; dsl., Ägypten, 42 und 72. Diese Tafeln wurden im 8. Jh. — wahrscheinlich nach der Zerstörung mancher Kirchen und Klöster — mit Texten beschrieben und als Grabsteine benutzt; vgl. M. Cramer, Die Totenklage bei den Kopten, 14—16 und Abb. 4.

90) Zur Lautbedeutung vgl. Erman-Grapow, Wörterbuch der ägyptischen Sprache III 183.

91) Abb. bei O. H. E. Burmester, Rites and Ceremonies of the Coptic Church IX = EChQ 11 (1955/56) 45 und Tafel 42. Zur Altartafel vgl. Burmester in: EChQ 7 (1947/48) 382.

92) Abb. 52 und 53 bei Cramer, Ägypten; Johann Georg Herzog zu Sachsen, Streifzüge durch die Kirchen und Klöster Ägyptens, Berlin 1914, Taf. 45; dsl., Neue Streifzüge..., Berlin 1930, Abb. 4.

93) Abb. 26 bei Cramer, Ägypten.

getrennt[94]). Dieser „Vorhang", der mit der orthodoxen Ikonostase verglichen werden kann, ist eine von drei Türen durchbrochene Holzwand[95]), in der Regel aus Zedern- oder Rosenholz und mit Elfenbeineinlagen geschmückt[96]). Die mittlere Haupttüre kann mit einem seidenen Tuch verhängt werden. Rechts und links von der Mitteltüre befindet sich je eine weitere Türe, die beim Gottesdienst geschlossen sind. Auf manchem Ḥiǧāb sind noch hellenistische Einflüsse erkennbar, so auf einem Teilstück der Barbarakirche (aus dem Korb aufsteigende Ranken und Pfaue)[97]), dagegen wirkt der Ḥiǧāb von Abū Sarge[98]) ausgesprochen koptisch[99]), d. h. es findet sich hier jenes volkstümlich-ägyptische Element, das die Kunst des 4.—8. Jh. kennzeichnet. Der angeblich älteste Ḥiǧāb (913/14) soll sich im Syrerkloster des Wādi 'n-Natrūn befinden.

Für die Verhüllung des Altars gibt es verschiedene Quellen. Das Neue Testament (Hebr 6, 19 und 10, 20), das Alte Testament mit dem inneren und äußeren Tempelvorhang (so z. B. Ex 26, 31—35; 27, 21; 30, 6 u. ö.; Ex 26, 36; 35, 15; Nm 3, 26), die Welt der Synagoge (Thoraschrein)[99a]), der Einfluß der hellenistischen Kultur, bes. das antike Secretarium des Richters (hinter dessen Vorhängen nichtöffentliche Prozesse abgehalten wurden), haben auf die Anlage der Vorhänge eingewirkt[100]). Die ganze Vorhangsymbolik dient einem der großen gegensätzlichen und zweipoligen religiösen Gefühle: dem Verhüllen und Enthüllen.

Nach dem alten koptischen „Liturgischen Handbuch"[101]) müssen im Altarraum auch goldene Cherubim sein, mit denen die Diener drohen sollen, „damit die Herzen erzittern und sich demütigen bei ihrem Anblick". Damit sind die beiden Rhipidien oder Hexapterygen (liturgische Fächer) gemeint, die wenigstens auf einer Seite einen von sechs Flügeln umgebenen Engelskopf zeigen[102]) und von daher den Namen „Cherubim" erhalten haben. Die Fächer hatten ursprünglich eine rein praktische Bedeutung: Die Diakone sollten sie über den Altar bewegen, um Fliegen, Mücken und ähnliches Getier wegzuscheuchen.

---

94) Vgl. A. Rücker, Die Altarwand (Higāb) in der Koptischen Kirche = ZDMG 82 (1928) LXXXIX f.

95) Abb. 18, 19 und 20 bei Cramer, Ägypten.

96) Diese Art von Verzierung findet sich auch in der islamischen Kunst; vgl. Cramer, Ägypten, 19.

97) Abb. 101 bei Cramer, Ägypten.

98) O. H. E. Burmester datiert ihn ins 13. Jh.; vgl. A Guide to the Ancient Coptic Churches of Cairo, Kairo 1955, 20.

99) Abb. 21—24 bei Cramer, Ägypten.

99a) Vgl. S. Krauss, Synagogale Altertümer, Wien 1922, 373 ff.

100) Vgl. C. Schneider, Studien zum Ursprung liturgischer Einzelheiten östlicher Liturgien 1: *Καταπετασμα* = Kyrios 1 (1936) 57—63.

101) OP 83 = (14).

102) Vgl. J. Braun SJ., Das christliche Altargerät in seinem Sein und in seiner Entwicklung, München 1932, 642—647 und Abb. 557.

Später deutete man die Fächer schwingenden Diakone als Abbilder der sechsflügeligen Cherubim und Seraphim, die unsichtbar bei der Feier den Altar umschweben.

Die „Lampe des Ostens" im Haikal soll Tag und Nacht brennen, „damit nicht fremdes Feuer[103]) in die Kirche oder den Altarraum komme"[104]). Diese Lampe und die, die vor der Türe des Haikal hängt, werden als Ebenbilder von Sonne und Mond, die übrigen Lampen in der Kirche als Abbilder der Sterne gedeutet[105]). Sie alle werden mit Olivenöl gespeist, angeblich deshalb, weil der Olivenbaum der einzige war, den Gott aus der Sintflut rettete[106]).

Im Kirchenraum befindet sich auch die Anbal genannte Kanzel, die im „Liturgischen Handbuch"[107]) mit Mt 10, 21 begründet wird: Die Kanzel ist einem hohen Dach vergleichbar. Der Name leitet sich von dem griech. *ἄμβων* (und nicht *ἀναβολή*) her. Es gibt einige alte und reich ausgestaltete Anābīl (plur.)[108]).

Ein besonderes Merkmal der koptischen Kirchen sind die zwischen den Lampen aufgehängten Straußeneier. Sie werden als ein Abbild des Auges Gottes betrachtet, das über die Gemeinde wacht, so wie der Strauß über seine Eier wacht, während er sie im Wüstensand durch die Sonne ausbrüten läßt[109]). Das „Liturgische Handbuch" wendet diese Vorstellung, die sich auch im „Physiologus" findet[110]), ins Paränetisch-Subjektive, wenn es die verdorbenen — also unzerbrochenen und in die Kirche gebrachten — Eier als Hinweis darauf auffaßt, daß der Sinn, der Vater des Wortes, vom Wort des Gebetes nicht abschweifen soll[111]).

Die koptischen Kirchen zeichnen sich (wie auch die nestorianischen) im allgemeinen durch Schlichtheit und Schmucklosigkeit aus. Sie sind wohl mit

---

[103]) Lev 10, 1.
[104]) OP 83 = (15).
[105]) OP 96 = (24).
[106]) Heiler 483.
[107]) OP 91 = (20).
[108]) Vgl. Cramer, Ägypten, 20, 22 f., Abb. 27 und 35; weitere Abb. bei Joh. Gg. Herzog zu Sachsen, Streifzüge, Abb. 17 und 28; dsl., Neue Streifzüge, Abb. 22.
[109]) Heiler 483.
[110]) Vgl. B. E. Perry, Physiologus = Pauly-Wissowa, Real-Encyclopädie XX 1074—1129; OP Erläuterungen auf S. 97, Anm. 1. Die Stelle in der neuen Übertragung von O. Seel, Der Physiologus, Zürich und Stuttgart 1960, 46. Der griechische Text des Physiologus herausgegeben von F. Lauchert (Geschichte des Physiologus, Straßburg 1889, 229—279; vgl. dazu E. Voigt in: Zeitschrift für deutsche Philologie 22 (1890) 236 ff.) und F. Sbordone (Physiologi Graeci singulas variarum aetatum recensionses codicibus fere omnibus tunc primum excussis collatisque in lucem protulit, Mailand 1936; vgl. dazu P. Maas in: Byzantinische Zeitschrift 37 (1937) 379 f.); zur koptischen Überlieferung vgl. A. van Lantschoot OPraem., A propos du Physiologus = Bulletin of the Byzantine Institute 2 (1950): Coptic Studies in Honor of Walter Ewing Crum, 339—363.
[111]) OP 96 f. = (24).

Bildern geschmückt, doch werden diese zum Teil nur für bestimmte Feste aufgestellt. Es wird ihnen auch nicht eine solche überschwengliche Verehrung erwiesen wie in den griechisch- und slavisch-orthodoxen Kirchen. Die im „Liturgischen Handbuch" für den Bilderschmuck verwandte Bezeichnung Maǧmaʿ al-quds (Versammlung der Heiligkeit) entspricht dem griech. *σύναξις* (Ikone, auf der mehrere Personen dargestellt sind[112])). Die Notwendigkeit der Bilder wird mit dem Christusporträt der Abgarlegende[113]) und der Überlieferung von der Malertätigkeit des Evangelisten Lukas begründet[114]). Als durch Wunderzeichen die „Treue" der Bilder (Abgarhandtuch und Bild des Lukas) feststand, befahlen die „Lehrer der Kirche" Bilder zu malen, damit ihr Andenken nicht vergessen werde[115]). Die Bilder werden vom Patriarchen mit Myron gesalbt. Ihre kniefällige Verehrung gilt nicht dem Bild, sondern Gott, obwohl das Niederknien auch eine Verehrung des Dargestellten und des bei der Salbung verwandten Myron bedeutet[116]).

Zur vollständigen Kirchenausstattung gehören noch das Taufbecken, das Tauchbecken und das Waschbecken für den Gründonnerstag[117]). Das Tauchbecken dient dem Ritus der Wasserweihe und des ġiṭās an Epiphanie (11. Ṭūba = 6. Jan. jul./19. Jan. greg.). Unter ġiṭās versteht man das Untertauchen oder Waschen im Jordan, einem anderen Fluß oder einem Wasserbehälter, wodurch man die Demut Christi nachahmt und Verzeihung der nach der Taufe begangenen Sünden erlangt[118]). Das Waschbecken dient für die Fußwaschung am Gründonnerstag; daneben gibt es auch eine Fußwaschung am Feste Peter und Paul am 5. Abīb (= 29. Juni jul./12. Juli greg.)[119]). Beide Male findet eine Weihe des Beckens statt. Während aber am Gründonnerstag die Fußwaschung das Primäre war und erst sekundär die Weihe des Beckens an sich gezogen hat, ist die Wasserweihe über dem Becken an Peter und Paul ein Ersatz für eine ältere Nilwasserweihe, die bei den Kopten gegen Ausgang des 12. Jh. schon nicht mehr in Übung gewesen sein dürfte, und somit das Primäre, dem die Fußwaschung folgte[120]).

---

[112]) OP 70 = (4).

[113]) W. Bauer in: Hennecke-Schneemelcher I 325—329.

[114]) Lukasbild-Typen gibt es in der koptischen Kirche etwa seit dem 5. Jh. Das Vorbild dürfte in den ägyptischen Darstellungen der den Horusknaben säugenden Isis zu suchen sein; vgl. Cramer, Ägypten, 74.

[115]) Zum koptischen Bilder- und Symbolschmuck vgl. Cramer, Ägypten, 68—78.

[116]) OP 92—95 = (21)—(23). [117]) OP 70 = (4). [118]) OP 86—88 = (17) f.

[119]) Vgl. O. H. E. Burmester, Two Services of the Coptic Church attributed to Peter Bishop of Behnesa = Muséon 45 (1932) 235—254; dsl., Rites and Ceremonies of the Coptic Church VI = EChX 9 (1951/52) 306—316.

[120]) Vgl. H. Engberding, Der Nil in der liturgischen Frömmigkeit des Christlichen Ostens = OrChr 37 (1953) 70—77; die griechische Überlieferung bei M. Black, Rituale Melchitarum = Bonner Orientalistische Studien 22, Stuttgart 1938, 28—35; vgl. auch A. Hermann, Der Nil und die Christen = JAC 2 (1959) 30—69, bes. 44 ff.

In den Städten sind heute in den Kirchen schon überall Bänke vorhanden; daher hat der als Stütze für ältere Männer dienende Gebetsstab seinen Sinn verloren.

2. Die kirchlichen Ämter

Die koptische Kirche besitzt wie alle anderen orientalischen Kirchen den besonderen Stand der geweihten Personen, dem in verschiedenen Graden und Abstufungen die Leitung der Gemeinde und der Vollzug des Kultus anvertraut ist. Die zentralen Stufen sind die des Priesters und Bischofs, die nach oben und unten durch weitere Ausgliederungen ergänzt wurden. Nach koptischer Auffassung sind im neutestamentlichen Priestertum die drei Funktionen des alttestamentlichen (Darbringung der Opfer, Jurisdiktion in Rechtssachen und Belehrung des Volkes) gesteigert und vervollkommnet[121]).

Im Laufe der Zeit haben sich sieben Weihestufen herausgebildet, die nachträglich durch symbolische Gründe gerechtfertigt wurden[122]). Diese sieben Stufen, deren erste sechs durch den Bischof übertragen werden, sind: 1. der Anaǵnostos (auch Arnostos) = *ἀναγνώστης*, Vorleser; 2. der Ibodiyāqūn (auch „Diakon des dritten Ranges", nach Archidiakon und Diakon, oder — selten — „Halbdiakon") = *ὑποδιάκονος*, Subdiakon; 3. der Šammās (vom syr. šamōšo), Diakon; 4. der Aršīdiyāqūn = *ἀρχιδιάκονος*, Archidiakon; 5. der Qass, Qīss oder Qissīs (vom syr. qašīšo = presbyter), Priester; 6. der Qummuṣ = *ἡγούμενος*; 7. der Bischof. Nach Ibn Sabbā' soll Christus selbst alle diese Weihegrade ausgeübt haben[123]).

Die Weihe zum Vorleser, der die Aufnahme in den geistlichen Stand (eine Art Tonsur) vorangeht, erfolgt theoretisch durch Übergabe des Evangelienbuches[124]). Praktisch gibt es heute diesen Stand als selbständigen Rang nicht mehr, da jeder Laie ohne Weihe das Amt des Vorlesers ausüben kann[125]). Zusammen mit der „Tonsur" wird diese Weihe aber als Vorstufe zum *Subdiakonat* gespendet, dessen Weiheritus im wesentlichen in der Umlegung des Orarion besteht. Gegenwärtig werden nur noch Knaben zu Subdiakonen geweiht, deren Aufgabe Salāmī[126]) so umschreibt: „Der Subdiakon dient dem Diakon, trägt die Bücher und hält die Lampen in Ordnung"[127]).

---

[121]) Ar-rāhib al-baramūsi, Kitāb ar-rauḍa az-zahīya fī musāmarāt ad-dainīya, Kairo 1896. 124 und 128; J. Salāmī, Al-la'āli' an-nafīsa fī šarḥ ṭuqūs wa mu'taqidāt al-kanīsa II, Kairo 2, Aufl. o. J., 267 (1. Aufl. 1909); nach Kopp 189.

[122]) So Ibn Sabbā', Kitāb al-ǧauhara an-nafīsa fī 'ulūm al-kanīsa, 44, nach Kopp 175: „Der Dienst der Kirche hat Diener, Priester und Oberhäupter der Priester nötig und eine Hierarchie, welche der himmlischen gleicht. Wie die himmlische Hierarchie die Zahl 7 hat, ... so auch die irdische Hierarchie der Kirche." = POr 16, 660 s. — Vgl. O. H. E. Burmester, Rites and Ceremonies of the Coptic Church VII = EChQ 10 (1953/55) 9—27.

[123]) POr 16, 661—666. [124]) Nach OP 115 = (38): das „Buch des Apostels Paulus."

[125]) Kopp 176. [126]) Al-la'āli' II 259, nach Kopp 177.

[127]) Vgl. dazu OP 112—114 = (37).

Die *Diakonatsweihe* geschieht durch Handauflegung und eine Epiklese (Anrufung des hl. Geistes), denen verschiedene Zeremonien folgen: Bezeichnung mit dem Kreuz auf Stirn und Angesicht, Übergabe des Gürtels (vgl. Mk 1, 6?) (und — nach Salāmī — der Tunika) und drei weitere Handauflegungen[128]). Mit dem Kreuzzeichen auf der Stirn wird der Diakon einer bestimmten Kirche zugewiesen. Der Diakon dient unmittelbar dem Priester bei der Liturgie, er hat das Volk zu belehren und zur Aufmerksamkeit anzuspornen, das Evangelium zu verlesen und den Kelch mit dem Blut Christi zu tragen und zu spenden. Eine interessante Einzelheit vermerkt das „Liturgische Handbuch". Danach besteht seine Aufgabe bei der Liturgie auch darin, daß er beobachte, „wer von hinten in feindlicher Absicht an den Priester herankommt"[129]). Vermutlich geht diese Bestimmung auf die Verhältnisse der Verfolgungszeiten zurück. Heute werden von den meisten Bischöfen 6—12 jährige Knaben zu Diakonen geweiht, einige Bischöfe weihen Kinder nur zu Subdiakonen. Es gibt daher unter der koptischen Männerwelt ein ganzes Heer von Subdiakonen und Diakonen; „oft wissen sie selbst nicht, welche Weihe sie im jugendlichen Alter empfangen haben"[130]). Obwohl der Diakonat schon als Sakrament betrachtet wird (die beiden vorhergehenden Stufen als „Sakramentalien")[131]), wird dieser Charakter von den Kopten heute kaum noch empfunden. Da nach koptischem Recht der Diakon vor der Weihe heiraten muß, ergibt sich das Problem der Ehen dieser Diakone. Heute hilft man sich mit der Auffassung, daß vom Zeitpunkt der Heirat an das Amt des Diakons „ruht". Nach dem Tode seiner Frau kann er ohne weitere Förmlichkeiten sofort wieder sein Amt ausüben[132]).

Der *Archidiakonat* hat praktisch aufgehört, als selbständiges Amt zu bestehen. Cl. Kopp kannte zur Zeit seiner Studien nur einen einzigen Archidiakon in der koptischen Kirche[133]). Aus dem Weiheritus, dem die Handauflegung fehlt, geht hervor, daß er auf eine Steigerung der Berufsgnade abzielt, aber keine neue Weihestufe darstellt. Die liturgischen Funktionen des Archidiakons übernimmt im Bedarfsfall ein Priester. Ehemals war seine Aufgabe, das „Haupt der Diakone" zu sein als der „zweite Träger des Hirtenstabes nach dem Patriarchen" (der erste nach dem Patriarchen ist der Qummuṣ); tatsächlich ist er das Haupt der Weihegrade vom Diakon an abwärts gewesen[134]).

Der Kandidat der *Priesterweihe* muß ein zustimmendes Zeugnis seiner Gemeinde (tazkiya) vorweisen können, das zu Beginn des Ritus verlesen wird[135]). Der Weiheritus[136]) hat mit dem der Diakonatsweihe Ähnlichkeit, nur ist er

[128]) Kopp 178. [129]) OP 111 = (36). [130]) Kopp 177 f.
[131]) Y. ʿAbd al-Masīḥ, Daraǧa aš-šammūsiya = Al-karma 15 (1929) 552, nach Kopp 190.
[132]) Kopp 190 f. [133]) A. a. O. 179.
[134]) OP 109 = (34); 102 f. = (28).
[135]) Die erforderlichen Eigenschaften in OP 106 = (31).

reicher ausgestaltet. Kennzeichnend sind hier die Handauflegung mit den Worten: „Erfülle ihn mit deinem hl. Geiste, seiner Gnade und seinem Rate..."[137]), das Kreuzzeichen auf der Stirn, die Zuweisung an eine bestimmte Kirche, drei Kreuzzeichen auf das Angesicht, Dankgebet und Ermahnung[138]). Nach dem Eucharistieempfang haucht der Bischof dem Neugeweihten in den Mund und legt ihm die rechte Hand, die ein Velum hält, auf mit den Worten: „Empfange den hl. Geist für die Kirche NN." Wenn man dabei an Jo 20, 22 denkt, wird deutlich die Vorstellung vom Bischof als vicarius Christi erkennbar.

Der *Qummuṣ* empfängt seine Weihe durch Handauflegung und Bitte um Herabkunft des hl. Geistes[139]). Auch ihm wird — wie dem Archidiakon — keine neue Weihegewalt übertragen; er soll durch die Hilfe des hl. Geistes als „Führender" ein Vorbild sein. In seiner Stellung ist er am ehesten dem abendländischen Dechant oder Dekan (in Ostdeutschland auch Erzpriester) vergleichbar. Wie der Archidiakon das Haupt und der Vertreter der unter ihm stehenden Weihegrade ist, so ist der Qummuṣ der unmittelbare Vorgesetzte der Priester, der Rechtssachen selbst entscheidet, oder, „was für ihn zu schwierig ist"[140]), vor den Bischof bringt. Er präsentiert dem Patriarchen auch die Weihekandidaten. Neben einigen liturgischen Ehrenrechten[141]) hat er auch das Recht, „den Bischof in seiner Abwesenheit zu vertreten und den Altar und das Taufbecken mit Genehmigung des Bischofs zu weihen"[142]).

Die *Bischofsweihe*[143]) wird vom Patriarchen unter Assistenz der anderen Bischöfe vollzogen; sie soll stets am Sonntag stattfinden[144]). Das Kernstück des Ritus wird durch die Aufforderung des Archidiakons eingeleitet: „Betet und bittet den Herrn, ihr Versammelten, daß über ihn komme die Gnade des hl. Geistes durch unser Wort und das des ganzen Volkes"[145]). Dann legen der Patri-

---

136) Vgl. P. Antoine, L'Ordination sacerdotale chez les coptes unis = ROC 28 (1931/32) 362—374.

137) MS Lit. 253 des Koptischen Museums (datiert 1080 A. M. = 1364 A. D.) p. 16, nach Kopp 179 f.

138) In dieser wird die Vollmacht, das Priesteramt zu verwalten, und der Sündenvergebung — unter Berufung auf Jak 5, 16 — hervorgehoben.

139) MS Lit. 253 p. 20 s., nach Kopp 181.

140) J. Salāmī, Al-la'ālī' II 286, nach Kopp 181.

141) OP 103 f. = (29).

142) J. Salāmī, Al-la'ālī' II 286, nach Kopp 181.

143) Der Bischof wird aus dem Mönchsstand von Klerus und Volk gewählt und dem Patriarchen präsentiert. Zur Geschichte der koptischen Weiheriten, bes. des Bischofs, vgl. E. Lanne OSB., Les ordinations dans le rite copte. Leurs relations avec les Constitutions Apostoliques et la Tradition de Saint Hippolyte = OrSyr 5 (1960) 81—106.

144) Vgl. Th. Michels OSB., Beiträge zur Geschichte des Bischofsweihetages im christlichen Altertum und im Mittelalter = Liturgiegeschichtliche Forschungen 10, Münster i. W. 1927.

145) Vgl. B. Botte OSB., La formule d'ordination „La grace divine" dans les rites orientaux = OrSyr 2 (1957) 285—296.

arch und die assistierenden Bischöfe[146]) dem Kandidaten die Hände auf unter dem Weihegebet: „Gott, gieße aus die Kraft deines Geistes der Führung, den du deinen hl. Aposteln in deinem Namen gegeben hast. Gib diese selbe Gabe deinem Diener N. N., den du zum Bischof erwählt hast, daß er deine Herde weide...“[147]). Analog zur Diakonats- und Priesterweihe wird dem neugeweihten Bischof eine bestimmte Kirche zugewiesen (diese Zuweisung an eine bestimmte Kirche geht auf die Ortsgebundenheit des Bischofs als Verwalter des Altarsakramentes zurück, wie wir sie aus der altchristlichen Zeit kennen[148a])). Nachdem er mit den bischöflichen Gewändern bekleidet worden ist, übergibt ihm der Patriarch den Bischofsstab, Kreuz und Evangelienbuch[148]). Das dreitägige geistliche Fest, das der Weihe folgen soll, ist heute anscheinend weggefallen.

Höhepunkt und Abschluß des Weihesakramentes bildet die Konsekration eines *Patriarchen*[149]), ein ausgedehnter und feierlicher Ritus, der allerdings bei der Konsekration Kyrills V. (16. 12. 1928) abgeändert, zum Teil gekürzt, zum Teil ergänzt worden ist[150]). So unterblieb die Zeremonie der Fesselung des Patriarchen — eine Erinnerung an Zeiten, wo sich Mönche vor der Aussicht, Patriarch sein zu können, in der Wüste versteckten und dann von den Janitscharen für die Christen eingefangen werden mußten[151]). An der verschlossenen Türe der Kathedrale übergibt der Archidiakon dem neuen Patriarchen den Schlüssel. In der Kirche wird das Zeugnis (tazkiya), das hier erst unterzeichnet wird, verlesen. Beim eigentlichen Weiheakt spricht der älteste Bischof das Konsekrationsgebet, wobei die anderen Bischöfe dem Gewählten ihre Hände mitauflegen[152]): „Gieße aus über ihn durch deinen hl. Geist der Leitung deine

---

[146]) So nach Salāmī II 301 s. (Kopp 183). Nach MS Lit. 253 p. 33 (Kopp 182) berühren die mitkonsekrierenden Bischöfe nur die Schultern. Doch dürfte keine wirkliche Verschiedenheit vorliegen.

[147]) MS Lit. 253 p. 32 s., nach Kopp 182.

[148]) So Salāmī II 301 s., nach Kopp 183 f.

[148a]) Vgl. K. Müller, Kanon 2 und 6 von Konstantinopel 381 und 382 = Festgabe für A. Jülicher zum 70. Geburtstag, Tübingen 1927, 190—202; K. Müller-H. von Campenhausen, Kirchengeschichte I 1, Tübingen ³1941, Register s. v. Bischof, Episkopat (841a); W. M. Plöchl, Geschichte des Kirchenrechts I, Wien-München 1953, 173 und 205.

[149]) Zur Wahl vgl. R. Recke, Règlement de la candidature et de l'élection du Patriarche des Coptes Orthodoxes = PrOrChr 8 (1958) 30—36.

[150]) O. H. E. Burmester gibt den Text von MS Lit. 253 wieder: Rites and Ceremonies of the Coptic Church X = EChQ 11 (1955/56) 181—190; vgl. auch E. Renaudot, Liturgiarum Orientalium Collectio I, Frankfurt a. M. ²1847, 441—468; H. Denzinger, Ritus Orientalium II, Würzburg 1864, 35—63; jetzt auch O. H. E. KHS-Burmester, The Rite of Consecration of the Patriarch of Alexandria, Kairo 1960.

[151]) Vgl. A. J. Butler, The Ancient Coptic Churches of Egypt II, Oxford 1884, 306; OP 99 = (26) versteht diese Zeremonie (eiserne Fessel!) als „Zeichen und Sinnbild, daß er wider Willen mit dieser schweren Aufgabe belastet wird“.

[152]) Früher hat nach MS Lit. 253 p. 48 (Kopp 186) nur der älteste Bischof die Hände aufgelegt.

Kenntnis...[153]). Nachdem der neue Patriarch vom ältesten Priester unter der Berufungserklärung[154]) auf der Stirn dreimal mit dem Kreuz bezeichnet worden ist, erhält er das Dekret seiner Ernennung (*συστατική*, arab. taqlīd). Dann berührt der älteste Bischof sein Haupt mit den vier Evangelien und jeder Bischof legt ihm noch einmal die Hand auf. Schließlich wird er nacheinander mit den Gewändern des Diakon, Priesters und Patriarchen bekleidet[155]), dann erhält er Hirtenstab und Kreuz. Die Inthronisation auf dem Patriarchenstuhl wurde in dem neuen Ritual von 1928 stark gekürzt. Auch hier ist das dreitägige Fest in den Hauptkirchen Alexandriens nun weggefallen[156]). Ebenso wird die Sitte, daß der Patriarch am zweiten Tag nach seiner Konsekration das angebliche Haupt des Evangelisten Markus in seinen Schoß nimmt[157]), um sich dadurch als sein Nachfolger zu legitimieren, nicht mehr geübt[158]).

3. Die Eucharistie

a) Theologische Deutung

Die Kopten nennen die Abendmahlsfeier „Eucharistie", „Sakrament des Opfers" oder „des Empfanges". Wenn es auch stimmt, daß sie die Lehre der Transsubstantiation zurückweisen[159]), vertreten sie doch einen „kraftvollen Realismus"[160]). Es gibt zwar Aussagen, die der Auffassung der Transsubstantiation nahekommen[161]) und es wird das Verbum istaḥāl[162]) für diesen Vorgang gebraucht, doch gehen die Theologen in ihrer Reflexion nicht weiter. Die Umwandlung hat Christus nach Salāmī beim Danken und Segnen vorgenommen, die den Worten der Austeilung („Nehmet, esset... trinket...") vorangingen[163]). Diese Ansicht wird vorgetragen, um die Bedeutung der Epiklese zu verteidigen, durch die die Umwandlung bewirkt werden soll[164]). Dieser Auffassung stehen allerdings die liturgischen Texte entgegen, als zumindest in

---

153) Kopp 187.

154) „Wir berufen dich, N. N., zum Papst und Patriarchen, zum Herrn und Oberhaupt der Bischöfe des Predigtbezirkes des hl. Markus" (Kopp 187).

155) Eine ausführliche Beschreibung der Gewänder bei Butler, Ancient Coptic Churches of Egypt II, 144 s.

156) Vgl. Kopp 188.

157) OP 101 = (27).

158) Kopp 188.

159) Vgl. D. Dowling, The Egyptian Church, London o. J., 16.

160) Heiler 477.

161) Kopp 137.

162) Vgl. H. Wehr, Arabisches Wörterbuch für die Schriftsprache der Gegenwart, Leipzig ²1956, 195 b.

163) Salāmī I 533, nach Kopp 138 f.

164) Die Epiklese steht in den liturgischen Texten nach dem Einsetzungsbericht, wobei die Kyrillusliturgie insofern eine Ausnahme macht, als sie auch vor dem Einsetzungsbericht eine Anrufung des hl. Geistes besitzt.

einem von ihnen den Einsetzungsworten durch die Bekräftigungsrufe des Volkes ein besonderer Nachdruck verliehen wird[165]). Man darf diese Frage allerdings nicht pressen, da in der orientalischen Schau Einsetzungsworte und Epiklese ein unteilbares Ganzes bilden, innerhalb dessen man wohl von einer Akzentverschiebung, nicht aber von einer Bedeutungslosigkeit des einen oder anderen Teiles sprechen kann[166]). Die Verengung auf die Epiklese allein erfolgte meistens unter dem Druck der Polemik.

Eucharistie bedeutet der koptischen Kirche „wahrhafte" Gegenwart Christi; nicht bloß das „Bild des Leibes des Herrn und seines Blutes, sondern der Leib des Heilandes selbst, den er einmal am Kreuze darbrachte[167]). Aus der Gegenwart Christi ergibt sich die Frage der Dauer dieser Gegenwart. In der Praxis werden die konsekrierten Teile längere Zeit aufbewahrt. Wo in der Vergangenheit dagegen Einspruch erhoben wurde, wie durch Patriarch Christodulos (1047—1077)[168]), geschah dies aus praktischen Erwägungen, zumal in dem heißen Klima jedes Brot sehr schnell hart wird. Die Eucharistie ist ein Opfer, das „bis zum Ende der Zeiten, bis zur zweiten Ankunft des Messias" dauern wird[169]), da sonst das nach Ps 110 ewige Priestertum Christi ruhen würde. Kreuzes- und eucharistisches Opfer sind letzten Endes dasselbe. Daher hat die Eucharistie auch dieselben Wirkungen: Sühne für die Sünden der Welt und ewiges Leben.

b) Kultischer Vollzug

Die Eucharistie wird bei den Kopten nach drei verschiedenen Formularen gefeiert: nach der Basilius-, Kyrillus- oder Gregoriosanaphora[170]). Die Liturgiesprache ist heute der bohairische Dialekt des Koptischen[171]), doch entspricht jeder der drei Liturgien ein frühes griechisches Original[172]). Die koptische Ge-

---

[165]) Gregoriusliturgie: E. Hammerschmidt, Die koptische Gregoriosanaphora = Berliner Byzantinistische Arbeiten 8, Berlin 1957, Nr. 169 und 180 = S. 36—39.

[166]) Vgl. A. Fortescue, The Lesser Eastern Churches, London 1913, 284; G. Rauschen, Eucharistie und Bußsakrament, Freiburg i. Br. 1908, 94 ff.

[167]) Salāmī I 540 s., nach Kopp 139.

[168]) J. M. Vansleb, Histoire de l'Eglise d'Alexandrie, Paris 1677, 131.

[169]) Salāmī I 535, nach Kopp 140.

[170]) Zur liturgiegeschichtlichen Entwicklung vgl. den Überblick bei E. Hammerschmidt, Probleme der orientalischen Liturgiewissenschaft = OSt 10 (1961) 28—47 = Wissenschaftliche Zeitschrift der Martin-Luther-Universität Halle-Wittenberg. Gesellschafts- und Sprachwissenschaftl. Reihe 10 (1961) 1371—1379; zur Anaphora überhaupt RAC I 418—427. — Es gibt auch illegitime koptische Anaphoren, vgl. A. M. Kropp OP., Die koptische Anaphora des hl. Evangelisten Matthäus = OrChr 3. S. 7 (1932) 111—125.

[171]) Für diesen vgl. u. a. A. Mallon SJ.-M. Malinine, Grammaire copte, Beyrouth [4]1956.

[172]) Dabei ist zu beachten, daß die griechische Gestalt der Kyrillusliturgie Markusliturgie heißt.

stalt der Liturgien ist noch weitgehender als die westsyrischen Texte mit griechischen Stücken untermischt[173]).

Bei Abu'l-Barakāt ibn al-Kibr (gest. 1324) wird der Gebrauch der Liturgien folgendermaßen geregelt[174]): Die Basiliusliturgie das ganze Jahr hindurch; die Kyrillusliturgie in der Fastenzeit und im Monat Kīhak (27. Nov.—26. Dez.); die Gregoriusliturgie an den „Festen Gottes und der Freude". Salāmī[175]) drückt sich nur unbestimmt aus: In der Regel werde die Basiliusliturgie genommen, weil sie leicht und nicht von ermüdender Länge sei; die beiden anderen würden „an berühmten Tagen, Festen des Herrn und bedeutenden, großen Zeiten" gefeiert. In der Praxis scheint hier eine ziemliche Unbestimmtheit zu herrschen. Nach Informationen, die ich von dem verstorbenen Bibliothekar des Koptischen Museums in Kairo, Y.'Abd al-Masīḥ, erhalten konnte, gibt es nur wenig Priester, die die Gregoriusliturgie *koptisch* singen können (der Priester muß die Liturgie auswendig können). Aber die Mehrheit der Priester pflegt sie an den Herrenfesten und gewissen Sonntagen in *arabischer* Sprache zu feiern, wobei dann nur gewisse Teile koptisch wiedergegeben werden. Andererseits verwenden manche Priester bei bestimmten Gelegenheiten Teile der Gregoriusliturgie an Stelle der Basiliusliturgie. Kopp äußert die Vermutung, daß die Kyrillusliturgie überhaupt nicht mehr benutzt wird[176]). Patriarch Kyrill V. (1874—1927)[177]) soll der einzige gewesen sein, der sie „gekonnt" hätte. Neben der Basiliusliturgie, die die alte und ursprüngliche Hausliturgie Alexandriens, die Kyrillusliturgie, verdrängt hat, hat sich also nur die Gregoriusliturgie eine gewisse Bedeutung bewahrt, da sie an Herrenfesten gebraucht wird[178]). Diese Liturgie ist insofern bemerkenswert, als sie sich in ihren Gebeten ausschließlich an Christus wendet, — das Zeugnis einer betonten Christusfrömmigkeit (möglicherweise mit antiarianischem Vorzeichen)[179]).

Die Liturgie soll an Sonn- und Festtagen und an den Freitagen[180]) gefeiert werden, in den koptischen Klöstern wird sie täglich gefeiert. Der amtierende Priester und die, die die Eucharistie empfangen wollen, sollen sich darauf vorbereiten, wobei aufrichtige Beichte, fester Glaube, vollkommene Hoffnung,

[173]) Vgl. O. H. E. Burmester, The Greek Kîrugmata, Versicles & Responses and Hymns in the Coptic Liturgy = OCP 2 (1936) 363—394. Da vom 10. Jh. an das Koptische durch das Arabische zurückgedrängt wurde, wird für Schriftlesungen wie für einzelne Teile der Liturgie und für die Sakramentenspendung das Arabische gebraucht.

[174]) Im 17. Kap. seiner „Lampe der Finsternis" (Kitāb miṣbāḥ aẓ-ẓulma).

[175]) I 273, nach Kopp 119.

[176]) A.a.O. 119.

[177]) Zu ihm vgl. R. Strothmann, Die koptische Kirche in der Neuzeit, 33—35.

[178]) Vgl. dazu G. Giamberardini OFM., La consacrazione eucaristica nella chiese copta = Aegyptiaca Christiana, Sezione I: Monografie No. 8, Kairo 1957, 78.

[179]) Vgl. Hammerschmidt, Gregoriosanaphora, 122, 178—180; dort auch Anführung der Handschriften und Ausgaben der koptischen Liturgien, 3 f.

[180]) Für die in muslimischen Diensten stehenden Kopten ist der Freitag der „freie Tag".

Ehrfurcht, Demut, Reinheit des Herzens und des Körpers und Fasten verlangt werden[181]). Seit dem 11. Jh. ist auch eine allgemeine Beichte und Lossprechung bei Beginn der Eucharistiefeier üblich geworden. Doch gelang es der allgemeinen Beichte (wenigstens in der Theorie) nicht, die Einzelbeichte zu verdrängen. Die Verpflichtung zum Fasten ist gemildert worden; früher begann sie schon am Nachmittag des vorhergehenden Tages, heute soll der Beginn des Fastens sechs bis neun Stunden vor dem Eucharistieempfang liegen. Zum Fasten wird auch eheliche Enthaltsamkeit an den drei vorhergehenden Tagen gerechnet, doch ist dies heute nur ein Wunsch.

Zur Liturgiefeier sind liturgische Geräte notwendig, die in der koptischen Kirche aus folgenden Stücken bestehen[182]):

a) Die Patene (kopt. diskos, arab. ṣīnīya);

b) Der Kelch (kopt. poterion, arab. ka's <syr. kōso), der gewöhnlich in einen Kelchbehälter (kopt. tote, thronos ente pipoterion, arab. kursī al-ka's), ein mit Abendmahlsdarstellungen geschmücktes, viereckiges Holzkästchen, gestellt wird, in dessen Mitte sich eine runde Öffnung befindet, um den Kelch hineinzulassen[183]); „the aperture is covered with one of the mats ... which lie on the altar“[184]).

c) Der Löffel (kopt. mistir, arab. milʿaqa);

d) Die vier Vela: eines (arab. ġiṭā' al-awwal) über der qubba (s. u.), ein zweites (arab. ġiṭā' aṯ-ṯānī) für die Bedeckung des Kelches, ein drittes, größeres [kopt. prosfarin, arab. abrausforīn (Drower) oder ibrūsfārīn (Brightman), nach Graf [185]) Umschreibung der griech. Akklamation des Diakons *προσφέρειν* am Beginn der Anaphora[186])], um Patene und Kelch zu bedecken, ein viertes (arab. lifāfa), das oft mit einem Bild Christi geschmückt ist und den Stein darstellen soll, der das Grab Christi verschloß;

e) Ein Handkreuz, gewöhlich aus Silber;

f) Die qubba, zwei gekreuzte Silberspangen mit einem Kreuz über ihren Schnittpunkt. Die qubba entspricht dem orthodoxen Asteriskos und

---

[181]) Kopp 146.

[182]) Vgl. O. H. E. Burmester, Rites and Ceremonies of the Coptic Church I = EChQ 7 (1948/49) 384—388.

[183]) Abb. 54 bei Cramer, Ägypten.

[184]) E. F. Brightman, Liturgies Eastern and Western I: Eastern Liturgies, Oxford 1896, 591 a.

[185]) Verzeichnis arabischer kirchlicher Termini = CSCO 147, ^{2}1954, 2.

[186]) Vgl. John Bute, The Coptic Morning Service for the Lord's Day, London 1908, 92; Hammerschmidt, Gregoriosanaphora, Nr. 51 = S. 20 f. Hier — wie OP 94 = (15) — muß es aber die Bedeutung von ibrūsfār = *προσφορά* (Decke über Patene und Kelch) haben. Vgl. M. Simaika Pascha, Dalīl al-matḥaf al-qibṭī I, Kairo 1930, 122, Z. 11. ***Προσφέρειν*** für Velum auch bei Īris Ḥabīb Al-Maṣrī, The Rite of the Filling of the Chalice = BSAC 6 (1940) 85 s.

soll verhindern, daß das Velum das Brot auf der Patene berührt. Nach koptischer Anschauung versinnbildet sie das Grab Christi[187]). Auch der Altaraufbau (Baldachin) wird mitunter qubba genannt[188]), obwohl Graf[189]) diesen Wortgebrauch nur für die Melkiten angibt.

Im koptischen Gottesdienst ist der Gebrauch von Schellen und Zymbeln[190]) weit verbreitet[191]). Da die islamischen Herren das Läuten verboten, sind Kirchenglocken seit dem 9. Jh. außer Gebrauch. Im 6. Jh. wurden die Mönche mit einem hölzernen Gong, dem „Holz des Zusammenrufens"[192]), versammelt.

Das „Liturgische Handbuch"[193]) zählt 14 Geräte (sieben geweihte und sieben ungeweihte) für den heiligen Dienst auf. Die sieben geweihten sind: „die aufgelegte Tafel, das Abbild des Grabes[194]), die Patene, das Abbild der Krippe in der Kindheit, das Ebenbild der Lade ist das Holz(gestell), in dem die Bücher sind, die geweihten Tücher, zwei, eines unter der Patene, das andere unter dem Kelch, der das Maß Manna ist und der auf seinem Kelchthron steht, und sie sind das Ebenbild der Leichentücher beim Tod und Begräbnis und ein Ebenbild der Tücher, in die der Leib unseres Herrn — ihm sei Preis — in der Krippe eingewickelt war, der geweihte Kelch, das Ebenbild des Maßes Manna, der geweihte Löffel, bestimmt zum Austeilen der Kommunion an die Leute, die Männer und Frauen; . . . die geweihte Kelchdecke, das Ebenbild des Steines, der vom Grab weggewälzt wurde. . . Was die sieben ohne Weihe anlangt, so gehören dazu: der Leuchter, der Krug[195]), das Becken[196]), das Rauchfaß, der Weihrauchbehälter, der Kelchthron, auf den der Kelch gestellt wird, und das Kreuz."

Das eucharistische Brot (qurbān) wird aus Weizen gebacken und ist ungesalzen, dagegen wird ihm Sauerteig zugefügt. Das Brot wird von dem Sakristan, Mönch oder Priester zubereitet, auf keinen Fall von einer Frau. Gewöhnlich geschieht dies nach Sonnenuntergang des vorhergehenden Tages oder am frühen Morgen desselben Tages, an dem die Liturgie gefeiert

---

[187]) Für die religionsgeschichtlichen Beziehungen zwischen „Grab" und „Mutterleib" (aram. qäbär) vgl. Drower 71.

[188]) OP 85 = (15).

[189]) Verzeichnis, 87.

[190]) Vgl. das Anm. 32 zitierte anonyme Schriftchen, 28.

[191]) Abb. 58 bei Cramer, Ägypten.

[192]) H. G. Evelyn-White, Monasteries of the Wâdi 'n-Natrûn II, New York 1932, 262, und III, 1933, 23.

[193]) OP 84 = (15).

[194]) Vgl. A. Rücker, Über Altartafeln im koptischen und den übrigen Riten des Orients = F. Fessler, Ehrengabe deutscher Wissenschaft dem Prinzen Joh. Gg. zu Sachs. dargeboten, Freiburg i. Br. 1920, 209—228.

[195]) Aßfalg vermutet für die Waschung des Priesters.

[196]) Bedeutung unsicher.

wird[197]). Dabei werden mehrere Brote bereitet, aber nur eines wird schließlich für die Patene ausgewählt. Dieses eine Brot heißt dann ḥamal (Lamm oder) ḏabīḥa (Opfer). Die Brote erhalten durch eine hölzerne Form eine Einteilung in eine Anzahl von Felder; das Mittelstück ist das sog. Āsbādīqūn = δεσποτικόν (ergänze: σῶμα).

Als Wein wird Rosinenwein (Zibebenwein) verwendet. Diese Gewohnheit ist auf die islamischen Verfolgungszeiten zurückzuführen, als man die Weinberge der Christen einriß und die Einfuhr von Wein scharf bewachte[198]). Die Kopten kauften dann getrocknete Trauben, die sie in Wasser legten und preßten; den Saft ließen sie in Gärung übergehen. Es ist zweifelhaft, ob sie je ungegorenen Traubensaft verwandten. Die Nachricht einiger Autoren, daß auch Dattelwein erlaubt ist[199]), ist sicherlich dahin einzuschränken, daß der eine oder andere Priester aus Unwissenheit Dattelwein verwendet hat. Nach kirchlicher Anordnung darf nur Wein aus dem Saft der Rebe genommen werden[200]).

Für die liturgische Feier hat sich im Laufe der Jahrhunderte eine besondere liturgische Kleidung herausgebildet[201]). Diese besteht beim koptischen Priester aus folgenden Stücken:

a) Die Albe (kopt. stoicharion, arab. tūniya < ὀϑόνιον), ärmellos und in der Regel weiß;
b) Die Stola [kopt. orarion, arab. badrašīl (Kopp), biṭrašīl (Brightman), baṭrašīl und baṭrašīn (Wehr) < ἐπιτραχήλιον[202]); nach dem „Liturgischen Handbuch"[203]) bedeutet das Wort „1000 Steine" (πέτραι χίλιαι)], die fast so breit ist wie ein lateinisches Meßgewand, rückwärts aber meistens nur 30 cm über den Nacken fällt;
c) Der Gürtel (kopt. zunarion <ζωνάριον, arab. zunnār, zunnāra oder minṭaqa), mit dem Albe und Stola zusammengehalten werden;
d) Die Ärmel [kopt. kamasion, arab. kumm (Wehr) oder (Plur.) akmām (Wehr und Kopp) oder (Dual) kummān (Graf) oder al-akmām al-iṯnān (Plur. mit Zweierzahl, nach Mitteilung von Prof. Wehr in der ägyptischen Umgangssprache gebräuchlich)], Epimanikien, die dazu dienen,

---

[197]) Vgl. dazu Drower 51 s.
[198]) Kopp 121.
[199]) Butler, Ancient Coptic Churches II 281; F. Dunkel, Die Spendung der hl. Sakramente in der orientalischen Kirche = (Linzer) Theologisch-praktische Quartalschrift 80 (1927); K. Beth, Die orientalische Christenheit der Mittelmeerländer, Berlin 1902, 409, Anm. 1.
[200]) Salāmī I 372, nach Kopp 122; vgl. OP 85 = (16).
[201]) Vgl. O. H. E. Burmester, Rites and Ceremonies of the Coptic Church I = EChQ 7 (1947/48) 388—391; J. Braun SJ., Die liturgische Gewandung, Freiburg i. Br. 1907; A. Raes SJ., Introductio in Liturgiam Orientalem, Rom 1947, 228—247 (mit Bibliographie).
[202]) Vgl. Graf, Verzeichnis, 25.
[203]) OP 107 = (32); Graf, Verzeichnis, 25.

die bauschigen Ärmel des Alltagsgewandes straff zusammenzuziehen, um dadurch die Hände des Priesters freizuhalten;

e) Die Kasel[204]) (kopt. phailonion, arab. burnūs), ein weiter, vorne offener Mantel, dem lateinischen Pluviale ähnlich;

f) Der Turban [(arab. šumla oder šamla (Wehr)], Kopfbedeckung für die Priester, jetzt ṭailasāna[205]), die aus Linnen oder Seide ist, über eine innere Kappe helmartig gefaltet wird und den Kopf nach hinten herab schleierartig bedeckt. J. Bute[206]) bemerkt zu diesem Kleidungsstück: „The amice is worn over the head till the Preface of the Mass." Drower gibt ihren Eindruck folgendermaßen wieder: „Seen sideways it resembles the head-dress of a Pharaoh, an effect often heightened by the profile of the priest who, in many cases, might have walked from the wall of an Egyptian tomb-chamber[207])."

g) Das „Schwert" (kopt. epigonation, arab. ḥağr), ein besticktes Viereck, das von der rechten Hüfte herabhängt;

h) Die „Krone" (kopt. metra, chlom oder k'repi (Brightman), arab. tāğ), die von dem Patriarchen und den Bischöfen getragen wird. Die „Krone" ist mit kostbaren Steinen ausgelegt;

i) Eine Art „Gürtel" für bestimmte Festtage: ḥiyāṣa;

j) Das Omophorion (kopt. omoforion, arab. ballīn < *παλλίον*), das oberste liturgische Gewand des Bischofs (4 × 2 m).

Die liturgische Kleidung wird aber bei weitem nicht immer in dieser Vollständigkeit getragen. Der burnūs wird im heißen Sommer fast nie angezogen. Ebenso verzichtet man auf den Gürtel. Die „Ärmel" werden (wie Kopp beobachtet hat[208])) an die Albe angenäht, so daß sich die gewöhnliche liturgische Kleidung des Priesters auf drei Stücke reduziert: Albe, Stola und Turban. Keinesfalls ist aber der koptische Priester nur in einen schwarzen Talar gekleidet, wie z. B. K. Beth[209]) behauptet, da das Tragen der liturgischen Gewänder als ein Gebot Gottes gilt (Ex 28, 4). Als weiterer Grund wird die be-

---

[204]) Wie Aßfalg gezeigt hat, ist das latein. casula über griech. *κασοῦλα* und syr. qussālā (vestis sacerdotalis) als qaṣla (verzierter oberer Rand am burnūs) in das Arabische eingedrungen. Anscheinend ist das Wort als qaṣalā (mitra, margo) auch in das Äthiopische übergegangen. Die Bedeutung hat sich von „Mantel mit Kapuze" über „Kapuze, Kopfbedeckung" zu „verzierter oberer Rand am Meßgewand (des Bischofs)" entwickelt: OrChr 38 (1954) 133—139.

[205]) Der ṭailasāna ist eine konventionalisierte Form des šamla; vgl. Burmester in: EChQ 7 (1947/48) 388 s.

[206]) Coptic Morning Service, 13.

[207]) Drower 177; Abb. bei Lane, Manners and Customs, 539 s., und Butler, Ancient Coptic Churches II, 119.

[208]) A.a.O. 117.

[209]) Die orientalische Christenheit der Mittelmeerländer, 413.

sondere Stellung des Priesters (gegenüber dem Volk) als Verwalter der Mysterien und Stellvertreter Gottes angeführt[210]). Deshalb erhalten diese Gewänder auch eine besondere Weihe. Für ihre Farbe gibt es keine bestimmten Vorschriften, doch herrscht im allgemeinen Weiß vor.

Die eucharistische Liturgie ist bedeutend einfacher, was den äußeren Prunk angeht, als die anderer orientalischer Kirchen. In der Praxis scheinen, wie ein Augenzeuge berichtet[211]), in der Feier beträchtliche Verschiedenheiten zu herrschen. Leider ist hier kein Platz, um auf den Verlauf der koptischen Liturgie[212]) näher einzugehen. Es seien aber wenigstens die großen Hauptpunkte des liturgischen Geschehens aufgeführt:

1. Die Präanaphora[213]) mit
   a) der Zurüstung der Gaben,
   b) der Katechumenenliturgie (Lesungen aus den apostolischen Briefen, der Apostelgeschichte und den Evangelien),
   c) der Liturgie der Gläubigen;
2. Die Anaphora[214]): Eucharistisches Hochgebet mit
   a) Dreimalheilig
   b) Einsetzungsbericht
   c) Anamnese
   d) Epiklese
   e) Intercessio (Großes Fürbittgebet); in der Kyrillusliturgie im Eucharistischen Hochgebet vor dem Dreimalheilig;
3. Kommunionkreis[215]):
   a) Brechung,
   b) Gebet des Herrn (Vaterunser),
   c) Absolution,
   d) Homologie[216]) (Bekenntnis zum Leib und Blut Christi in der Eucharistie),
   e) Kommunion,
   f) Danksagung und Entlassung.

---

210) So Salāmī I 288, nach Kopp 118.
211) Drower 176.

212) Vgl. Raes, Introductio in Liturgiam Orientalem, 41—114; M. de Fenoyl SJ., La Liturgie Eucharistique dans le rite copte = PrOrChr 7 (1957) 193—206; 8 (1958) 117—129. Zu den koptischen liturgischen Gesängen vgl. Cramer, Ägypten, 47—49, und die dort angegebene Literatur.

213) Bute, Morning Service, 46—92 (Basiliusliturgie); Brightman, Eastern Liturgies, 144—163 (Kyrillusliturgie); Beschreibung des Ritus bei Kopp 120—128.

214) Bute 92—115; Brightman 164—180; Hammerschmidt Nr. 1—320 = S. 10—63 (Gregoriusliturgie); Beschreibung bei Kopp 128—133.

215) Bute 115—134; Brightman 180—193; Hammerschmidt Nr. 321—406 = S. 62—79; Beschreibung bei Kopp 133—137.

216) Vgl. H. Engberding, Ein Problem in der Homologia vor der hl. Kommunion in der ägyptischen Liturgie = OCP 2 (1936) 145—154.

Einer der symbolträchtigsten Teile der Liturgie ist zweifellos die Brechungszeremonie[217]). Die Brechung war ursprünglich ein vorbereitender Akt, um die Austeilung des eucharistischen Brotes an die Gläubigen zu ermöglichen; später wurde sie symbolisch als Hinweis auf den Kreuzestod Christi gedeutet[218]). Der Priester bricht nach einer genau vorgeschriebenen Reihenfolge die Randteile des Brotes ab, bis nur der Mittelstreifen übrigbleibt:

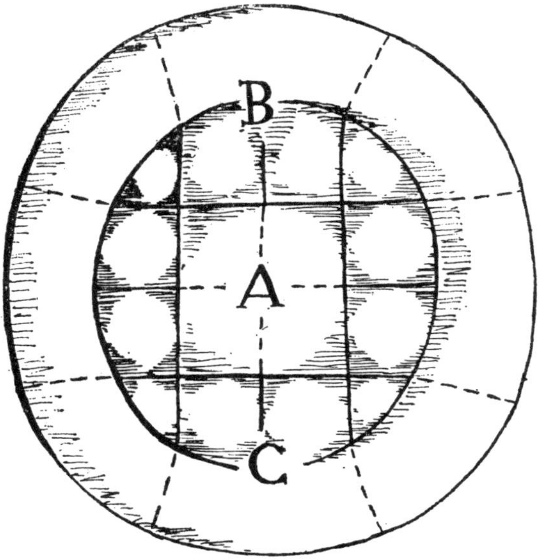

Aus dem Mittelstück löst er den Oberteil von A heraus, das sog. Āsbādīqūn (s. o.); zurück bleiben nun Teil B und C, die durch den Unterteil von A miteinander verbunden sind. Mit dem im Kelch angefeuchteten Āsbādīqūn zeichnet er ein Kreuz über Kelch und Patene, wobei er spricht: „Das Heilige den Heiligen". Dann berührt er damit die anderen Teile des eucharistischen Brotes und legt es schließlich in den Kelch, um es erst bei der Kommunion mit dem Löffel wieder herauszuholen und zu genießen. Die übrigen Kleriker und das Volk erhalten von dem inzwischen in kleine Teilchen gebrochenen Resten

[217]) Vgl. G. Graf, Die Zeremonien und Gebete bei der Fractio panis und Kommunion in der koptischen Messe = Katholik 4. F. 18 (1916) 236—251 und 327—341; Drower 181 s.

[218]) Salāmī I 567, nach Kopp 133; vgl. Raes, Introductio, 99: „Ritus copticus et aethiopicus ... cum hac fractione alios 'actus manuales' non coniungunt ita ut quis putare possit fractionem recenter hunc locum, forsitan sub influxu Syrorum, sumpsisse, eo magis quod sic dictae ‚orationes fractionis' (ritus copticus tales proponit viginti) ad fractionem ne alludunt quidem, sed praecipue ad bene communicandum praeparant, et suis ultimis verbis annuntiant orationem dominicalem statim recitandam."

des Brotes und einen Löffel voll vom Wein. Danach reicht der Diakon den Gläubigen das sog. „Wasser des Gebetes“, das im Mandäertum (wo es „Wasser des Lebens“ und Samenflüssigkeit symbolisieren soll) eine interessante Parallele hat[219]).

Wenn sich zeigt, daß der konsekrierte Kelch zur Austeilung nicht ausreicht, einen Sprung bekommen hat und ausläuft, der Wein sauer geworden ist oder eine andere Flüssigkeit in den Kelch hineingelaufen ist, wird in einem eigenen Ritus der „Kelchfüllung“ ein zweiter Kelch konsekriert[220]). Auch in der hier zutagetretenden Haltung äußert sich möglicherweise jüdisches Erbe. Der Ritus — eine stark gekürzte Form der Liturgie — besteht aus Danksagungsgebet, Epistel, Gebet des Aspasmos (Friedenskuß), Konsekration des Weines, Gebet des Herrn, Gebet nach dem Vaterunser und Elevation. Das Konsekrationsgebet (kopt. euche eǧen piafot) enthält weder den Einsetzungsbericht noch irgendeine Form von Epiklese, sondern bittet Christus, daß er den Wein segne und durch das (bereits konsekrierte) Brot als sein kostbares Blut offenbare. Die daraus entstehenden theologischen Schwierigkeiten hat R. Tuki[221]) dadurch gelöst, daß er vorher den Einsetzungsbericht des Kelches einschiebt und in das Gebet selbst eine Epiklese einfügt[222]). Der früheste Bezug auf diesen Ritus findet sich in der berühmten „Lampe der Finsternis“ (Kap. 24) des Abu 'l-Barakāt, woraus sich ergibt, daß er schon im 13. Jh. in Übung gewesen sein dürfte.

Das MS Lit. 41 des Koptischen Museums läßt erkennen[223]), daß die eucharistische Liturgie, die in Gegenwart des Patriarchen oder Bischofs gefeiert wurde, gewisse Eigenheiten aufwies[224]). In diesem Fall wählt nicht der Priester das Brot unter den ihm dargebotenen aus, sondern der Patriarch oder Bischof. In den gedruckten Ausgaben des Euchologion sind keine Angaben für diesen Sonderfall enthalten, wohl aber in einem MS der Barbara-Kirche in Alt-Kairo[225]).

---

[219]) Mia ḏbuta (meya adbūtha ausgesprochen), Drower 183, Anm. 2.

[220]) Vgl. Īris Ḥabib Al-Maṣrī, The Rite of the Filling of the Chalice = BSAC 6 (1940) 77—99.

[221]) Euchologion, Rom 1736, 352—371.

[222]) Auch im koptischen Euchologion von 1936, 561—563.

[223]) Dazu POr 1, 313 s.; CSCO 47, 48 s. = 78, 53 s.

[224]) O. H. E. Burmester, The Liturgy coram patriarcha aut episcopo in the Coptic Church = Muséon 49 (1936) 79—84; vgl. auch J. Muyser SMA., Un „Psali“ acrostiche copte „coram patriarcha et episcopis“ = Muséon 66 (1953) 31—40.

[225]) Text bei Burmester, l. c., 82—84. — Die koptische Kirche besitzt auch ein in der Wüste entstandenes Stundengebet, das in den Horologien aufgezeichnet ist; vgl. Cramer, Ägypten, 44. Zur klösterlichen Liturgie M. Cramer, Monastische Liturgie in koptischen Klöstern = JLW 14 (1938) 230—242; dsl., Thebanische Mönche, ihr asketisches und kultisches Leben = ALW 2 (1952) 103—109.

4. Die übrigen Kulthandlungen

Neben der Eucharistie und dem Weihesakrament kennt die koptische Kirche noch fünf andere Sakramente. Die Vollmacht der Priester ist nach koptischer Auffassung eine so universale, daß nur er allein das Sakrament der

Taufe

(arab.ʿimād) spenden kann. Doch liegen Anzeichen dafür vor, daß man sich zu einer Anerkennung der Laientaufe durchringt. Die Taufe wird als die „Erneuerung oder die Wiedergeburt im Wasser und im hl. Geiste" bezeichnet; „in ihr werden wir rein von allen früheren Sünden, wir werden erneuert, wir werden Gnadenkinder Gottes und reine Mitglieder der Kirche Christi"[226]).

Im Anschluß an die auf jüdischer Sitte beruhende Namengebung Jesu (Lk 2, 21) erhält das Kind am 8. Tag nach der Geburt den Namen, wobei aber der Priester heute nicht mehr offiziell mitwirkt. Die Taufe[227]) wird den Knaben nach 40, den Mädchen nach 80 Tagen[228]) in der Kirche gespendet, — so lange gilt nach Lev 12, 1—8 die Mutter als unrein. Die Aussegnung wird heute vor Beginn der eigentlichen Taufzeremonien vorgenommen. Das Ritual der Taufe[229]) gliedert sich in drei Teile: a) Vorbereitung der „Katechumenen" auf die Taufe durch die Salbungen, zunächst mit dem „einfachen Öl", das vom Priester selbst geweiht wird. Dann erfolgt die feierliche Abschwörung des Satans, die Hinwendung zu Christus und das Glaubensbekenntnis, dem sich die zweite Salbung mit dem „Öl der Freude"[230]), auch „Öl der Katechumenen" genannt, anschließt. Doch kommt es auch vor, daß für beide Salbungen nur das „Öl der Freude" verwendet wird, einzelne Priester sollen sogar nur das Mairūn (Myron) gebrauchen[231]). b) Der zweite Abschnitt, die Taufe selbst, beginnt mit der Weihe des Taufwassers[232]), das für jede Taufe neu geweiht wird. Dabei wird zuerst „einfaches Öl", später „Öl der Freude" und schließ-

[226]) Qummuṣ Philotheus, Tanwīr al-mubtad'īna fī taʿlīm ad-dīn, Kairo 1912, 43, nach Kopp 90 f.

[227]) Woolley 1—58; OP 75—79 = (8)—(11).

[228]) Kopp: 75, Woolley: 50 Tage.

[229]) Vgl. A. Raes, Die Taufriten im Orient = Liturgisches Jahrbuch 9 (1959) 46—51.

[230]) Für das koptische Kalliellaion (Galileon) gibt es zwei Erklärungen: 1. ≤Agallieleon (arab. ġālīwālun) <*ἀγαλλι[άσεως] ἔλαιον*, „Öl der Freude"; vgl. Graf, Verzeichnis, 81; Woolley 18, Anm. 1; 2. Burmester leitet es vom griech. *καλλιέλαιος* her, das den edlen Olivenbaum (im Unterschied zum wildwachsenden) bezeichnet (vgl. Röm 11, 24): The Baptismal Rite of the Coptic Church = BSAC 11 (1945) 69, Anm. 1. — Es wird wie das Myron vom Patriarchen am Gründonnerstag geweiht, allerdings nicht jedes Jahr, sondern nur dann, wenn es notwendig ist; vgl. Burmester, Rites and Ceremonies of the Coptic Church IX = EChQ 11 (1955/56) 30—43.

[231]) Kopp 82.

[232]) Vgl. H. Scheidt, Die Taufwasserweihegebete im Sinne vergleichender Liturgieforschung untersucht = Liturgiegeschichtliche Quellen und Forschungen 29, Münster i. W. 1935.

lich Mairūn in den „Jordan", d. h. das Taufbecken, gegossen[233]). Der Taufakt ist sehr kurz, die Formel wie im lateinischen Ritus indikativ: „Ich taufe dich, Sohn (Tochter) des N. N., ..."[234]), wobei der Täufling dreimal (bei jeder Anrufung von einer der trinitarischen Personen einmal) untergetaucht wird[235]). Nach einer Beobachtung von Kopp zu schließen[236]), scheint sich jetzt, um das Kind zu schonen, die Sitte durchzusetzen, daß es nur einmal untergetaucht oder die beiden ersten Male nur bis zum Nabel bzw. bis zum Kinn untergetaucht wird. Die Nacktheit des Täuflings (der schon zur Salbung mit dem „Öl der Freude" entkleidet worden war) soll das Ausziehen des alten Menschen und den Umstand, daß Christus vor dem Tode die Kleider abgenommen wurden (die Taufe ist ja Symbol des Begrabenwerdens mit Christus) sinnbilden[237]). c) Den dritten Teil des Taufritus bildet (gemäß den Rubriken) die „Entheiligung" des Taufwassers, die aber oft erst nach der Firmung vorgenommen wird[238]). Nachdem der Priester das Gebet um Rückwandlung in gewöhnliches Wasser[239]) gesprochen hat, läßt er es durch den Abfluß in einen Graben laufen, wo es verdunstet oder versickert[240]).

Hier ist noch kurz der koptische Brauch der Beschneidung zu erwähnen, die eine alte ägyptische Volkssitte ist[241]) und von der Kirche geduldet wird. Sie soll aber vor der Taufe vorgenommen werden, um zu betonen, daß sie keinen Heilswert hat. Die Beschneidung nach der Taufe wurde im Mittelalter wiederholt von Patriarchen verboten[242]). Das Volk hat der Beschneidung aber keinen religiösen Wert beigelegt[243]), obwohl sie — wie im alten Ägypten

---

233) Vgl. Raes, Introductio, 137.

234) Woolley 42.

235) Eine ältere Taufformel setzte nach jeder Anrufung ein „Amen", doch war die jetzige Formel auch früher schon im Gebrauch; vgl. Kopp 88; Denzinger, Ritus Orientalium I, 235; OP 77 = (9).

236) A.a.O. 98.

237) Salāmī II 65, nach Kopp 89.

238) Vgl. Kopp 89; Burmester, Baptismal Rite in the Coptic Church, 46 und 75.

239) Woolley 42 s.: „... to change this water to its former nature, that it may return to earth again as at all other times."

240) Nach einer Mitteilung bei Assemani sollen die Priester in Kairo etwas geweihtes Taufwasser für die Nottaufe zurückbehalten; Denzinger I 208.

241) Wo sie aber offensichtlich erst beim Eintritt in die Reifezeit vollzogen wurde. Die Beschneidung der Mädchen liegt noch völlig im Dunkeln. Vgl. A. Alt u. a., Kulturgeschichte des Alten Orients I: H. Kees, Ägypten = Handbuch der Altertumswiss. III/1/3/1, München 1933, 87; W. Helck—E. Otto, Kleines Wörterbuch der Ägyptologie, Wiesbaden 1956, 62; H. Bonnet, Reallexikon der ägyptischen Religionsgeschichte, Berlin 1952, 109—111. Bischof Michael von Dimyāṭ (Ende 12. Jh.) führt die bei den Arabern und Ägyptern gebräuchliche Beschneidung der Mädchen auf Hagar, die Mutter Ismaels, zurück; vgl. G. Graf, Ein Reformversuch innerhalb der koptischen Kirche im 12. Jahrhundert = Coll. Hieros. II, Paderborn 1923, 171 und 101 f.; dsl., Zur Hagar-Legende = OrChr NS. 12—14 (1922/24) 213 f.

242) Graf, Ein Reformversuch innerhalb der koptischen Kirche, 103.

243) Vgl. J. M. Vansleb, Histoire de l'Église d'Alexandrie, Paris 1677, 79; R. P. Autefaye, Les Coptes, Paris 1885, 39.

— manchmal erst im Zeitalter der Reife vorgenommen wird (es werden auch Mädchen beschnitten). Wie Kopp berichtet[244]) ist diese Sitte in den Städten aber fast ausgestorben, auf dem Lande im Zurückgehen.

Gleich an die Taufe schließt sich die

Firmung

von den Kopten „die hl. Salbung", „die Bekräftigung" oder „Mairūn" genannt, an[245]), deren Zeremonien sehr kurz sind. Nach einer genau festgelegten Ordnung, die jetzt gegenüber der früheren wesentlich abgeändert worden ist[246]), werden mit dem vom Patriarchen geweihten Mairūn[247]) 36 Salbungen (in je sechs Abteilungen gegliedert) an den Sinnesorganen und Gliedern vorgenommen, wobei für jede der sechs Gruppen (die erste umfaßt 8, die zweite 4, die übrigen je 6 Salbungen) eine besondere Formel vorgesehen ist (so z. B. „Salbung der Gnade des hl. Geistes. Amen.", „Salbung des Unterpfandes des Königreiches der Himmel. Amen."). Nach der 36. Salbung spricht der Priester: „Du bist gesalbt (arab. Übersetzung: Ich salbe dich ...) mit dem hl. Öl im Namen des Vaters usf." Auf die Salbungen folgt ein Segensgebet, wobei der Priester dem Gefirmten die Hände auflegt und ihn dreimal anhaucht. Während den Worten, die die Anhauchung begleiten („... und in seinem Namen empfange den hl. Geist ...") zieht er aber die Hände zurück, weil er nur durch das Mairūn den hl. Geist mitteilen darf.

Dann wird dem Gefirmten das weiße Taufgewand angezogen, die „Krone" (weißes Häubchen) aufgesetzt und das Taufgewand mit einem weißen Gürtel umbunden. Anschließend wird stets die Liturgie gefeiert, bei der dem Neugetauften und -gefirmten schon das Blut Christi gespendet wird.

Das Ritual enthält noch den „Ritus des Lösens des Gürtels der Täuflinge" am 8. Tag[248]), nach dem der Priester das Kind, seinen Gürtel und das Taufkleid waschen soll, um eine Profanation des Mairūn zu verhindern[249]). Diese

---

[244]) A.a.O. 99; Lane, Manners and Customs, 541.

[245]) Woolley 43—49.

[246]) Vgl. Kopp 101.

[247]) Vgl. Burmester, Rites and Ceremonies of the Coptic Church IX = EChQ 11 (1955/56) 30—43. Den Hauptbestandteil des Mairūn, das nur der Priester berühren darf, bilden Balsam und Olivenöl aus Palästina, denen (zum Teil bis zu 38) verschiedene Gewürzkräuter beigemengt werden. Die Zubereitung ist sehr umständlich. Die Legende führt die Myronweihe bis auf die Apostel zurück. Vgl. Burmester, A Coptic Tradition concerning the Holy Myron (Chrism) = Publications de l'Institut d'Etudes Orientales de la Bibliothèque Patriarcale d'Alexandrie, Alexandrien 1954, Nr. 3, 52—58; L. Villecourt in: Muséon 36 (1923) 33—46; 41 (1928) 49—80, und: Revue d'histoire ecclésiastique 17 (1921) 501—514; A. von Lantschoot, Le MS. Vatican Copte 44 et le Livre du Chrême (ms. Paris arabe 100) = Muséon 45 (1932) 181—234; Kopp 108—111; Heiler 477, Anm. 65; M. Jugie AA. in: DThC X 2281.

[248]) Woolley 49—55.

[249]) Kopp 105 f.; Raes, Introductio, 153.

Bedeutung ist heute weithin in Vergessenheit geraten, so daß jetzt der Priester gleich nach der eucharistischen Liturgie die Zeremonie der Gürtellösung vornimmt[250]).

Die Kopten lehnen es heute weitgehend ab, im Fall einer Wiederaufnahme in die Kirche, die Firmung zu wiederholen[251]), wenn Salāmī es auch für erlaubt hält[252]). Die Wiederaufnahme geschieht jetzt durch eine Salbung mit „einfachem Öl" und Besprengung mit Wasser[253]).

Die Verschiedenheiten, die in den Darstellungen über die Übung der

Buße

herrschen, sind nur das Spiegelbild der Praxis. Liturgisch bietet die Beichte nur geringe Ausbeute, da es keine gedruckte Anweisung dafür gibt. Der Ritus läßt sich nur durch „Umfragen"[254]) feststellen. Meistens geht der Priester mit dem Pönitenten in einen abgesonderten Teil der Kirche, wo dieser das Bekenntnis mit geneigtem Haupt, aber stehend, ablegt (vgl. die Haltung des Zöllners Lk 18, 13). Die Absolutionsgebete sind aus der Gregoriusliturgie genommen[255]). Es ist dem Priester freigestellt, anschließend noch 41 Mal „Kyrie eleison" zu sprechen, dann entläßt er das Beichtkind mit einem Segen[256]). Die Absolution wird heute anscheinend sofort nach dem Bekenntnis erteilt und nicht mehr (wie früher) erst nach Verrichtung der auferlegten Buße.

Die Praxis im Empfang des Bußsakramentes wird zwischen der Behauptung von R. Janin: „Les schismatiques ne se confessent plus guère"[257]) und der von A. de Vlieger: „During the week before Easter, it is observed by all"[258]) liegen. Obwohl die gegenwärtige koptische Theologie die Notwendigkeit des Empfanges einschärft[259]) (wobei sogar die läßlichen Sünden bekannt werden müssen) und die Notwendigkeit des Bekenntnisses schon in das Alte Testament projiziert[260]), wird dieser Aufforderung durchaus mäßig entsprochen[261]).

---

[250]) Kopp 105 f.

[251]) Der Rekonziliationsritus in der Vergangenheit bei Vansleb, Histoire, 189 s.

[252]) II 75, nach Kopp 113. [253]) Kopp 114. [254]) Kopp 147.

[255]) Vgl. E. Hammerschmidt, Koptisch-bohairische Texte zur ägyptischen Gregorios-anaphora = OrChr 44 (1960) 88—111.

[256]) Der bei Denzinger I 434 s. mitgeteilte Ritus wird nicht mehr verwandt.

[257]) Les Eglises orientales et les rites orientaux, Paris [2]1926, 582; vgl. dazu Vansleb, Histoire, 136; J. Abudacnus, Historia Jacobitarum seu Coptorum, in Aegypto, Libya, Nubia, Aethiopia tota, et Cypri Insulae parte habitantium, Leiden 1740, 156.

[258]) The Origin and Early History of the Coptic Church, Lausanne 1900, 58.

[259]) Die dazu angezogenen Begründungen bei Kopp 150—152.

[260]) Vgl. Kopp 150.

[261]) Trotz der Diskrepanz zwischen Theorie und Praxis ist die Bemerkung von Autefaye: „Les diacres et les prêtres sont dispensés de la confession" (Les Coptes, 39) kaum vorstellbar. Leider wurde diese Meinung von A. Santos Hernandez SJ. wieder aufgegriffen: Iglesias de Oriente, Santander 1959, 371.

Es ist wahrscheinlich, daß die Kopten eine private Beichte schon vor Murqus ibn Qanbar (gest. 1268), der für sie eintrat[261a]), kannten. Sie wurde aber immer seltener, ja sogar von Patriarchen abgelehnt. Als eine besondere Form des Bußsakramentes entwickelte sich das „Bekenntnis über dem Rauchfaß"[262]). Der Metropolit Michael von Dimyāṭ verteidigte in seiner Schrift „Über die Gebräuche der koptischen Kirche" den Brauch, Gott allein die Sünden zu bekennen[263]). Nachweislich schon im 12. Jh. pflegte man bei den Inzensationen des Volkes bei den Lesungen[264]) und beim Morgen-[265]) und Abendoffizium seine Sünden in den Weihrauch zu bekennen, damit diese von dem Priester an den Altar getragen und während des Sühnegebetes getilgt würden[266]).

Dem Sakrament der Ehe[267]) gehen zwei Arten von Eheversprechen voraus. Das erste, die šubka, ist ein rein weltlicher Akt, von dem beide Teile ohne Schwierigkeiten zurücktreten können. Das zweite, die ḫiṭba, hat religiösen Charakter, ist aber inhaltlich im wesentlichen eine Regelung der Rechtsfragen, d. h. Feststellung von evt. Ehehindernissen sowie Höhe und Auszahlung der Mitgift, unter Mitwirkung des Priesters[268]). Das darüber angefertigte Protokoll wird von den Verlobten, deren Eltern oder Stellvertreter, zwei Zeugen und dem Priester unterzeichnet, worauf der Priester mit einer dreimal wiederholten Formel die Verlobung verkündet[269]).

Die eigentliche Eheschließung[270]) geschieht durch den imlāk (Besitzergreifung), dem die Segnung beim „Eheband" (ʿaqd) und die „Krönung" (iklīl) folgen. Eine gültige Ehe kommt nach Ḥabīb Ǧirǧis[271]) durch den Ehe-

[261a]) Vgl. Graf, Reformversuch, 27.

[262]) Vgl. E. Hammerschmidt, Das Sündenbekenntnis über dem Weihrauch bei den Äthiopiern = OrChr 43 (1959) 103—109.

[263]) Graf, Reformversuch, 163—170, 38—44; R. Röhricht, Briefe des Jacobus de Vitriaco (1216—1221) = ZKG 14 (1894) 109; jetzt auch bei R. B. C. Huygens, Lettres de Jacques de Vitry (1160/1170—1240), Leiden 1960.

[264]) Stellenangaben bei Hammerschmidt, Sündenbekenntnis, 108, Anm. 22.

[265]) Ebd. 108, Anm. 23.

[266]) Vgl. Kopp 158 f., Anm. 3. Ganz allgemein pflegte man im orientalischen Bereich mit dem Räucherungsakt Bitten zu verbinden; vgl. H. Engberding in: OrChr 42 (1958) 141; Graf, Reformversuch, 55—59.

[267]) Ehe und Krankenölung bei Burmester, Rites and Ceremonies of the Coptic Church IV = EChQ 9 (1951/52) 1—24; Behandlung der Eheauffassung bei B. Spuler in: HO VIII 292 und 303.

[268]) Vgl. Kopp 193.

[269]) Obwohl die Trauung frühestens einen Monat nach der ḫiṭba (aber nicht später als ein Jahr) stattfinden soll, soll sie in Oberägypten oft erst am Hochzeitstag selbst oder am Tag vorher abgeschlossen werden; vgl. Kopp 194, Anm. 3.

[270]) Woolley 66—88.

[271]) Sirr az-zīǧa = Al-karma 12 (1926) 174, nach Kopp 195.

konsens und die Segnung beim ʿaqd und iklīl zustande[272]). Imlāk und iklīl finden heute meistens in der Wohnung des Bräutigams statt[273]). Nach der Eheerklärung im imlāk, die durch den Priester segnend bestätigt wird, übergibt der Bräutigam der Braut den Ring, die ihn ansteckt. Als Höhepunkt des Trauungsritus folgen die Zeremonien der „Krönung", eingeleitet durch Schriftlesungen und drei längere Gebete[274]), an die sich das „Gebet der Verdemütigung" anschließt[275]). Die Salbung der Brautleute soll im vorigen Jahrhundert aus moralischen Erwägungen abgeschafft worden sein, ist aber noch im Rituale enthalten[276]). Der Priester segnet nun die Kronen und setzt sie mit einem besonderen Gebet[277]) den Brautleuten auf[278]). Segens- und Lobgebete beschließen den Ritus.

Der Ritus des „Abnehmens der Kronen"[279]) wird heute gleich nach den (nur arabisch gesprochenen) Ermahnungen an die Eheleute vorgenommen[280]).

Nun bleibt noch das Sakrament der

Krankenölung

zu besprechen, das auch „Gebet der Lampe"[281]) genannt wird. Die Kopten sehen Mk 6, 13 als Beweis dafür an[282]), daß schon die Apostel dieses Sakrament

---

272) Dieser Ritus ist neueren Datums und vielleicht unter islamischem Einfluß entstanden. Der Ritus von Tuki (Denzinger II 383) weicht davon ab. Über ältere Riten vgl. Raes, Introductio, 169; zur kopt. Eheschließung vgl. auch Lane, Manners and Customs, 549—552.

273) Abb. 57 und 58 bei Cramer, Ägypten.

274) Prayers of Marriage bei Woolley 67—72.

275) Woolley 73.

276) Kopp 201; Woolley 73—75.

277) Woolley 76 s. = Kopp 201 f.

278) Wie Kopp (199) mitteilt, besteht noch die von Vansleb (Nouvelle Relation en forme de journal d'un voyage fait en Egypte en 1672 et 1673, Paris 1677, 340 s.) berichtete Sitte, daß der Priester unmittelbar vor dem Aufsetzen der „Kronen", um den Kopf bzw. Fez des Bräutigams ein weißes Tuch legt, mit dessen anderem Ende er das Haupt der Braut umwickelt. Dieses „weiße Gewand" wird als „Sinnbild der Reinheit und Heiligkeit" gedeutet; vgl. Salāmī II 156, nach Kopp 200.

279) Woolley 82—88.

280) Nach dem Rituale soll er erst am nächsten Tag (Vansleb, Histiore, 210: am 8. Tag; Denzinger II 380: am 7.) erfolgen. Nur in Oberägypten soll die Vorschrift des Rituale noch heute befolgt werden.

281) Weil das Öl dazu in einer Lampe (qandīl) aufbewahrt wird.

282) Die Vertreter dieser Meinung stimmen mit der orthodoxen Theologie überein: Confessio des Petrus Mogilas I 117 = J. Michalcescu, Die Bekenntnisse und wichtigsten Glaubenszeugnisse der griechisch-orientalischen Kirche, Leipzig 1904, 77; Confessio des Dositheus von Jerusalem, Decret. 15 = Michalcescu 169; Confessio des Metrophanes Kritopoulos, Kap. 13 = Michalcescu 233; A Harmony of Anglican Doctrine with the Doctrine of the Catholic and Apostolic Church of the East, being the Longer Russian Catechism, Aberdeen 1846, 69. Gegen Heiler (283) ist zu sagen, daß die große Mehrheit der lateinischen Theologen seit Bellarmin und Suarez dieser Auffassung widerspricht; das Tridentinum (Sess. XIV, De Extr. Unctione, cap. 1) stellte nur fest, dieses Sakrament sei „a Christo Domino nostro apud Marcum quidem insinuatum"; vgl. zu dieser Frage L. Lercher, Institutiones Theologiae Dogmaticae IV 2/2, Innsbruck ³1949, 244.

gespendet haben[283].) Nach einer anderen Ansicht ist es erst in den 40 Tagen nach der Auferstehung eingesetzt worden. Heute wird die Ölung jedem gespendet, „der von einer Krankheit heimgesucht oder von einer körperlichen Schwäche betroffen wird“[284]). Der Hauptakzent liegt dabei auf der Wiederherstellung der körperlichen Gesundheit, dazu kommt freilich die „Heilung der Krankheiten des Geistes“[285]).

In der Fastenzeit wird das Sakrament auch Gesunden gespendet, wenn dies auch von der Kirche verurteilt wird. Aus der Bestimmung, daß die Krankenölung früher nur in der Kirche gespendet werden durfte[286]), ergab sich bei schwerer Erkrankten die eigenartige Sitte des Ersatzmannes, der für den Kranken in der Kirche die Ölung empfing[287]). Die Ölung wird aber nicht uneingeschränkt gespendet. Bei den in Frage kommenden Fällen handelt es sich dann um eine Salbung auf Stirn, Brust und inneren Handflächen, aber ohne die begleitenden Gebete[288]). Doch lassen sich hier gewisse Schwankungen feststellen, da das MS Eccl. 50 des Koptischen Museums (Kap. 109, p. 121) als Empfängerkreis nennt: 1. Kranke, 2. solche, die ihre Sünden bekennen wollen, und 3. die in seelischer Bedrängnis sind.

Nach den Vorschriften der Rubriken sollen sieben Priester die Krankenölung[289]) spenden, wenn diese nicht zusammengebracht werden können, so genügen zwei oder auch ein Priester. Der Ritus besteht aus sieben Gebetsordnungen, die sich jeweils aus einer Fürbitte, einem Abschnitt aus den Paulusbriefen (beim ersten Gebet: Jak 5, 10—20), aus den Psalmen und den Evangelien und einem abschließenden längeren Gebet zusammensetzen[290]). Am Beginn einer jeden Gebetsordnung zündet jeweils einer der Priester einen Docht in einem Öllämpchen oder einem Teller, auf den Öl gegossen wurde, an[291]). Die siebente Gebetsordnung hat nach dem Evangelium drei Gebete. Dann erfolgt die Salbung (nach der Gewohnheit auf der Stirn, Brust und den Adern der inneren Handwurzel), die früher — wie heute bei den unierten Kopten — bei dem dritten der drei letzten Gebete vorgenommen wurde. Heute findet sie bei den Worten: „O ihr Heiligen, die ihr die Quelle der

---

283) Z. B. Salāmī II 235, nach Kopp 166.

284) Salāmī II 227, nach Kopp 168.

285) Ḥabīb Ǧirǧis, Sirr maṣha al-marḍa au sirr az-zait = Al-karma 12 (1926) 63 s., nach Kopp 170.

286) Vansleb, Histoire, 212.

287) Allerdings salbte dann einer der Priester hinterher noch den Kranken im Hause.

288) Kopp 168.

289) Woolley 89—108.

290) Beim ersten Abschnitt sind zwischen Evangelium und Gebet noch die drei Fürbitten für den Frieden, die Väter und die Gemeinden eingeschaltet; Woolley 95.

291) Zur Begründung wird u. a. auf Apk 1, 12 f. und den siebenarmigen Leuchter des Alten Bundes verwiesen: Salāmī II 259, nach Kopp 159.

Heilung ohne Geld habt, ...“[292]) statt. Die Salbung des Kranken soll vollzogen werden „bis sieben Tage vollendet sind“. Dabei ist aber wohl an eine einfache Salbung zu denken[293]); heute läßt man es bei einer einmaligen Salbung bewenden. Auch die „Salbung der Anwesenden“ ist nur eine einfache Salbung ohne die begleitenden Worte.

Das koptische Rituale fügt dem Ritus der Ölung noch das „Gebet des Abū Tarbū“ (= *Θεράπων* (?)[294])) an, das jene heilen soll, die von einem tollwütigen Hund gebissen worden sind[295]). Dabei drehen sieben Kinder einen Reigen und nehmen je einen Bissen Brot in den Mund, der dann vom Priester dem Kranken gegeben wird.

Das erste Gebet der Krankenölung[296]) zeigt Spuren der alten koptischen Jenseitsvorstellungen (die auf ägyptischem Erbe beruhen): „Wenn du angeordnet hast, seine Seele zu nehmen, so möge es sein aus der Hand der Engel des Lichtes, in der Kraft, die ihn befreit von den Dämonen der Finsternis ...“. Die Dämonen und bösen Geister im Luftraum lauern der aus dem Körper ausziehenden Seele auf. Allerlei Schrecken und Gefahren liegen auf dem Weg, die Angst davor war so allgemein verbreitet, daß auch gerechte und heilige Seelen von dieser Furcht nicht ausgenommen waren. In diesem Zusammenhang gehört auch die Vorstellung vom Feuerstrom im Jenseits, den jeder Verstorbene überqueren muß[297]). Die Seelen der Bösen stürzen in die Amenti (ein altägyptischer Ausdruck, mit dem die Še'ol des Alten und der *ᾅδης* des Neuen Testamentes bezeichnet wird), die guten Seelen werden von den Engeln mit einem weißen Gewand bekleidet und vom Erzengel Michael als Seelenführer[298]) ins Paradies geführt. Im Bereich von Tod und Jenseits hat die Gestalt des Erzengels Michael die Züge des altägyptischen Gottes Thot übernommen[299]).

Der koptische Volksglaube, daß die Seele, nachdem sie 40 verschiedene Arten von Dämonen passiert hat, am 40. Tag gerichtet würde, ist von der Kirche insofern toleriert worden, als an diesem Tage für den Verstorbenen die

---

292) Kopp 164 = Woolley 107.

293) Vgl. Vansleb, Histoire, 214.

294) Nach der Legende ein Heiliger in den Tagen des Diokletian.

295) Kopp 172—175; Burmester, Rites and Ceremonies of the Coptic Church IV = EChQ 9 (1951/52) 24—26.

296) Kopp 161 = Woolley 96.

297) Hammerschmidt, Altägyptische Elemente, 242—244.

298) Zu Michael vgl. C. D. G. Müller, Die Engellehre der koptischen Kirche, Wiesbaden 1959, 8—35.

299) Vgl. G. Lanczkowski, Beeinflussung des Christentums durch ägyptische Vorstellungen = ZRGG 8 (1956) 27—32; dsl., Thot und Michael = Mitteilungen des Deutschen Instituts für Ägyptische Altertumskunde in Kairo 14 (1956) 117—127; dazu die wichtigen Einschränkungen bei Müller, Engellehre, 93—96.

Eucharistie gefeiert wird[300]). Heute bemüht man sich aber von offizieller Seite, den Jenseitsglauben zu vergeistigen und den lebhaften Realismus symbolisch zu erklären[301]).

Das koptische Totenritual[302]), das die offizielle Totenklage für die Geistlichkeit, Mönche, erwachsene Laien und Kinder enthält, zeigt neben gewissen Ähnlichkeiten mit dem byzantinischen Ritus einige unverkennbare ägyptische Züge[303]). Zu einem koptischen Begräbnis gehört auch die berufsmäßig „klagende" Klagefrau, die mitunter gleicherweise zu Kopten wie Muslimen geht[304]). Diese Art von Totenklage knüpft aber sowohl an vorislamische wie vorchristliche Überlieferungen an, die sich trotz des Widerstandes der Kirche erhalten haben[305]). Ein Gedächtnisgottesdienst findet heute in der Regel am Tag des Begräbnisses, am 10. und 40. Tag und am Monats- und Jahrestag statt[306]).

5. Das Kirchenjahr

Die Kopten beginnen seit dem 4. Jh. die christliche Ära mit dem 29. August 284 (Ära des Diokletian oder Aera Martyrum = A. M.). Das koptische Jahr, das mit dem 29. August (julianischen Kalenders) beginnt, zählt 365 Tage, d. h. 12 Monate zu je 30 Tagen und einen 13. „Kleinen Monat" zu fünf (in Schaltjahren sechs) Tagen[307]). Die arabische Form der koptischen Monatsnamen[308]) und der Beginn der Monate sind:

1. Tūt: 29. August jul./11. September greg.
2. Bāba: 28. September jul./11. Oktober greg.
3. Hatūr: 28. Oktober jul./10. November greg.
4. Kīhak: 27. November jul./10. Dezember greg.

---

300) Vansleb, Histoire, 111 s.

301) Vgl. Kopp 61—74.

302) Bestattungsritus bei Woolley 109—154; Burmester, Rites and Ceremonies of the Coptic Church V = EChQ 9 (1951/52) 245—260.

303) Cramer, Totenklage bei den Kopten, 57—74.

304) Vgl. P. Kahle, Die Totenklage im heutigen Ägypten = Eucharisterion. Festschrift für H. Gunkel I, Göttingen 1923, 346—399, bes. 352.

305) Vgl. Cramer, Totenklage, 74—95; dsl., Trauergewandung und Totenklage in Nordwesteuropa und ihre Parallelen im Orient = Rheinisch-westfälische Zeitschrift für Volkskunde 3 (1956) 1—20; Lane, Manners and Customs, 553 s.

306) Kopp 63.

307) Zur koptischen Chronologie vgl. M. Chaîne SJ., La chronologie des temps chrétiens de l'Égypte et de l'Éthiopie, Paris 1925. Für die Konkordanz mit unserer Zeitrechnung gilt infolge des verschiedenen Jahresbeginnes die Formel:

September bis Dezember:	Januar bis August:
A. M. + 283 = A. D.	A. M. + 284 = A. D.

308) Zu diesen vgl. u. a. A. H. Gardiner, The Problem of the Month-Names = Revue d'Egyptologie 10 (1955) 9 ss.; G. Sohby Bey, The Survival of Ancient Egypt = BSAC 4 (1938) 68 s.

5. Ṭūba: 27. Dezember jul./9. Januar greg.
6. Amšīr: 26. Januar jul./8. Februar greg.
7. Barmahāt: 25. Februar jul./10. März greg.
8. Barmūda: 27. März jul./9. April greg.
9. Bašons: 26. April jul./9. Mai greg.
10. Ba'ūna: 26. Mai jul./8. Juni greg.
11. Abīb: 25. Juni jul./8. Juli greg.
12. Mesrī: 25. Juli jul./7. August greg.
13. Aiyām an-nasī: 24. bis 28. August jul./6. bis 10. September greg.

Die Meinung, die Kopten würden die Hauptfeste an anderen Tagen feiern als der übrige Osten[309]), ist anscheinend aus einem Irrtum in der Zeitkonkordanz entstanden. Die wichtigsten koptischen Feste entsprechen nämlich genau den auch sonst üblichen Daten (aber des julianischen Kalenders!). Der Weihnachtsfestkreis[310]) umfaßt das Fest der Verkündigung am 29. Barmahāt (= 25. März jul./7. April greg.), das Geburtsfest Christi am 29. Kīhak (= 25. Dez. jul./7. Jan. greg.)[311]) (in Schaltjahren an zwei Tagen: 28. und 29. Kīhak), das Fest der Beschneidung am 6. Ṭubā (= 1. Jan. jul./14. Jan. greg.), Epiphanie am 11. Ṭūba (= 6. Jan. jul./19. Jan. greg.)[312]), die Darstellung Jesu im Tempel am 8. Amšīr (= 2. Febr. jul./15. Febr. greg.) und das Fest der Flucht nach Ägypten am 24. Bašons (= 19. Mai jul./1. Juni greg.). Das Hauptfest ist Ostern ('īd al-qiyāma = Fest der Auferstehung), das mit einem allgemeinen Freudenausbruch und mit Almosenspenden begangen wird[312a]). Am 27. Barmahāt (= 23. März jul./5. April greg.) wird ein Gedächtnis des Todes Christi, seines Abstieges in die Unterwelt und der Zeichen, die seinem Tod folgten, begangen, am 29. Barmahāt (= 25. März jul./7. April greg.) das seiner Auferstehung (der Tag der Verkündigung wird vom Synaxar mit dem der Auferstehung identifiziert).

Die Marienverehrung der Kopten[313]) zeigt sich in einer beträchtlichen Zahl von Marienfesten. Das Entschlafen Mariens wird am 21. Ṭūba (= 16. Jan.

---

[309]) Heiler 490.

[310]) Vgl. G. Giamberardini, Il natale nella chiesa copta, 32—40.

[311]) Zu diesem Datum vgl. H. Engberding, Der 25. Dezember als Tag der Geburt des Herrn = ALW 2 (1952) 25—43.

[312]) Auch 'īd al-ġiṭās (Graf, Verzeichnis, 82; Wehr 606 b) oder 'īd al-maġṭis (oder miġṭas) genannt; vgl. OP 135 = (57); Lane, Manners and Customs, 546 s. und 553; R. L. N. Michell, An Egyptian Calendar for the Coptic Year 1617, London 1900, 92 s. Das Wunder auf der Hochzeit von Kana wird am 13. Ṭūba (= 8. Jan. jul./21. Jan. greg.) gefeiert, die Erscheinung der Weisen aus dem Morgenland ist in das Weihnachtsfest miteingeschlossen.

[312a]) Für die liturgische Feier der „Heiligen Woche" vgl. nun E. Lanne, Textes et rites de la liturgie pascale dans l'ancienne église copte = OrSyr 6 (1961) 279—300.

[313]) Vgl. H. Engberding, Maria in der Frömmigkeit der östlichen Liturgien = P. Sträter, Katholische Marienkunde I, Paderborn 1947, 119—136; P. Krüger, Maria und die Ecclesia in der Liturgie der Armenier, der Kopten und Äthiopier = OSt 7 (1958) 184—196; 233—252.

jul./29. Jan. greg.)[314]) gefeiert, ihre Aufnahme in den Himmel am 16. Mesrī (= 9. Aug. jul./22. Aug. greg.). Ursprünglich wurde an dem ersten Datum das Gedächtnis der Himmelfahrt der Seele Mariens, am zweiten das der Himmelfahrt ihres Leibes begangen. Nach alten Vorstellungen blieben Leib und Seele Mariens noch längere Zeit getrennt; nach der einen Auffassung soll der Herr ihren Leib in der Zwischenzeit in den Wolken verborgen gehalten haben[315]), nach einer anderen war er im Paradies unter dem „Lebensbaum" verborgen[316]). Wie die Kopten jeden Monat ein Fest zur Erinnerung an die Geburt des Herrn feiern, so auch an jedem 21. ein „Gedächtnis der Jungfrau Maria".

Die koptische Kirche besitzt auch ausgedehnte Gesänge zu Ehren Mariens, die den alten griechischen Namen Theotokia tragen[317]).

Neben zahlreichen Heiligenfesten[318]) feiern die Kopten auch eine Reihe von Engelfesten. Zu den vier Erzengeln Michael[319]), Gabriel, Raphael und Suriel (oder Uriel)[320]) treten noch vier andere Erzengel[321]). Auch die Vier Lebewesen (Apk 4, 6—9) werden als eine besondere Engelklasse verehrt[322]).

Die koptische Kirche hält die vier Fastenzeiten der griechischen Kirche[323]), wobei sie das Adventsfasten aber schon am 16. Hatūr (= 12. Nov. jul./25. Nov. greg.) beginnt[324]). Dazu kommen als größere Fasten noch die des Heraklius vor dem vierzigtägigen Fasten und das dreitägige „ninivitische Fasten" (oder „Fasten des Jonas") in der zweiten Woche vor dem Herakliusfasten[325]).

---

314) Engberding, Maria in der Frömmigkeit, 136, Anm. 12, neigt zu der Annahme, daß der 21. Ṭūba das Datum der Weihe der ersten Theotokoskirche auf ägyptischem Boden ist.

315) Vgl. Kopp 49 f.

316) Vgl. F. Robinson, Coptic Apocryphal Gospels = Texts and Studies IV 2, Cambridge 1896, 54, 86—89.

317) Vgl. De Lacy O'Leary, The Daily Office and Theotokia of the Coptic Church, London 1911; dsl., The Coptic Theotokia, London 1923; A. Mallon SJ., Les Théotokies en office de la saint vierge dans le rite copte = ROC 9 (1904) 17—31.

318) Eine Übersicht bei De Lacy O'Leary, The Saints of Egypt, London 1937; Ausgabe und Übersetzung des koptischen (arabischen) Synaxar in POr1,3, 11, 16, 17 und 20; CSCO 47, 48, 49, 67, 78 und 90; F. Wüstenfeld, Synaxarium, das ist Heiligen-Kalender der Coptischen Christen, Gotha 1879; M. de Fenoyl SJ., Le Sanctoral copte = Coll. „Recherches" 15, Beyrouth 1960.

319) Vgl. dazu H. Engberding in: OrChr 37 (1953) 65 f.

320) Vgl. Müller, Engellehre, 3—58.

321) Müller, Engellehre, 58—62.

322) Müller, Engellehre, 83 f.

323) 1. Das Apostelfasten (Pfingsten bis Peter und Paul), 2. das Marienfasten (1.—15. Aug.), 3. das Adventsfasten (15. Nov. bis Weihnachten) und 4. das vierzigtägige Fasten; vgl. Heiler 386.

324) Vgl. Giamberardini, Il natale, 6—9.

325) Vgl. Burmester in: EChQ 9 (1951/52) 316—318.

B. DIE ÄTHIOPISCHE KIRCHE

I. Das äthiopische Christentum

Über die Anfänge des äthiopischen Christentums sind wir besser unterrichtet als über die des ägyptischen. Wenn auch hier Geschichte und Legende miteinander verwoben sind, sind die wesentlichen historischen Tatsachen deutlich erkennbar. Vor der Mitte des 4. Jh. scheint die religiöse Situation in Äthiopien ziemlich komplex gewesen zu sein. Die Einwohner des Landes waren teils Heiden (die Verehrung der Schlange war weit verbreitet), teils hingen sie einer judaisierten Religionsform an[1]). Die äthiopische Tradition schreibt die Einführung des Christentums den beiden Königen 'Ella 'Abrehā und 'Aṣbeḥā zu[2]). Nach den Untersuchungen von E. Littmann ist 'Ella 'Abrehā wohl mit dem äthiopischen König 'Ēzānā identisch[3]). Eine ganze Reihe von Inschriften spricht von ihm als dem heidnischen König. Eine der Inschriften (Nr. 11) bringt die überraschende Wendung mit den Worten: „[Durch] die Macht des Herrn des Himmels; [der im] Himmel und auf Erden mächtig ist über alle Wesen!" Obwohl man versucht hat, den „Herrn des Himmels" mit 'Aṯtar zu identifizieren[3a]), besteht kein Zweifel, daß sich der König auf dieser Inschrift unter den Schutz des Christengottes stellt, d. h. das Christentum angenommen hat[4]).

Die Einzelheiten dieses Vorganges liefern die Berichte der Kirchenschriftsteller Rufinus[5]), Theodoret von Cyrus[6]), Sokrates[7]) und Sozomenus[8]). Diese

---

[1]) Vgl. Ullendorff, Elements, 219—228; dsl., Ethiopians, 97—100. Wie A. Dillmann nachgewiesen hat, hat sich das äthiopische Reich nicht auf jüdischer, sondern auf heidnischer Grundlage aufgebaut: Über die Anfänge des Axumitischen Reiches = Abhandlungen der kön. Preuss. Ak. d. Wiss. 1878, 195—230.

[2]) Vgl. C. Conti Rossini, A propos des textes éthiopiennes concernant Salāmā (Frumentius) = Aethiops 1 (1922) 2—4 und 17 s.; E. Ullendorff, Note on the Introduction of Christianity into Ethiopia = Africa 19 (1949) 61 s.; E. Hammerschmidt, Die Anfänge des Christentums in Äthiopien = Zeitschrift für Missionswissenschaft und Religionswissenschaft 38 (1954) 281 bis 294; A. H. M. Jones-E. Monroe, A History of Ethiopia, Oxford ²1956, 26—31; Doresse I 136—153; Kromrei 9—13; De Lacy O'Leary, The Ethiopian Church, London 1936, 19—26. Für das Gesamtbild sind auch die gründliche, aber leider wenig bekannte Studie von J. Kraus SVD., Die Anfänge des Christentums in Nubien = Missionswissenschaftliche Studien N. R. II, Mödling bei Wien 1930, und U. Monneret de Villards Studie: Storia della Nubia Cristiana = OCA CXVIII, 1938, wichtig; vgl. weiteres B. Spuler in: HO VIII 295—297 und 308 (Lit.).

[3]) Deutsche Aksum-Expedition I, Berlin 1913, 50f.

[3a]) Vgl. D. H. Müller, Epigraphische Denkmäler aus Abessinien = Denkschriften der Kaiserl. Ak. d. Wiss. in Wien, Philos.-hist. Kl. Bd. XLIII/III, Wien 1894, 37 f.

[4]) Vgl. Deutsche Aksum-Expedition IV, Berlin 1913, 35, dazu 13 und 58; Hammerschmidt, Anfänge des Christentums, 287—289; Cerulli 17—21; Doresse I 149 s.

[5]) Hist. eccl. I 9 = PL 21, 478—480. [6]) Hist. eccl. I 22 = PG 82, 969—972.

[7]) Hist. eccl. I 19 = PG 67, 125—130. [8]) Hist. eccl. II 24 = PG 67, 995—1000.

Berichte, die nur unwesentlich voneinander abweichen[9]), erzählen von einem Tyrer namens Meropius, der mit zwei Jünglingen, Frumentius und Aedesius, in Äthiopien landete. Die beiden Jünglinge gerieten in Sklaverei und dienten am Hof von Aksum. Ihrem Einfluß und Wirken wird die Einführung des Christentums zugeschrieben. Frumentius wurde später von Athanasius in Alexandrien zum Bischof geweiht und kehrte daraufhin nach Äthiopien zurück.

Die historische Verbindung zwischen ʿĒzānā und Frumentius wird durch ein Schreiben des Kaisers Constantius hergestellt, in dem dieser die beiden Brüder (ʿĒzānā und Šeʿāzānā) auffordert, Frumentius auf schnellstem Wege nach Alexandrien zu schicken, damit er, weil er von dem „mit 10 000 Verbrechen behafteten" Athanasius geweiht worden war, Rechenschaft über seine Rechtgläubigkeit ablege und sich im Bischofsamt bestätigen lasse[10]).

Unter genauer Berücksichtigung aller Umstände muß die Bekehrung Aksums gegen Mitte des 4. Jh. gerückt werden, die Weihe des Frumentius ist in die zweite Hälfte der vierziger Jahre, vielleicht sogar an deren Ausgang, zu datieren[11]).

Die Missionsarbeit des Frumentius wurde um 500 von den sog. „Neun römischen Heiligen" fortgesetzt, wahrscheinlich aus Syrien vertriebene Mönche, die — wie andere Monophysiten — in Äthiopien Zuflucht suchten[12]). Auf sie scheint auch die Gründung der nach ihnen benannten Klöster zurückzugehen. Mit der Ankunft dieser Flüchtlinge wurde auch die (mit aller Vorsicht so zu nennende) monophysitische Doktrin das Glaubensbekenntnis der äthiopischen Kirche. Im Laufe der Zeit wurden die Bindungen an das alexandrinische Patriarchat stärker als die Beziehungen zu anderen orientalischen Kirchen oder gar zu Byzanz und Rom, zumal nach der arabischen Eroberung Ägyptens die islamischen Herren die kirchenpolitische Abhängigkeit Äthiopiens von Alexandrien förderten. Notwendigerweise wich der anfänglich syrische Einfluß dann dem koptischen[13]).

Das äthiopische Christentum ist in vielerlei Hinsicht das eigenartigste unter dem des Orients. Hier waren Einflüsse tätig, die bei den anderen orientalischen Nationalkirchen nicht in diesem Ausmaß zur Auswirkung kamen bzw. ganz

---

[9]) Mit diesen Berichten stimmt auch die äthiopische Überlieferung im großen und ganzen überein.

[10]) Athanasius, Apologia ad Constantium Imperatorem = PG 25, 636 s.

[11]) Vgl. Hammerschmidt, Anfänge des Christentums, 293 f.

[12]) Ullendorff, Ethiopians, 101 s.; B. Spuler in: HO VIII 310.

[13]) Vgl. C. Conti Rossini, Storia d'Etiopia I = Africa Italiana III, Mailand 1928, 158—161; Ullendorff, Elements, 229; dsl., Ethiopians, 101 s.; B. Spuler in: HO VIII 311 f.; zur Gotteslehre und Christologie vgl. Kromrei 13—20.

fehlten. Der bemerkenswerteste Einfluß ist von jüdischer Seite her erfolgt. Dies wird schon dadurch deutlich, daß sich die Äthiopier immer als die rechtmäßigen Nachkommen der Hebräer betrachteten. Das Kernstück im Hauptwerk der äthiopischen Literatur, dem Kebra Nagast (Herrlichkeit der Könige)[14]), bildet die Erzählung von dem Besuch der Königin von Saba bei Salomo (vgl. 1 Kg 10; 2 Chr 9), die ihm einen Sohn namens Menelik gebar. Dieser wurde am Hof von Jerusalem erzogen und dort zum König von Äthiopien gesalbt. Mit einer Anzahl Getreuer entführte er die Bundeslade aus dem Tempel in Jerusalem nach Aksum. Daher gilt Aksum als das „zweite Jerusalem“[15]). Zahlreiche jüdische Elemente, die zum Teil weiter unten im Kultus zur Sprache kommen, bestimmen bis heute das äthiopische Christentum[16]).

Zur Eigenart der äthiopischen Kirche hat auch der Umstand beigetragen, daß sie sich (mit Ausnahme ihrer Verbindung zu Alexandrien) sehr bald auf sich selbst gestellt sah und daher notwendig auf einer eigenen Linie weiterentwickeln mußte. Nichtchristliche Einflüsse und von den Umständen erzwungene selbständige Fortbildung haben der äthiopischen Kirche das Gepräge gegeben, das wir heute beobachten können.

II. Der Kult der äthiopischen Kirche

1. Der äthiopische Kirchenraum und die liturgischen Geräte

„Ethiopia is a country of churches. Their number is immense, and their size varies from the little round village churches ... to large rectangular and octogonal buildings or modern cathedrals“, sagt ein Kenner des Landes[17]). Die ältesten Kirchen sind die schöne Kirche von Dabra Dāmmo[18]) und die berühmten Felsenkirchen von Lalibala in der Provinz Lasta[19]). Insgesamt sind

---

[14]) C. Bezold, Kebra Nagast = Abhandlungen der Kön. Bayer. Ak. d. Wiss. I. Kl. XXIII. Bd. I. Abt., München 1905, 13—50. Eine gründliche Untersuchung der literarischen Quellen des Kebra Nagast wurde jetzt von D. Hubbard durchgeführt; Cerulli 43—48.

[15]) C. Conti Rossini, Liber Axumae = CSCO 24, 72 = 27, 87.

[16]) Vgl. Ullendorff, Elements, 216—256.

[17]) Ullendorff, Ethiopians, 109.

[18]) Ullendorff, Ethiopians, 162.

[19]) Vgl. L. Findley, The Monolithic Churches at Lalibela in Ethiopia, Kairo 1944; D. R. Buxton, Ethiopian Rock-hewn Churches = Antiquity 1946; I. Bidder, Lalibela — Die Monolithkirchen Äthiopiens, Köln 1959; dsl., Die Felskirchen von Lalibela = Kosmos 53 (1957) 30—41; dsl., Die Monolithkirchen Äthiopiens = Kunst und Kirche 23 (1960) 20—28; Ullendorff, Ethiopians, 163; Hyatt 109—113; vgl. auch R. Sauter, L'église monolithe de Yekka-Mikaël = Annales d'Éthiopie 2 (1957) 15—36.

es elf Kirchen, die dort aus dem festen Felsen herausgehauen worden sind und deren Inneres auf gleiche Weise gestaltet wurde. Sie zeichnen sich durch bemerkenswerte stilistische Verschiedenheit und Reichtum der Formen aus. Die größte von ihnen ist die Kirche Madḫana 'ālam (Erlöser der Welt)[20].

Obwohl der basilikale Stil durch die Ankunft der Portugiesen im 16. und 17. Jh. neu belebt wurde[21], ist die Rundkirche der gebräuchlichste Typ geworden. Sie ist aber jüngeren Datums. Ullendorff bezweifelt mit Recht, ob hier ein Zusammenhang mit den Rundbauten der Mausoleen Roms oder des Ostens besteht[22].

Die Kirchen sind grundsätzlich dreigeteilt, was zweifellos auf das Vorbild des jüdischen Tempels zurückgeht[23]. a) Das Innerste bildet das viereckige „Allerheiligste", maqdas (bes. im Norden Äthiopiens auch qeddusa qeddusan genannt), das durch die Altarkerzen spärlich erleuchtet wird und nur von den diensttuenden Geistlichen betreten werden darf[24]. Es entspricht dem qodeš haqqodāšīn der Stiftshütte und dem debīr des salomonischen Tempels. b) Um diesen inneren Bau legt sich das runde qeddest (bes. im Norden Äthiopiens auch 'enda ta'āmer = Stätte des Wunders), wo dem Volk die Eucharistie gereicht wird und sich die nichtamtierenden Geistlichen aufhalten; es entspricht dem qodeš der Stiftshütte und dem hēkāl des Tempels. c) Der äußerste Wandelgang wird qenē māḫlēt genannt, d. h. der Platz, wo die Hymnen gesungen werden und sich die Dabtarās aufhalten, und entspricht dem ḥaṣēr der Stiftshütte oder dem 'ūlām ('elām) des Tempels[25]. Diese drei Abteilungen sind durch je drei Türen miteinander verbunden; die Trennungswände sind mit Bildern geschmückt, die mit grellen Farben auf Tücher gemalt sind.

Auf dem Altar im „Allerheiligsten" steht der Tābot[26], die „Bundeslade". Da die „echte" Bundeslade in Aksum aufbewahrt werden soll, können die

---

[20]) Vgl. Ullendorff, Ethiopians, 163.

[21]) Vgl. Hyatt 113 s.

[22]) Ethiopians, 162; Heiler (500) meint, es handle sich bei diesem Typ um eine Nachbildung der Grabeskirche von Jerusalem. Zur Rundkirche vgl. Doresse II 329—332.

[23]) Das hat schon J. Ludolf erkannt; vgl. seine Historia Aethiopica, Frankfurt a. M. 1681, III, 6, 19.

[24]) Bei Ludolf (Hist. Aeth. III, 24—25) findet sich die Bemerkung, daß die Prinzen und Vornehmen in früher Jugend zu Subdiakonen und Diakonen geweiht werden, um so als Geistliche im „Allerheiligsten" die Eucharistie empfangen zu können.

[25]) Vgl. dazu Ullendorff, Elements, 235 s.; dsl., Ethiopians, 109; zur Stiftshütte und dem salomonischen Tempel vgl. E. L. Ehrlich, Kultsymbolik im Alten Testament und im nachbiblischen Judentum = Symbolik der Religionen 3, Stuttgart 1959, 23—27, und die dort angegebene Literatur.

[26]) Vom Paläst.-Aram. ṯēbūṯā (tēbōṯā) < hebr. tēbā; vgl. Ullendorff, Elements, 233, Anm. 6; Ch. Rabin, Ancient West Arabian, London 1951, 109 s.; Th. Nöldeke, Neue Beiträge zur semitischen Sprachwissenschaft, Straßburg 1910, 37 und 49.

anderen Kirchen nur Nachbildungen besitzen. In den meisten Fällen handelt es sich aber nicht um eine Nachbildung der ganzen Lade, sondern nur ihres Inhaltes: der Gesetzestafeln[27]). Mit dieser Beobachtung konnte Ullendorff auch die Schwierigkeit beseitigen, die Ludolf, Dillmann und Guidi darin sahen, daß mit tābot auch Tafeln aus Holz oder Stein bezeichnet werden (ohne daß ihnen der Zusammenhang erklärlich war): Die ursprüngliche Bedeutung ist Lade (Arche); von daher ging die Bezeichnung als pars pro toto auch auf den Inhalt der Lade, die Gesetzestafeln, über[28]).

Diese Eigenart des äthiopischen Kultus stimmt mit der Ausstattung der Synagoge überein, wo in der Lade die Gesetzesrollen aufbewahrt werden[29]). Wichtig ist, daß nicht die Kirche an sich, sondern nur der Tābot vom Bischof[30]) konsekriert wird und dem ganzen Raum (wie auch in der Synagoge) die Heiligkeit und Weihe verleiht[31]).

Der verstorbene Äthiopist S. Euringer (Dillingen) konnte durch G. Graf eine Beschreibung des Altars erhalten[32]). In der Zusammenfassung seiner Informationen stellt er fest, daß der Tābot (im weiteren Sinne) „die Form eines Kastens mit Fächern hat, die mittels Flügeltüren verschließbar sind. Das mittlere Querbrett dient als Altartisch, während die zwei unteren Fächer Aufbewahrungsort für liturgische Geräte sind. Auf diesem Altartisch liegt das eigentliche Kleinod, das eigentliche Heiligtum, die Altartafel, der Tābot im vollen und hauptsächlichen Sinne, ... Deshalb führt das Gehäuse, der ‚Tabernakel', in dem er thront, den Namen Manbara tābot, d. i. Thron des Tābot[33]). Der ‚Thron' ist mit Vorhängen, die man je nach den Kirchenzeiten und Teilen der Liturgie auf- und zuziehen kann, wie mit einem Zelte umgeben, was an das Bundeszelt über der Bundeslade mit den Gesetzestafeln in der Wüste Sinai erinnert und erinnern soll. Diese Vorhänge heißen mit einem

---

27) Vgl. Dt 10, 1—5; 1 Kg 8,9; Hebr 9,4; vgl. Ehrlich, Kultsymbolik, 25.

28) Elements, 234.

29) Vgl. I. Elbogen, Der jüdische Gottesdienst in seiner geschichtlichen Entwicklung, Frankfurt a. M. [3]1931, 469—472; Ehrlich, Kultsymbolik, 88 f.; vgl. die Darstellung des Thoraschreines auf jüdischen Goldgläsern bei E. R. Goodenough, Jewish Symbols in the Greco-Roman Period III, New York 1953, Abb. 964—968 und 973; dazu die Ausführungen vol. IV, New York 1954, 99—144; K. H. Rengstorf, Zu den Fresken in der jüdischen Katakombe der Villa Torlonia in Rom = ZNW 31 (1932) 33—60; C. Wendel, Der Thoraschrein im Altertum, Halle 1950.

30) Hyatt 121.

31) Vgl. J. S. Trimingham, Islam in Ethiopia, London 1952, 27; Ullendorff, Elements, 234 s.; dsl., Ethiopians, 110.

32) In nachgelassenen MSS Euringers, die den äthiopischen Ordo communis, die Apostelanaphora und die Anaphora unseres Herrn enthalten.

33) Manbar ist als äthiopisches Lehnwort im Arabischen zum Minbar oder Mimbar der Moschee geworden (vgl. Nöldeke, Neue Beiträge, 49). Aus dem Arabischen wurde es von der jüdischen liturgischen Terminologie als Almemor übernommen (vgl. Ullendorff, Elements, 235).

amharisch konstruierten Ausdruck jamanbar lebes ‚Verkleidung des Thrones'" (äthiop. manṭolā'et).

Euringer hat weiter festgestellt, daß der Tābot im engeren Sinne (also die Tafel) nach Zweck und Form dem abendländischen Altarstein, altare portatile, gleicht.

Über der Altartafel breitet der Priester zur Eucharistiefeier ein Tuch (māḫfad) aus, auf das er dann die kleine Patene (ṣāḫel) und den Kelch stellt. In die kleine Patene wird noch ein Tuch gelegt, das ebenfalls māḫfad genannt wird. Erst auf dieses kommt dann das eucharistische Brot (querbān). Der Kelch steht bis zur cupa in einem viereckigen Futteral (das auch „Thron" genannt wird). Wahrscheinlich wird über die kleine Patene ein Asteriskos gestellt. Über Patene und Kelch werden je ein Velum (kedān), ein drittes, größeres (makdan) über beide gebreitet. Dieses dritte Velum ist so groß, daß es mitunter auch über die Vorderseite des Altares hinunterhängt.

Von der kleinen Patene ist der Diskos, die große Patene ('awed), zu unterscheiden, der als Sinnbild Jerusalems gilt, während die kleine Patene als das Kalvarias angesehen wird. Aus den abendländischen Quellen ist nicht ersichtlich, ob der Masob mit dem Diskos identisch oder von ihm zu unterscheiden ist. A. Tecle Mariam Semharay Selam versichert, daß der Masob keine Patene, sondern ein aus sehr widerstandsfähigem Stroh geflochtener Korb sei, der dazu dient, um die in „Bethlehem" bereiteten Brote dem Priester zu überbringen[34]). In den Rubriken wird der Masob allerdings der „goldene" genannt (masob wareq), während er nach der erwähnten Angabe aus Stroh sein soll[35]). Die Unordnung, die in der Überlieferung der äthiopischen Gebete über die Altargeräte herrscht, scheint auch auf die Praxis abgefärbt zu haben, da nun anscheinend auf einen Diskos verzichtet wird, und das Gerät, auf dem Patene und querbān bei der Kommunion zum Priester hinübergetragen werden, ein Korb ist (vielleicht der gleiche wie am Anfang der Liturgie).

Die Kommunion wird mit dem kreuzgestielten Löffel, 'erfa masqal (Kreuzlöffel), gereicht.

Die Friese in der Apsis und die Decken und Kuppeln der Kirchen sind in der Regel mit Freskomalereien geschmückt, wobei oft nur ornamentaler Schmuck (Mäander, koptische Flechtmuster, Stufenlinien und Zöpfe) verwendet wird. Die figürliche Malerei folgt im Kirchenraum wie auch sonst festen Traditionen. So werden Heilige und „gute Personen" en face dargestellt und dürfen keinen Schatten im Gesicht haben; „Böse" werden dagegen im

---

[34]) Vgl. die Angaben in dem Bericht des portugiesischen Jesuiten Paëz, zitiert bei H. Duensing in: GGA 1916, Nr. 11, 643.

[35]) Vgl. auch Drower 186 s. Vielleicht ist hier aber unter wareq die „goldene" Farbe des Strohes zu verstehen.

Profil gezeichnet. Die verehrte Person muß immer rechts stehen, daher hält die Muttergottes das Kind auf dem rechten Arm. Die Dreifaltigkeit erscheint als Drei-Engel-Gruppe, Christus immer (außer auf Festtagsbildern) als Pantokrator. Von den Heiligen werden am häufigsten der hl. Georg, der hl. Theodor (wie er als Reiter mit einer Lanze das Reptil durchsticht) und die vier Evangelisten dargestellt[36]).

Neben der Kirche steht gewöhnlich eine kleine Hütte, „Bethlehem" genannt, in der vor jeder Liturgie unter Gebet und Psalmenrezitation die Brote bereitet werden[37]). Das eucharistische Brot ist gesäuertes Weizenbrot[38]), der Wein nicht Traubenwein, sondern wird aus Rosinen gewonnen.

Hier scheint sich insofern eine eigentümliche Inkarnationschristologie bemerkbar zu machen, als die Eucharistie als Teilhabe bzw. Nachvollzug der ganzen vita Christi — von der Geburt zu Bethlehem bis zum Opfertod (in der Eucharistie: die Opferung auf dem Altar) — gesehen wird.

2. Die kirchlichen Ämter

Obwohl die niederen Weihegrade in Vergessenheit geraten sind[39]), gibt es eine Anzahl von unteren Kirchenämtern, die aber nicht zum Weihesakrament gehören. Einen besonderen Stand bilden die (nicht-geweihten) Dabtarās[39a]), deren Hauptaufgabe in der Besorgung des Kirchengesanges und gewisser Lese- und Schreibobliegenheiten besteht. Hyatt[40]) nennt auch noch Subdiakone und Diakonissen. Doch kann diese Angabe bezüglich der Subdiakone auf einen Irrtum beruhen, weil man sich manchmal nicht über den geistlichen bzw. nicht-geistlichen Charakter der Dabtarās im Klaren war. Dazu kommen

---

[36]) Vgl. B. Rothemund, Äthiopische Malerei, München 1956; dsl., Handbuch der Ikonenkunst, München 1954, 49; M. Kamil, Das Land des Negus, Innsbruck 1953, 48; H. Buchthal, An Ethiopic Miniature of Christ being nailed to the Cross = Atti del Convegno internazionale di studi etiopici (1959), Rom 1960, 331—334.

[37]) Vgl. Drower 52—54.

[38]) Mit Ausnahme des Gründonnerstags, des Festes des hl. Epiphanius am 17. Genbot (= 12. Mai jul./26. Mai greg.), des „Wintermonats" und vielleicht auch Epiphanie, wo die *consecratio in non fermentato vel in azymis* vollzogen wird; vgl. S. Euringer, Die äthiopische Anaphora des hl. Epiphanius = OrChr 3. S. 1 (1926/27) 99 und § 44 AB, S. 115 und Bemerkung. Euringer äußert aber die berechtigte Vermutung, daß in der Praxis darüber hinweggegangen würde.

[39]) Heiler 499.

[39a]) Vgl. B. Velat, Les Dabtara Éthiopiens = Les Cahier Coptes 1954, No. 5, 21—29; O. H. E. Hadji-Burmester in: EChQ 13 (1959/60) 12. Dabtarā < *ἡ διφθέρα* bezeichnet ursprünglich das Zelt, dann besonders das Bundeszelt, schließlich die „Canonici", die sich aus dem Levitenstand herleiten, und endlich ganz allgemein einen *homo literatus*; vgl. A. Dillmann, Lexicon Linguae Aethiopicae, New York 1955 (Reprint), col. 1106; I. Guidi, Vocabulario amarico-italiano, Rom 1901, col. 671 s.

[40]) L. c. 57.

in gewisser Weise noch die Kandidaten der Theologie[41]). Auf diese Weise hat sich ein Kreis von im kirchlich-liturgischen Bereich tätigen Personen gebildet, der auf den Beobachter den Eindruck einer „intermediate class of personages between the clergy and laymen"[42]) macht.

Der geweihte Stand setzt sich aus den Diakonen, Priestern und Bischöfen zusammen.

Der Diakon (diyāqon) ist der „Diener" des Priesters[43]). Sieben Diakone sind für eine eucharistische Liturgie notwendig, in der sie die Funktionen eines gehobenen Altardieners ausüben. Ihre Aufgabe ist es weiter, das eucharistische Brot in „Bethlehem" zu backen und frischen Wein vorzubereiten. Sie dürfen aber nicht taufen und auch nicht den Tābot berühren. Wie bei den Kopten werden gewöhnlich Knaben zu Diakonen geweiht.

Der zentrale Stand ist der des Priesters (qasis < syr. qašīšo oder kāhen, hebr. kohen)[44]). Sein besonderer Auftrag besteht darin, „to baptize, to celebrate Holy Communion, to give Holy Communion, to bless the people, to preach the Gospel, to teach, to reprove, to give councel and to perform the rest of the Church's work"[45]). Obwohl die Anforderungen, die an die Weihekandidaten gestellt werden, gemessen an europäischem Standard, sicher nicht sehr hoch sind[46]), sind doch die Schilderungen mancher Reisender von Massenordinationen maßlos übertrieben[47]).

Die Priesterweihe, bei der die Überreichung der liturgischen Geräte fehlt, besteht im wesentlichen aus der Handauflegung durch den Bischof mit den Worten: „Empfange den hl. Geist"[48]). Wie die hl. Schrift überliefert, wirkt durch diese Handauflegung der hl. Geist[49]).

---

[41]) Nach den Grundstudien in Ge'ez (Äthiopisch) und Amharisch, Liturgiegesang, kirchlicher Metrik und Exegese des Ge'eztextes in amharischer Sprache erhält der Student den Titel liq, hat er in all diesen Disziplinen auch die höheren Studien abgeschlossen, den Titel liqa mamher; vgl. Kamil, Land des Negus, 74.

[42]) Hyatt 59.

[43]) Matthew 54 (Question 43; im folgenden abgekürzt: Q.).

[44]) Die liturgische Gewandung des Priesters besteht nach Abba Tecle Mariam Semharay Selam (De Indumentis sacris ritus Aethiopici, Rom 1930, 5 s., 10) aus: 1. qamis oder qamiṣ (tunica talaris), 2. ḫebānē oder gelbāb (Amikt = Schultertuch), 3. moṭaḥt, 'enged'ā oder ḥabla kesād (Stola), 4. qenāt (Zingulum), 5. za'ed (Epimanikien), 6. kāpā (dem phailonion der anderen orientalischen Kirchen vergleichbar) und 7. lānqā („mozetta"). Nach den Angaben der portugiesischen Jesuiten Paëz und d'Almeida (zitiert bei H. Duensing in: GGA 1916, Nr. 11, 642f.) hat es zu deren Zeit nur zwei Gewänder gegeben: eine Art Albe und eine Kasel.

[45]) Matthew 53 (Q. 42).

[46]) Es gibt jetzt aber ein gut ausgerüstetes Theologisches College in Addis Abeba; vgl. Ullendorff, Ethiopians, 102 und 108.

[47]) Z. B. Bruce und Parkyns bei Hyatt 58.

[48]) Assemani gibt folgende Form: „Qui ad Presbyteratum admissus est; Reple eum Spiritu Sancto — et regat populum tuum in puro corde — et opera sacerdotis super populum tuum perficiat"; vgl. Hyatt 60, Anm.

[49]) Matthew 52 (Q. 40).

Die Autorität des Bischofs (pāpās, auch 'ēpisqopos) ist die gleiche wie die, die den Aposteln übertragen worden war (Mt 11, 18; 1 Tim 5, 22), im besonderen die Vollmacht, andere Bischöfe, Priester und Diakone zu weihen[50]). Die Bischöfe sind den Aposteln nicht nur ähnlich, sondern gleichgestellt[51]). Doch war bis vor nicht allzu langer Zeit die Stellung der äthiopischen Bischöfe eine sehr eigenartige. Zunächst war ihre Zahl vom alexandrinischen Patriarchat auf sieben beschränkt worden, um die Unterordnung der äthiopischen Kirche unter die koptische zu gewährleisten. Da zwölf Bischöfe erforderlich waren, um einen Patriarchen zu weihen, war der äthiopischen Kirche mit der Beschränkung auf sieben diese Möglichkeit genommen. Aber auch diese sieben Bischöfe verschwanden im Laufe der Zeit; Hyatt wußte nur mehr von zweien, die von keiner nennenswerten Bedeutung waren[52]). Erst die neuere Zeit hat hier einen grundlegenden Wandel geschaffen. Rās Tafari Makonnen (der jetzige Kaiser) erreichte 1929 vom koptischen Patriarchat, daß für Äthiopien fünf einheimische (also äthiopische) Bischöfe geweiht werden sollten, die jedoch ihrerseits keinen neuen Bischof weihen durften. Im Zuge der Verselbständigung der äthiopischen Kirche wurden 1948 weitere Bischöfe geweiht, die im Gegensatz zu früher nun auch tatsächlich an der Spitze eines Bistums stehen[53]).

Die Leitung der äthiopischen Kirche hat der 'Abuna (unser Vater) inne, der früher vom koptischen Patriarchen aus den Mönchen der koptischen Klöster ausgewählt und geweiht worden war. Da er als Kopte mit den äthiopischen Verhältnissen nur mangelhaft vertraut war, war seine geistige Stellung ziemlich isoliert. Doch hatte er eine starke politische Autorität, die sich z. B. bei der Absetzung des zum Islam neigenden Liǧ 'Iyāsu (1917) zeigte[54]). Durch die italienische Okkupation Äthiopiens wurde das äthiopische Nationalgefühl weiter gestärkt, was sich auch auf das Kirchenwesen auswirkte. Nach Verhandlungen mit dem koptischen Patriarchat wurde 1951 ein äthiopischer Bischof, namens Basilius, zum 'Abuna gewählt und in Kairo konsekriert[55]). Infolge der Wirren um die Neuwahl des koptischen Patriarchen wurde 'Abuna Basilius auf Grund eines Vertrages zwischen den beiden Kirchen[56]) zum „Patriarchen

[50]) Matthew 52 (Q. 41).

[51]) Matthew 50 (Q. 37).

[52]) L. c. 52.

[53]) Vgl. E. Hammerschmidt, Kaisertum, Volkstum und Kirche in Äthiopien = OSt 6 (1957) 43 f.

[54]) Ullendorff, Ethiopians, 94 s.

[55]) Über die Beziehungen der koptischen zur äthiopischen Kirche in den letzten Jahren vgl. M. Kamil in: Cahiers de la Société d'archéologie copte 14 (1958); dsl., Land des Negus, 53 bis 69; Les étapes de l'émancipation de l'Église d'Éthiopie = PrOrChr 10 (1960) 47—55.

[56]) Vgl. Accord sur l'autonomie d'Église éthiopienne et intronisation du patriarche Basile = PrOrChr 9 (1959) 260—263.

und Katholikos" erhoben und 1959 in Kairo als solcher gekrönt[57]). Der koptische Patriarch bleibt der oberste geistliche Leiter des „Jurisdiktionsbezirkes des hl. Markus"; der jeweils in Äthiopien gewählte und vom Kaiser bestätigte Katholikos wird vom koptischen Patriarchen konsekriert und kann seinerseits wieder Bischöfe weihen. Im übrigen leitet der Katholikos die äthiopische Kirche selbständig. Damit hat die jahrhundertelange Abhängigkeit der äthiopischen Kirche, die sich nicht selten zu ihrem Schaden ausgewirkt hat, ein Ende gefunden[58]). Es ist zu erwarten, daß nun auch der neu aufgestellte äthiopische Episkopat als Träger einer geordneten Diözesanverwaltung eine größere Bedeutung gewinnt.

Bis zu dieser Neuordnung war der höchste Würdenträger nach dem 'Abuna der 'Eçage, der Einheimischer und als Ratgeber des Kaisers und „Hofbeichtvater" von großem Einfluß war. Zeitweise (bes. in den langen Intervallen bis zum Eintreffen eines neuen koptischen 'Abuna) war er das wirkliche Oberhaupt der äthiopischen Kirche[59]). Bald nach 1445 wurde es üblich, daß der jeweilige Vorsteher des Klosters Dabra Libānos (dem Beispiel des Takla Hāymānot folgend) 'Eçage wurde[60]).

Die Bedeutung des äthiopischen Mönchtums ist ungleich größer als die des koptischen[61]). Es gibt zahlreiche Männerklöster, weniger Frauenklöster[62]). Manche Mönche leben auch als Eremiten oder ziehen als Bettler durchs Land. Der Werdegang eines Mönches verläuft in drei Stufen: Zunächst empfängt er nach einer dreijährigen Vorbereitungszeit den Gürtel (qenāt) (vgl. Mk 1, 6?), dann das hohe Mönchsbarett (qoba) und schließlich das große Skapulier ('askema) mit den zwölf Kreuzen und eine weiße Kopfbedeckung[63]). Diese letzte Stufe, die den griechischen *μεγαλόσχημαι*[64]) entspricht, wird oft erst nach fünf bis zehn Jahren erreicht. Die Leitung eines Klosters liegt beim Mamher („Lehrer").

---

[57]) Vgl. B. Spuler in: Internationale Kirchliche Zeitschrift 49 (1959) 133 f.; dsl. in: HO VIII 315.

[58]) Vgl. auch: Echo de l'accueil favorable fait a l'accord avec l'Église d'Éthiopie = PrOrChr 9 (1959) 362 f.

[59]) Ullendorff, Ethiopians, 67.

[60]) Ullendorff, Ethiopians, 66 s.; Cerulli 94; Doresse II 78.

[61]) Vgl. E. Cerulli, Il monachismo in Etiopia = OCA Nr. 153, 1958, 259—278, und die dort angegebene Literatur.

[62]) Die bedeutendsten Klöster sind Dabra Libānos in Šoa und Dabra Bizan (zwischen den Mönchen dieser beiden Klöster hat es verschiedentlich theologische Streitigkeiten gegeben); vgl. E. Cerulli in: Or 12 (1943) 226—253; 13 (1944) 137—182; 14 (1945) 143—171. Auch in Jerusalem gibt es ein äthiopisches Kloster; vgl. E. Cerulli, Etiopi in Palestina 1—2, Rom 1943/47; dsl., Tre nuovi documenti sugli Etiopi in Palestina nel secolo XV = Analecta Biblica 12 (1959) 33—47; H. Duensing, Die Abessinier in Jerusalem = Zeitschrift des Deutschen Palästina-Vereins 39 (1916) 98—115.

[63]) Die hebräischen Entsprechungen der Mönchskleidung bei Ullendorff, Elements, 236.

[64]) Heiler 384.

3. Die eucharistische Liturgie

Mit den anderen orientalischen Kirchen teilen die Äthiopier die Überzeugung, daß die Feier der Eucharistie auf das Gebot des Herrn selbst zurückgeht. Bei der Konsekration werden Brot und Wein durch Wort und Hilfe des Herrn und durch den Priester mit dem Leib und Blut Christi vereinigt und „truly changed“[65]). Allein der rechtmäßig geweihte Priester kann somit die Eucharistie feiern, wenn auch sehr stark das hinter ihm stehende Wort des Herrn betont wird, das durch ihn wirksam wird[66]).

Die Form der Einsetzungsworte, die in den meisten äthiopischen Liturgieformularen gebraucht wird, lautet eigenartigerweise: „Dieses Brot ist mein Leib ... Dieser Kelch ist mein Blut“. Vom abendländischen Standpunkt aus hat schon P. Balthasar Tellez SJ. die Gültigkeit dieser Form in Zweifel gezogen[67]). Während E. Renaudot[68]) weniger streng urteilt, hat S. Euringer vermutet, diese Form könnte eine Reaktion auf eine häretische Auffassung innerhalb der äthiopischen Kirche sein[69]). Wahrscheinlich liegt dieser Form aber eine Tendenz zur Assimilation an den paulinischen Text (1 Kor 10, 16 f.; 11, 26—29) zugrunde, wobei durchaus der Gedanke mitgespielt haben kann, „Dieses“ (zewe'etu) allein sei zu schwach und unbestimmt und müsse durch einen deutlichen Hinweis ergänzt werden.

Im Unterschied zu den anderen orientalischen Kirchen besitzt die äthiopische eine große Anzahl von verschiedenen Liturgieformularen (nur die syrisch-jakobitische Kirche hat ebenfalls eine größere Anzahl von Anaphoren hervorgebracht, von denen die meisten aber bedeutend kürzer sind und auch den dichterischen Reichtum der äthiopischen Liturgie vermissen lassen). Da das Christentum in seiner hellenistisch-syrischen Gestalt in Äthiopien Eingang gefunden hat[70]), erscheint es sehr wahrscheinlich, daß von Syrien her auch starke Einflüsse auf die Liturgie erfolgt sind[71]). Die äthiopische Liturgie hat sich aber in einem solchen Ausmaß weiterentwickelt, daß sie heute einen selbständigen Liturgiezweig konstituiert. So sind uns bis heute zwanzig ver-

---

65) Matthew 40 (Q. 24); vgl. Kromrei 23—28.

66) Matthew 41 (Q. 26).

67) Historial geral de Etiopia a Alta ou Preste Joam, Coimbra 1660, 97; sein Werk basiert auf einem MS von P. d'Almeida SJ.

68) Liturgiarum Orientalium Collectio I 508.

69) Die äthiopische Anaphora des hl. Basilius = OC 33.—1, 1934, 265.

70) Vgl. Ullendorff, Elements, 229; dsl., Ethiopians, 101 s.

71) Schon 1911 hatte Baumstark gesagt: „Die Liturgie Abessiniens muß, den allgemeinen kirchengeschichtlichen Verhältnissen entsprechend, in älterer Zeit eine wesenhaft syrische gewesen sein“ (Die christlichen Literaturen des Orients II, Leipzig 1911, 44). Auch H. Scheidt hat hier richtig gesehen: Die Taufwasserweihegebete im Sinne vergleichender Liturgieforschung untersucht = Liturgiegeschichtliche Quellen und Forschungen 29, Münster i. W. 1935; vgl. dazu H. Engberding in: Theologische Revue 35 (1936) 270—274.

schiedene Anaphoren (qeddāsē) bekannt, die sich entwicklungsgeschichtlich in drei Gruppen teilen:

a) Die ursprünglichen Liturgien: (1.) Die Apostelanaphora (die Normalliturgie) geht auf die Anaphora der sog. Traditio Hippolyti zurück. Sie ist nur eine erweiterte und mit verschiedenen Texten bereichte Form der letzteren. Daneben steht (2.) die Anaphora unseres Herrn Jesus Christus, die derjenigen des Testamentum Domini[72]) entspricht. Wahrscheinlich bilden diese beiden Anaphoren das älteste liturgische Gut der äthiopischen Kirche, das auch tatsächlich eine Verwendung gefunden hat.

b) An zweiter Stelle stehen dann die Anaphoren, die mit Sicherheit Übersetzungen von außen kommender Formulare sind: die des (3.) Basilius, (4.) Markus und (5.) Jakobus.

c) Die dritte Gruppe bilden die Anaphoren, die sicherlich oder höchstwahrscheinlich in Äthiopien selbst entstanden sind und somit als originale Schöpfungen äthiopischer Theologie und Dichtung zu betrachten sind. Es handelt sich dabei um (6.) die Marienanaphora des Kyriakus von Behnasā, die (7.—8.) beiden Kyrillusanaphoren, die (9.—11.) drei Gregoriusanaphoren samt (12.) der Alternativanaphora der Marienanaphora des Gregorius, die Anaphoren des (13.) Epiphanius, des (14.) Dioskorus, des (15.) Jakob von Sarug, der (16.) 318 Rechtgläubigen Väter, des (17.) Athanasius, des (18.) Johannes Chrysostomus, des (19.) Johannes d. Ev. und (20.) die Anaphora unserer Herrin Maria[73]).

Unveränderlich ist bei all diesen Formularen der Vorbereitungsgottesdienst der Präanaphora[74]), der der koptischen Liturgie entnommen ist.

Wenn auch das Grundgerüst dieser Anaphoren im wesentlichen mit der koptischen Liturgie übereinstimmt, haben die Äthiopier in den bei ihnen entstandenen Anaphoren das Rahmenwerk mit eigenen Schöpfungen ausgefüllt. Das hat mitunter zu beträchtlichen Längen geführt, die den Rahmen fast zu sprengen drohen[75]).

Der Reichtum der Texte wird von einem Reichtum der Zeremonien begleitet. Besonders reich entwickelt hat sich auch hier das Zeremoniell, das die Opfergaben umgibt. Während des Einsetzungsberichtes kerbt der Priester das große eucharistische Brot an fünf Stellen ein. Dann taucht er seinen rechten Daumen in den Kelch und folgt damit dem Umriß der dreizehn Rechtecke[76]):

---

[72]) Vgl. I. E. Rahmani, Testamentum Domini nostri Jesu Christi, Mainz 1899, 34—49.

[73]) Die Textausgaben und Übersetzungen finden sich verzeichnet bei E. Hammerschmidt, Zur Bibliographie äthiopischer Anaphoren = OSt 5 (1956) 285—290.

[74]) Text bei G. A. Swainson, The Greek Liturgies chiefly from Original Authorities, Cambridge 1884, 347—395.

[75]) Eine vergleichende Untersuchung dieser Anaphoren in meinen „Studies in the Ethiopic Anaphoras" = Berliner Byzantinistische Arbeiten 25, Berlin 1961.

[76]) Vgl. Drower 191—196.

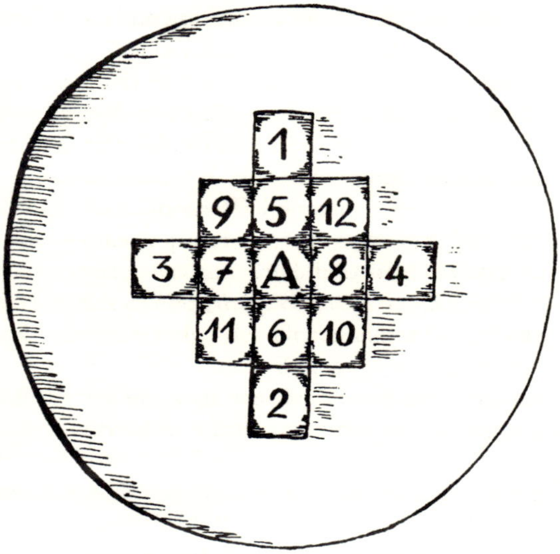

Daß hier gerade dreizehn Rechtecke gezählt werden, ist wahrscheinlich mit der Dreizehn als mystischer Zahl in Zusammenhang zu bringen[76a]).

Nach der Epiklese wird beim Brechungsgebet der Oberteil jedes Rechteckes vom Boden des Brotes losgelöst, aber wieder an seinem Platz im Brot zurückgelegt. Erst bei der Akklamation: „Das Heilige den Heiligen" tauscht der Priester die Teile kreuzweise aus, so daß Teil 1 an Stelle von Teil 2 kommt, Teil 3 an Stelle von 4, usf., um sie dann wieder in ihre ursprüngliche Lage zu bringen. Am Beginn der Homologie taucht er das 'āṣba diyāqon [77]) (= A) in den Kelch und berührt damit Teil 1, 2, 3 und 4, und dann 9, 10, 11 und 12. Dann legt er das 'āṣba diyāqon in den Kelch. Bei der Kommunion nimmt der amtierende Priester Teil 1, die anderen Teile werden nach einer genauen Reihenfolge der mitfeiernden Geistlichkeit gespendet. Das Volk empfängt die Teilchen vom bisher ungebrochenen Unterteil des Brotes und dazu mit dem Kreuzlöffel etwas Wein aus dem Kelch. Auch kleine Kinder (sogar Säuglinge) empfangen die Eucharistie[78]).

[76a]) Vgl. L. Troje, Die Dreizehn und die Zwölf im Traktat Pelliot (Dogmen in Zahlenformeln). Ein Beitrag zu den Grundlagen des Manichäismus = Veröffentlichungen des Forschungsinstitutes für vergleichende Religionsgeschichte an der Universität Leipzig II 1, Leipzig 1925.

[77]) Die christlich-arabische Form des griechisch-koptischen Despotikon haben die Äthiopier so zerlegt, daß sie 'āṣba diyāqon = Lohn des Diakons, darin fanden; vgl. H. Duensing in: GGA 1916, Nr. 11, 635.

[78]) Das Volk empfing früher die Eucharistie wenigstens einmal im Monat. Heute ist der Empfang weit seltener geworden. Für die Krankenkommunion wird das Sakrament im Altar aufbewahrt.

Alle diese Handlungen werden in den äthiopischen Liturgiekommentaren symbolisch erklärt und scheinen tatsächlich nicht nur aus praktischen Erwägungen eingeführt worden zu sein.

Die Liturgie wird an Sonn- und Feiertagen gefeiert. Daneben hat sich in der äthiopischen Kirche auch die Beobachtung des Sabbats erhalten[79]). Die äthiopische Didaskalie (Kap. 38)[80]) dringt auf die Beobachtung von Sabbat und Sonntag. Ein beträchtlicher Teil des eucharistischen Hochgebetes der Athanasiusanaphora ist dem Preis des „christlichen Sabbats" gewidmet[81]). Obwohl damit der Sonntag[82]) gemeint ist, sind in diesen Sabbat-Lobpreis typisch jüdische Züge übergegangen, so vor allem die Personifikation des Sabbats, der als Heiliger oder Engel angerufen wird, um bei Gott Fürsprache einzulegen[83]). Es kann kein Zweifel bestehen, daß die Stellung des Sabbats im äthiopischen Christentum letztlich sowohl auf die Verehrung des Alten Testamentes und seiner Lehre als auch auf jüdische Einflüsse zurückgeht, die in vorislamischer Zeit von Arabien aus nach Äthiopien gedrungen sind[84]).

4. Der Festkreis und die liturgischen Offizien

Der liturgische Jahreskreis der Äthiopier baut auf dem koptischen auf[85]), hat aber in manchem eine eigene Gestalt angenommen. Das Neujahrsfest am 1. Maskaram (= 29. Aug. jul./11. Sept. greg.) ist sicherlich jüdischen Ursprungs[86]). Am Morgen dieses Tages nehmen die Äthiopier ein Bad, das den Beginn der Reinigung von den Sünden, die sie im letzten Jahr begangen haben, anzeigen soll. Dieses Bad findet ebenso seine Entsprechung im Juden-

[79]) Die theologischen Streitigkeiten um die Sabbatbeobachtung bei Ullendorff, Elements, 243 s., und die dort angegebene Literatur; vgl. Kromrei 40—42.

[80]) J. M. Harden, The Ethiopic Didascalia, London 1920, 178 s.

[81]) S. Euringer, Die äthiopische Anaphora des hl. Athanasius = OrChr 3. S. 2 (1927) 243 bis 298.

[82]) Die Unbestimmtheiten in der Bezeichnung für Samstag und Sonntag bei Ullendorff, Elements, 243, Anm. 2; W. Leslau, The Names of the Weekdays in Ethiopic = Journal of Semitic Studies 6 (1961) 62—70.

[83]) Der personifizierte Sabbat erscheint auch im Talmud und in dem Buch Te'ezāza Sanbat der Falascha; vgl. W. Leslau, A Falasha Anthology = Yale Judaica Series VI, New Haven 1951, 30—32.

[84]) Ullendorff, Elements, 245.

[85]) Die Einteilung der Monate stimmt mit der koptischen überein: 1. Maskaram: beginnt am 29. Aug. jul./11. Sept. greg., 2. Ṭeqemt, 3. Ḫedār, 4. Tāḫšāš, 5. Ṭer, 6. Yakātit, 7. Magābit, 8. Miyāzyā, 9. Genbot, 10. Sanē, 11. Ḥamlē, 12. Naḥasē, 13. Pāguemēn. Da der Unterschied zwischen der äthiopischen und der abendländischen Zeitrechnung für unseren Zeitraum vom 11. Sept.—31. Dez. sieben, für 1. Jan.—10. Sept. acht Jahre beträgt, sind der äthiopischen Jahreszahl (A. Mis. = Anno Miserationis oder Misericordiae) stets sieben bzw. acht Jahre hinzuzufügen, vgl. Chaine, La chronologie des temps chrétiens de l'Egypte et de l'Ethiopie, bes. 72—102; Hyatt 147—156; zum Festkalender vgl. S. Grébaut, Catalogue des Manuscrits Éthiopiens de la Collection Griaule III = Travaux et mémoires de l'institut d'ethnologie-Université de Paris XXX, Paris 1944, 195—228.

[86]) Ullendorff, Elements, 245 s.; Hyatt 163.

tum wie die nachfolgende Opferung eines Tieres durch das Familienoberhaupt[87]).

Wenn auch das Fest der Kreuzauffindung (17. Maskaram = 14. Sept. jul./27. Sept. greg.) von der koptischen Kirche übernommen wurde, stehen bei der äthiopischen Feier des Tages doch heidnische und jüdische Riten im Hintergrund. An diesem Fest werden Holzstöße in Brand gesetzt, in deren Nähe man Ochsen und Schafe schlachtet. Die Interpretation, die dieser Handlung gegeben wird, erinnert an den Zusammenhang zwischen dem jüdischen Neujahrsfest und dem yōm-kippūr, die durch eine Periode von Sühnung und Buße miteinander verbunden sind[88]).

Eines der größten Feste der äthiopischen Kirche ist Ṭemqat, das Tauffest am 11. Ṭer (= 6. Jan. jul./19. Jan. greg.). An diesem Tag werden die Wasser gesegnet[89]), in denen die Gläubigen dann untertauchen. Mitunter begnügt man sich aber auch mit bloßem Besprengen. Diese Zeremonie stellt nicht eine Wiederholung der Taufe (Wiedertaufe) dar, wie manchmal irrtümlich angenommen wurde, sondern eine Art Erneuerung der Taufgnade in Erinnerung an die Taufe Jesu[90]). Am folgenden Tag wird das Fest der Hochzeit von Kana und das des Erzengels Michael begangen, dessen Fest am 12. jedes Monats gefeiert wird (das am 12. Ṭer ist jedoch das größte Michaelsfest).

Am 29. jeden Monats wird ein Geburtsfest Christi gefeiert, in gleicher Weise kehren andere Feste monatlich wieder [Dreifaltigkeit, „Bund der Erbarmung" (kidāna meḥrat, ein Beiname Mariens)[91])].

Neben den Festen zahlreicher (auch alttestamentlicher) Heiliger und Engel[92]) kennt die äthiopische Kirche insgesamt 33 Marienfeste[93]), darunter ein all-

---

[87]) Ullendorff, Elements, 246.

[88]) Ullendorff, Elements, 246 s.; Hyatt 165—168.

[89]) K. v. Annhard, Liturgie zum Tauffest der äthiopischen Kirche, München 1886.

[90]) Vgl. Hyatt 169—173; H. Jenny, Äthiopien — Land im Aufbruch, Stuttgart 1957, 102 bis 104, drückt sich auch nicht klar über den Charakter des Festes aus.

[91]) Vgl. S. Euringer, Das Hohelied des „Bundes der Erbarmung" = OrChr 3. S. 13 (1938) 76—85; E. Cerulli, La festa etiopica del Patto di Misericordia e le sue fonti nel greco „Liber de Transitu" e nel racconto latino dei Cinque Dolori di Maria = Silloge Bizantina, Rom 1957, 53—71.

[92]) Vgl. dazu I. Guidi- S. Grébaut, Le synaxaire éthiopien = POr 1,7, 9, 15 und 26; E. A. W. Budge, The Books of the Saints of the Ethiopian Church, Cambridge 1928; dsl., George of Lydda. A Study of the Cultus of St. George in Ethiopia, London 1930; zur Geschichte des äthiopischen Synaxars vgl. J. Simon SJ., Notes bibliographiques sur les textes de la „Chrestomathia Aethiopica" de Dillmann = Or 10 (1941) 285—311; H. Duensing, Liefert das äthiopische Synaxar Materialien zur Geschichte Abessiniens? Göttingen 1900; I. Guidi, The Ethiopic Senkesar = Journal of the Royal Asiatic Society 1911, 739—758; C. Conti Rossini, Piccolo studi etiopici 5. = ZA 27 (1912) 371f.; vgl. auch Kromrei 36f.

[93]) Eine Zusammenstellung der Marienfeste bei J. Stephan MSF., Einige Mariensymbole des Alten Testamentes in der äthiopischen Liturgie, Civitas Vaticana 1957, 16, Anm. 65; zur Marienverehrung vgl. auch G. Lanczkowski, Zur äthiopischen Madonnenverehrung =

monatliches „Gedächtnis der Jungfrau Maria" am 21. Darüber hinaus haben die Äthiopier — teilweise auf der Grundlage älterer griechischer Stücke — ausgedehnte Gesänge zu Ehren Mariens[94]) geschaffen, die sie (wie die Kopten) auf die einzelnen Wochentage verteilten[95]). Das Weddāsē Māryām (Lobgesang an Maria)[96]) ist eine Übersetzung der alten Theotokien[97]), deren Entstehung A. Baumstark dem 4./5. Jh. zuschreibt[98]). Es ist aber durchaus möglich, daß die heute vorliegende äthiopische Fassung dem 14. Jh. entstammt[99]). Das ganze Werk ist in sieben Abschnitte für die einzelnen Wochentage aufgeteilt.

König Zar'a Yā'qob (1434—1468)[100]) veranlaßte Abba Georgius ein noch ausgedehnteres Marienoffizium zu schaffen, die „Marienharfe" ('Arganōna dengel)[101]), als deren Erscheinungsjahr 1440 angegeben wird[102]). Die Verteilung der Gesänge entspricht der im Weddāsē Māryām, nur sind die einzelnen Stücke viel umfangreicher.

Ein weiteres Marienoffizium ist das „Tor des Lichts" ('Anqaṣa berhān)[103]), das auch noch andere Namen trägt[104]). Dieses kleine Werk, zu dessen Entstehung das Weddāsē Māryām die Anregung gegeben haben mag, gehört vielleicht zu den ältesten Denkmälern der äthiopischen Literatur überhaupt[105]). An den Marienfesten wird während der liturgischen Funktionen das Ta'āmra Māryām (Wunder Mariens)[106]) gelesen, das zur Zeit des Königs David I. (1382—1411) aus dem Arabischen ins Äthiopische übertragen wurde[107]).

ZKG 66 (1954/55) 25—38; P. Krüger, Maria und die Ecclesia in der Liturgie der Armenier, der Kopten und Äthiopier = OSt 7 (1958) 233—252.

[94]) Vgl. dazu A. Grohmann, Äthiopische Marienhymnen = Abh. d. Sächs. Ak. d. Wiss. 33, Nr. 4, Leipzig 1919.

[95]) Vgl. H. Engberding, Maria in der Frömmigkeit der östlichen Liturgien = P. Sträter, Katholische Marienkunde I, Paderborn 1947, 122.

[96]) K. Fries, Weddāse Māryām, Upsala 1892.

[97]) S. Euringer, Der mutmaßliche Verfasser der koptischen Theotokien und das äthiopische Weddāsē Māryām = OrChr NS. 1 (1911) 215—226.

[98]) OrChr NS. 7/8 (1918) 53.

[99]) I. Guidi, Storia della letteratura etiopica, Rom 1932, 30 s.; Cerulli 32 s.

[100]) Zu ihm vgl. A. Dillmann, Über die Regierung, insbesondere die Kirchenordnung des Königs Zar'a-Jacob = Abh. d. kön. Preuss. Ak. d. Wiss. 1884, Phil.-hist. Kl. II, Berlin 1885; Doresse II 125—143.

[101]) Vgl. P. Leander, Argānona Uĕddase, Upsala 1922; S. Euringer, Die Marienharfe ('Argānona Weddāsē) = OrChr 3. S. 2 (1927) — 3. S. 6 (1931); Suoz, De aethiopische Mariaharp, s-Hertogenbosch 1951; Cerulli 153 s.

[102]) Grohmann, Marienhymnen, 25.

[103]) Hrsg. von I. Guidi, Psalterium aethiopicum, Rom 1900, 344—355.

[104]) Grohmann, Marienhymnen, 19—25.

[105]) Grohmann, Marienhymnen, 22.

[106]) Vgl. E. Cerulli, Il libro etiopico dei Miracoli di Maria e le sue fonti nella letteratura del medio evo latino, Rom 1943; dsl., Due codici di Upsala del libro etiopico dei Miracoli di Maria, in: Studi orientalistici in onore di Giorgio Levi Della Vida I, Rom 1956, 151—179; Cerulli 105—131.

[107]) Cerulli 107.

In diesen Werken wird Maria in hochpoetischer Sprache gefeiert: Sie ist die „Blume", die „Blüte" und der „Baum", besonders der „Dornbusch des Moses" und der „Lebensbaum", um nur einige der zahlreichen Ehrentitel zu nennen. Gerade der „Baum"-Titel ist interessant, weil nach äthiopischer Vorstellung in jeder Sykomore eine Maria wohnt[108]) und nach der Ansicht von G. Lanczkowski[109]) hier Reste einer marianisch motivierten Baumverehrung aus dem alten Ägypten (Hathor)[110]) bzw. dem semitisch-hamitischen Grenzraum und dem nilotischen Bereich vorliegen[111]).

Eine besondere Note erhält der äthiopische Kultus durch den Gebrauch von verschiedenen Musikinstrumenten, wie Leiern, Harfen, Tympana (kabaro), Fiedeln, Sistren (ṣenāṣel)[111a]) und der langen Gebetsstöcke (maquāmiyā) der Kleriker. Auch im Bereich des Musikalischen sind jüdische Einflüsse wirksam gewesen[112]). Dazu hat sich aus alten Zeiten der sakrale Tanz erhalten[112a])

Die Äthiopier beobachten die gleichen Fastenzeiten wie die koptische Kirche[113]), doch halten sie die Fasten (= 'aṣawām) sehr streng ein. An den Fasttagen, deren es nicht weniger als 250 gibt (von denen 180 für alle verpflichtend sind), nehmen sie bis nach Mittag überhaupt keine Speise zu sich[114]), auch wenn dies u. U. zu Schwächeanfällen führt[115]).

---

108) Vgl. E. Littmann, Abessinien, Hamburg 1935, 39.

109) Madonnenverehrung, 30—34.

110) Bei Memphis lag das Heiligtum der „Hathor, Herrin der südlichen Sykomore", im dritten unterägyptischen Gau verehrte man die „Hathor, Herrin der Dattelpalme" bei Kom el-Hisn; vgl. H. Kees, Der Götterglaube im alten Ägypten, Leipzig 1914, 221 f., 86; dsl., Das alte Ägypten, Berlin 1958, 88.

111) Vgl. auch E. Cerulli, La Dea Mater ed il suo culto presso le genti dell'Etiopia meridionale (Galle, Caffa) = Rivista di Antropologia 43 (1956) 1—12 (Sonderdruck).

111a) Beschreibung verschiedener Instrumente von O. H. E. Hadji-Burmester in: EChQ 13 (1959/60) 12.

112) So z. B. der „ululating sound" der äthiopischen Frauen beim Singen, das kerār (Lyra mit sechs oder zehn Saiten, vgl. hbr. kinnor), baganā („Harfe" mit acht oder zehn Saiten), masanqo („Harfe" mit einer Saite), kabaro (Tympanon), ṣenāṣel (Sistrum); vgl. Ullendorff, Elements, 236—240; dsl., Ethiopians, 169—173; zum kabaro vgl. S. Euringer in: Or NS 4 (1935) 466; zur äthiopischen Kirchenmusik vgl. G. A. Villoteau, De la musique des Abyssins ou Éthiopiens = Description de l'Égypte XIV, Paris ²1826, 270—299; C. Mondon-Vidailhet La musique éthiopienne IX: Chant liturgique = Encylopédie de la musique I 5, Paris 1922, 3189 s.; E. Wellesz, Studien zur äthiopischen Kirchenmusik = OrChr 2. S. 9 (1920) 74—106; S. Euringer, Anmerkungen zu „Studien zur äthiopischen Kirchenmusik" von Dr. E. Wellesz = OrChr 2. S. 10/11 (1923) 151—154; M. Cohen, Sur la notation musicale éthiopienne = Studi orientalistici in orone di Giorgio Levi Della Vida, Rom 1956.

112a) Vgl. die Schilderung bei O. H. E. Hadji-Burmester, The Dabtara Executing a Sacred Measure on the Feast of the Epiphany = EChQ 13 (1959/60) 12.

113) Vgl. Matthew 59 s. (Q. 53); Kromrei 33—35.

114) Vgl. Ullendorff, Ethiopians, 106.

115) Vgl. dazu die Schilderung bei Jenny, Äthiopien, 108 f.

5. Die übrigen Kulthandlungen[116])

Von den übrigen fünf Sakramenten (außer Eucharistie und Ordo) wird die Firmung[117]) schon seit dem 17. Jh. (wahrscheinlich wegen der Schwierigkeiten in der Beschaffung des Myron) nicht mehr gespendet. Auch die Krankenölung wird, wenn überhaupt noch, nur selten gespendet. Die theologische Theorie hält allerdings an diesem Sakrament fest[118]). Das Ritual der Krankenölung ist im Maṣḥafa qandīl (Buch der Lampe)[119]) enthalten, das dem koptischen Ritus folgt.

Das Bestattungsritual, Maṣḥafa genzat, enthält neben einer Sammlung von sehr alten Begräbnisriten auch die sog. Lefāfa ṣedeq (Rolle der Rechtfertigung)[119a]). Diese „Rolle" wird in Rollen- oder Streifenform dem Toten ins Grab mitgegeben, um ihm im Vertrauen auf den Bund Jesu mit Maria (s. o. „Bund der Erbarmung") als eine Art Totenpaß oder Himmelsschlüssel zu dienen. Hier tritt der Amulettcharakter und damit das Fortleben alter heidnischer Vorstellungen und Praktiken deutlich zutage[120]). Auch die Rezitation dieses Textes über den Toten (daher die Aufnahme in das Bestattungsritual) soll die gleiche Wirkung haben.

Die Taufe (ṭemqat), deren Ritus dem koptischen ähnlich ist[121]), wird den Knaben am 40., den Mädchen am 80. Tag nach der Geburt gespendet. Die Äthiopier sollen in der Einhaltung dieser Fristen (außer im Krankheitsfall) sehr genau sein[122]). Wenn der Priester nach dem Namen des Kindes fragt, wird oft ein falscher Name angegeben, damit die bösen Geister den richtigen Namen nicht erfahren und so Gewalt über das Kind bekommen. Wenn hier der richtige Name genannt wurde, wird er nachher geändert.

Nach zahlreichen Salbungen des Kindes und der Weihe des Taufbeckens wird die Taufe durch dreimaliges Untertauchen vollzogen. Im Falle von

---

116) Vgl. Abba Tecle Mariam Semharay Selam, De Ss. sacramentis secundum ritum Aethiopicum, Rom 1931 (mir nicht zugänglich).

117) Vgl. M. Chaîne, Le Rituel éthiopien: Rituel de la confirmation et du marriage = Bessarione 29 (1913) 249—283; S. Grébaut, Ordre du baptême et de la confirmation dans l'Église éthiopienne = ROC 26 (1927/28) 105—189.

118) Matthew 57—59 (Q. 49—52).

119) Vgl. M. Chaîne, Rituel de l'extrême-onction = Bessarione 29 (1913) 420—451; 30 (1914) 11—41.

119a) Vgl. B. Turaev, Lefafa sedeq = Pamjatniki efiopiskoj pismennosti 7 (1908); E. A. W. Budge, The Bandlet of Righteousness, London 1929; S. Euringer, Die Binde der Rechtfertigung = Or 9 (1940) 76—99, 244—259.

120) Vgl. Ullendorff, Ethiopians, 103; zu den eschatologischen Vorstellungen vgl. Kromrei 43—45.

121) Genaue Beschreibung des Ritus bei Hyatt 177—183; M. Chaîne, Rituel du baptême = Bessarione 29 (1913) 38—71; E. Trumpp, Das Taufbuch der äthiopischen Kirche, München 1878; vgl. Kromrei 21—23.

122) Hyatt 180.

erwachsenen Mädchen oder Frauen helfen dabei die Diakonissen. Den Erwachsenen wird nach der Taufe ein Mischgetränk aus Milch und Honig gereicht, ein alter Brauch, den einstmals auch die römische, nordafrikanische und koptische Kirche kannte, aber später wieder aufgegeben hat[123]).

Die Beschneidung (gezrat) wird allgemein geübt und als eine religiöse Pflicht angesehen; das Rechtsbuch Feṭha Nagast (Recht der Könige) (Kap. 51) erklärt allerdings, daß es sich dabei nur um einen Brauch handle, dem die Sanktion einer gesetzlichen Vorschrift fehle[124]). Da die Beschneidung in den Vorstellungen fremder Beobachter stets mit dem Judentum assoziiert wurde[125]), hat sie der äthiopischen Kirche immer wieder den Vorwurf des Judaismus eingetragen[126]). In der Confessio des Königs Claudius[127]) wird die Beschneidung als bloße „mos humana", aber nicht als Beobachtung der mosaischen Gesetze erklärt. Trotzdem kann kein Zweifel bestehen, daß die äthiopische Beschneidung in einem besonderen Zusammenhang mit dem Judentum steht. Dies ergibt sich einmal aus der volkstümlichen Auffassung der Beschneidung als „religiöse Pflicht", die auf die alttestamentliche Konzeption der Beschneidung als sichtbares Zeichen des Bundes zwischen Gott und seinem Volk[128]) hinweist; zweitens aber auch aus dem Zeitpunkt der Beschneidung, die wie im Judentum am 8. Tag vollzogen wird[129]). Wie oben bemerkt, herrscht dagegen bei den Kopten ziemliche Freiheit in der Festlegung des Zeitpunktes.

Die Voraussetzung zum Empfang der Lossprechung in der Beichte ist die Reue und der vertrauensvolle Aufblick zu Christus[130]). Theoretisch wird behauptet, der Gläubige beichte, wenn er eine Sünde begangen habe, diese dem Priester[131]), die abendländischen Berichte stimmen aber darin überein, daß die

---

[123]) Milch und Honig sind schon im Alten Testament die Sinnbilder für das „verheißene Land"; vgl. weiter Hoheslied 4, 11; für die Antike neben dem älteren Werk von K. Wyss (Die Milch im Kult der Griechen und Römer, Gießen 1914) die Forschungen von K. Kerényi, bes.: Die Mythologie der Griechen, Zürich 1951, 30, 94 f., 110 f., 115 f., 197, 255, 257; Die Heroen der Griechen, Zürich 1958, 83 f., 93, 147, 292, 302, 369 und 377; H. Usener, Milch und Honig = Rhein. Museum für Philologie NF 57 (1902) 177—195, bes. 181 ff.

[124]) Ullendorff, Ethiopians, 103; Kromrei 38—40.

[125]) Die Beschneidung findet sich nicht nur bei Ägyptern, Äthiopiern und anderen Semiten, sondern auch in Zentralaustralien und Amerika.

[126]) Ullendorff, Elements, 247 s.

[127]) Die Confessio Claudii (16. Jh.) ist ein literarisches Produkt der monophysitisch-katholischen Kontroverse. In ihr versucht Claudius (Galādēwos) die Bedeutung der jüdischen Elemente im äthiopischen Christentum abzuschwächen; vgl. I. Guidi, Storia della letteratura etiopica, Rom 1932, 71 s.; Ullendorff, Elements, 241 s.; Doresse II 319; Text bei J. Ludolf, Ad suam historiam Aethiopicam antehac editam Commentarius, Frankfurt a. M. 1691, 237—241.

[128]) Vgl. Ehrlich, Kultsymbolik, 108—110.

[129]) Ullendorff, Elements, 249 s.

[130]) Matthew 35—39 (Q 19—22); vgl. auch Kromrei 28 f.

[131]) Matthew 35 (Q. 19).

Beichte nur in schwerer Krankheit oder Todesgefahr als notwendig angesehen wird[132]). Sonst wird die Beichte, die gerne am Karfreitag abgelegt wird, als heilsam gewertet. Die Absolutionsform ist deprekativ[133]). Die Äthiopier kannten (und kennen?) aber auch eine Beichte über dem Rauchfaß (wie die Kopten[134])).

Bei der Ehe (sabsāb), die oft in jugendlichem Alter geschlossen wird, sind zwei Arten der Trauung zu unterscheiden: die bürgerliche und die kirchliche[135]). Beiden geht eine Art Verlobung (drei bis vier Monate) voraus, während der es dem Bräutigam nicht erlaubt ist, die Braut zu sehen (das Mädchen lebt aber deswegen nicht abgeschlossen von ihren Freundes- und Bekanntenkreis). Die zivile Ehe wird in der Weise geschlossen, daß die Brautleute vor Zeugen ihren Ehewillen erklären[136]). Seltsam erscheint die Bemerkung bei Hyatt[137]), daß auch bei der Zivilehe u. U. ein Priester anwesend ist, der nach dem Ehekonsens eine Ermahnung an die Brautleute richten soll. Die äthiopische Kirche steht dieser Form der Eheschließung, die die Möglichkeit einer späteren Scheidung offenläßt, in der Theorie ablehnend gegenüber, muß sie aber in der Praxis dulden. Allerdings können auf diese Weise getraute Eheleute nicht die Sakramente empfangen, außer sie lassen ihre Ehe auch kirchlich einsegnen oder sind wieder bürgerlich geschieden worden[138]).

In dem ausgedehnten Trauungsritus[139]) werden die Brautleute mit Öl gesalbt und mit den Hochzeitsgewändern bekleidet. Der Priester legt die Hand des Bräutigams in die der Braut, worauf er sie mit einem Kreuzzeichen segnet. Anschließend wird die Eucharistie gefeiert, bei der die Brautleute unter einem roten Schirm das Sakrament empfangen[140]).

Die kirchliche Ehe wird als unlösbar angesehen, außer im Falle des Ehebruches. Daß die äthiopischen Theologen in diesem Punkt kein gutes Gefühl haben und ungern auf bestimmte Fragen nach den Eheschließungsarten eine

---

132) Heiler 499; Ullendorff, Ethiopians, 102.

133) Vgl. Matthew 38 (Q. 21): „God absolve thee."

134) Vgl. E. Hammerschmidt, Das Sündenbekenntnis über dem Weihrauch bei den Äthiopiern = OrChr 43 (1959) 103—109.

135) Nach Hyatt (209 s.) gibt es auch noch eine dritte Art, eine Variante der Zivilehe, bei der Mann und Frau ohne Zeugen ein Übereinkommen treffen, solange zusammenzuleben, als sie es wünschen; vgl. Kromrei 29—31.

136) Festbankette und Tänze begleiten und umgeben die Eheschließungszeremonie.

137) L. c. 205.

138) Nach der dritten Ehescheidung sind allerdings alle Verbindungen zur Kirche abgeschnitten, außer der oder die Betreffende werden Mönch oder Nonne; vgl. Hyatt 209.

139) Vgl. M. Chaîne, Rituel de la confirmation et du marriage = Bessarione 29 (1913) 249—283.

140) Hyatt 208. Es wäre möglich, daß auch hier ein Zusammenhang mit jüdischem Brauchtum vorliegt, da dort Braut und Bräutigam beim Trauakt unter einen Baldachin (ḥūppā) treten; zur ḥūppā vgl. Ehrlich, Kultsymbolik, 113.

klare Antwort geben[141]), zeigt die entsprechende Stelle im Questionnaire bei Matthew: Sie besteht aus einer Aneinanderreihung der einschlägigen Schriftstellen (Mt 19, 4. 6; Mk 16, 12 (? 10, 6. 12); Mk 10, 11. 12; Mt 5, 31.32; 1 Kor 7, 10.11) mit der abschließenden Bemerkung: „As he says, so we believe“[142]).

6. Die Magie

Zu einem einigermaßen vollständigen Bild vom äthiopischen Christentum gehört auch eine Erwähnung der Magie, die im Volksglauben eine bedeutende Rolle spielt. Zahlreiche magische Praktiken und Gebete[143]) sowie abergläubische Überzeugungen umfangen das äthiopische Christentum[144]). Fast alle Zaubertexte sind aber mit Anrufungen Christi, Marias und der Heiligen untermischt. Der Einfluß magischer Elemente hat sich sogar bis auf die Liturgie erstreckt, wo in der Epiklese das Feuerschwert Mēlos erscheint, das das Lamm mystisch schlachten soll. Mēlos (das auch in anderen Zaubertexten vorkommt) ist aber nur eine der zahlreichen Varianten des (von rückwärts gelesenen) Namens Salomo[145]), der als einer der großen Zauberer gilt[146]).

Obwohl ein Großteil der Magie sich von dem alten kuschitischen Heidentum herleitet, sind doch auch spezifisch jüdische Elemente erkennbar[147]). Die außerordentliche Bedeutung, die dem Namen zugeschrieben wird, geht sicher auf jüdischen Einfluß zurück: Die Kenntnis des Namens gibt dem Dämon Gewalt über die Person, die diesen Namen trägt.

Den magischen Texten stehen magische Gegenstände, wie Amulette, in kleine Bücher geschriebene Zaubertexte u. Ä. zur Seite. Die „Lehre der Geheimnisse“ (temherta ḫebu'ät), ein genuin christlicher Text[148]), steht als apotropäisches Mittel in hohem Ansehen. In ganz kleine Büchlein geschrieben und

---

141) Zu Rassam sagte der 'Abuna: „My son, you have asked me a question which I am unable to answer. This only I can tell you. Abyssinian marriages, with few exceptions, are so abominably revolting, that the issue are all bastards“; Hyatt 207.

142) Matthew 56 s. (Q. 48).

143) Vgl. bes. W. H. Worrell, Studien zum abessinischen Zauberwesen = ZA 22 (1909) 149—183; 24 (1910) 59—96; 29 (1914/15) 85—141; D. Lifchitz, Textes éthiopiens magico-religieux = Travaux et mémoires de l'Institut d'ethnologie XXXVIII, Paris 1940; St. Strelcyn, Prières magiques éthiopiennes pour delier les charmes = Rocznik Orientalistyczny XVIII, Warschau 1955.

144) Vgl. St. Strelcyn, La magie éthiopienne = Atti del Convegno internazionale di studi etiopici (1959), Rom 1960, 147—165.

145) Auch diese Art des Buchstabenzaubers beruht vielleicht auf jüdischem Erbe; vgl. E. L. Dietrich in: HO VIII 363.

146) Vgl. E. A. W. Budge, A History of Ethiopia, London 1928, 582.

147) Ullendorff, Elements, 229—231; dsl., Ethiopians, 103 s.; vgl. auch o. Anm. 145.

148) Vgl. E. Hammerschmidt, Äthiopische liturgische Texte der Bodleian Library in Oxford = Veröffentlichungen des Instituts für Orientforschung der Deutschen Akademie der Wissenschaften Nr. 38, Berlin 1960, 42—72.

auf der Brust getragen, soll er seinen Träger vor Tod und Krankheit beschützen[149]).

Obwohl die offizielle Kirche diese ausgedehnte magische Praxis niemals gutgeheißen hat, ist das Bewußtsein des christlichen Äthiopiers gleicherweise von der Kirchenlehre und von aus alten Quellen fließender Scheu vor Dämonen und bösen Geistern erfüllt.

[149]) Hammerschmidt, Äthiop. lit. Texte, 44.

ABRISS DER ARMENISCHEN KULTSYMBOLIK

von

ERNST HAMMERSCHMIDT

unter Mitwirkung von

JULIUS ASSFALG

Inhaltsübersicht

VORBEMERKUNG

Da der für diesen Abschnitt vorgesehene Verfasser, P. V. Inglisian (Wien), aus verschiedenen Gründen leider nicht in der Lage war, sein Manuskript abzuliefern, bestand die Gefahr, daß der Band ohne die armenische Kirche hinausgehen würde. Damit hätte sich eine für den Gesamtplan des Bandes sehr bedauerliche Lücke ergeben. Auf Bitten des Herausgebers haben sich die beiden oben genannten Verfasser bereit erklärt, in gemeinsamer Arbeit einen kurzen Abriß der armenischen Kultsymbolik zu liefern, der über die wichtigsten Tatsachen unterrichten soll.

Bei dem knappen, zur Verfügung stehenden Zeitraum (die Frist für die Ablieferung der Manuskripte war bereits überschritten, als die beiden Verfasser mit ihrer Arbeit beginnen konnten), mußte es sich vor allem darum handeln, eine Überschau zu bieten, wobei für die Einzelheiten auf die Literaturangaben verwiesen werden muß[1]). Auf diese Weise wurde aber vermieden, daß die armenische Kirche im Chor der orientalischen Kirchen überhaupt fehlte.

ABKÜRZUNGEN DER LITERATUR

Abrahamian, Church and Faith	= Abel Abrahamian, The Church and Faith of Armenia, London 1920
Abrahamian, Grundlagen	= Abel Abrahamian, Die Grundlagen des armenischen Kirchenrechts. Inauguraldissertation der Staatswissenschaftlichen Fakultät der Universität Zürich zur Erlangung der Würde eines Doctor juris publici vorgelegt, Zürich 1917
Denzinger, Ritus Orientalium I, II	= H. Denzinger, Ritus Orientalium, Coptorum, Syrorum et Armenorum in administrandis sacramentis I-II, Würzburg 1863—64
DThC	= Dictionnaire de théologie catholique (Paris)
EI	= Enzyklopädie des Islam (Leipzig) 1. Aufl. bzw. Encyclopédie de l'Islam (Paris) 2. Aufl.
ÉO	= Échos d'Orient (Paris)
Garitte, Narratio	= G. Garitte, La Narratio de rebus Armeniae = Corpus Scriptorum Christianorum Orientalium 132, Löwen 1952
Heiler	= F. Heiler, Urkirche und Ostkirche = Die katholische Kirche des Ostens und Westens I, München 1937
HO VIII	= J. Leipoldt — G. Widengren — A. Adam — B. Spuler — E. L. Dietrich — J. W. Fück — A. J. Arberry — R. Strothmann — A. von Gabain, Religionsgeschichte des Orients in der Zeit der Weltreligionen = B. Spuler (Hrsg.), Handbuch der Orientalistik, 1. Abt., VIII. Bd., 2. Abschnitt, Leiden-Köln 1961
LThK	= Lexikon für Theologie und Kirche (Freiburg i. Br.) 1. Aufl. 1930—38, 2. Aufl. seit 1957 im Erscheinen
MUStJ	= Mélanges de l'Université Saint Joseph (Beyrouth)
OC	= Orientalia Christiana (Rom)
OrChr	= Oriens Christianus (Leipzig-Wiesbaden)
Ormanian	= Malachia Ormanian (Formerly Armenian Patriarch of Constantinople), The Church of Armenia — Her History, Doctrine, Rule, Discipline, Liturgy, Literature, and Existing Condition, Second Revised English Edition by Terenig Poladian, London 1955

[1]) Siehe Literaturverzeichnis (S. 254).

OSt	=	Ostkirchliche Studien (Würzburg)
POr	=	Patrologia Orientalis (Paris)
Raes, Introductio	=	A. Raes SJ., Introductio in Liturgiam Orientalem, Rom 1947
RGG	=	Die Religion in Geschichte und Gegenwart, 3. Aufl. seit 1957 im Erscheinen
ROC	=	Revue de l'Orient chrétien (Paris)
TU	=	Texte und Untersuchungen zur Geschichte der altchristlichen Literatur (Leipzig-Berlin)

I. DIE ARMENISCHE KIRCHE

1. Das armenische Christentum

Nach sporadischen Versuchen syrischer und griechischer Missionare[2]), in Armenien[3]) das Evangelium zu verkünden[4]), war der erste bedeutende Erfolg Gregor dem Erleuchter[5]) (240—332) beschieden, der den armenischen König Tiridates (Trdat) III. (287—337) um 290 taufte. Tiridates erklärte das Christentum zur offiziellen Religion, so daß hier (abgesehen von Edessa) das erste Staatskirchentum entstand. Der König veranlaßte, daß Gregor vom Bischof von Kaisareia zum obersten Bischof der Armenier, zum Katholikos, geweiht wurde. Anfangs arbeiteten Syrer und Griechen miteinander am Aufbau der armenischen Kirche[6]), doch entwickelte sich an der Wende zum 5. Jh. ein

---

[2]) Vgl. Heiler 510—515; B. Spuler in: HO VIII 240. Nach der armenischen Tradition sollen die Apostel Thaddäus und Bartholomäus in Armenien gepredigt und den Martyrertod erlitten haben. Die einen sehen in Thaddäus einen der 72 Jünger, andere den Judas Thaddäus (Lebbäus); vgl. Ormanian 3 s. Eine armenische Legende läßt sogar Christus selbst noch einmal auf die Erde herabkommen und die armenische Kirche stiften. Der Sitz des Katholikos wird danach Ejmiadzin (= der Eingeborene ist herabgestiegen) genannt; vgl. H. Gelzer, Die Anfänge der armenischen Kirche = Berichte der sächsischen Gesellschaft der Wissenschaften 1895, 109—174.

[3]) Geographisch die Landschaft in Kleinasien, deren Zentrum am Araxes und am Wansee liegt (zu Südarmenien vgl. J. Markwart, Südarmenien und die Tigrisquellen nach griechischen und arabischen Geographen = Studien zur armenischen Geschichte IV, Wien 1930). Sie wurde nach den aus dem phrygischen Raum einwandernden Armeniern (Hajk'), einem ethnischen Konglomerat, Hajastan genannt (zur Gestalt des Hajk' vgl. M. Lauer, Des Moses von Chorene Geschichte Groß-Armeniens, Regensburg 1869, 19—23; zum Volkstum u. a. A. Abeghian, Geschichte Armeniens — Ein Abriß, Stuttgart o. J., 6—9). Das Armenische ist im wesentlichen eine indogermanische Sprache, deren Wortschatz zahlreiche persische, aramäische und griechische Elemente aufweist; für das Altarmenische vgl. bes. A. Meillet, Altarmenisches Elementarbuch = Indogermanische Bibliothek I 10, Heidelberg 1913; H. Hübschmann, Armenische Grammatik I: Armenische Etymologie, Leipzig 1897 (enthält nur ein etymologisches Wörterbuch mit Zusammenstellung der persischen, syrischen, griechischen und georgischen Lehnwörter im Armenischen); H. Jensen, Altarmenische Grammatik, Heidelberg 1959; A. Meillet, Esquisse d'une grammaire comparée de l'arménien classique, Wien ²1936; Ed. B. Aghajan, Geschichte der armenischen Sprachwissenschaft I, Erewan 1958 (armenisch). Wörterbücher: E. Ciakciak, Dizionario armeno-italiano 1—2, Venedig 1837; Mesrob G. Kouyoumdjian, A Comprehensive Dictionary Armenian-English, Kairo 1950; Dirair Froundjian, Armenisch-deutsches Wörterbuch, München 1952.

[4]) Zur vorchristlichen Religion der Armenier vgl. S. Weber, Die katholische Kirche in Armenien — Ihre Begründung und Entwicklung vor der Trennung, Freiburg i. Br. 1903, 25—54.

[5]) Lusavorič = Illuminator. Die legendäre Lebensbeschreibung bei S. C. Malan, Life and Times of St. Gregory the Illuminator, London 1868; vgl. G. Garitte, Gregorios der Erleuchter = LThK ²IV 1206 f. B. Spuler in: HO VIII 241 f.; Garitte, Narratio, 50; H. S. Anasjan, Armjanskaja Bibliologija I, Erewan 1959, Sp. 151—213; P. Ananian, La data e le circostanze della consecrazione di S. Gregorio Illuminatore = Muséon 74 (1961) 43—73, 317—360.

[6]) Die verschiedenen Bezeichnungen für die armenische Kirche bei Ormanian 138 s.

nationales Kirchentum, dessen Mittelpunkt das Kloster Ejamiadzin wurde[7]).

Die armenische Kirche dieser Periode litt in verschiedener Hinsicht unter großen Schwierigkeiten. Einmal machte sich in ihrem Schoß die Reaktion auf hellenisierende Bestrebungen bemerkbar[8]), dann wurde sie aber auch von außen durch die Aufteilung des armenischen Reiches (387) zwischen Rom und Persien bedroht. Der Retter aus der nationalen[9]) und kirchlichen Not wurde der Katholikos Sahak[10]) (Isaak) d. Gr., dessen Freund Mesrop[11]) das armenische Alphabet[12]) entwickelte und so das Armenische zur Literatursprache machte. Die Übertragung der Bibel[13]) und der Liturgie in die Landessprache trug entscheidend zur Stärkung des nationalen Kirchentums bei[14]).

Die Kämpfe mit dem Perserreich hatten eine Isolierung Armeniens zur Folge, die sich auch auf kirchlich-theologischem Gebiet auswirkte. Die armenische Kirche war zwar noch auf dem Konzil von Nikaia (325) vertreten, jedoch nicht mehr auf denen von Konstantinopel (381), Ephesos (431) und Chalkedon (451). Obwohl die Akten des Konzils von Ephesos von Katholikos Sahak approbiert wurden, hat sie an den entscheidenden Stadien der christologischen Auseinandersetzungen kaum Anteil genommen.

Die durch die Isolierung bedingte mangelhafte Kenntnis um die Vorgänge, von Mißverständnissen, die durch die schwierige und oft unklare Über-

---

[7]) Vgl. V. Inglisian, Armenisches Klosterleben = P. Krüger — J. Tyciak, Morgenländisches Christentum, Paderborn 1940, 261—274.

[8]) So ließ König Pap den Katholikos Nerses (353—373), der byzantinische Ideen des Basileios d. Gr. verbreiten wollte, vergiften (vgl. Weber, Katholische Kirche in Armenien, 314—316) und machte die armenische Kirche von Kaisareia unabhängig; vgl. Garitte, Narratio, 74; R. Grousset, Histoire de l'Arménie des origines à 1071, Paris 1947, 148.

[9]) 428 fand die aršakidische Dynastie im persischen Teil Armeniens, wo nach der Teilung von 387 ein suzeränes Königtum fortbestanden hatte, ihr Ende. Von da an regierten persische Statthalter; vgl. J. Mécérian, Bilan des relations arméno-iraniennes au Ve siècle ap. J. C. = Bulletin arménologique II = MUStJ XXX (1953) 67—98.

[10]) Garitte, Narratio, 86—94.

[11]) Vgl. H. Thorossian, Histoire de la littérature arménienne, Paris 1951, 70—72; seine von seinem Schüler Koriun verfaßte Vita deutsch von S. Weber in: Ausgewählte Schriften armenischer Kirchenväter I, München 1927, 181—232.

[12]) Vgl. J. Marquart, Über den Ursprung des armenischen Alphabets in Verbindung mit der Biographie des heil. Mašt'oc', Wien 1917; P. Peeters, Pour l'histoire des origines de l'alphabet arménien = Revue des études arméniennes 9 (1929) 203—237, wieder abgedruckt in: P. Peeters, Recherches d'histoire et de philologie orientales I, Brüssel 1951, 171—207; A. G. Abrahamjan, Geschichte der armenischen Schrift und Schreibkunst, Erewan 1959 (armenisch); B. Spuler in: HO VIII 243 f.

[13]) Für das Neue Testament vgl. St. Lyonnet SJ., La version arménienne = M.-J. Lagrange OP., Introduction à l'étude du Nouveau Testament II: Critique textuelle 2: La critique rationelle, Paris 1935, 342—375, 453—460, 575—578 und 622—625 (mit Literatur); A. Wikenhauser, Einleitung in das Neue Testament, Freiburg i. Br. ²1956, 92 f. (mit Literatur).

[14]) Zur armenischen Literatur vgl. H. Thorossian, Histoire de la littérature arménienne, Paris 1951; ferner H. S. Anasjan, Armjanskaja Bibliologija I, Erewan 1959 (armenisch, 6 Bände geplant); weitere Literatur s. Anm. 77.

tragung griechischer Texte ins Armenische entstanden, getrübt, ließ die Armenier zwar den Nestorianismus verdammen, zugleich mit ihm aber auch das Chalkedonense, insofern sie in ihm ein nestorianisches Dokument sahen[15]). Als die persische Christenverfolgung 484 aufhörte, trat der armenischen Kirche die byzantinische Reichstheologie in Gestalt des Henotikons (482)[16]) des Kaisers Zeno entgegen, das von ihr als Richtschnur des Glaubens angenommen wurde[17]). Erst auf der Synode von Dvin 505/7 (oder 525, 527?) wurden die Armenier von den syrisch-persischen Monophysiten über die ganze Tragweite der inzwischen im byzantinischen Reich ausgetragenen christologischen Streitigkeiten unterrichtet[18]).

Diese erste und die zweite Synode von Dvin 552, deren Datum zum Ausgangspunkt der nationalen Ära gewählt wurde[19]), bekräftigten in ihren Beschlüssen die einseitige Stellungnahme gegen den Nestorianismus[19a]).

Schon diese äußeren Vorgänge zeigen, daß die altarmenische Theologie kaum mit Recht monophysitisch genannt werden kann; sie dürfte mehr julianistisch[20]) orientiert gewesen sein. Um hier Klarheit zu erlangen, ist eine erneute Untersuchung der Quellen unerläßlich.

Als unter dem byzantinischen Kaiser Herakleios (610—641) der Monotheletismus — mit Umgehung des Chalkedonense, aber auch unter Verwerfung des Eutyches — noch einmal eine mögliche Grundlage für eine Einigung mit der orthodoxen Reichskirche bot[21]), beendete die islamisch-arabische Erobe-

---

[15]) Vgl. dazu V. Inglisian, Chalkedon und die armenische Kirche = A. Grillmeier SJ.-H. Bacht SJ., Das Konzil von Chalkedon II, Würzburg 1953, 361—417; ferner Garitte, Narratio, passim.

[16]) Eine Kompromißformel, die durch unbestimmte Formulierungen und Vermeidung strittiger Termini zwischen Orthodoxen und Monophysiten zu vermitteln suchte; vgl. L. Salaville, Hénothique = DThC VI 2153—2178; Grillmeier-Bacht, Konzil von Chalkedon I—III, Würzburg 1951—54, III 929 (Register s. v. Henotikon).

[17]) Als normativ gilt auch ein monophysitisch gefärbter Brief des Proklos von Konstantinopel an die armenische Kirche; vgl. V. Inglisian, Die Beziehungen des Patriarchen Proklos von Konstantinopel und des Bischofs Akakios von Melitene zu Armenien = OrChr 41 (1957) 35—50; Garitte, Narratio, 370—375; M. Tallon, Livre des Lettres (girk t'zt'oç) Ier groupe: Documents concernant les relations avec les Grecs = MUStJ XXXII (1955) 44—77.

[18]) Garitte, Narratio, 109.

[19]) Vgl. Garitte, Narratio, 159 s.

[19a]) Vgl. B. Spuler in: HO VIII 247.

[20]) Die Julianisten (nach Julian von Halikarnaß genannt) behaupteten, daß, wenn Christus wirklich e i n e Natur gehabt habe, sein menschliches Wesen von dem Augenblick der Empfängnis an verklärt gewesen sein müsse (daher Aphthartodoketen); vgl. u. a. R. Seeberg, Lehrbuch der Dogmengeschichte II, Darmstadt [4]1953, 273—275; M. Gordillo SJ., Compendium Theologiae Orientalis, Rom [3]1950, 252; A. S. Hernandez SJ., Iglesias de Oriente, Santander 1959, 361; Heiler 518; F. Lakner, Julianos von Halikarnassos = LThK [2]V 1198; Garitte, Narratio, 117—130; B. Spuler in: HO VIII 248 (vgl. 184).

[21]) Garitte, Narratio, 278—350.

rung[22]) des Landes die Verhandlungen. Von nun an war die armenische Kirche ganz auf sich gestellt. Als Folge dieser Entwicklung „verschmolzen Glaube und Volkstum mehr und mehr zu einer untrennbaren Einheit, die aber auch den Abfall eines volksbewußten Armeniers zum Islam ausschloß"[23]).

Nachdem unter Katholikos Gregor V. 1198 die Union mit Rom[24]) verkündet worden war, übten lateinische Dominikanermissionare[25]) und der Orden der Unitoren[26]) (von der Synode zu Sis 1328 anerkannt) einen beträchtlichen Einfluß auf das armenische Kirchenwesen aus. Obwohl die Union mit dem Ende des kilikischen Reiches 1375[27]) erlosch, wirkten die Einflüsse der lateinischen Kirche in Lehre und Kult auch später noch nach.

2. Die kirchliche Verfassung

Das Haupt der armenischen Kirche ist der „Höchste Patriarch und Katholikos aller Armenier", der in Ejmiadzin[28]) (etwa 25 km westlich von Erewan, in der Nähe der alten Hauptstadt Wagharšapat[29])) residiert. Seiner unmittelbaren Jurisdiktion sind heute die armenischen Bistümer in Rußland, Iran, Indien, Europa und Amerika unterstellt[30]). Seit 1294 war Sis[31]) in Kilikien für einige Zeit Sitz des Katholikos. Nach der Verlegung des Katholikatsitzes nach Ejmiadzin (1441) rückte Sis an die zweite Stelle. 1921 mußte der Sitz

---

[22]) EI ²I 656 ss.; J. Laurent, L'Arménie entre Byzance et l'Islam depuis la conquète arabe jusqu'en 886, Paris 1919.

[23]) B. Spuler, Die armenische Kirche = RGG I 613; dsl., Volkstum und Kirche in der orientalischen Welt = Kirche im Osten 3 (1960) 9—20; dsl. in: HO VIII 248.

[24]) W. de Vries SJ., Der christliche Osten in Geschichte und Gegenwart = Das östliche Christentum NF 12, Würzburg 1951, 95 f. Die Stellung der armenischen Kirche zum päpstlichen Primat und zur Union mit Rom untersucht B. Talatinian: Il primato di Pietro e del papa nella chiesa armena = Studia Orientalia Christiana — Collectanea No. 5: Il primato e l'unione delle chiese nel medio oriente, Kairo 1960 (Edizioni del Centro francescano di studi orientali cristiani), 215—353.

[25]) Vgl. B. Altaner, Die Dominikanermissionen des 13. Jahrhunderts, Habelschwerdt 1924.

[26]) M. A. van den Oudenrijn OP., Uniteurs et Dominicains d'Arménie = OrChr 40 (1956) 94—112; 42 (1958) 110—133; 43 (1959) 110—119; 45 (1961) 95—108; F. Tournebize, Les Frères-Uniteurs ou Dominicains arméniens = ROC 22 (1920/21) 145—161 und 249—279.

[27]) Der letzte Herrscher der Rubenidendynastie, Lewon V., starb 1393 in Paris; vgl. N. Iorga, Brève histoire de la Petite Arménie, Paris 1930, 153 (= L'Arménie Cilicienne — Conferences et recit historique).

[28]) Vgl. M. A. van den Oudenrijn, Edschmiadsin = LThK ²III 665; in Ejmiadzin erscheint auch seit 1944 die Zeitschrift des armenischen Katholikos mit dem Titel „Ejmiadzin". Zur wiederholten Verlegung des Katholikatsitzes vgl. B. Spuler in: HO VIII 252.

[29]) Vgl. V. Inglisian, Wagharschapat = LThK ¹X 710.

[30]) Vgl. Ormanian 77—80; K. Beth, Die orientalische Christenheit der Mittelmeerländer, Berlin 1902, 113—115; A. S. Hernandez, Iglesias de Oriente, 391 s.; Heiler 515 f.

[31]) Vgl. Chr. Baur, Sis = LThK ¹IX 599; EI ¹IV 487 ff.

dieses Katholikates nach Beirut verlegt werden. Ihm unterstehen die übrigen Armenier[32]).

Das dritte Katholikat von Aghtamar[33]) (Insel des Wansees) ist bei den blutigen Verfolgungen der Armenier durch die Türken Ende des vorigen Jahrhunderts (die sich während des Ersten Weltkrieges 1914/15 fortsetzten) 1895 (wenigstens praktisch) untergegangen[34]). Daneben gibt es ein armenisches Patriarchat von Jerusalem[35]) und ein solches von Konstantinopel[36]), das im Osmanischen Reich große politische Bedeutung erlangte[37]).

Kennzeichnend für die armenische Kirchenverfassung ist, daß dem Laienelement eine größere Bedeutung zukommt als in den anderen orientalischen Kirchen[38]). Nach armenischem Selbstverständnis[39]) ruht die Machtfülle der Kirche in den Händen des gesamten Kirchenvolkes, Geistlichen wie Laien. Grundsätzlich bestimmt das Kirchenvolk selbst durch Wahl, wer zu den hierarchischen Ämtern zugelassen wird. Sowohl dem Pfarrer[40]) wie dem Bischof steht ein aus Laien gebildeter Rat für die äußere Verwaltung seines Sprengels zur Seite, dem Bischof[41]) außerdem ein Rat von Geistlichen. Im kaiserlichen Rußland wurde das Laienelement auf Betreiben der Regierung aus den Bistumsräten entfernt.

---

32) Vgl. Ormanian 80—82; Beth, Orientalische Christenheit, 122 f.

33) Vgl. M. A. van den Oudenrijn, Aghtamar = LThK ²I 189; H. S. Anasjan, Armjanskaja Bibliologija I, Erewan 1959, 604—609; F. Macler, Le Liber Pontificalis des Catholicos d'Aghthamar = Journal Asiatique 202 (1923) 37—69; K. J. Basmadjian, Les catholicos d'Aghthamar = ROC 22 (1920/21) 327—329.

34) Vgl. Ormanian 76; Beth, Orientalische Christenheit, 122 f.; B. Spuler in: HO VIII 262.

35) Vgl. Ormanian 82 s.; Beth, Orientalische Christenheit, 121 f.

36) Vgl. Ormanian 83 s.; Beth, Orientalische Christenheit, 115—121.

37) Seit 1740 gibt es auch eine ununterbrochene Reihe von unierten armenischen Patriarchen, seit 1750 (so Graf III 60 (s. u.) oder 1749 = HO VIII 265) in Bzommar in den Bergen des Libanon; vgl. B. Spuler in: HO VIII 264—266; Beth, Orientalische Christenheit, 152—154; G. Graf, Geschichte der christlichen arabischen Literatur III = Studi e testi 146, Citta del Vaticano 1949, 59—61; IV = Studi e testi 147, 1951, 86—88; D. Vernier, Histoire du Patriarcat arménien catholique, Lyon 1891; R. Janin, Les églises orientales et les rites orientaux Paris ⁴1955, 355—364; M. Terzian, Le Patriarcat de Cilicie et les Arméniens catholiques, Beyrouth 1955; (Sacra Congregazione Orientale), Statistica con cenni storici della gerarchia e dei fedeli di rito orientale, Rom 1932, 77—91, 267 s., 343—352 und 386—388. Ganz besondere Verdienste um die Pflege der armenischen Kultur erwarben sich unter den unierten Armeniern die Mechitharisten; vgl. H. Thorossian, Histoire de la littérature arménienne, Paris 1951, 228—248; V. Inglisian, Mechit(h)aristen = LThK ¹VII 34 f.; dsl., Hundertfünfzig Jahre Mechitharisten in Wien (1811—1961), Wien 1961.

38) Vgl. Ormanian 133—137.

39) Vgl. Abrahamian, Grundlagen, 60 f.

40) Die türkische „Constitution de la Nation Arménienne de 1863" bestimmt z. B. Kap. VII § 52: „Les Comités Paroisiaux se composent, d'après les localités, de cinque jusqu'à douze Membres" = Abrahamian, Grundlagen, 155.

41) An der Spitze eines Bistums kann auch ein Wardapet stehen.

II. DER KULT DER ARMENISCHEN KIRCHE

1. Die kirchlichen Ämter

Die Hierarchie der Armenier ist insofern eigenartig, als sie die alten Grade des Archidiakons, Chorbischofs (χωρεπίσκοπος)[42]) und Periodeuten (die auch die syrische Kirche kennt) aufgaben, dagegen unter lateinischem Einfluß (wahrscheinlich zur Zeit Gregors VII.[43])) die vier niederen Weihen einschließlich der Tonsur einführten[44]).

Um der Klarheit für den abendländischen Beobachter willen muß dabei zwischen Weihe- und Jurisdiktionshierarchie unterschieden werden. Allerdings werden auch die Grade der Jurisdiktionshierarchie durch einen feierlichen Ritus übertragen. Eine ganz reinliche Trennung ist hier nicht möglich; so nimmt z. B. in den armenischen Quellen der Wardapet[45]) eine Stellung ein, die an beiden Hierarchiereihen partizipiert.

a) Die Weihehierarchie

9. Katholikos (kat'oghikos)
8. Bischof (episkopos)
7. Priester (k'ahanay oder eretz)
6. Diakon (sarkavag)
5. Subdiakon (kisasarkavag)[46])
4. Akolyth (ǰahenkal)
3. Exorzist (erdmnetzutzič)
2. Lektor (saghmosasatz)
1. Ostiarier (dṙnapan)
   Tonsur

Nach dem armenischen Theologen Abrahamian bilden die Grade 1—6 die Handauflegungsstufen oder das ministerium, die Grade 7—9 die Weihestufen oder das sacerdotium[47]). Alle Stufen müssen einzeln von unten her durch-

---

42) Vgl. F. Gillmann, Das Institut der Chorbischöfe im Orient, München 1903; W. Jannasch, Chorbischof = RGG I 1678; P. Linden, Chorbischof = LThK ²II 1080 f.; W. M. Plöchl, Geschichte des Kirchenrechts I, Wien-München 1953, 53 f. und 141 f.

43) Vgl. Heiler 522.

44) Vgl. Abrahamian, Church and Faith, 36; dsl., Grundlagen, 77; Ormanian 147. Die vier niederen Weihestufen werden jetzt immer zusammen übertragen.

45) Der Grad kann nur vom Bischof übertragen werden; vgl. Ormanian 104; ferner V. Inglisian, Wardapet = LThK ¹X 753.

46) Der Subdiakonat wird zusammen mit dem Diakonat übertragen; vgl. Ormanian 148. Die armenische Bezeichnung besagt „Halbdiakon“.

47) Grundlagen, 17; dsl., Church and Faith, 36.

schritten werden. Das Rituale, nach dem diese Stufen übertragen werden, ist stark vom lateinischen Ritus beeinflußt[48]). So findet sich hier die Salbung der Priester und Bischöfe und die Überreichung der liturgischen Geräte (porrectio instrumentorum).

Der character indelebilis des Ordo ist der älteren dogmatischen Literatur der Armenier wohl bekannt, doch hat die armenische Theologie daran nicht absolut und konsequent festgehalten. Nach dem neueren Kirchenrecht kann der Charakter des Ordo getilgt werden[49]).

b) Die Jurisdiktionshierarchie

7. Katholikos (kat'oghikos)
6. Patriarch (patriark')
   (Erzbischof (ark'episkopos) ist nur ein Ehrentitel ohne besondere Vorrechte)
5. Bischof (episkopos)
4. Archimandrit (abegha) oder Doktor (vardapet)
3. Erzpriester (awageretz = Hauptpriester einer bestimmten Kirche, k'ahanayapet = Hauptpriester eines Bistums)
2. Priester (k'ahanay oder eretz)
1. Diakon (sarkavag) und die übrigen Kleriker (dpir)

Kompliziert wird diese zweifache Gliederung durch die Tatsache, daß in der armenischen Kirche den unverheirateten Klerikern eine viel größere Bedeutung zukommt als in anderen orientalischen Kirchen. Vor der Diakonatsweihe muß sich der Kandidat erklären, ob er sich dem weltgeistlichen (und verheirateten) oder dem zölibatären Stand zuwenden will[50]). Will er heiraten, so endet für ihn die Laufbahn beim Erzpriester, dessen Stellung er noch erreichen kann. Die übrigen Grade sind dem zölibatären Klerus vorbehalten, der sich in der Kleidung durch die Kapuze (veghar)[51]) vom verheirateten unterscheidet.

Dieser zölibatäre Klerus wird hauptsächlich innerhalb der Klöster ausgebildet, die so praktisch zu Seminarien geworden sind[52]). Dort steigt der

---

48) Der Unterschied zwischen älteren und neueren Weiheriten läßt sich studieren bei F. C. Conybeare, Rituale Armenorum, being the Administration of the Sacraments and the Breviary Rites of the Armenian Church together with the Great Rites of Baptism and Epiphany, Oxford 1905, 228 ss., und Denzinger, Ritus Orientalium II, 274—363.

49) Vgl. Abrahamian, Grundlagen, 72 f.

50) Katholikos Georg V. gestattete am 11. November 1922 allgemein die Wiederverheiratung eines verwitweten Priesters; vgl. Ormanian 125.

51) Ormanian 127; zu den liturgischen Gewändern der armenischen Kirche vgl. J. Muyldermans, Le costume liturgique arménien historique, Löwen 1926.

52) Bedeutende dieser Anstalten sind im ersten Weltkrieg untergegangen; vgl. V. Inglisian, Armenisches Klosterleben = P. Krüger—J. Tyciak, Morgenländisches Christentum, Paderborn 1940, 261—273; ferner Thorossian, Histoire de la littérature arménienne, 152—164.

Kandidat, nachdem er Mönchspriester (abegha) geworden ist, zum doctor minor (masnavor vardapet) und dann zum doctor superior (cayragoyn vardapet)[53]) auf. Von dieser Plattform aus steht ihm bei entsprechender Eignung die Bischofswürde offen.

Der Grad der Doktoren ist eine Eigenart der armenischen Kirche. Freilich darf man dabei nicht an einen europäischen Doktorgrad denken; die armenischen Grade haben mehr praktisch-religiöse als wissenschaftliche Bedeutung[54]). Durch die Übergabe des Doktorstabes[55]) verleihen sie das Recht zu predigen. Diese Tätigkeit und die Leitung der Kirche ist denn auch das eigentliche Betätigungsfeld des höheren Klerus, während die Seelsorge einschließlich der Sakramentenspendung durch den niederen Klerus (die Pfarrer) versehen wird.

Diese Aufteilung hat zu einer Entwicklung geführt, die für die armenische Kirche keineswegs erfreulich war: Die vom Volk gewählten Pfarrer rekrutieren sich hauptsächlich aus Arbeitern, Handwerkern und Bauern. Der Anreiz, in den niederen Klerus einzutreten, war für Begabtere so gering, daß der ehemalige armenische Patriarch von Konstantinopel feststellen mußte, nur „men of a simple rank of life and of mediocre capacity" würden sich bereit finden, in der Seelsorge zu arbeiten[56]). Aus diesem Grund erhob er die Forderung, auch dem verheirateten Klerus die höheren Kirchenämter zugänglich zu machen[57]).

Innerhalb der Kirche tragen die Priester bei den gewöhnlichen Offizien den p'ilon (= *φελόνιον*), einen schwarzen wollenen Umhang, der als Ehrenauszeichnung auch aus bestickter oder farbiger Seide bestehen kann[58]). Bei feierlichen Offizien tritt an seine Stelle die Kasel (šurǰaṙ). Unter dem šurǰaṙ legt der Priester folgende liturgische Kleidungsstücke an:[59])

1. die Albe (šapik),
2. die Bruststola (p'orurar),
3. den Gürtel (gōti),

---

[53]) Der doctor minor zerfällt in weitere vier, der superior in zehn Untergrade, die aber ohne praktische Bedeutung sind; vgl. Beth, Orientalische Christenheit, 125 f.; Ormanian 127.

[54]) Ormanian 128.

[55]) Dieser kopfhohe Stab läuft in zwei oder vier Schlangen aus, die ihre Köpfe einander zuwenden. Eine Abbildung bei Abrahamian, Church and Faith, gegenüber der Titelseite; vgl. Ormanian 127.

[56]) Ormanian 126.

[57]) L. c. 125 s. Vgl. auch die Ereignisse um die Heirat dreier armenischer Prälaten bei P. Kawerau, Amerika und die orientalischen Kirchen = Arbeiten zur Kirchengeschichte 31, Berlin 1958, 535 f.

[58]) Eine weitere Auszeichnung ist das Recht, ein einfaches Brustkreuz aus vergoldeter Bronze zu tragen; vgl. Ormanian 149.

[59]) Zur liturgischen Kleidung vgl. auch Raes, Introductio, 228—247, und besonders J. Muyldermans, Le costume liturgique arménien historique, Löwen 1926; Ormanian 149.

4. die Manipel (bazpan),

5. über den šurǰaṙ rund um die Schultern einen steifen und hochstehenden breiten Kragen (vakas), aus dem Humerale hervorgegangen,

6. die Mitra (saghawart), mit Laubwerkornamenten geschmückt und von einem kleinen Kreuz überhöht[60]).

Die Mitra der Bischöfe ähnelt in ihrer Form der der lateinischen Bischöfe. Das bischöfliche Omophorion (Pallium) mißt etwa 4 Meter in der Länge und 25—30 cm in der Breite. Von der griechischen Kirche ist der bischöfliche Brustschmuck (panakē vom griechischen *παναγία*) übernommen: ein ovales, mit kostbaren Steinen besetztes Medaillon, das ein Bild Mariens oder Christi zeigt[61]).

Die Inhaber der niederen Grade (1—4 der Weihehierarchie)[62]) tragen die Albe (šapik) und ein Humerale (usanotz), das Schultern, Brust und Rücken bedeckt und oft reich bestickt ist[63]).

2. Das Kirchengebäude

Der armenische Kult ist von den zwei Polen der Einfachheit und des Reichtums und der Pracht bestimmt: der Einfachheit der kirchlichen Gebäude und der Pracht des in ihnen abgehaltenen Gottesdienstes.

Obwohl der Charakter der armenischen Baukunst Gegenstand eingehender Kontroversen gewesen ist[64]), steht nun fest, daß sie nicht nur ein provinzieller Ableger der byzantinischen ist[65]). Allerdings ist Art und Bedeutung der Beziehung zu dieser noch nicht ganz geklärt[66]); die Beeinflussung dürfte auf jeden Fall eine gegenseitige gewesen sein.

---

[60]) Gut erkennbar auf der Abbildung bei Abrahamian, Church and Faith, gegenüber der Titelseite.

[61]) Ormanian 151.

[62]) Die auch die Sakristane und Vorsänger in der Regel erhalten sollen.

[63]) Ormanian 147.

[64]) Vgl. dazu besonders J. Strzygowski, Die Baukunst der Armenier und Europa, 2 Bde., Wien 1918; A. Fetvadji, An Outline History of Armenian Architecture = Journal of the Royal Institute of British Architects 29 (1922); F. Macler, Anciennes églises d'Arménie, Paris 1923; I. G. Buniatov, Arhitektura Armenii, Moskau 1950; A. L. Jakobson, Očerk istorii zodčestva Armenii V—XVII vekov, Moskau 1950; H. Thorossian, Histoire de l'Arménie et du peuple arménien, Paris 1957, 230—238, 176 (Lit.); J. Mécérian, Chronique d'art arménien = MUStJ XXX (1953) 189—237; S. Der Nersessian, Armenia and the Byzantine Empire — A Brief Study of Armenian Art and Civilization, Harvard University 1945; weitere Literatur bei H. Paulus, Armenische Kunst = LThK ²I 874 f.

[65]) Vgl. J. Arnott Hamilton, Byzantine Architecture and Decoration, London ²1956, 143.

[66]) Die Beantwortung dieser Frage hängt zum großen Teil von der Datierung der verschiedenen Kirchenbauten Armeniens ab.

Zwei Stätten armenischer Kirchenbaukunst verdienen besondere Erwähnung: Einmal die Bauten von Ejmiadzin (das heute zur UdSSR gehört), in der unmittelbaren Nähe des alten Wagharšapat[67]), und dann Ani (in Türkisch-Armenien)[68]), der Hauptstadt des Bagratidenreiches (859—1045).

Die armenischen Kirchen[69]) sind meist rechtwinkelig angelegt, der Hochaltar befindet sich stets im östlichen Teil. Liturgisch-architektonisch gliedert sich der Kirchenraum in vier Teile:

1. Eine Vorhalle, die vom Schiff ursprünglich durch eine Mauer getrennt war; heute begnügt man sich mit einem hohen Gitter. Die Vorhalle war einst für die Büßer und Katechumenen und für den Gesang des Stundengebetes bestimmt.

2. Das Schiff für die Gläubigen, wobei Männer und Frauen getrennt sind[70]). Früher war das Schiff den Männern reserviert, die Frauen hielten sich auf den Galerien auf.

3. Der Altarraum (bēm = βῆμα), durch eine Stufe und ein brusthohes Gitter vom Schiff getrennt: der Platz für den Klerus und die Sänger. Während der vierzigtägigen Fastenzeit und bestimmter Teile der Liturgie wird ein Vorhang (varagoyr) vorgezogen.

4. Zwei Stufenreihen führen rechts und links zum freistehenden Altar[71]) hinauf. Hinter dem Altar befindet sich stets ein Bild Mariens mit dem Kind, das nur zu Ostern und an den Festen des hl. Kreuzes durch andere Bilder ersetzt wird. Rechts und links vom Altar sind je eine Apsisnische, in denen Kredenztische stehen. Zu beiden Seiten der Apsis befinden sich Sakristeien; die rechte enthält den Taufbrunnen, die linke die liturgischen Geräte[72]).

Ursprünglich waren die armenischen Kirchen bilderlos. Erst die Vorwürfe der Byzantiner und die (unerwünschte) Übereinstimmung mit den ikonoklastischen Paulikianern[73]) führten zu einer — in ihrem Umfang begrenzten —

---

[67]) Vgl. Hamilton, Byzantine Architecture, 131 s., 137 und 139; V. Arutjanjan, Ečmiadzin, Moskau 1958; A. B. Eremjan, Hram Ripsime, Erewan 1955 (russisch).

[68]) Hamilton, Byzantine Architecture, 133, 135, 139 s.; Jakobson, Očerk istorii zodčestva Armenii, 50—70; Buniatov, Arhitektura Armenii, 65—84; M. A. van den Oudenrijn, Ani = LThK ²I 560; W. Barthold — V. Minorski, Ani = EI ²I 522—524 (Lit.); H. S. Anasjan, Armjanskaja Bibliologija I, Erewan 1959, 893—896.

[69]) Vgl. Ormanian 143—146; Heiler 523 f.

[70]) In den armenischen Kirchen der westlichen Länder ist diese Trennung aufgegeben.

[71]) Es wird täglich nur eine eucharistische Liturgie gefeiert. Ähnlich wie in griechischen Kirchen wird hier die Eucharistie in einem silbernen Artophorion aufbewahrt.

[72]) Die hier gegebene Beschreibung bringt natürlich nur das Grundschema, von dem die einzelnen Bauten mehr oder weniger abweichen. Der schematische Plan einer armenischen Kirche bei Abrahamian, Church and Faith, 16.

[73]) Vgl. Karapet Ter-Mkrttschian, Die Paulikianer im byzantinischen Kaiserreiche, Leipzig 1893, 49 ff., 112 ff.; F. C. Conybeare, The Key of Truth: A Manual of the Paulician Church of Armenia, Oxford 1898; H.-G. Beck, Kirche und theologische Literatur im byzantinischen Reiche, München 1959, 335 f.

Bilderverehrung. Die reservierte Haltung der Armenier gegenüber der Bilderverehrung[74]) hatte aber auf die liturgisch-kultische Heiligenverehrung keinen Einfluß[75]).

3. Die eucharistische Liturgie

Als durch die Schaffung des Alphabets das Armenische zur Literatursprache erhoben wurde, rückte auch die Gestaltung einer nationalen Liturgie in den Mittelpunkt des Interesses. Bis zum Anfang des 5. Jh. ist der Gottesdienst im nichtrömischen Armenien in syrischer Sprache gefeiert worden. Auch dann, als das Armenische Kultsprache wurde, hat die syrische Liturgieform die nationale armenische tiefgehend beeinflußt. Im großen und ganzen hat man sich aber bei der liturgischen Reform an die griechischen Vorbilder angeschlossen[76]).

Zunächst übernahmen die Armenier das Formular der späteren byzantinischen Basileiosliturgie, wie es im benachbarten Kaisareia heimisch war[77]). Aus dem Griechischen stammen ferner die Chrysostomosliturgie[78]) und die Liturgie der vorhergeheiligten Gaben; aus dem Aramäischen die Jakobos-[79])

---

[74]) Zur Bilderfrage vgl. L. Petit, Arménie = DThC I 1960 s.; Heiler 524 f.; S. Der Nersessian, Une apologie des images du VIIe siècle = Byzantion 17 (1944/45) 58—87; diesl., Image Worship in Armenia and its Opponents = Armenian Quarterly 1/1 (1946) 67—81.

[75]) Zur Heiligenverehrung vgl. P. Krüger, Maria und die Ecclesia in der Liturgie der Armenier, der Kopten und Äthiopier = OSt 7 (1958) 184—196, 233—252; H. Engberding OSB., Maria in der Frömmigkeit der östlichen Liturgien = P. Sträter, Katholische Marienkunde I, Paderborn 1947, 119—136; Ormanian 165—170; K. Algermissen— J. Tyciak— P. Krüger—L. Dayan—V. Inglisian, Armenien = Lexikon der Marienkunde I, Regensburg 1957 ff., 354—367; J. Mécérian, La Vierge Marie dans la littérature médiévale de l'Arménie. Grégoire de Narek et Nersès de Lampron = Collection arménologique I, Beyrouth [2]1954.

[76]) Übersicht über die MSS bei F. E. Brigthman, Liturgies Eastern and Western I: Eastern Liturgies, Oxford 1896, XCVIII s.; die Druckausgaben bei A. Baumstark—B. Botte OSB., Liturgie comparée, Chevetogne [3]1953, 256 s.; Sammlung der Liturgien bei J. Catergian— J. Dašian, Die Liturgien bei den Armeniern, Wien 1897; vgl. auch S. Kogian, Die heilige Meßliturgie nach dem armenisch-katholischen Ritus, Wien 1935; V. Inglisian, Die hl. Meßliturgie nach dem armenischen Ritus mit einer ausführlichen Einleitung, Wien 1948; I.-H. Dalmais, Die Liturgie der Ostkirchen, Aschaffenburg 1960, 43 f.

[77]) Vgl. dazu S. Weber, Katholische Kirche in Armenien, 410 f.; F. N. Finck, Die armenische Literatur, in: Die orientalischen Literaturen = Die Kultur der Gegenwart I 7, Berlin und Leipzig 1906, 286; dsl., Geschichte der armenischen Litteratur, in: Geschichte der christlichen Litteraturen des Orients = Die Litteraturen des Ostens in Einzeldarstellungen VII 2, Leipzig 1909, 83; A. Baumstark, Die christlichen Literaturen des Orients II, Leipzig 1911, 75.

[78]) Vgl. G. Aucher, La versione armena della Liturgia di S. Giovanni Crisostomo = *Χρυσοστομικά*—Studi e ricerche intorno a S. Giovanni Crisostomo, Rom 1908, 359—398; dsl., Brani di un altra Liturgia detta di S. Giovanni Crisostomo, tradotti in Armeno verso la fine del V secolo = ebd. 399—401.

[79]) Vgl. A. Baumstark, Denkmäler altarmenischer Meßliturgie 3: Die armenische Rezension der Jakobosliturgie = OrChr NS 7/8 (1917/18) 1—32.

und Ignatiosliturgie[80]). Einige weitere Anaphoren (wie die Sahaks d. Gr.[81])) dürften Originalschöpfungen der armenischen Literatur sein[82]). Seit dem 13. Jh. hat auch der dominikanische Ritus[83]) einen beträchtlichen Einfluß auf die armenische Liturgie ausgeübt.

Die Gebete der Liturgieform, die schließlich zur Vorherrschaft gelangte, werden bald Chrysostomos, bald Athanasios zugeschrieben. Diese Liturgie[84]) — gewöhnlich Athanasiosliturgie genannt — stellt einen Mischtyp dar, in dem kleinasiatisch-byzantinische und ostsyrische Elemente und dominikanische Einflüsse vereinigt sind[85]). Die Ansicht, der Urheber der Verbindung der byzantinischen mit den ostsyrischen Elementen sei in der zweiten Hälfte des 5. Jh. Johann Mandakuni[86]) gewesen, ist abzulehnen[87]).

Nach alter orientalischer Auffassung bildete das gesamte Eucharistische Hochgebet eine Einheit, so daß die Frage, ob die Konsekration durch die Einsetzungsworte oder durch die Epiklese bewirkt werde, nicht aufkam[88]). Als sich im Laufe der Jahrhunderte die theologische Spekulation mit diesem Problem beschäftigte, haben sich die Armenier — nach einigem Schwanken[89]) — die orthodoxe Auffassung zu eigen gemacht, wonach die Konsekration durch die Epiklese zustandekommt[90]).

Ein bemerkenswerter Unterschied zu den anderen orientalischen Kirchen liegt bei den Armeniern in der eucharistischen Materie: Sie verwenden un-

---

[80]) Vgl. A. Rücker, Denkmäler altarmenischer Meßliturgie 5: Die Anaphora des hl. Ignatius von Antiochien = OrChr 3. S. 5 (1930) 56—79.

[81]) Vgl. P. Ferhat, Denkmäler altarmenischer Meßliturgie 2: Die angebliche Liturgie des hl. Katholikos Sahak = OrChr NS 3 (1913) 16—31.

[82]) Vgl. dazu P. Ferhat, Denkmäler altarmenischer Meßliturgie 1: Eine dem hl. Gregor von Nazianz zugeschriebene Liturgie = OrChr NS 1 (1911) 204—214; A. Rücker, Denkmäler ... 4: Die Anaphora des Patriarchen Kyrillos von Alexandrien = OrChr 3. S. 1 (1927) 149—157.

[83]) Zur Liturgie der Dominikaner und Unitoren vgl. N. Kowalsky, Römische Entscheidungen über den Gebrauch der Landessprache bei der heiligen Messe in den Missionen = Neue Zeitschrift für Missionswissenschaft 9 (1953) 242 f.

[84]) Zu den einzelnen Teilen der Liturgie vgl. Raes, Introductio, 62—114; die mit den Opfergaben verbundenen Zeremonien bei E. S. Drower, Water into Wine, London 1956, 151—158.

[85]) Vgl. I.-H. Dalmais, Die Liturgie der Ostkirchen, Aschaffenburg 1960, 43 f.; A. Baumstark, Die Messe im Morgenland, Kempten o. J., 63—65.

[86]) H. Thorossian, Histoire de la littérature arménienne, Paris 1951, 89 s.; M. A. van den Oudenrijn, Johannes Mandakuni = LThK ²V 1058 f.

[87]) Raes, Introductio, 46.

[88]) Vgl. J. Tyciak, Heilige Theophanie — Kultgedanken des Morgenlandes, Trier 1959, 48—50.

[89]) Vgl. z. B. P. Vetter, Chosroae Magni explicatio precum missae, Freiburg i. Br. 1880, 36; I. Salaville, Consécration et épiclèse d'après Chosroas le Grand = ÉO 1911, 10—16.

[90]) Vgl. Hernandez, Iglesias de Oriente, 400.

gesäuertes Brot[91]) und unvermischten Wein[92]). Die Kommunion wird unter beiderlei Gestalt gespendet[93]).

Die Kirchenmusik fand bei den Armeniern eifrige Pflege[94]). Insbesondere verfügt die armenische Kirche über eine reichhaltige Sammlung von Hymnen auf die Feste des Kirchenjahres, die im Hymnarium (šarakan)[95]) zusammengestellt sind.

4. Die sonstigen Kulthandlungen

Es ist nicht sicher, ob die armenische Kirche nicht lange Zeit nur vier Sakramente (Taufe, Versiegelung, Beichte und Eucharistie) kannte, doch hat sich im Mittelalter unter scholastischem Einfluß[96]) die Siebenzahl der Sakramente[97]) durchgesetzt. Allerdings betrachten die armenischen Theologen die Siebenzahl nicht so sehr als Dogma, sondern mehr als einen einfachen „article of dogma"[98]). Von den sieben Sakramenten[99]) wird die Krankenölung heute nicht mehr gespendet; ihr Ritus findet sich aber noch in Ritualien[100]).

---

[91]) Vgl. Drower, Water into Wine, 50 s.; Garitte, Narratio, 242 s.; J. M. Hanssens SJ., Institutiones liturgicae de ritibus orientalibus II 1, Rom 1930, 133 s., 156—161.

[92]) Vgl. Drower, Water into Wine, 78; Garitte, Narratio, 243 s.; Hanssens, Institutiones II 1, 231, 250—271.

[93]) Raes, Introductio, 104.

[94]) Die armenische Kirchenmusik ist reine Vokalmusik. Sie wird nur von Zymbeln, Handglocken und dem sog. k'šotz, einem systrumähnlichen Instrument, begleitet; vgl. P. Aubry, Le système musical de l'église arménienne, Paris 1901—1903; F. Macler, La musique en Arménie, Paris 1917; E. Wellesz, Die armenische Messe und ihre Musik = Jahrbuch der Musikbibliothek Peters, Leipzig 1920; L. Dayan, Armenische Kirchenmusik = LThK [2]I 873 f.; H. Thorossian, Histoire de l'Arménie, Paris 1957, 219—229 (Lit.); Drower, Water into Wine, 151, Anm. 4. An der Entzifferung der in Vergessenheit geratenen Neumenschrift wird gearbeitet; vgl. R. A. Atajan, Armjanskaja hazovaja notopis' (voprosy izučenija i rasšifrovki), Erewan 1959.

[95]) Erstmals herausgegeben von Oskan, Amsterdam 1664, seitdem oftmals. Vgl. H. Thorossian, Histoire de la littérature arménienne, 185—187; N. Ter-Mikaëlian, Das armenische Hymnarium, Leipzig 1905.

[96]) Besonders die Summa theologica des Thomas von Aquin, die teilweise ins Armenische übersetzt wurde. Vgl. M. A. van den Oudenrijn, Eine alte armenische Übersetzung der Tertia pars der theologischen Summe des hl. Thomas von Aquin, Bern 1955 (dazu J. Aßfalg in: Byzantinische Zeitschrift 49 (1956) 412—415); Heiler 519 ff.

[97]) Taufe, Firmung, Eucharistie, Beichte, Priesterweihe, Ehe und Krankenölung. Vgl. dazu M. Gordillo SJ., Compendium Theologiae Orientalis, Rom [3]1950, 256 s.

[98]) Ormanian 102.

[99]) Ausgaben des Maštotz genannten Rituale finden sich bei Baumstark—Botte, Liturgie comparée, 257; besonders F. C. Conybeare, Rituale Armenorum, being the Administration of the Sacraments and the Breviary Rites of the Armenian Church together with the Great Rites of Baptism and Epiphany, Oxford 1905, 1—297.

[100]) Denzinger, Ritus Orientalium II, 519 ss. Spuren der Krankenölung sind in der Salbung der toten Priester, Bischöfe und Katholikoi zu erkennen (Denzinger, Ritus Orientalium II, 523 ss.); vgl. Abrahamian, Church and Faith, 50; L. Petit, Arménie = DThC I 1957; Heiler 522.

Die Taufe[101]) wird den Kindern vom Priester durch dreimaliges vollständiges Untertauchen in das mit Myron gemischte Taufwasser gespendet[102]). Im Notfall genügt aber auch die Besprengung[103]). Die armenische Tauformel ist wie die griechische passivisch.

Gleich im Anschluß an die Taufe wird dem Täufling das Sakrament der Firmung gespendet, bei der Stirn, Augen, Ohren, Nase, Mund, Hände, Brust, Schultern und Füße mit dem Myron[104]) gesalbt werden, wobei für jede Salbung eine eigene Formel vorgesehen ist[105]). Darauf empfängt das Kind die „Lippenkommunion", d. h. die Hostie wird mit seiner Zunge in Berührung gebracht[106]). Nach armenischer Auffassung beruht die Vollständigkeit des Taufsakramentes auf der gemeinsamen Spendung dieser drei Sakramente[107]).

Bei der Beichte legt der Pönitent ein Sündenbekenntnis nach einer bestimmten Formel ab: Entweder verrichtet er ein allgemeines Sündenbekenntnis oder er antwortet auf die Sündenliste, die ihm der Priester vorliest, mit den Worten: „Ich habe gesündigt"[108]). In jedem Fall sieht die armenische Kirche darauf, daß der Beichtvater keine ins Detail gehenden Fragen stellt[109]). Im Unterschied zur sonstigen orientalischen Gewohnheit haben die Armenier (unter lateinischem Einfluß) eine indikative Absolutionsformel eingeführt[110]).

Zur Spendung des Ehesakramentes, das „Sakrament der Krone" (psak) genannt wird, ist die priesterliche Segnung und Krönung notwendig, obwohl das Wesen der Ehe in der Willenseinheit (consensus) der Brautleute gesehen wird. Der Ritus der Trauung[111]), die innerhalb der eucharistischen Liturgie vollzogen wird, ist dem orthodoxen ähnlich. Wie das byzantinische Eherecht kennt auch das armenische eine Reihe von Ehescheidungsgründen[112]).

---

[101]) Denzinger, Ritus Orientalium I, 384 ss.; Raes, Introductio, 120—143; E. F. Fortescue, The Armenian Church, London 1872, 291—321; Heiler 520.

[102]) Vgl. Abrahamian, Church and Faith, 49; Ormanian 102.

[103]) Ormanian 102.

[104]) Das Myron wird alle sieben Jahre für alle Bistümer vom Katholikos von Eǰmiadzin geweiht. Der Katholikos von Sis darf das Myron nur für seinen Bereich weihen. Statt des sonst im Orient verwendeten Olivenöls nimmt man in Armenien Sesamöl, dem Wein und verschiedene andere Ingredienzien beigemischt werden; vgl. Ph. Hofmeister, Die heiligen Öle in der morgen- und abendländischen Kirche = Das östliche Christentum NF 6/7, Würzburg 1948.

[105]) Vgl. Denzinger, Ritus Orientalium I, 396; Conybeare, Rituale Armenorum, 98; Raes, Introductio, 143 und 148; Heiler 520.

[106]) Vgl. Raes, Introductio, 147; J. Issaverdenz, Rites et cérémonies de l'église arménienne, Venedig 1876, 26, Anm.

[107]) Vgl. Ormanian 102 s.

[108]) Dalmais, Die Liturgie der Ostkirchen, 87 f.; Heiler 522.

[109]) Abrahamian, Church and Faith, 50; Ormanian 103.

[110]) Heiler 522.

[111]) Denzinger, Ritus Orientalium II, 451—465; Raes, Introductio, 160—163.

[112]) Vgl. Heiler 523, Anm. 163; B. Talatinian, De contractu matrimoniali iuxta Armenos, Jerusalem 1947.

Im Rahmen des Kultus hat auch das Stundengebet[113]) seinen Platz, das in der Einteilung mit dem orthodoxen übereinstimmt — mit der Ausnahme, daß der armenische Ritus noch ein weiteres Abendgebet hat, das zwischen Vesper und Komplet eingeschoben wird: die sogenannte „Friedenshore" (xalalowt'iwn). Die Psalmen werden während der Woche in zwei Gruppen verlesen: die täglich gleichbleibenden und dazu jeweils einer der sieben „Kanones", in die der Psalter gegliedert ist.

5. Das Kirchenjahr

Das armenische Kirchenjahr[114]) ist durch die Eigenart gekennzeichnet, daß der größte Teil der Feste beweglich ist. Unbeweglich sind nur vierzehn Festtage: die neun Tage der Theophanie vom 5.—13. Januar[115]) und die fünf Marienfeste: Reinigung (14. Febr.), Verkündigung (7. April), Geburt (8. Sept.), Darstellung (21. Nov.) und Empfängnis (9. Dez.)[116]).

Sonst richtet sich das liturgische Jahr nach der Wochenberechnung; Ausgangspunkt der Berechnung ist der Ostertag[117]). Von diesem Tag aus werden durch Zählen nach beiden Richtungen die Feste des Paschalzyklus bestimmt. Die außerösterliche Periode wird durch gewisse Feste festgelegt: so Mariä Himmelfahrt an dem Sonntag, der dem 15. August am nächsten liegt; Kreuzerhöhung an dem dem 14. September am nächsten liegenden Sonntag; der Beginn des Advent an dem dem 18. November nächsten Sonntag und Theophanie (Weihnachten) am 6. Januar.

Auch für die Festlegung der sonstigen Feste gilt das Hebdomadalprinzip: Heiligenfeste[118]) werden nur am Montag, Dienstag, Donnerstag und Samstag

[113]) Vgl. Raes, Introductio, 180; zur Vesper ebd. 191—194. Ausgaben des Horologions (žamagirk') bei Baumstark-Botte, Liturgie comparée, 258; Heiler 525.

[114]) Vgl. Ormanian 157—160; L. Petit, Arménie = DThC I 1958—1960; R. Janin, Les églises orientales et les rites orientaux, Paris [4]1955, 329—332; Dalmais, Die Liturgie der Ostkirchen, 43, 121 f.; Heiler 529.

[115]) Weihnachten und Epiphanie sind in dem Fest der Theophanie vereinigt; vgl. Heiler 529, Anm. 172 a.

[116]) Seit 1923 gilt auf Grund eines Erlasses des Katholikos Georg V. (vom 9. Nov. 1922) überall der gregorianische Kalender; ausgenommen sind nur das armenische Patriarchat von Jerusalem sowie einige Bistümer in der Sowjetunion; vgl. Ormanian 157.

[117]) Die armenische Berechnung des Osterfestes beruht auf der gleichen Grundlage wie die griechische. Da die Armenier aber nach den Epakten des Alexandrinischen Kalenders des Eas, die Byzantiner nach dem des Irion rechnen, fällt innerhalb von 532 Jahren das armenische Osterfest viermal eine Woche später als das byzantinische, das sog. cřazatik („irrtümliches Ostern") — ein Streitpunkt zwischen Armeniern und Griechen, der das nächste Mal im Jahre 2071 aktuell wird, wenn bis dorthin die Abweichung nicht beseitigt ist; vgl. Ormanian 158 s.

[118]) Das armenische Synaxar des Ter Israel herausgegeben von G. Bayan in: POr V 345—556, VI 181—355, XV 293—438, XVI 1—185, XVIII 1—208, XIX 1—150 und XXI; dazu Ormanian 165—170; J. Mécérian, Introduction à l'étude des synaxaires arméniens = MUStJ XXX (1953) 99—179.

gefeiert; Mittwoch und Freitag sind den Bußoffizien (pahk') vorbehalten, der Sonntag der Auferstehung und den anderen Herrenfesten (terunakan)[119].

Dieser Charakter des armenischen Kirchenjahres erfordert jedes Jahr die Ausarbeitung eines besonderen Kalenders, dessen Berechnungen vom Osterfest ausgehen.

Auch die armenischen Fastenzeiten unterscheiden sich von den anderen orientalischen Gebräuchen, da zum allwöchentlichen Fasten am Mittwoch und Freitag und der vierzigtägigen Fastenzeit noch zehn weitere Fasten treten[120]. In der großen Fastenzeit und während des Weihnachtsfastens ist der Genuß von Fleisch, Fisch, Eiern, Milch, Öl und Wein untersagt, die übrigen Fasten verlangen nur die Enthaltung von Fleischspeisen[121].

---

119) Zu den Herrenfesten vgl. Ormanian 161—164; Janin, Les églises orientales et les rites orientaux, 330 s.

120) Vgl. Heiler 529; Janin, Les églises orientales et les rites orientaux, 331 s.

121) Dispens ist gegeben an Mittwochen und Freitagen der 40 österlichen Tage und während der Woche der Theophanie; vgl. Ormanian 164.

LITERATUR

außer der im Abkürzungsverzeichnis und in den Anmerkungen genannten

Adeney, W. F., The Greek and Eastern Churches, Edinburgh 1908.

Arpee, L., A History of Armenian Christianity, New York 1946 (Lit.).

Casey, R. P., (H. von Campenhausen), Armenien im Altertum = RGG I 610—612.

La Documentation Francaise. Notes et études documentaires, No. 2.239 (8 Decembre 1956): Le problème religieux en U. R. S. S. IVe partie: La situation de l'église arménienne.

Dowling, Th. E., The Armenian Church, New York 1910.

Dulaurier, H., Histoire, dogmes, traditions et liturgie de l'église arménienne orientale, Paris [3]1859.

Galanus, Cl., Conciliationis Ecclesiae Armenae cum Romana ex ipsis Armenorum Patrum et Doctorum testimoniis, in duas partes historialem et controversialem divisae I, Rom 1650; II 1 Rom 1658; II 2 Rom 1661.

Kassardjian, B., L'église apostolique arménienne et sa doctrine, Paris 1943.

Lyonnet SJ., St., Aux origines de l'église arménienne = Recherches de science religieuse 1935, 170—187.

Markwart, J., Die Entstehung der armenischen Bistümer = OC 80, 1932.

Oudenrijn OP., M. A. van den, Armenien (I—IV) = LThK [2]I 869—873.

—, Linguae Haicanae Scriptores Ordinis Praedicatorum Congregationis Fratrum Unitorum et FF. Armenorum Ord. S. Basilii citra mare consistentium, Bern 1960.

Rondot, P., Les chrétiens d'Orient, Paris 1955, 171—199: Les Arméniens.

Simeon Erevanci, Džambr. Pamjatnaja kniga zercalo i sbornik vseh obstojatel'stv svjatogo prestola Ečmiadzina i okrestnyh monastyrej, Moskau 1958 (aus dem Armenischen des Katholikos Simeon von Erewan (1763—1780) übersetzt von S. S. Malhasjanc).

Spuler, B., Die armenische Kirche = RGG I 613—615:

—, Die armenische Kirche = HO VIII 240—268.

Ter-Mikelian, A., Die armenische Kirche in ihren Beziehungen zur byzantinischen vom 4.—13. Jh., Leipzig 1891.

Ter-Minassiantz, A., Die armenische Kirche in ihren Beziehungen zu den syrischen Kirchen = TU 26, 4, Leipzig 1904.

Tournebize, F., Histoire politique et religieuse de l'Arménie depuis les origines des Arméniens jusqu'à la mort de leur dernier roi (en 1393), Paris 1910.

Vailhé, S., Formation de l'église arménienne = ÉO 1913, 109—122, 193—211.

Weitere Literaturangaben bei: Heiler (s. Abkürzungsverzeichnis) 510 f.; A. S. Hernandez SJ., Iglesias de Oriente, Santander 1959, 392; B. Spuler, Die armenische Kirche = RGG I 615; dsl. in: HO VIII 266—268 (vgl. auch 319—323); A. Salmaslian, Bibliographie de l'Arménie, Paris 1946, bes. 50—64; Garitte, Narratio (s. Abkürzungsverzeichnis) IX—XLIV; M. Canard — Cl. Cahen — J. Deny, Arminiya = EI [2]I 655—670 (Lit. 666—670); H. Thorossian, Histoire de l'Arménie et du peuple arménien, Paris 1957 (bes. 174); J. Mécérian, Bulletin arménologique I = MUStJ XXVII, fasc. 10, 1947—48; dsl., Bulletin arménologique II = MUStJ XXX, fasc. 4, 1953; laufende Bibliographien in den armenischen Zeitschriften „Handes Amsorya" der Wiener Mechitharisten und „Bazmavep" der Venediger Mechitharisten auf San Lazzaro.

REGISTER

besorgt von

KARL-CHRISTIAN FELMY

NAMENS- UND ORTSREGISTER
außer den biblischen Namen

SACHREGISTER
einschließlich biblischer Personen

REGISTER DER SCHRIFTSTELLEN

AT zitiert nach der LXX, ed. Rahlfs — NT zitiert nach dem Nestle-Text